LES PRÉCURSEURS

DE

LA RÉFORME

AUX PAYS-BAS

BRUXELLES, LIBRAIRIE C. MUQUARDT.

LES PRÉCURSEURS

DE

LA RÉFORME

AUX PAYS-BAS

PAR

J.-J. ALTMEYER

PROFESSEUR A L'UNIVERSITÉ DE BRUXELLES

TOME I

PARIS	BRUXELLES
FÉLIX ALCAN, ÉDITEUR	LIBRAIRIE EUROPÉENNE C. MUQUARDT
SUCC^r DE GERMER BAILLIÈRE & Cie	MERZBACH ET FALK, ÉDITEURS
108, BOULEVARD SAINT-GERMAIN	LIBRAIRES DU ROI ET DU COMTE DE FLANDRE

1886

BRUXELLES
P. WEISSENBRUCH, IMP. DU ROI
45, RUE DU POINÇON

Quand M. le professeur Altmeyer (¹) mourut, le grand ouvrage sur
la révolution du xvrᵉ siècle aux Pays-Bas, auquel il avait travaillé
presque toute sa vie, n'avait pas été publié. On en avait pu lire quelques essais dans les revues ou en des brochures; mais le livre, attendu
par le public, était-il terminé? on ne savait. On crut même la perte
irréparable. Quelques amis s'informèrent auprès de sa famille; ils
trouvèrent un volumineux manuscrit, sur feuilles volantes, classé
d'après les grandes divisions de l'ouvrage, avec une table pour
chacune. A première vue, vingt-cinq volumes. Mais, sauf de nombreuses notes, le classement s'arrêtait à l'année 1563 et allait, pour
quelques parties, jusqu'en 1572. Interrompue par une longue maladie
de l'auteur, l'œuvre restait inachevée.

Indépendamment de l'état où se trouvait la rédaction même du
livre, un si long travail de recherches, un ensemble de documents
si nombreux pouvaient-ils être perdus pour l'histoire? Le gouvernement, ayant pris l'avis d'une commission (²), pensa que non, et le
manuscrit fut acheté. Il a été déposé à la Bibliothèque royale de
Bruxelles.

Cela suffisait aux études historiques. Cela ne pouvait suffire à la
mémoire de l'auteur. Ce nouveau devoir appartenait aux collègues et
anciens élèves du professeur, et aux amis de l'écrivain. Une commission s'institua pour le remplir. Elle fut définitivement composée, en
1880, de : MM. J. Van Schoor, président; Alphonse Rivier, vice-
président; Ch. Rahlenbeck, secrétaire; A.-C.-A. Dwelshauvers,

(¹) Jean-Jacques Altmeyer, né à Luxembourg, le 20 janvier 1804 ; professeur de rhétorique au collège communal d'Ypres, 1825; docteur en philosophie (Louvain), 1831;
docteur en droit, 1832; professeur agrégé d'histoire à l'université de Bruxelles, 25 décembre 1834; professeur ordinaire, 1836; membre permanent du conseil d'administration,
1861; recteur, 1863; membre du conseil provincial du Brabant, 1864-1874. Décédé à
Bruxelles, le 15 septembre 1877.

(²) Composée de MM. Gachard, Th. Juste, Ch. Potvin, Ch. Ruelens et Alph. Wauters.

délégué par la famille Altmeyer; et de MM. Louis Alvin, Paul Frédericq, comte Goblet d'Alviella, Émile de Laveleye, Martin Philippson, Ch. Potvin, Rooses, Ch. Ruelens, Ferd. Vanderhaeghen, Léon Vanderkindere, Fr. Van Meenen(¹), Wagener, et Alphonse Wauters.

La présente publication est le résultat de ses délibérations.

Il ne sera pas inutile de dire quelles résolutions y ont présidé.

L'œuvre de M. Altmeyer est incomplète, il est vrai; mais elle se compose de plusieurs ouvrages dont chacun embrasse un sujet bien délimité et forme un tableau d'ensemble. On pourrait en détacher successivement : La description générale des Pays-Bas au xvie siècle, — Charles-Quint et la Réforme aux Pays-Bas, — La politique de Philippe II aux Pays-Bas. — On peut en juger par le livre qu'a choisi la commission et dont le titre appartient à l'auteur.

Ce choix fut une des premières résolutions de la commission.

Une autre question était à décider : la revision du livre. Il ne faut pas une bien longue étude du manuscrit pour se persuader que M. Altmeyer avait donné à son œuvre une rédaction première, mais non la rédaction définitive. Ceux qui l'ont vu à l'œuvre savent qu'il réservait pour les épreuves d'imprimerie une grande partie des corrections et même des remaniements. Ici, la rédaction est visiblement faite à diverses époques, et souvent, dans le même chapitre, à des intervalles éloignés. Les tables aussi ne sont pas rédigées en vue de l'impression, mais plutôt pour faciliter à l'auteur le moyen de se compléter ou de se rectifier, d'après ses découvertes ultérieures ; de nombreuses pages intercalées ou corrigées en témoignent dans tout le manuscrit. De là une seconde série de résolutions de la commission : Eu égard à cet état de la rédaction et aussi au développement considérable de certaines parties du texte, un sous-comité(²) fut chargé de faire sur le manuscrit le travail qu'on est autorisé à supposer que l'auteur y eût fait lui-même, en le publiant.

Une grande réserve devait y être apportée. Sauf les notes qui donnaient en langues étrangères le texte des citations traduites dans le corps du livre, les retranchements ne devaient porter que sur deux principales catégories de passages : les uns, relatifs aux précurseurs de la Réforme étrangers aux Pays-Bas; les autres, comprenant des citations d'œuvres littéraires qui ne se rattachent que de loin à la Réforme.

(¹) Décédé en 1881.
(²) Composé de MM. Philippson, Potvin, Rahlenbeck et Ruelens.

L'auteur ne pouvait négliger cette double étude : il a voulu avoir sous les yeux les faits, les détails, les textes qui pouvaient lui servir à marquer le caractère et l'influence des uns et des autres écrivains ; mais on doit penser qu'après avoir si nettement limité son sujet, il n'aurait fait qu'utiliser et condenser ces nombreuses pages d'informations et ne leur eût pas laissé l'étendue de digressions hors cadre.

Aucun retranchement, d'ailleurs, ne devait être décidé sans contrôle. C'est ce qui fut fait.

Est-il besoin de dire qu'on ne s'est permis aucune modification aux idées de l'auteur, ni pour les tempérer, ni pour les accentuer ?

L'indication des livres cités en notes a été vérifiée et la date des éditions marquée avec soin.

Une autre chose aurait été utile : c'eût été de mettre au courant des travaux les plus récents une œuvre dont les recherches ont été suspendues avant 1874. Dix ans n'ont pu se passer sans produire de nombreuses études sur les divers sujets groupés par M. Altmeyer. On en a indiqué quelques-unes en note ; mais on n'a voulu rien ajouter, dans aucun sens, à un texte qui doit, avant tout, demeurer l'œuvre de l'auteur.

Les anciens élèves de M. Altmeyer ne retrouveront pas ici la fougue communicative de son enseignement. Ce fait a déjà été constaté pour le professeur Moke par M. Émile de Laveleye (¹). Mais tout le monde reconnaîtra l'écrivain dévoué à la vérité historique et passionné pour les libertés modernes.

M. Tiberghien, parlant, sur sa tombe, de l'œuvre qu'il n'avait pu terminer, pensait que ce regret « avait dû accabler son âme dans ses dernières années » ; et il ajoutait : « C'est une lacune déplorable qu'il sera désormais bien difficile de combler. » La présente publication prouve que la difficulté n'est pas insurmontable. Il dépend maintenant du public que d'autres livres suivent celui-ci et complètent l'œuvre réparatrice due à l'infatigable explorateur du xvie siècle.

(¹) Biographie académique. (*Annuaire de l'Académie de Belgique*, 1870.)

Nous donnons ici la liste des œuvres de M. Altmeyer, en soulignant tout ce qui entre dans le plan de l'histoire de la révolution du xvie siècle.

Publications. — Manuel de l'histoire universelle. Ypres, 1832 (2 vol.).

Introduction à l'étude philosophique de l'histoire de l'humanité (¹), 1836.

Précis de l'histoire ancienne, 1837.

Histoire des relations commerciales et diplomatiques des Pays-Bas avec le nord de l'Europe pendant le XVIe siècle, 1840.

Cours de philosophie de l'histoire, 1840.

Résumé de l'histoire moderne, 1842.

Précis de l'histoire du Brabant, anonyme, 1847.

Du droit d'asile en Brabant au commencement du xviiie siècle, 1852.

Geschiedenis van den vrede van Munster. Anvers, 1852 (en collaboration avec M. Ch. Nys).

Une succursale du tribunal de sang, 1853.

Quelques notes sur l'enseignement primaire obligatoire, 1859.

Discours inaugural de recteur (sur l'affranchissement de l'Escaut), 1863.

Extraits de revues. — Recherches historiques sur l'ordre des Templiers (Recueil encyclopédique belge, 1833, t. 2). — Histoire de la Hanse teutonique dans ses relations avec la Belgique (Revue belge, Liége, 1837, t. 6). — Marguerite d'Autriche, etc. (Revue belge, Liége, 1838-1840, t. 11, 12, 13, 14 et 15, sept articles.) — Discours du 14 octobre 1839 (voir « L'université libre de Bruxelles pendant vingt-cinq ans », 1860). — Giordano Bruno (Revue de Bruxelles, mars 1840). — Notices historiques sur la ville de Poperinghe. Gand, 1840 (Messager des sciences). — *Traité de Gand, conclu le 15 avril 1540*, etc. (Messager, etc., Gand, 1842). — *Trève de Bruxelles* (4 mai 1537), ibid.. 1842. — *Marguerite d'Autriche et Christiern II*, 1842 (Trésor national). — De la civilisation en Belgique sous la maison de Bourgogne. Liége, 1841 (Revue belge, t. 18). — Voyages dans les villes hanséatiques, Liége, 1842 (Revue belge). — Causes de la décadence du comptoir hanséatique de Bruges, 1843 (Trésor national). — Histoire du comptoir hanséantique d'Anvers, 1843 (Revue commerciale). — Du droit d'asile en Brabant, 1848 (Belgique judiciaire). — Essai d'histoire diplomatique (Revue trimestrielle, t. 3, 4, 5, 6, 8, 10, 11 et 13 (1854-1857). — Histoire véritable d'un perroquet révolutionnaire, ibid., t. 3 (1854). — *Les Gueux de Mer*, ibid., t. 36, 37, 38 (1862-1863). — *Commencement de la Réforme du XVIe siècle*, t. 40 (1863). — *Charles V et l'alliance anglaise*, ibid., 2e série, t. 12 (1867). — *Les protestants belges*, etc., ibid., t. 13 (1867). — *Charles V et la confession d'Augsbourg*, t. 14 (1867). — *Charles V et le Concile de Trente*, t. 15 (1867). — *La Réforme protestante*, t. 19 et 20 (1868).

(¹) Chaque fois que le nom de la ville n'est pas indiqué, l'ouvrage a paru à Bruxelles.

INTRODUCTION

De grands événements marquent la fin du moyen âge et le commencement des temps modernes : l'établissement de l'empire turc en Europe (1453), la découverte de l'Amérique (1492) et du passage aux Indes orientales (1497), l'invention de l'imprimerie, celle des armes à feu, la création des armées permanentes ; enfin, la réformation luthérienne, préparée, d'un côté, par les scandales du grand schisme, les abus de l'Église, l'obscurantisme et la corruption du clergé, de l'autre, par de nombreuses hérésies.

Avec la prise de Constantinople par Mahomet II, le foyer qui gardait quelques étincelles du feu sacré de l'antiquité semble près de s'éteindre ; mais de pieuses mains vont porter dans l'Occident ce qu'elles peuvent sauver du naufrage. Des Grecs instruits cherchent un asile en Italie et y font connaître les arts et les lettres d'Athènes et de Rome. Secondés par l'invention de l'imprimerie, leurs glorieux efforts donnent une impulsion puissante au mouvement intellectuel, au moment même où, grâce aux travaux initiateurs de Dante, de Pétrarque, de Boccace, l'Europe commençait à renaître au goût, à la raison, au sentiment de la dignité humaine.

Le moyen âge avait fini par renfermer l'intelligence dans d'étroites limites ; la Renaissance de l'antiquité lui ouvrit des horizons plus vastes. Non que le moyen âge ait ignoré les anciens[1] : les Arabes même avaient recueilli et

---

[1] Voyez POLYCARPI LEYSERI, *Dissertatio de ficta medii ævi barbarie, imprimis circa poesin latinam.* Helmstad, 1719, in-4°.

s'étaient approprié leurs beaux ouvrages; mais s'ils traduisirent les originaux, ils les anéantirent souvent aussi. De
plus, en faisant passer leurs propres idées dans leurs traductions, ils altérèrent les sources grecques et latines. Les
Italiens, au contraire, et après eux les Français, les Belges et
les Allemands, s'appliquèrent à épurer les textes, à les commenter, à les traduire; et la presse, avec ses cent mille bras,
avec ses ouvriers hommes supérieurs, en répandit d'innombrables exemplaires. On vit alors l'Aristote non falsifié,
l'Aristote véritable, bannir l'Aristote tronqué par les Arabes
ou défiguré par la scolastique, et la philosophie de Platon,
qui apprenait à penser en dehors de ces subtilités, déjà
ressuscitée à Alexandrie, naître pour la seconde fois à
Rome et à Florence. On commençait à bien lire dans
leur langue les auteurs, rendus auparavant si difficiles par
l'ignorance, l'incurie, les préjugés, les passions ou l'intérêt
des copistes, autant que par l'absence de bons commentaires.
On cherchait la science dans les modèles antiques mêmes :
la géographie dans Ptolémée, la botanique dans Dioscoride,
la médecine dans Hippocrate. Ainsi disparurent les fantas-
magories dont les Arabes et les scolastiques avaient peuplé
le monde classique, et avec elles les chimères qui avaient si
longtemps égaré les esprits (¹).

Si l'antiquité, d'ailleurs, n'était pas inconnue au moyen âge,
elle ne charmait encore que les loisirs de quelques érudits (²);

(¹) Pour tout ce qui précède, je me suis servi de RANKE, *Fürsten und Völker von
Süd-Europa*, t. II, p. 62-75 ; de CRAMER, *Geschichte des Unterrichts in den Nieder-
landen*, t I, p. 152 et 153 ; de J.-P. CHARPENTIER, *Histoire de la renaissance des
lettres au* xvᵉ *siècle ;* d'un article de la *Revue britannique* par MACAULAY, 1836, t. I.

(²) On doit à un Belge, au dominicain Guillaume de Brabant ou Van Moerbeke,
la première traduction latine de la *Morale* d'Aristote, faite avec fidélité d'après
le grec. Voy. DAUNOU, *la France littéraire*, t. XXI, p. 147-150; CRAMER, p. 155;
et, en général, sur l'étude du grec au moyen âge, LE GLAY, *Mémoires de la Société
d'émulation de Cambrai*, 1828, p. 188-198, 268-280 ; DE REIFFENBERG, *Annuaire
de la Bibliothèque royale de Belgique*, 1842, p. 183 et suiv., et *Bulletins de l'Académie de Bruxelles*, t. VIII, p. 239, 247, 417-427.

« M. Le Glay, dit de Reiffenberg, range parmi les hellénistes : Halitschaire, élu

le public n'en avait qu'une notion confuse et erronée (¹). La voici maintenant qui déchire le voile épais de la barbarie, sort tout entière des ténèbres et vient recommencer contre le monde européen le duel que l'on devait croire à jamais impossible. Dans ce grand combat, la scolastique, qui se trouvait au centre de la bataille, reçut les plus graves atteintes. Cette philosophie décrépite ne suffisait pas au réveil des intelligences. Une science nouvelle était née des travaux de la critique et de l'archéologie; cette science détrôna la théologie au profit des littératures « indépendantes », qui s'élancèrent dans les hautes régions de la liberté de penser, et la révolution intellectuelle qu'on a décorée du nom brillant de *Renaissance* fraya les voies à tous les genres de réformes. On rejeta avec dédain les vieilles chroniques monacales; on apprit la véritable histoire dans Thucydide et dans Tacite; Guichardin, Commines et Machiavel parurent. On se livra avec enthousiasme à l'étude du droit romain, si contraire au droit féodal, et l'on commença d'agiter les questions politiques les plus brûlantes; en même temps que la connaissance plus ferme et plus avancée des trois

évêque de Cambrai en 817; Nanno, écrivain frison qui florissait vers 880 et qui fut précepteur de Radbode, évêque d'Utrecht; Brunon, archevêque de Cologne, qui puisa les éléments du grec dans les écoles d'Utrecht, et Rathier, évêque de Vérone, né dans le pays de Liége, qui mourut à Namur en 971. Arrivé là, il remarque que le xiᵉ siècle ne nous offre, dans les Pays-Bas, aucun personnage digne d'être mentionné comme ayant contribué à l'avancement des études grecques. M. Le Glay, dont le savoir est si solide et si étendu, M. Le Glay, qui n'oublie rien, a pourtant oublié Sigebert de Gembloux, qui non seulement savait le grec, mais encore l'hébreu. Dans le xiiᵉ siècle, M. Le Glay nomme Éverard de Béthune, et, au xiiiᵉ, Thomas de Cantimpré, Henri de Brabant et Guillaume de Moerbeke, archevêque de Corinthe, auteur, entre autres, d'une introduction au traité de Proclus sur la Providence et le Destin, faite sur le sol même de la Grèce et publiée par M. Cousin en 1820, traduction rude, inculte, presque barbare, mais où, suivant l'expression de Fabricius, on voit apparaître de temps en temps le génie de l'antiquité. M. Le Glay omet, à cette époque, Alain de Lille, qui, dans son *Encyclopedia*, énumère beaucoup d'auteurs grecs, peut-être, il est vrai, par tradition. » (*Annuaire de la Bibliothèque royale de Belgique*, 1842, p. 184 et 185.)

(¹) Toute cette question a été traitée d'une manière remarquable par HEEREN, *Geschichte der classischen Literatur im Mittelalter.*

langues de l'érudition : l'hébreu, le grec et le latin, révélait
aux savants le sens vrai des textes de l'Écriture, qui ne
tardèrent pas à être traduits dans la langue de chaque
peuple (¹).

Il est aisé de comprendre combien surtout l'étude de
l'hébreu, par laquelle de nouvelles lumières devaient jaillir
du texte original de la Bible mieux interprété, était faite
pour porter ombrage à la routine de la scolastique, farcie du
latin barbare du moyen âge ; combien elle devait exciter les
défiances du clergé par l'application qu'on se proposait d'en
faire à une exégèse entièrement neuve de l'Évangile et par
l'abondance des sources de la patrologie grecque qu'on
allait invoquer dans la théologie et qui étaient appelées
à renouveler toutes les branches de l'érudition (²).

Jusque-là, le souffle de la religion catholique avait seul
inspiré l'art des peintres et des statuaires. Dès que cet art
eut subi les inspirations de l'antiquité, il se sécularisa.
On peut remarquer le progrès successif de ce changement
dans Raphaël même, et le temple de tous les dieux
n'a-t-il pas servi de modèle à la basilique de Saint-Pierre,
cette métropole de la chrétienté ? « Du sein des décombres
de l'antiquité, la beauté païenne avait jailli comme un
météore : elle convertit l'Europe chrétienne à son culte
facile (³). »

La scolastique, du reste, s'était tellement discréditée elle-
même par l'ineptie de ses thèses et les subtilités de son argumentation, qu'elle ne représentait plus qu'une vaine gymnastique de l'esprit, repoussée déjà par tous les critiques. Un

---

(¹) RANKE, *l. c.* — MACAULAY, *l. c.* — M. L. Blanc a consacré quelques brillantes
pages à cette matière dans le premier volume de son *Histoire de la Révolution française.* Je les ai mises à profit. — Voy. aussi CAPEFIGUE, *François Ier et la Renaissance,* t. I, chap. VII, et t. II, chap. II et III.

(²) NÈVE, dans les *Mémoires couronnés de l'Académie de Bruxelles,* t. XXVIII,
p. 69 et 70.

(³) RANKE, MACAULAY, L. BLANC et CAPEFIGUE. — EICHOFF, *Tableau de la littérature du Nord au moyen âge,* p. 342.

des plus grands écrivains du xvie siècle, le Bruxellois Marnix de Sainte-Aldegonde, nous a laissé un tableau aussi piquant que véridique des questions absurdes qu'elle proposait aux candidats en sciences et pour le doctorat, à l'université de Louvain. Erasme et Perizonius n'en parlent pas avec plus d'indulgence. Elle ne devait plus se relever de la condamnation qui, dès lors, s'attacha à son nom.

Il va sans dire que la réaction produite par la Renaissance devait rencontrer, d'une part, de nombreux contradicteurs, de l'autre, des défenseurs aussi énergiques qu'intrépides. Parmi ces derniers, figure un des plus grands hommes d'église du xve siècle, Æneas Sylvius Piccolomini, qui fut plus tard le pape Pie II et dont le témoignage ne saurait être suspect. Il est curieux de l'entendre répondre, aux objections des théologiens contre l'étude des classiques anciens, qu'il ne faut pas rendre les poètes responsables de la pluralité des dieux, que l'on ne doit en accuser que l'esprit de leur temps. « Qui, de nos jours, ajoute-t-il, serait assez insensé pour faire un sacrifice à Hercule ou à Jupiter, par la raison qu'ils figurent dans des poèmes? Or, les écrivains anciens, en peignant les faiblesses de leurs dieux et les vices de la société païenne, que font-ils autre chose que de montrer les dieux et les hommes tels qu'ils sont? L'Écriture sainte ne renferme-t-elle pas elle-même des histoires aussi scandaleuses que la littérature profane? Le commencement du monde est souillé par un fratricide. Sodome et Gomorrhe périssent par les plus honteuses voluptés. Loth s'enivre et commet deux incestes. Joseph est vendu par ses frères; Juda a des fils de sa bru; Samson s'endort dans les bras d'une courtisane; Jephté sacrifie sa fille; Athalie verse le sang innocent; David, l'élu de Dieu, se souille par des trahisons, des adultères et des meurtres; Ammon abuse de sa propre sœur et tue son frère; Salomon devient idolâtre au milieu de ses femmes légitimes et illégitimes. Cependant, nous lisons ces histoires et nous en retirons de bons fruits, parce que nous y trouvons la

mauvaise fin d'une mauvaise vie et la bonne fin d'une bonne
vie. Il n'en est pas autrement des poètes et des prosateurs
de l'antiquité païenne. Combien, d'ailleurs, ceux-ci ne nous
offrent-ils pas d'excellentes règles de conduite, de sublimes
leçons de morale, qui peuvent soutenir hardiment le parallèle
avec les meilleures doctrines du christianisme (¹)? »

La Renaissance a acquis, depuis, une signification plus
élevée que celle qu'on lui attribuait anciennement; elle n'est
plus aujourd'hui une simple rénovation des études, la substi-
tution des bonnes méthodes naturelles aux méthodes artificielles. Nous y voyons un mouvement universel qui servit
la Réforme par ses pamphlets, par son érudition, par ses
traductions des Écritures, mais qui ne s'allia jamais exclusivement au protestantisme : « Dans la lutte des deux
religions, elle ne vit, dès les premiers jours, qu'un moyen
de faire triompher un de ses principes, la liberté pour
tous d'adorer Dieu selon leur raison et leur inspiration
intime (²). »

Sous ce rapport, on peut dire que les défiances qu'elle
inspirait à l'Église étaient souvent fondées, au moins en
Italie, car l'admiration et l'imitation de l'antiquité compro-
mirent, dans ce pays, l'attachement qu'on y avait voué au
catholicisme, et les études nouvelles provoquées par la
Renaissance y furent autant d'excitations et de moyens propres à faire examiner de plus près les doctrines religieuses
qui jusque-là avaient dominé le monde. Il est vrai que les
humanistes italiens ne négligeaient rien pour éviter, au
moins en apparence, tout contact avec la théologie; un seul
d'entre eux ne garda pas cette prudente réserve; le Romain
Laurent Valla (1406-1457) montra l'action immense que les
études historiques pouvaient exercer sur les opinions religieuses. La donation de Rome, faite aux papes par l'empereur

(¹) *Lettre de Piccolomini à Stein,* lettre III, dans HAGEN, *Deutschlands literarische
und religiöse Verhältnisse im Reformationszeitalter,* t. I, p. 86-89.
(²) MONTÉGUT, *Revue des Deux Mondes,* t. VII, p. 667 et 668 (1857).

Constantin, était alors hautement affirmée et défendue par la
cour pontificale. Valla s'éleva contre l'auteur du document
apocryphe de cette donation avec toute l'âcreté de sa polémique, mais aussi avec beaucoup de logique et de sens. Il fut
assez heureux pour se soustraire aux persécutions décrétées
contre lui par le pape et les cardinaux (¹).

Le néo-platonisme, restauré à Florence (1440) par Gémiste
Pléthon, de Constantinople, s'appropriait alors un syncré-
tisme qui, tout en se rattachant à l'Église, renfermait des
thèses suspectes d'hérésie, et, soit à cause de son principe
d'indépendance, soit à cause de sa vitalité interne, devait tôt
ou tard encourir la disgrâce de Rome. On opposa à ce platonisme la doctrine d'Aristote, dont les défenseurs prirent
une direction sceptique qu'ils communiquèrent aux humanistes de l'Italie et qui leur attira plus d'une fois la dangereuse accusation d'athéisme. Toutefois, ils parvenaient à s'y
soustraire en se soumettant au jugement de l'Église. On ne
pouvait attaquer impunément que la scolastique, bien qu'elle
fût un des principaux soutiens du dogme ; parce que sa barbarie et son faux aristotélisme l'avaient rendue tout à fait
ridicule (²).

Comme l'a fait remarquer un grand historien moderne (³),
c'était alors pour la sainte Église un temps de richesse et de
luxe, et, si l'on étudie la biographie des hommes qui ont
joué, dans le catholicisme, un rôle politique ou littéraire, on
est surpris du mélange de mœurs sybarites et de pensées
audacieuses qu'on y rencontre. On croit vivre un instant au
xviiiᵉ siècle : c'est le même enthousiasme pour les idées nou-

<hr>

(¹) Gieseler, *Lehrbuch der Kirchengeschichte*, t. II, 4, p. 504.

(²) Jo. Franc. Pici *Opp.*, t. I, f. 42, 76 et 82 ; t. II, f. 177 (Bâle, 1573).— Marsi-
lius Ficinus, *In præf. ad Plotinum.*—Labbei *Concil. coll.*, t. XIV, f. 187.—Guill.
Batesii *Vitæ selectorum aliquot virorum*, p. 112. — Von der Hardt, *Historia litc-
raria Reformationis*, t. I, p. 173. — Erasmi *Opp.* (Cleric.), t. III, 1, f. 189 et 1015 ;
t. III, 2, f. 1382. — Angeli Politiani *Epist.*, l. IX, ep. 3.—Tennemann, *Geschichte
der Philosophie*, t. IX. p. 54 et suiv. — Gieseler, *l. c.*, t. II, 4, p. 504-511.

(³) Guizot, *Cours d'histoire moderne*, XIᵉ leçon, p. 33 et 34. (Paris, 1828.)

velles, c'est la même absence de croyances morales et religieuses. Les lettrés du xvie siècle sont vis-à-vis des prélats ce
qu'étaient les philosophes du xviiie vis-à-vis des grands seigneurs : ils ont, les uns et les autres, les mêmes opinions, les
mêmes mœurs, la même insouciance de l'avenir [1].

Il faut noter aussi que cette époque de révolution intellectuelle est celle de la plus grande activité extérieure des
hommes : c'est une époque de voyages, de découvertes, d'en-
treprises de toute sorte [2]. On apprit à mieux connaître la
variété de la nature et de l'espèce humaine ; tout concourut à
agrandir la sphère des idées et à diminuer celle des préjugés.
Bientôt la bourgeoisie, éprise des conceptions du siècle,
s'irrita d'avoir à partager les fruits de ses labeurs avec des
castes parasites, et les nations, se faisant industrielles, de
féodales qu'elles étaient en majeure partie, se dégoûtèrent
des stériles disputes théologiques du moyen âge et ouvrirent
les yeux au flambeau de la raison [3].

L'invention des armes à feu, en rendant égaux sur le champ
de bataille le vilain et le noble, le fort et le faible, avait porté
une atteinte mortelle à la chevalerie, en même temps que
l'établissement des armées permanentes affranchissait les
souverains de la dépendance des grands vassaux.

Mais une des causes les plus actives de séparation entre les
temps anciens et les temps modernes, c'est l'imprimerie,
inventée de 1436 à 1452. Cet art, en vulgarisant les lumières,
jadis apanage exclusif de certaines catégories sociales,
donna un essor inconnu à l'humanité, amena une ère nouvelle de science et de civilisation et fit de la presse, comme
dit M. Nisard, « une tribune souveraine qui, du tropique au
pôle, communiqua à la pensée la puissance de l'antique
Forum ».

C'est ce qu'avait déjà fort bien compris un écrivain belge

[1] Guizot, *Cours d'histoire moderne*, XIe leçon, p. 33 et 34. (Paris, 1828.)
[2] Id., *ibid.*, p. 35.
[3] L. Blanc, t. I, p. 27 et 28.

du xvi⁰ siècle : « En quoy me semblent estre du tout four-
voiez (pour en dire franchement mon advis) ceulx qui se persuadent ces entrefaictes (troubles) estre advenues par les
menées de quelques ungs, ou à cause de choses passées ès
mesmes années. Et croys fermement que quiconque vouldra
de plus près regarder et penser à ces affaires jugera et trou-
vera avecq moy que, dés longtemps, ont prins leur commencement. » — Et pour diverses causes, « entre lesquelles n'ont
certes esté les deux moindres, mais bien les plus grandes,
l'art de l'imprimer et le retour des langues et sciences, dont
le monde, au grand désavantage des hommes, avoit esté
frustré et dépourvu. » De ce moment, « at, ung chascun,
avecq grande commodité, peu jouyr et, par là, venir à la
vraie cognoissance de la sainte Escripture et tous les livres
délaissez par les anciens catholiques et autres chrestiens
docteurs; davantaige, entendre, par les sermons et prédications des sçavantes et chrestiennes personnes, le vray
chemin de son salut éternel (¹) ».

Lorsque tant de causes d'ébranlement venaient se réunir
et combiner leur puissance, il était impossible que la société
chrétienne ne se trouvât pas tout à coup amenée à une situation entièrement nouvelle. La lutte du christianisme et du
mahométisme n'était pas finie en Orient, qu'en Occident il
s'en annonçait une dans le sein de l'Église même. Les excitations des croisades, jointes aux agitations dogmatiques qui
avaient eu lieu dès le xi⁰ siècle et qui avaient jeté des dissi-
dences au milieu de plusieurs diocèses d'Italie, de France et
de Belgique, firent éclater tout à coup une nouvelle série de
schismes religieux. Dès l'origine, on sentit qu'il y avait là

(¹) WESENBEKE, *La description de l'Estat, succès et occurrences advenues au Païs-
Bas au faict de la religion*, p. 56. L'auteur de ce livre avait été pendant vingt-cinq
ans conseiller-pensionnaire d'Anvers, lorsque son amour pour la liberté le força
d'abandonner sa patrie (1567). Il se retira à Dillenbourg, où il le composa et le fit
imprimer en 1569. M. Rahlenbeck en a publié une nouvelle édition dans la collection des *Mémoires relatifs à l'histoire de Belgique*.

quelque chose de plus grave que tout ce qui s'était vu dans les temps anciens. Aussi prit-on des mesures exceptionnelles : on créa de nouvelles congrégations religieuses que l'on chargea de combattre les scissionnaires. Mais l'esprit d'insurrection contre l'Église se répandit jusque parmi ses défenseurs, et l'on vit grand nombre de ses savants et même de ses prélats s'élever contre ses institutions générales ; on les vit, en outre, dans les circonstances les plus solennelles, telles que les conciles de Pise, de Constance et de Bâle, attaquer l'autorité du pontificat suprême. Chacune de ces assemblées offrit le spectacle tantôt d'une minorité, tantôt d'une majorité de pères déposant des papes et en élisant d'autres.

Déjà on avait vu un roi de France, d'accord avec un pontife de son choix, obtenir la translation du Saint-Siège de Rome à Avignon et faire supprimer, au concile de Vienne, un des ordres qui avaient rendu à la religion les plus éclatants services. On devait bientôt voir les Diètes d'Allemagne rivaliser avec les assemblées du clergé et de la noblesse de France dans la proclamation de ces principes d'indépendance que le pouvoir temporel affectait, depuis quelque temps, de soutenir avec orgueil contre l'autorité spirituelle.

Dès lors, il se forma, dans le sein même de l'Église, deux partis : celui du système pontifical et celui du système représentatif. Le premier regardait le pape comme le maître de l'univers, duquel émanait tout pouvoir spirituel et temporel, et qui par là même était placé au-dessus de tous les rois de la terre, qu'il pouvait destituer selon son bon plaisir. A plus forte raison le pape était-il le chef suprême et absolu de l'Église, placé au-dessus de tous les prélats et de tous les conciles (¹).

(¹) Les principaux défenseurs de ce système étaient : le dominicain Jean de Turre-cremata, dans la *Summa de Ecclesia et ejus auctoritate*, lib. IV, et surtout lib. 1, *De Potestate papali*, et lib. III. *de Conciliis* ; l'évêque de Zamora, Roderic SANCIUS, dans son *Speculum vitæ humanæ* ; Dominique Venetus, évêque de Brixen, dans son traité : *De cardinalium legitima creatione* (dans MARC. ANT. DE DOMINIS, *De republica eccles.*, t. I) ; Théodore Lelius, évêque de Feltre, dans son écrit *Pro Pio papa II*

Le système représentatif, au contraire, sans renoncer à la papauté comme principe d'unité, n'en voulait pas moins une papauté essentiellement limitée, soutenait que la puissance de l'Église ne dérive pas du pape, mais que celle du pape dérive de l'Église; que, par conséquent, il n'est pas le maître de l'Église, mais son pouvoir exécutif [1]; que l'Église est au-dessus du pape, membre seulement de l'Église; que l'Église seule, représentée par ses conciles, est exempte de toute erreur; que le pape, comme homme peccable [2], peut errer et employer son pouvoir pour la perte de l'Église; que l'Église, ainsi légitimement représentée, est le juge suprême du pape et peut le révoquer; que cette Église seule a le droit de faire des lois, auxquelles le pape est soumis comme tout autre mortel; que le pouvoir épiscopal ne découle point du pouvoir pontifical; que les deux pouvoirs émanent, au contraire, de la même source, c'est-à-dire de saint Pierre et des autres apôtres. Quant au pouvoir temporel, il ne doit rien au spirituel, étant, lui aussi, d'institution divine [3].

Le système représentatif échoua, l'opposition fut vaincue, mais non écrasée. Une réaction était inévitable, d'autant plus que dans l'empire des lettres se préparait une lutte non moins grave que celle qui se manifestait, de la part de tant de sectes nouvelles, dans l'opposition de tant de docteurs, dans les usurpations de tant de conciles, dans les insurrections de tant d'assemblées politiques. Depuis les croisades, les peuples de l'Europe avaient commencé à substituer insensiblement à la vieille littérature, latine ou ecclésiastique, des littératures

et sede romana (dans GOLDAST, *Monarch. Rom. Imper.*, t. II, p. 1595). — Voy. GIESELER, *Lehrbuch der Kirchengeschichte*, t. II, 4, p. 218-229. — ULLMANN. *Reformatoren vor der Reformation*, t. I, p. 189-191.

[1] « *Caput ministeriale.* »

[2] « *Homo peccabilis.* »

[3] Les défenseurs de ce système furent Gerson, *De potestate ecclesiast. consid. Opp.*, t. II, f. 246 (Dupin); Nicolas de Cusa, *De concordantia cathol.*, lib. II et III (dans SCHARDIUS, *Syntagma tractatum*, p. 356). — Voy. GIESELER, *l. c.*, p. 209-218, et ULLMANN, *l. c.*, p. 191-194.

nouvelles et nationales ; à la place de l'ancienne scolastique, où prévalaient les dogmes de saint Augustin et la dialectique d'Aristote, plusieurs écoles mettaient, les unes ce platonisme mystique, les autres ce mysticisme biblique qui donnaient libre jeu aux esprits trop longtemps emprisonnés en des formules stériles. Ainsi, une crise plus profonde, plus périlleuse qu'aucune autre, attendait le vieux catholicisme. L'impulsion la plus décisive lui vint des grands faits que j'ai signalés au commencement de ce chapitre, et bientôt tout ce qu'il y eut d'esprits hardis en Europe se rangea sous ces deux bannières : Liberté de la pensée, — Empire de la foi[1].

D'après ce premier aperçu on peut déjà dire qu'ils se trompent, ceux qui veulent faire reculer la société de plus de trois siècles pour ramener ce qu'on appelle l'ancien ordre social. Non, ce prétendu ordre n'existait plus depuis longtemps, et par conséquent, ce ne sont pas les réformateurs du xvie siècle qui l'ont attaqué les premiers. Cela pourra paraître bizarre à ceux qui ne veulent voir la splendeur du catholicisme que dans le moyen âge. Mais on s'est demandé, à juste titre, si « cette époque a été sans orages, sans échecs pour l'Église ; si la papauté était plus forte aux temps où un empereur et un anti-pape chassaient de Rome Grégoire VII et où un roi de France faisait insulter par un avocat et par un soldat Boniface VIII. Les princes étaient-ils plus pieux aux temps où un roi faisait assassiner Thomas de Cantorbéry? L'autorité de l'Église était-elle plus respectée durant ces schismes séculaires qui tenaient la chrétienté indécise et scandalisée entre deux papes, celui de Rome et celui d'Avignon? Sans parler des mœurs, croit-on que la foi fût uniforme

---

[1] M. Dür, recteur du séminaire catholique de Wurtzbourg et auteur d'une excellente biographie de Cusa, pense ainsi. Voir aussi le *Répertoire universel des sciences*, etc., t. IX, p. 230. — Conf. SCHARPFF, *Der Cardinal Nicolaus von Cusa*, p. 1 et 2.

Ce dernier ouvrage, publié d'abord en un volume in-8°, à Mayence en 1843, a été mis en rapport avec la traduction des principales œuvres du cardinal de Cusa due à M. E. Scharpff et réimprimée sous le même titre à Tubingue en 1871. (Note des éditeurs.)

et pure (¹) lorsque l'hérésie, écrasée chez les Albigeois (²) de France, allait éclater chez les Lollards d'Angleterre, soulevait les hussites de Bohême et couvait, sous une compression impuissante, le feu où la Réforme allumerait un jour son incendie? L'hérésie a toujours existé au moyen âge; la papauté, par des moyens violents, l'étouffait passagèrement, mais n'en pouvait détruire le germe. La Réforme du xviᵉ siècle n'a fait que révéler ce qui était latent, que constituer politiquement et localiser géographiquement la protestation sourde qui errait au sein des peuples durant le moyen âge. Si la Réforme a opéré cette œuvre, si elle a régularisé, en quelque sorte, l'opposition du principe de liberté protestante au principe d'autorité catholique, elle le doit aux transformations politiques et matérielles qui avaient changé la face de l'Europe lorsqu'elle parut (³). »

En Belgique plus qu'ailleurs, ce mouvement général devait entraîner d'immenses conséquences politiques et religieuses. Cela résultait à la fois de notre dépendance de l'Espagne, qui s'était donné la mission de comprimer, par le fer et par le feu, toute révolte contre l'orthodoxie, et de notre position intermédiaire entre les grandes puissances de nouvelle formation, qui se disputaient nos provinces. Le développement de la prospérité industrielle de notre pays favorisait, en outre, tout changement politique hostile aux deux classes jusque-là prépondérantes, le clergé et la noblesse. La bourgeoisie libre des villes, enrichie par le commerce, et le peuple des campagnes, encore attaché à la glèbe, supportaient seuls le poids des charges publiques. C'étaient autant de causes de mécontentements et de révolutions qui ne demandaient qu'une occasion pour éclater, et cette occasion ne tarda

---

(¹) Cette opinion d'un écrivain libéral est confirmée par un écrivain catholique. Voir : CHATEAUBRIAND, *Études historiques*, édition de Bruxelles, in-36, t. III, p. 32, 180, 184, etc.

(²) Les Albigeois, très nombreux à la fin du xiiᵉ siècle, se trouvaient en Provence et dans le Languedoc, surtout dans la ville d'Albi.

(³) FORCADE, *Revue des Deux Mondes*, 1849, t. I, p. 651.

pas à se présenter. De même qu'à une autre époque, la Suisse, berceau de la maison de Hapsbourg, avait commencé la lutte contre l'agrandissement de cette maison, il était dans la destinée des Pays-Bas, berceau de la maison de Bourgogne, de continuer, au xvi⁰ siècle, la lutte contre son despotisme. On sait que l'Allemagne entière devait être engloutie dans le vaste empire rêvé par Charles-Quint, et que dans les desseins de son fils le même sort était réservé aux Pays-Bas. L'indépendance nationale, sacrifiée à la tyrannie espagnole, l'indépendance provinciale au despotisme centralisateur, l'indépendance religieuse au pouvoir épiscopal, c'était notre existence entière qui était menacée, en même temps que notre liberté de pensée et de conscience. Mais la question religieuse primait toutes les autres, et c'est pour étouffer les germes d'hérésie semés par la Réforme que l'Espagne employa ses forces jusqu'à ce que tout fut détruit et abîmé, jusqu'à ce qu'aucune résistance ne fut plus matériel-lement possible.

J'entreprends, en ce qui concerne les Pays-Bas, l'histoire des origines et des progrès de cette lutte pendant la durée du xvi⁰ siècle ; siècle où tout fut grand, les hommes et les choses, les chefs et les peuples ; où, au milieu de la foudre et des éclairs, furent posées, par nos ancêtres, les plus formidables questions politiques et sociales ; où les plus hauts problèmes d'affranchissement et les droits de la raison et de la conscience furent plaidés les armes à la main. La victoire ne couronna pas nos efforts. Toutes nos libertés succombèrent. Mais elles devaient triompher de nos jours, mieux comprises, épurées, complétées, telles, enfin, qu'elles sont gravées sur le bronze de notre Constitution.

CHAPITRE PREMIER.

Les peuples des Pays-Bas prirent une part active aux deux grands mouvements de la Renaissance et de la Réforme. La Belgique surtout était une terre d'opposition religieuse.

Vers l'an 1100, on vit sortir des îles de la Zélande, pour entrer en Flandre, un personnage laïque, Flamand de naissance, du nom de Tanchelin, qui se mit à dogmatiser, pendant neuf années consécutives, principalement à Anvers.

Il n'est pas facile de distinguer ses véritables doctrines au milieu des accusations confuses, portant moins sur ses prédications que sur ses mœurs, dont il fut l'objet de la part des écrivains ecclésiastiques. Il semble, toutefois, qu'elles se rattachaient à celles des manichéens et des adamites; mais dans les agitations populaires qu'elles excitèrent, on sent vaguement palpiter une question sociale. On y reconnaît les satires violentes contre l'orgueil du clergé et les attaques indirectes contre l'oppression féodale qui avaient suscité la guerre des Albigeois. Ainsi, il sapait l'organisation de l'Église par la base en défendant à ses disciples de payer la dîme, de témoigner du respect au pape, aux évêques et aux prêtres; en traitant les sacrements de sacrilèges et les églises d'antres d'idolâtrie et de prostitution; en faisant dépendre le salut éternel de la foi seule. Quant à l'extravagance de la mise en scène qu'il adopta, elle s'explique par l'ignorance et la grossièreté des esprits auxquels il s'adressait. On serait tenté de taxer les historiens d'exagération, si les mêmes faits ne s'étaient reproduits à d'autres époques. Tanchelin est le précurseur de Jean de Leyde ; dans l'histoire de son hérésie, on croit lire celle des anabaptistes, fomentée au xvie siècle, à Munster, par des Belges et des Bataves.

La facilité avec laquelle Tanchelin répandit ses doctrines donne une triste idée de l'état moral et religieux de ce temps-là. Il n'y avait alors dans Anvers, ville comparativement déjà grande et populeuse, qu'un seul prêtre ; encore le scandale de ses mœurs privées lui enlevait-il tout prestige et toute autorité. Ceux qu'il aurait dû fortifier par son exemple et éclairer de ses lumières, croupissaient dans l'ignorance et le désordre. Ils étaient, pour le hardi novateur, une proie sans défense.

Cependant, il y avait entre Anvers et le Kiel, sur le bord de l'Escaut, une église dédiée à saint Michel, desservie par un chapitre de chanoines, qui rapportait sa fondation à Godefroid de Bouillon, en 1096. Quelle fut la conduite de ces chanoines dans des circonstances si graves pour eux ? Demeurèrent-ils paisibles spectateurs de cette propagande ou ne purent-ils rien faire pour y remédier ? Quelle que fût la cause de cette inaction, elle leur a valu un soupçon de complicité, que rien, il faut le dire, n'autorise à croire fondé (¹).

Tanchelin eut bientôt de nombreux prosélytes et obtint un si grand crédit sur les masses, qu'il fut traité par elles comme un souverain. Jamais il ne paraissait en public sans être escorté de 5,000 hommes armés, qui marchaient devant lui l'épée nue. Vêtu d'habits magnifiques, les cheveux relevés en tresses avec des rubans et de l'or (²), il s'enivra de ses

---

(¹) GENS, *Histoire de la ville d'Anvers*, p. 31, etc. — C.-A. CORNELIUS, *Die niederländischen Wiedertäufer während der Belagerung Münsters*. München, 1869. Ce travail est un extrait des *Mémoires de l'Académie royale de Bavière*, 3e cl., vol. XI. — DE POTTER, *Hist. du christian.*, t. VI, p. 379-381, et *ibid.*, les sources.

(²) DE POTTER, *l. c.*

succès et ne tarda pas à se rendre coupable des mêmes fautes qu'il avait si durement reprochées à ses adversaires. Les chroniqueurs du temps l'accusent d'abuser de l'influence qu'il avait sur les femmes converties à ses doctrines. Il les avait tellement fascinées, racontent les chroniqueurs, que, s'estimant fort honorées de ses amours, elles se donnaient à lui, en présence même de leurs mères et de leurs maris, persuadées qu'elles accomplissaient une œuvre spirituelle fort agréable à Dieu. Mais rien ne prouve que ce ne soit pas là une de ces calomnies gratuites dont les écrivains ecclésiastiques ont toujours été très prodigues à l'égard des hérésiarques.

Voyant que tout marchait au gré de ses désirs, Tanchelin, ajoute-t-on, poussa la folie jusqu'à croire à sa propre divinité. « Il disait que, si le Christ est Dieu parce qu'il avait eu le Saint-Esprit, lui l'était au même titre, puisqu'il avait reçu la plénitude du Saint-Esprit. Par là, il réussit à s'emparer si bien des âmes, qu'il fut adoré par quelques-uns de ses partisans comme Dieu, et qu'il donna à boire au peuple stupide l'eau dans laquelle il s'était baigné; ce qui était, assurait-il, un sacrement plus saint et plus efficace pour la santé du corps et de l'âme que le baptême [1]. » C'était sur les toits qu'il prêchait ces monstruosités, c'était dans de vastes plaines qu'il haranguait la foule qui se pressait autour de lui. Semblable à un roi qui se montre à son peuple, il paraissait en public avec les insignes de la royauté, et le peuple, séduit, l'écoutait comme un ange de Dieu.

« Il est malaisé de comprendre pourquoi il prit alors fantaisie à Tanchelin de se rendre à Rome; il y alla cependant, habillé en moine, et sous prétexte de dévotion. A son retour (1112), il fut arrêté et jeté en prison par l'archevêque de Cologne. Étant parvenu à s'échapper, il se sauva à Bruges,

____

[1] Extrait d'une lettre des chanoines d'Utrecht à l'archevêque de Cologne. (GENS, p. 33 et 34.)

où il fut condamné à l'exil par le clergé et le peuple. Depuis cette époque, il erra sans asile et sans but, et commit même plusieurs crimes, s'il en faut croire ses ennemis, jusqu'à ce qu'il fut assommé (1115) par un prêtre catholique, qui voulut laver dans le sang du sectaire les injures dont il avait accablé les ministres de l'Église ([1]). »

D'autres ([2]) ont jugé Tanchelin beaucoup moins sévèrement : ils prétendent qu'il ne fut que le continuateur de Bérenger, dont il propagea les opinions sur l'eucharistie et sur le baptême des enfants. Ils vantent son éloquence, sa douceur, sa bienfaisance et le disculpent des imputations calomnieuses de ses ennemis. Diercxsens , le fanatique Diercxsens lui-même, révoque en doute l'immoralité de Tanchelin ([3]); et, en effet, son voyage à Rome prouve qu'il ne suivit pas une direction réellement antichrétienne. Sans cela, il n'aurait pas osé l'entreprendre. Il est possible qu'il crût trouver, dans la capitale du catholicisme, un appui contre les violences d'un clergé dont il avait eu l'audace d'attaquer la corruption ([4]).

Du reste, Diercxsens a soin de nous apprendre que, si l'Église d'Anvers fut désolée par l'hérésie de Tanchelin, Dieu, dans sa miséricorde, pour fortifier les cœurs des bourgeois dans la vraie foi, leur procura un trésor inappréciable : une des reliques les plus précieuses du corps de Jésus-Christ, apportée de la Terre-Sainte et approuvée par le chapelain de Godefroid de Bouillon. Il est vrai qu'il y avait quatre exemplaires du

---

([1]) MEYER, *Annales Flandr.*, ad ann. 1110 et 1115. — *Robertus de Monte ad Sigebert. Gemblacens. Chronicon*, apud PISTOR, f. 870. — DE POTTER, *l. c.*, p. 382 et 383.

([2]) Voyez une apologie de Tanchelin dans UYTTENHOOVEN, *Geschiedenis der hervormde Kerk te Antwerpen*, t. I, p. 16 et suiv. — Conf. DANIEL GERDES, *Historia evangelii in Belgio reformati*, p. 1-3.

([3]) « An autem *Tanchelinus*, dit-il, hic *Antverpiæ* sic impudicum et seditiosum sese exhibuerit, certis monumentis non docetur. » (*Antverpia Christo nascens et crescens*, t. I, p. 103.) — Conf. TYDEMAN, *Verhandeling over Tanchelyn*, dans *Bydragen tot de geschiedenis der godgeleerde wetenschappen*, t. II, p. 1 et suiv.

([4]) NEANDER, *Allgemeine Geschichte der christlichen Religion*, t. X, p. 1161.

saint Prépuce ([1]), mais, dans ce temps-là, on n'y regardait pas de si près.

Ce qui contribua au succès de Tanchelin, ce fut la situation politique du duché de Lothier, dont dépendait le marquisat d'Anvers et qui subissait alors une sorte d'interrègne très favorable à l'anarchie; d'un autre côté, en supprimant la dîme, l'hérésiarque séduisait les Flamands, chez qui l'intérêt a toujours été si puissant; enfin, il ne prêchait que ce qui devait plaire par sa nouveauté ou ce qui s'accordait avec les dispositions de la multitude.

Le sang de Tanchelin fut loin d'effacer toutes les traces de ses doctrines, qui servirent à frayer les voies à l'hérésie vaudoise. A Anvers seulement, douze clercs, établis par l'évêque de Cambrai dans l'église de Saint-Michel, avaient pour mission spéciale de les extirper. Ne pouvant y réussir, ils appelèrent à leur secours saint Norbert, fondateur de l'ordre des Prémontrés, adversaire déclaré de toute espèce de déviation des dogmes et des traditions de l'Église. Ses efforts furent couronnés de succès; mais un siècle après la mort de Tanchelin, des doctrines hérétiques étaient prêchées de nouveau, sans empêchement, par un chanoine de Notre-Dame, nommé Guillaume Cornélis ([2]). Cornélis plaçait toutes les vertus dans la pauvreté chrétienne, il exagérait tellement cette idée que, suivant lui, une courtisane pauvre était préférable à une femme chaste qui possédait quelque chose, et que tous les religieux étaient damnés ([3]), parce qu'ils nageaient dans l'abondance. Pour mettre ses actions d'accord avec ses paroles, il distribua aux pauvres tout son bien, jusqu'aux

---

([1]) Il n'y en avait qu'un d'*authentique*, celui de Saint-Jean de Latran, à Rome. Il avait été déclaré tel par le pape Innocent III. — Voir, sur ce sujet délicat, une spirituelle dissertation de De Potter, dans son *Histoire du christianisme*.

([2]) MIRÆUS, *apud* D. BOUIX, *Tractatus de jure regularium*, t. II, p. 371 et suiv. — *Dissertatio historico canonica*, auctore D. GEORGIO. — BOXHORN, *Nederlandsche historie*, p. 49. — GIESELER, t. II, 1, p. 301, 392 et 393. — BASELIUS, *Den nederlandschen Sulpitius*, p. 161.

([3]) *Omnes religiosos esse damnatos.* (DIERCXSENS, t. I, p. 237.)

revenus de sa prébende de chanoine. Aussi, quand il mourut, en 1248, fut-il enterré en grande pompe dans l'église de Notre-Dame. Mais trois ans après, l'évêque de Cambrai fit déterrer son cadavre, qui fut brûlé sur la place publique [1].

« On le croirait difficilement, si le fait n'était attesté par les écrivains catholiques eux-mêmes : au milieu du xiiie siècle, à l'époque où la puissance du Saint-Siège était parvenue à son apogée ; qui avait vu l'humiliation de Barberousse et de Philippe-Auguste ; au temps même où l'Église produisait ses lumières les plus éclatantes, les Dominique et les François d'Assise, les Bonaventure et les Thomas d'Aquin, la foi catholique se trouvait, à Anvers, presque aussi désarmée qu'au temps de Tanchelin ! A l'abbaye de Saint-Michel, les successeurs de saint Norbert s'endormaient dans l'opulence et dans l'oisiveté ; les intérêts de leur cave à vin absorbaient toute l'attention des chanoines de Notre-Dame. Le clergé de l'église du Bourg ne faisait pas exception à la manière de vivre des chanoines et des norbertins. Restaient les béguines et les sœurs hospitalières. Là, sans doute, on eût trouvé des exemples de charité et de dévouement ; mais nulle part, dans le clergé, on ne rencontrait des hommes capables de soutenir par leur science, par l'autorité de leur parole ou de leur vertu, le dogme ébranlé par l'hérésie, la discipline par les mœurs vacillantes.

« Et comment, chez le peuple, les mœurs n'auraient-elles pas souffert, quand ceux qui s'étaient constitués les gardiens de la morale donnaient de si déplorables exemples ? Le magistrat d'Anvers s'émut de cet état de choses et écrivit,

---

[1] GENS, p. 72 et 73. — MERTENS et TORFS, *Geschiedenis van Antwerpen*, t. I. p. 407-414. — Dans une remarquable étude de M. Janssen sur Tanchelin, publiée par les *Annales de l'Académie d'archéologie de Belgique*, t. XXIII, p. 374 et suiv., cet écrivain s'est efforcé de prouver que le commencement de la carrière de cet hérésiarque était pur, qu'il n'avait tonné alors que contre les sacrements et les églises administrés par un clergé indigne ; mais que, dans la suite, égaré par l'orgueil, il était tombé dans « tous les abîmes du communisme ». — Voy. aussi MOLL, *Kerkgeschiedenis van Nederland voor de Hervorming*, t. II, 2, p. 42-59.

en 1247, une lettre au Père provincial des dominicains, qui tenait alors à Strasbourg un chapitre de l'ordre, pour le prier d'envoyer à Anvers quelques frères, promettant de leur faire bon accueil et de les aider de tout son pouvoir (¹). »

Vers ce temps, au moment où les dominicains s'installaient en Belgique, des doctrines hérétiques circulaient sourdement à Anvers. Elles se rapportaient, de même que l'hérésie de Tanchelin, à celles des Albigeois, et plus encore à celles des Vaudois, dont quelques-uns, pour échapper aux persécutions dirigées contre eux en Flandre, semblent avoir cherché un asile à Anvers, où ils rencontrèrent des adhérents. Les écrivains protestants considèrent ces doctrines comme des restes de l'hérésie de Tanchelin (²), laquelle, suivant eux, n'aurait jamais été complètement extirpée et se rattacherait, par une chaîne non interrompue, à la Réforme du xvie siècle. Ce qui est certain, c'est que les doctrines de Cornélis étaient, en beaucoup de points, conformes à celles des Vaudois (³).

D'autres hérésies encore se répandirent de France et d'Italie en Belgique. Ceux qui les professaient niaient l'efficacité du baptême des enfants et la présence réelle du Christ dans l'eucharistie, condamnaient le mariage et déclaraient crime le serment. Le peuple de Liége, chez qui ils avaient pénétré de nos provinces, les aurait brûlés vifs s'il n'en avait été empêché par le clergé, plus humain et plus charitable que la multitude. Ils réussirent mieux dans Arras (1185), où ils parvinrent à faire des prosélytes dans la noblesse et dans le peuple. Ils y avaient été précédés, en 1025, par d'autres hérésiarques qui rejetaient toutes les cérémonies de l'Église et mettaient l'essentiel de la religion dans l'abandon des plaisirs de ce monde, dans la réprobation de la chair, dans les tra-

---

(¹) GENS, p. 69 et 70.

(²) Voy. UYTTENHOOVEN, *Geschiedenis der hervormde Kerk te Antwerpen*, t. I, p. 45-47.

(³) GENS, p. 72.

vaux manuels, dans la charité envers tous les hommes. Ces sectaires furent condamnés au feu [1].

Une secte manichéenne s'était propagée à Yvoy, dans le Luxembourg [2]. Ces hérésies furent combattues avec force par un théologien du temps, Éverard de Béthune [3], et plus encore par Alain de Lille [4], dont je parlerai davantage plus loin.

Un des hommes les plus célèbres du XIIIe siècle fut Simon de Tournai, chanoine de cette ville et docteur en théologie à Paris, où il *gouverna* pendant dix ans les *écoles des arts*, c'est-à-dire enseigna la philosophie et les belles-lettres. Ce fut un penseur profond et un dialecticien subtil. S'étant, depuis, adonné à l'étude de la théologie, il y passa maître et docteur. Il l'enseigna longtemps, au milieu d'un concours prodigieux d'auditeurs. Son attachement aux opinions d'Aristote lui suscita l'accusation traditionnelle d'hérésie. Sa grande supériorité dans les disputes théologiques lui fit beaucoup d'ennemis, peut-être même est-elle cause qu'on lui a reproché de l'orgueil et de l'impiété, deux défauts qui attirèrent sur lui la colère du Ciel : « Au lieu de parler en homme, il bugloit comme un bœuf; et incontinent, par une épilepsie (qu'on appelle le mal de Saint-Jean) estant jetté par terre, le troisième jour de cette maladie reçut la vengeance; le Tout-Puissant donc le frappa d'une playe incurable et le priva de toute science jusques aux lettres de l'A, B, C; et, avec ce, fut le plus griefvement atteint en son âme, veu que jusques au jour de sa mort il a esté comparé aux bestes sans entendement, et est demeuré en la vilenie de luxure [5]. »

<hr>

[1] MARTÈNE et DURAND, *Veterum scriptorum et monumentorum collectio amplissima*, t. I, p. 776. — *Auctarium aquicinctinum, ad ann. 1025*, dans MIRÆUS, *Rerum toto orbe gestarum chronicon.* (Anvers, 1608, in-4°.)— MANSI, t. XIX, p. 423, 425, 436, 449, 453, 457. — DACHERY, *Spicilegium*, t. I, p. 607. — GIESELER, t. II, 2, p. 530-542.

[2] WYTTENBACH et MULLER, *Gesta Trevirorum*, t. I, p. 186.

[3] Dans son *Liber antihæresis*, édité par GRETSER, *Trias scriptorum adversus Waldensium sectam.*

[4] GIESELER, t. II, 2, p. 558.

[5] PROSPER MARCHAND, *Dictionnaire historique*, t. II, f. 246-249.

On a réfuté cette tradition et l'on a soutenu qu'elle ne provient que de l'envie des moines de ce temps-là. La meilleure des justifications de Simon est, sans doute, le silence de Henri de Gand, qui n'aurait certainement pas oublié une particularité aussi remarquable que cette démence, puisqu'il s'est bien souvenu de cette éternelle imputation d'hérésie que lui avait value son trop grand enthousiasme pour la doctrine d'Aristote ([1]). A coup sûr, un docteur aussi profondément et aussi sincèrement religieux aurait reculé devant la défense d'un homme qui se serait rendu coupable de la plus scandaleuse impiété envers la personne du Christ ([2]) et sur lequel devait planer le soupçon de la paternité du fameux *Livre des trois imposteurs* ([3]).

L'exemple de Simon de Tournai montre jusqu'où pouvaient conduire les progrès de l'habileté dans la dialectique et son application à la dogmatique de l'Église. Autant il était facile de tout prouver par cette voie, autant il pouvait paraître facile de tout contester. Sans nul doute, la plupart des maîtres de la dialectique étaient de bonne foi en croyant à leurs démonstrations une plus grande force qu'elles n'en avaient véritablement. A coup sûr, il en était dans leurs rangs plusieurs d'assez honnêtes pour s'avouer à eux-mêmes que toute la puissance de leur argumentation ne résidait que dans l'art de la dialectique; mais la plupart contractèrent la triste habitude de s'en servir à tort et à travers pour prouver ou pour combattre, et finirent par traiter de mensonge tout ce qu'il leur était impossible de démontrer. De ce nombre

---

([1]) « Dum nimis Aristotelem sequitur, a nonnullis modernis hæreseos arguitur. » *Fabricii bibliotheca ecclesiastica*, t. II, p. 121. — PROSPER MARCHAND, *Dictionnaire historique*, t. II, f. 247-256.

([2]) Simon était accusé d'avoir dit : « O Jesule, Jesule, quantum in hac questione confirmavi legem tuam et exaltavi : profecto, si malignando et adversando vellem, fortioribus rationibus et argumentis scirem illam infirmare et deprimendo improbare. » MATTHÆUS PARIS, *Historia major*, f. 206.

([3]) Quant au *Livre des trois imposteurs*, deux savants allemands, Karl Rosenkranze et F.-W. Genthe, ont prouvé qu'il ne date que de la seconde moitié du XVIe siècle.

était précisément Simon de Tournai, qui, aveuglé par l'immense succès de ses leçons à l'université de Paris, eut l'étourderie d'avouer franchement, à ses auditeurs enthousiastes de son enseignement sur la Trinité, que, s'il voulait faire un mauvais usage de son art, il pourrait se réfuter lui-même avec des arguments beaucoup plus forts que ceux qui avaient excité leur admiration en sens contraire (¹).

Tandis que Simon se distinguait dans la théologie, Étienne de Tournai brillait dans le droit canon et dans le droit civil. Il devint évêque de cette ville en 1192. « Une de ses lettres nous apprend qu'il y avait découvert des faussaires, fabricateurs de bulles papales, et il décrit l'instrument dont ils se servaient pour frapper le sceau : c'étaient des coins à deux branches en forme de tenailles, au bout desquelles se trouvaient deux poinçons qu'on plaçait l'un au-dessous de l'autre, pour serrer et frapper la matière, et lui donner l'empreinte des deux côtés (²). »

Cependant, jusqu'à la fin du xiiᵉ siècle, aucune des écoles du moyen âge n'était parvenue à triompher définitivement, ni le platonisme, ni le dogmatisme, ni le mysticisme. Tous les efforts de la science manquent d'un centre commun, d'une pensée d'unité et d'ensemble, jusqu'à l'époque où la philosophie aristotélicienne des Arabes ouvre de nouvelles voies. Parmi les noms que l'on peut citer durant cette période de transition se trouve ce même Alain de Lille, dont j'ai déjà parlé, à qui son siècle donna le nom d'universel ; qui, par le tranchant de sa dialectique, fut la terreur des hérétiques, particulièrement des Vaudois, et que, de nos jours encore, l'illustre Schleiermacher (³) a jugé digne d'une mention particulière. Alain était né à Lille, peu d'années avant 1128, mais sa vie est tellement remplie de fables qu'on ignore

---

(¹) Tennemann, t. VIII, 1, p. 313-315. — Conf. *Histoire littéraire de la France*, t. XVI, p. 391 et 392.

(²) De Reiffenberg, *Chronique rimée de Philippe Mouskès*, t. I, p. ccxxv.

(³) *Geschichte der Philosophie*, p. 108 et suiv.

même le lieu où il a enseigné. Ce qui est certain, c'est qu'il mourut en 1202, dans un âge avancé. Ses ouvrages prouvent qu'il s'était fait remarquer par des connaissances très étendues, et son poème philosophique l'*Anticlaudianus* figure au nombre des meilleures productions littéraires du moyen âge; il eut tant de vogue qu'un siècle après on l'expliquait encore dans les collèges, le regardant comme une production digne du siècle d'Auguste.

Mais ce sont particulièrement les *Maximes* (¹) d'Alain et son *Art de la foi catholique* (²) qui nous intéressent ici. Ce dernier travail doit être considéré comme son œuvre capitale, car il chercha à y traiter des doctrines principales de l'Église d'après une méthode rigoureusement scientifique et dans une forme imitant les démonstrations mathématiques. Ce livre, dédié au pape Clément III, est de l'année 1187 (³).

A l'exemple de Richard de Saint-Victor et de Pierre Lombard, Alain s'efforça de réfuter les hérétiques, non par l'autorité de l'Église ou par les articles de foi, mais par des raisons scientifiques (⁴). Il est même supérieur à Richard de Saint-Victor en sagacité et en finesse dialectiques. Souvent ses thèses frisent le panthéisme (⁵) ou suppriment, à la manière des mystiques, toutes les affirmations positives sur Dieu (⁶); mais, une fois arrivé à cette limite extrême, il sait battre en retraite avec une habileté rare et, à cet effet, on le voit se rabattre « sur la nécessité où nous sommes, d'après lui, de ne pouvoir rapporter la simple unité de Dieu qu'aux choses de ce monde et de ne pouvoir parler de Dieu que sous

---

(¹) Elles se trouvent dans Mingarelli, *Anecdotorum fasciculus* (Rome 1756), sous le titre de *Regulæ de sacra theologia*. On les connaît encore sous celui de *Maximæ theologicæ*.

(²) *Ars catholicæ fidei*, dans Pezius, *Thesaurus anecdotorum nov.*, t. I, p. 2, f. 476 et suiv.

(³) Ritter, *Geschichte der Philosophie*, t. VII, p. 592-594.

(⁴) *De Arte*, prol., f. 475.

(⁵) Par ex. : « *Deus est sphæra intelligibilis, cujus centrum ubique, circumferentia nusquam. — Quicquid est in Deo, Deus est.* »

(⁶) *Omnes affirmationes de Deo dictæ incomparatæ, negationes vero veræ.*

ce rapport, c'est-à-dire que comme être des êtres (¹), bien que d'un autre côté cet *être* ne soit pas véritablement reconnu (²) ». Il faut convenir que si tout cela constitue une dialectique adroite, c'est à tort que l'auteur a donné à son livre le titre pompeux d'*art*. Ce qu'il y a de plus digne d'attention dans sa méthode, c'est qu'il se permet une assez grande liberté de penser et que ses tendances sont éminemment morales. C'est, en effet, de l'amour de Dieu qu'il fait dériver la nécessité de la création d'êtres raisonnables (³); de sa *justice*, la nécessité de leur *liberté* (⁴). De là aussi, suivant lui, les aspirations de l'homme vers Dieu et vers la réalisation du bien par la vie morale, la raison et l'amour (⁵).

La 62ᵉ de ses règles renferme cette assertion singulière sur la volonté de Dieu, « que Dieu veut le mal en ce sens qu'étant la bonté et la puissance infinies, il n'en laisse pas moins le champ libre à une multitude de maux, contrairement à cette puissance et à cette bonté, contrairement même à ses conseils et à ses ordres (⁶) ».

Au surplus, si Alain croit avoir prouvé toutes les vérités de la religion par des motifs purement rationnels, il se trompe, non pas qu'il n'ait beaucoup fait, mais parce que ses démonstrations sont trop confuses, trop bizarres et souvent même trop faibles pour qu'on puisse le placer bien haut à cet égard (⁷).

A cette époque, beaucoup de théologiens voyaient à regret la philosophie renverser cette thèse traditionnelle : « La théologie est la maîtresse ; la philosophie, avec tous ses arts et

---

(¹) *Solus Deus vere existit, id est simpliciter et immutabiliter ens ; cetera autem non vera sunt, quia nunquam in eodem statu persistunt.*

(²) RITTER, p. 594-596.

(³) *De Arte*, lib. II, prop. 4.

(⁴) *Ibid.*, prop. 8.

(⁵) *Ibid.*, prop. 7. —.RITTER, p. 596-598.

(⁶) RITTER, p. 601.

(⁷) TENNEMANN (t. VIII, 1, p. 288-313) a donné une analyse détaillée des œuvres d'Alain.

toutes ses sciences, n'en est que là servante. » — Chose
inévitable cependant dès que les théologiens-philosophes
franchissaient les limites posées par la hiérarchie de l'Église
et que les dogmes du catholicisme étaient ébranlés, au
lieu d'être fortifiés par l'application de la philosophie. Or,
parmi les philosophes de cette catégorie, figure un élève
d'Amaury de Chartres, ou de Bène dans le pays chartrain,
David de Dinant, qui enseigna à Paris et mourut avant
1210. L'un et l'autre introduisaient les doctrines d'Érigène
dans l'enseignement de la théologie et furent condamnés
comme hérétiques. D'après ces philosophes, Dieu et la matière première sont des êtres simples, d'où il résulte qu'il y
a identité entre eux, car on ne peut concevoir de différence
entre des êtres simples. Donc, Dieu est la matière première ;
donc tous les êtres sont Dieu, et dès lors Dieu est tout ; le
créateur et la créature ne sont qu'une seule et même chose.
Les idées créent et sont créées. Dieu est dit la fin de toutes
choses, parce que toutes choses doivent revenir en Dieu pour
reposer immuablement en lui et pour demeurer avec lui
en un seul individu immuable. Tout est un et tout est Dieu.
Dieu est donc l'essence de toute créature (¹).

Les écrits de David de Dinant furent anathématisés et
brûlés en 1209. Ceux de son maître eurent le même sort.
Condamné de son vivant, Amaury avait été forcé de se
rétracter et était mort de chagrin en 1205. Ses disciples
furent cruellement persécutés à Paris en 1210 : on épargna
les moins coupables, quelques-uns furent enfermés ; les chefs,
y compris David, livrés au bras séculier, expièrent leur
témérité au milieu des flammes, sur la même place où
s'élèvent actuellement les halles de Paris. On enveloppa dans
la même proscription la physique et la métaphysique d'Aristote, ainsi que les commentaires arabes de ses livres, traduits
en latin. La mémoire d'Amaury fut également condamnée et

____

(¹) Tennemann, t. VIII, p. 314-325. — Artaud, *Répertoire*, etc., t. XIX, p. 118.

ses ossements arrachés de leur sépulture pour être jetés à la voirie.

Il est vrai que ces sectaires avaient prêché la réhabilitation de la chair en plaçant sur la même ligne et en confondant dans une même substance la matière et l'esprit; ils avaient proclamé l'émancipation des passions en soutenant que tous nos désirs sont légitimes et que toutes nos actions sont indifférentes devant Dieu; ils avaient, enfin, annoncé une loi nouvelle qui devait succéder à l'Évangile, comme celui-ci avait pris la place de l'Ancien Testament. Cette loi était celle du Saint-Esprit ou de l'Amour, par laquelle toute contrainte devait être abolie chez les hommes [1].

Cependant, à dater de l'an 1250, le triomphe de la philosophie était assuré : ce furent surtout les franciscains et les dominicains qui, en s'en emparant et en l'adaptant à la théologie, commencèrent le second âge de la scolastique, lequel déifia le philosophe de Stagire aux dépens des belles-lettres et du bon sens [2].

Ce fut à cette époque que parut dans la chaire de Saint-Victor [3] un esprit supérieur et entouré d'éclat, Hugues d'Ypres [4], dont la Belgique peut s'enorgueillir à juste titre. Thomas d'Aquin le regardait comme son maître. Dans la solitude du cloître, il enseignait à ses religieux la philosophie, telle que les Pères l'avaient établie. « C'est à cette sagesse que, d'après Hugues, la philosophie doit rester soumise, comme la raison doit se subordonner à la foi [5]. L'âme

---

[1] Dom Bouquet, *Rerum gallic. script.*, t. XVII, f. 83; t. XVIII, f. 714. — Thomas Aquin., *Summa theol.*, qu. III, art. 8; qu. XX, memb. 2; qu. XIX, memb. 1, art. 2. — Martène et Durand, *Thesaurus anecdotorum*, t. IV, p. 163. — Hauréau, *De la philosophie scolastique*, t. I, p. 394 et 409. — Franck, *Réformateurs et publicistes de l'Europe*, p. 13 et 14. — *Biographie universelle*, art. *Amaury de Chartres*. — *Histoire littéraire de la France*, t. XVI.

[2] Gieseler, t. II, 2, p. 409-418.

[3] Dans le prieuré de ce nom, situé hors des murs de Paris.

[4] Il était né dans le voisinage d'Ypres. (*Histoire littéraire de la France*, t. XII, p. 1 et 2.)

[5] *De eruditione did.*, lib. I, c. 1; lib. II, c. II.

humaine arrive à cette philosophie par degrés, par ascensions successives (¹). C'est au moyen de ses facultés qu'elle doit tendre à la connaissance du monde, d'elle-même et de Dieu. Tout, dans le monde matériel, offre des traces, des symboles de la divinité; mais la connaissance de soi-même surpasse de beaucoup celle du monde sensible, parce que l'âme est infiniment élevée au-dessus de la matière. Dans la nature extérieure, l'élément intelligible est voilé et doit être mis à nu par la réflexion et la méditation; dans elle-même, l'âme le contemple immédiatement et sans ombres ; elle s'élève avec promptitude et sûreté à l'intuition du souverain bien, auquel tendent toutes ses aspirations, pour lequel elle est créée par Dieu, qui est lui-même ce but recherché et ce bien suprême. Aussi Hugues déclare-t-il la vie contemplative supérieure à la vie active, parce que la contemplation rapproche davantage l'âme de Dieu, l'unit plus intimement à lui et la rend plus propre à enfanter la vraie vertu et la véritable science (²).

« Lire, non pour apprendre, non pour connaître et pour louer Dieu; dédaigner l'action comme le savoir, et ne faire des efforts que pour s'élever au-dessus de la terre sur les ailes de la contemplation, tel était le fond des doctrines de l'école de Saint-Victor. Cet entraînement vers le mysticisme succédait aux grandes agitations philosophiques qui avaient secoué la première moitié du xiiᵉ siècle; il venait après la proscription qui avait frappé dans Abélard des témérités de langage plutôt que de pensée, après la censure qui avait condamné dans Gilbert de la Porrée quelques expressions rendues coupables par les interprétations des commentateurs plus que par l'intention de l'auteur. Par ces coups, terribles alors, l'Église montrait

______

(¹) *De anima*, lib. II, c. 15.

(²) *De anima, Prolog.* — SCHWARTZ, *Mémoires couronnés et autres de l'Académie de Bruxelles*, t. X, p. 14 et 15. — Conf. LAFORÊT, *Revue catholique*, t. I, 3, p. 370-379.

qu'elle ne voulait tolérer aucun écart, fût-il involontaire, au milieu des voies de la plus rigoureuse orthodoxie. Les esprits, intimidés, cherchèrent alors d'autres moyens d'expansion au mouvement naturel et indestructible de l'intelligence humaine. Certains se précipitèrent dans le mysticisme, dont l'école de Saint-Victor devint le foyer et dont Hugues resta, jusque dans le cours du siècle suivant, l'oracle le plus renommé et le plus écouté (¹). »

Hugues avait reçu de la nature un génie heureux qui lui eût permis de suivre, à son choix, les traces d'Abélard ou celles de Denis l'Aréopagite; mais toutes ses facultés étaient dans un si parfait équilibre qu'il ne sentait point sa conscience troublée par l'antagonisme toujours douloureux de la raison et du sentiment. Il lui était donc également impossible d'approuver le mysticisme de son ami Bernard de Clairvaux, qui rejetait les études philosophiques, ou le scolasticisme d'Abélard, qui ne tenait aucun compte du sentiment religieux; mais, comme il n'était pas de force à lutter contre ces deux tendances hostiles, il entreprit de les concilier en s'appliquant à assigner à chacun des deux éléments de la vie spirituelle la place qui lui convient. Suivant sa théorie, le mysticisme forme une sphère supérieure de la vie religieuse et n'est soumis au contrôle de la raison que dans ses écarts. Malheureusement, Hugues agit contre ses excellentes intentions, en introduisant dans le mysticisme spéculatif de l'Occident les rêveries du pseudo-Denis l'Aréopagite et en ressuscitant ainsi le néo-platonisme, qui s'allia bientôt, en Europe, comme il l'avait déjà fait en Orient, aux doctrines mystiques les plus extravagantes. Le premier, il essaya de réduire le mysticisme en système scientifique, en prenant pour base la psychologie, entreprise qu'il était réservé à Gerson de mener à bonne fin. Ce sont Hugues d'Ypres et

(¹) Frédéric Lock, sur Hugues de Saint-Victor, nouvel examen de l'édition de ses œuvres par Hauréau, dans la *Revue européenne*, t. XVI, p. 177.

Richard de Saint-Victor qui ont remis en usage l'expression de contemplation, empruntée à la philosophie néo-platonicienne pour signifier le degré le plus élevé de l'intelligence, le terme suprême de la connaissance, c'est-à-dire l'intuition claire et nette d'un objet dans un autre, par exemple de Dieu dans le monde. La contemplation, selon eux, donne à l'esprit une connaissance immédiate de Dieu, avec qui elle le met en rapport direct, et c'est en cela que consiste sa haute supériorité sur la science de la théologie (¹).

Ces tendances mystiques étaient dirigées contre la dialectique nominaliste et contre le panthéisme réaliste d'Amaury de Chartres et de David de Dinant. Par son livre des *Sentences,* fidèle reproduction de la pensée des Pères et de la tradition du passé, un élève de Hugues, Pierre Lombard (²), était devenu l'organe le plus avancé de cette réaction, et cet ouvrage resta, pendant des siècles, le manuel suivi dans les cours publics.

D'autres spiritualistes y prirent aussi une part active, et, parmi eux, Odon de Tournay. Suivant ce philosophe, « les universaux étaient les substances réelles des choses; ils étaient de leur nature simples et composés, comme l'homme, qui consiste en âme et en corps; mais l'universel était tout entier dans chacun des individus de sa catégorie; sans se diviser, sans se multiplier, il demeurait invariablement le même et immuable (³) ». Odon attribuait cette existence aux espèces seulement et non pas aux genres, distinction essentielle et que l'on ne trouve pas aussi nettement formulée dans les autres réalistes du moyen âge (⁴).

Cependant, la transition au second âge de la dialectique était opérée par le franciscain Alexandre de Hales (mort en 1245) et par Bonaventure (mort en 1274), ainsi que par les

----

(¹) HAAG, *Histoire des dogmes chrétiens*, t. I, p. 280 et 281.
(²) Né dans un village voisin de Novare, en Lombardie.
(³) *De peccato originali*.
(⁴) SCHWARTZ, t. I, p. 15 et 16. — LAFORÊT, *l. c.*, 631-635.

dominicains Thomas d'Aquin (mort en 1274) et Albert le Grand (mort en 1280) (¹). Les idées philosophiques de Thomas d'Aquin devinrent une règle pour les dominicains. Quoiqu'il fût scrupuleusement attaché à l'orthodoxie, il avait des vues plus indépendantes que celles des théologiens de son temps. Mais des rivalités de couvent lui suscitèrent des contradicteurs. Duns Scot, qui était franciscain, opposa ses doctrines à celles du dominicain Thomas et bientôt les facultés se divisèrent entre les thomistes et les scotistes, ceux-ci adonnés au réalisme, ceux-là inclinant davantage vers les nominaux. En matière théologique, ils soulevèrent la grave question du libre arbitre et de la grâce, et Thomas, sans rejeter la valeur des actions humaines, se prononça dans le sens de saint Augustin, tandis que Duns fit une part plus large au libre arbitre. Cet écrivain, un de ceux qui se sont montrés le plus attachés aux idées et aux formes subtiles de la scolastique, a cependant beaucoup contribué à les renverser; car la division à laquelle il donna lieu et qui montra la scolastique en désaccord avec elle-même, a ébranlé la confiance qu'on avait en elle et contribué à l'émancipation de la pensée (²).

Un Belge, un Flamand, le célèbre Henri de Gand, né en 1217 et surnommé le *docteur solennel,* fut alors une des lumières de l'université de Paris, qui comptait dans son sein tant de grands hommes (³). Il y avait reçu le grade de maître en théologie; l'habileté et le savoir qu'il montra dans les argumentations au sein de l'université fondèrent sa réputation.

En 1270 ou 1271, il compta au nombre des sociétaires primitifs de la maison ou communauté dite des *pauvres maî-*

(¹) Conf. LAFORÈT, p. 636 et suiv.

(²) GIESELER, t. II, p. 420-426. — Voir une savante étude de la philosophie scolastique au moyen âge par RITTER, dans le *Taschenbuch* de Raumer, t. VII, 3, p. 271 et suiv.

(³) GIESELER, t. II, 2, p. 418-420. — HUET, *les Belges illustres,* t. III, p. 82.

tres étudiants en théologie, que venait de fonder Robert de
Sorbon. Là, ses principaux émules furent Guillaume de Saint-
Amour, Gérard d'Abbeville, Odon de Douai, qui, comme lui,
contribuèrent à jeter un grand éclat sur l'enseignement de
la théologie et de la philosophie dans cet établissement,
devenu si célèbre, par la suite, sous le nom de Sorbonne (¹).

Henri prit une part considérable aux longs démêlés qu'eut
l'université de Paris avec plusieurs ordres religieux et à la
discussion des questions théologiques qui s'agitèrent de son
temps. C'est surtout depuis la mort de Thomas d'Aquin,
arrivée en 1274, que son rôle dans l'université semble avoir
eu de l'importance. Il devint alors le chef d'une école idéaliste, dont les doctrines étaient en opposition avec certaines
opinions de Thomas et le furent, un peu plus tard, avec celles
de Duns Scot (²). En partant de cette donnée, on peut dire
que Henri de Gand a rempli l'époque intermédiaire entre ces
deux philosophes, et qu'il a joué un rôle original dans l'histoire de la scolastique. Saint Thomas avait disparu en 1274.
Depuis cette année jusqu'à l'arrivée de Duns Scot dans l'université de Paris, vers le commencement du XIVᵉ siècle, les
historiens, au moins par leur silence, semblent admettre une
sorte de lacune dans le mouvement intellectuel ; cette lacune
n'existe pas : Henri de Gand domine dans l'intervalle. Cela
est tellement vrai que Duns Scot, pour établir ses propres
idées, fut obligé de livrer bataille à la doctrine de Henri de
Gand, alors répandue non seulement en France, mais en
Italie et en Allemagne (³).

Henri de Gand appartenait à l'école philosophique des premiers Pères de l'Église et particulièrement de saint Augustin.
Comme eux, il croyait que l'alliance de la vérité théologique
et de la vérité philosophique ne pouvait être que féconde ; il

<hr>

(¹) F. Lajard, *Histoire littéraire de France,* t. XX, p. 147.

(²) Id., *ibid.,* p. 147, 148 et 190. — Henri de Gand mourut archidiacre de
Tournai le 29 juin 1293 ; il y fut enseveli dans le pourtour de la cathédrale.

(³) Huet, *Nouvelles archives historiques,* etc., t. I, p. 340.

représentait l'une empressée à tendre la main à l'autre et à
la nourrir d'une divine espérance (¹). Ennemi des distinctions
et des subtilités de la scolastique, il s'efforça de faire préva-
loir cette école idéaliste, dont les principes, en se propageant
peu à peu, ont fini par dominer en Europe. Il tonna contre
l'ignorance des curés de son temps, les désordres et l'esprit
de prosélytisme des moines ; il plaça ouvertement l'Écriture
au-dessus de l'Église, l'évidence de la raison au-dessus de la
lettre de cette Écriture. Il soutint avec la même hardiesse
que les *indulgences n'ont aucun effet indépendamment des dispositions intérieures de ceux qui les reçoivent* (²).

Ce qu'il y a de plus remarquable, c'est que, dans un siècle
de féodalité, ce puissant génie enseigna le dogme impres-
criptible de la souveraineté du peuple. « Si, dit-il, le prince
donne des ordres évidemment injustes, les sujets ont un premier devoir à remplir, celui de travailler à la révocation de
ses ordonnances ; s'ils ne peuvent l'obtenir, si le prince est
incorrigible, les sujets doivent procéder à sa déposition plutôt
que de le supporter, et ils sont déliés de l'obéissance (³). »

Il est curieux d'entendre Henri de Gand se prononcer sur
la grande question de la propriété. « Tout, dit-il, ne peut pas
être commun entre tous ; la société personnelle ne peut être
anéantie sans entamer la société humaine elle-même. D'un
autre côté, les biens particuliers de l'individu ne peuvent lui
appartenir de manière qu'il ne soit point obligé à contribuer
au bien commun, quand les circonstances l'exigeront dans
l'intérêt de tous (⁴). »

Peut-être, en établissant ces principes, le docteur solennel
pensait-il aux tendances communistes des Albigeois ; peut-être

---

(¹) Huet, *l. c.*, p. 98.

(²) Id., *Recherches historiques et critiques sur la vie, les ouvrages et la doctrine
de Henri de Gand*, Brux., 1838, p. 180.

(³) « Quod si non sit omnino spes correctionis in isto (principe vel quolibet supe-
riori), debent subditi agire ad depositionem superioris potius quam tolerare istum,
et non obedire. » (Huet, *l. c.*, p. 185 et 186.)

(⁴) *Quodlibeta*, Paris, Badius, 1518, I, qu. 18 ; IV, qu. 20.

aussi avait-il en vue le farouche égoïsme des barons et des seigneurs de son temps, que les rois de France durent souvent contraindre par la force des armes à sacrifier une partie de leurs intérêts privés à la commune patrie. Or, suivant le docteur, « la loi fondamentale d'un État est que, dans toutes les relations politiques, le bien général, supérieur au bien-être privé et par son importance et par son étendue, soit préféré au bien-être particulier. C'est pourquoi la droite raison ordonne de sacrifier jusqu'à la vie quand le bien-être de l'État le commande. Mais si l'individu se doit ainsi à l'État, l'État, à son tour, est obligé de garantir les droits des personnes, de protéger les propriétés privées avec autant de soin et d'énergie que les propriétés communes et publiques (¹) ».

Henri de Gand a soulevé une autre question, très délicate pour l'époque, il s'est demandé si la dîme est de droit évangélique : « Le précepte de la dîme, nous dit le Docteur solennel, était inscrit dans l'ancienne loi. Mais ce n'est pas une raison pour qu'il fasse partie de la nouvelle. En effet, les cérémonies judaïques établies par l'ancien législateur se sont évanouies devant la loi de grâce et d'amour. Il n'est resté de la législation de Moïse que ce qui était conforme à la loi naturelle. Car l'Évangile a pour but de nous ramener aux principes de la loi naturelle, en les faisant paraître dans leur jour véritable et en y ajoutant quelques conseils de perfection. Il s'agit, par conséquent, de savoir si l'institution de la dîme est fondée sur le droit naturel, ou si c'est une pure observance légale qui doit passer avec toutes les autres. Or, on ne peut nier qu'il ne soit très conforme à la loi naturelle que ceux dont le temps est consacré tout entier au service des autels reçoivent du public les choses raisonnablement nécessaires à leur subsistance. Voilà ce que prescrit la loi morale. Mais quant à la quantité de la contribution, fixée au dixième des biens, et non pas au huitième ou au douzième,

---

(¹) *Quodlibeta*, XI, qu. 18 ; XII, qu. 13 ; I, qu. 20. — Schwartz, *Henri de Gand.* (*Mémoires couronnés de l'Académie*, in-8°, t. X, p. 51 et 52.)

c'est là un point de pure discipline, que l'ancienne loi n'a pas légué à la nouvelle. Voilà donc ce qu'il faut répondre à la question : la dîme est de droit évangélique, si l'on entend par là une obligation de subvenir aux besoins des ministres de la religion ; car toute fonction mérite salaire ; mais la dîme n'est pas de droit évangélique, ni naturel, en tant que fixée à telle ou telle quantité ; sous ce rapport, elle appartient au droit positif humain ([1]). »

Dans la *Somme de théologie,* celui de tous les ouvrages sortis de la plume de Henri qui nous fait le mieux connaître ses opinions théologiques et philosophiques, le docteur s'attache particulièrement à la démonstration de cette thèse : « Le fidèle ne croit pas à l'Écriture à cause de l'Église ; il croit à l'Église à cause de l'Écriture. » On se tromperait fort, néanmoins, si l'on supposait que l'auteur de cette thèse exige des fidèles qu'ils suivent constamment l'interprétation littérale des livres sacrés, au risque de blesser le sens commun. Il invoque, au contraire, sur ce point, l'opinion de saint Augustin et, avec une indépendance d'esprit bien digne d'être remarquée, mais dont les exemples, chez les théologiens du XIIIe siècle, sont peut-être moins rares qu'on ne le suppose communément, il décide « qu'il faut connaître la raison pour savoir si l'on doit de préférence s'en rapporter à l'Écriture ou à la raison ([2]) ».

Après avoir défendu plusieurs autres thèses, Henri de Gand examine si l'existence de Dieu peut être un objet de *science,* et il conclut que l'être infini est essentiellement incompréhensible et que, par conséquent, l'idée de Dieu ne peut être le sujet propre de la *science du philosophe* ([3]).

Il est aisé de comprendre, dès lors, que Henri de Gand est un adversaire déclaré du panthéisme, cette variété de l'athéisme ; il le combat en établissant que l'*intellect* est une

---

([1]) *Apud* Huet, *Nouvelles archives,* etc., p. 334 et 335.
([2]) F. Lajard, *Histoire littéraire de la France,* t. XX, p. 174 et 176.
([3]) Id., *ibid.,* p. 176 et 177.

partie de la substance même de chacun de nous, et que les *raisons séminales* des choses se trouvent aussi dans la nature, où elles constituent la réalité des choses secondes (¹).

Dans le livre intitulé *Quodlibeta*, son chef-d'œuvre, que Gerson plaçait sur le même rang que la *Somme* de saint Thomas, Henri attribue au temps deux propriétés particulières, qu'il appelle la *subjectivité* et l'*objectivité*, qualifications que l'on croirait ne dater que de la philosophie allemande (²).

On trouve dans ses écrits des aphorismes de l'aristotélicien arabe Al-Kendi, dénoncé par l'Église comme peu orthodoxe. Il suffit de citer les suivants : « Les individus ne peuvent se soustraire à la domination des causes secondes, et, animés par le même souffle, par la même vie, ils sont des particules de la même matière, la matière universelle. La force étant l'acte par excellence, elle gouverne la masse, lui imprime tous ses mouvements et, par conséquent, exerce l'influence déterminante dans la génération de tout composé (³). »

Ce sont là des sentences qui seront accueillies avec faveur par la plupart des théologiens de la secte réaliste, quand on aura pris soin de leur en dissimuler l'origine : elles ne les révolteront que dans les cahiers des téméraires, comme Amaury de Bène et autres semblables (⁴).

« Henri de Gand est souvent obscur ; il semble même avoir cherché à l'être, craignant, sans doute, d'offenser par quelque proposition malséante son ancien condisciple, le docteur angélique (saint Thomas); mais sa doctrine, dégagée de toutes les équivoques, de tous les artifices du langage, est une glose platonicienne des aphorismes d'Aristote. De son temps, beaucoup s'y trompèrent ; mais quand Duns Scot vint, de 1304 à 1308, reprendre, commenter l'une après l'autre les thèses du docteur solennel et lui emprunter ses principaux arguments

---

(¹) F. Lajard, *l. c.*, p. 179.

(²) Id., p. 178.

(³) Hauréau, *De la philosophie scolastique*, Paris, 1851, t. I, p. 364 et 365.

(⁴) Id., *ibid.*, p. 365.

contre le péripatétisme ontologique de saint Thomas, alors tous les yeux s'ouvrirent et l'école dominicaine reconnut avec effroi qu'elle avait élevé, nourri dans son sein un de ses plus dangereux adversaires. C'est au titre de platonicien qu'Henri de Gand obtint, au xv⁰ siècle, les hommages enthousiastes de Pic de la Mirandole et qu'il fut ensuite adopté jusqu'au xvii⁰ siècle, dans quelques écoles, comme le plus beau génie de la scolastique, comme le meilleur, le plus sûr et le plus éclairé de tous les maîtres (¹). »

Henri de Gand fut honoré d'un suffrage qui vaut à lui seul tous les autres, celui de Bossuet. « Quelle idée, dit Huet, ne prend-on pas du philosophe flamand, lorsqu'on entend l'aigle de l'éloquence chrétienne, le dernier des Pères, portant la parole devant des théologiens du siècle de Louis XIV, placer le nom du docteur solennel à côté des plus grands noms de l'Église gallicane (²)? »

Et cependant, à cette époque où la raison s'essayait déjà à secouer le joug de la foi, où les plus illustres esprits se produisaient à côté de saint Thomas d'Aquin, où des réformateurs audacieux s'élevaient du sein même de l'Église, où des discussions à outrance passionnaient les écoles, Siger de Brabant, le maître du Dante, qui le retrouve plus tard au Paradis, avait été obligé de se défendre contre des accusations d'hérésie (³).

« Alighieri, dit M. Victor Le Clerc, au milieu de la lumière éclatante de son *Paradis*, entend une voix qui lui apprend de quelles âmes illustres il est environné : « A ma droite, « c'est mon frère et mon maître, Albert de Cologne; et moi, « je suis Thomas d'Aquin. Si tu veux savoir qui sont les « autres, que tes yeux suivent mes paroles à travers la céleste

______

(¹) Hauréau, *De la philosophie scolastique*, t. II, p. 276 et 277.

(²) Huet, art. *Henri de Gand*, dans *les Belges illustres*, t. III, p. 83.

(³) M. Le Clerc a confondu en un seul personnage Siger de Brabant et Siger de Courtrai. Cette erreur a été rectifiée par M. Potvin, dont les conclusions ont été généralement admises. Voy. *Bulletins de l'Académie*, 2⁰ série, t. XLV, 3. (Note des éditeurs.)

« guirlande. Ce sourire de flamme est celui de Gratien, qui
« a rendu de tels services à l'un et à l'autre droit, que la vie
« bienheureuse l'en a récompensé. Après lui, brille dans nos
« rangs ce Pierre qui offrit, comme le denier de la veuve,
« son trésor à la sainte Église. Vois ensuite resplendir l'ar-
« dent génie d'Isidore de Bède, de Richard, que ses extases
« élevèrent au-dessus de l'homme. Celui sur lequel ton regard
« m'interroge est un esprit qui, dans ses graves méditations,
« eût voulu devancer la mort trop lente ; c'est l'éternelle
« lumière de Siger, qui, professant dans la rue de Fouarre,
« mit en syllogismes d'importantes (¹) vérités (²). »

Ainsi, Siger de Brabant a mérité que son nom fût placé à
côté de ceux de Bède le Vénérable, de Pierre Lombard, de
Richard de Saint-Victor, et consacré par l'autorité presque
divine d'un tel panégyriste. « Les vers où Dante honore
Siger d'un si pompeux éloge par l'organe de saint Thomas
pourraient être un motif de croire qu'il fut toute sa vie et
qu'il avait été de bonne heure un des plus chers disciples du
célèbre dominicain. Celui-ci, en effet, que nos contrées envi-
ronnaient surtout d'une admiration respectueuse, que la
comtesse de Flandre avait consulté sur la conduite à tenir à
l'égard des juifs de ses États, et qui se trouvait à Valenciennes
en 1259 pour le chapitre général de son ordre, put connaître
et encourager quelques jeunes théologiens de notre pays,
appelés ensuite, sous son patronage, à se présenter aux
grandes épreuves des écoles parisiennes. Mais les faits les
plus anciens auxquels on puisse rattacher le nom de Siger de
Brabant forcent de supposer, au contraire, qu'il ne devint
thomiste qu'après avoir été l'adversaire de saint Thomas.
Maître en théologie de la maison de Sorbonne, il avait été

(¹) Ou plutôt suspectes : *invidiosi*.

> Essa è la luce eterna di Sigieri,
> Che, leggendo nel vico degli Strami,
> Sillogizzò invidiosi veri.
>
> (*Divina Commedia, Paradiso*, canto X, v. 136.)

(²) Victor Le Clerc, *Histoire littéraire de la France*, t. XXI.

même un des premiers coopérateurs de Robert de Sorbon, qui fonda son collège pour les étudiants pauvres vers 1250 et vécut jusqu'en 1274. Or, cette société se déclara, dès son origine, l'antagoniste des ordres mendiants, dont Thomas était le glorieux appui.

« Lorsqu'il y eut comme un soulèvement de l'Église de France contre les deux ordres, celui de Saint-Dominique et celui de Saint-François, envoyés par Rome pour travailler en commun avec les clercs séculiers à la direction des âmes; lorsque les métropolitains de Rouen, de Sens, de Rheims, de Bourges et presque tous les évêques, interprètes alors fidèles de l'esprit public, demandèrent au pape, dans leurs conciles provinciaux ou diocésains, de les délivrer de ces étrangers qui envahissaient de toutes parts la prédication, l'enseignement, la confession; lorsque, malgré saint Louis, qui protégea un instant cette milice ultramontaine, la faculté de théologie de Paris, la Sorbonne se mit à la tête de la résistance et produisit une foule d'ouvrages énergiquement hardis, où ne furent épargnés ni Thomas, ni Bonaventure, ni les plus puissants défenseurs des nouvelles congrégations; lorsque le peuple même répéta par la ville les chants satiriques de Ruetbœuf, sur le long discord :

> Entre la gent Saint Dominique
> Et cils qui lisent de logique,

maître Siger de Brabant paraît s'être distingué dans la lutte contre les frères, contre celui-là même qui devait un jour, selon le poète italien, lui décerner l'éternelle couronne (¹).

« Avant de devenir thomiste (²), il est à croire que Siger s'était déjà fait remarquer dans les débats publics de la faculté de théologie, et qu'il avait mérité, par les grades qu'il y obtint, la dignité de chanoine de Saint-Martin de Liége. Il faut

---

(¹) Victor Le Clerc, *Histoire littéraire de la France*, t. XXI, p. 97-101.

(²) « De telles conversions furent alors très fréquentes : le respect du Saint-Siège, les égards pour les préférences de l'autorité temporelle, la crainte de perdre de riches prébendes, purent agir sur les esprits. » (Leclerc, p. 112.)

aussi que le docteur de la maison et société de Sorbonne ait
acquis, dans l'université de Paris, une assez grande autorité,
si l'on peut reconnaître en lui le chef du parti qui, en 1272
à 1275, s'éleva contre le recteur Albéric de Reims » et qui,
en 1277, fut poursuivi avec Bernard de Nivelles devant les
tribunaux de l'inquisition de la foi, siégeant à Saint-Quentin.
L'un et l'autre furent plus heureux que les dix infortunés
hérétiques brûlés un peu auparavant à une des portes de
Douai [1]. »

Ce ne fut, croit-on, qu'après de si rudes épreuves que
Siger de Brabant, mûri par l'âge et l'expérience, a illustré
surtout son titre de membre de la Sorbonne par l'éclat de
son enseignement public. Il expliquait la politique d'Aristote
lorsque le Dante assistait à ses leçons, dont le ton hardi était
si bien fait pour lui plaire [2].

Malgré le mérite de ce maître, il ne faut cependant chercher, chez lui, ni la poésie, ni l'imagination, ni l'éloquence.

« Il professait la philosophie scolastique, c'est-à-dire qu'il
exposait et commentait les doctrines qui seules ou presque
seules pouvaient alors être enseignées dans les écoles de
Paris, celles d'Aristote. De longues subtilités sur les règles les
plus épineuses de la logique, les hypothèses d'une métaphysique entortillée, toutes ces dictées de l'école dans un style
rigoureusement technique, et d'autant plus riche en énigmes,
qu'on ne devinait le texte que par des versions latines du grec
ou de l'arabe, ne sauraient plus avoir aujourd'hui cette vie,
ce mouvement, cet accent passionné qui donnaient tant
d'attraits aux ardents combats de l'intelligence, aux vicissi-
tudes de la défaite ou de la victoire, et qui faisaient que des
hommes tels que Dante et Pétrarque ne pouvaient jamais
oublier qu'ils avaient entendu, un jour, dans une humble rue
d'une ville encore barbare pour eux, les cris de guerre des

[1] Le Clerc, *l. c.*, p. 102-105.
[2] Le Clerc, *l. c.*, p. 105-108.

thomistes et des scotistes, et l'orgueilleux fracas de leurs arguments. Cette voix éclatante de la vieille controverse, qui émut de si grands esprits, est éteinte; il ne reste qu'un triste amas de syllogismes (¹). »

Parmi les disciples de Siger de Brabant, figure un homme qui a joué un grand rôle dans les conseils de Philippe le Bel, lors de sa lutte contre Boniface VIII, et dont les Mémoires semblent en avance de plusieurs siècles sur les idées de son temps. Pierre Du Bois, ce hardi polémiste, conseillait au roi de France, dès 1308, non seulement d'affranchir le temporel du spirituel, mais encore de substituer l'examen à la foi et de subordonner l'Église et les questions religieuses à la conscience des princes et des citoyens. Dix ans auparavant, il avait proposé au roi d'Angleterre de supprimer la papauté temporelle, qui ruinait les peuples pour entretenir le luxe de ses cardinaux et de sa cour. Sans ménagements pour les mœurs scandaleuses du clergé, il s'était élevé, dans le même écrit, contre le célibat des prêtres et contre la multiplication des couvents d'hommes et de femmes. Ses Mémoires, dont M. Boutaric nous a donné une excellente analyse (²), prouvent que le moyen âge était plus travaillé qu'on ne le croit par le besoin de liberté religieuse et par d'ardentes aspirations vers un état social meilleur.

On le voit déjà, les idées de réforme ne datent pas de la grande révolution du XVIᵉ siècle. Sans doute, l'influence de Luther et de Calvin a été immense et l'esprit d'examen qu'ils provoquèrent s'exerça à la fois sur les matières religieuses et sur les questions politiques; mais on ne saurait contester que, bien avant la Renaissance, il ne se soit rencontré des hommes qui ont souhaité des améliorations dans l'Église et dans l'État.

(¹) Le Clerc, *l. c.*, p. 115-116.
(²) *Revue contemporaine*, t. XXVII, p. 419 et suiv.

CHAPITRE II.

LA SATIRE ET LES PREMIÈRES HÉRÉSIES.

Nulle part les idées et les institutions du moyen âge n'avaient été aussi puissantes que chez nous ; mais nulle part, non plus, il n'y eut une si prompte et si vigoureuse réaction contre l'ignorance, le fanatisme et la tyrannie des castes privilégiées. Dès le xi⁰ siècle, la Flandre leur fit une guerre terrible dans une des plus grandes compositions poétiques de ces temps, qu'un des humanistes les plus éminents du xviii⁰ a placée à côté des monuments littéraires de la Grèce et de Rome (¹). Oui, ce poème, dont s'enorgueillit l'Allemagne de Gœthe et de Schiller ; ce monument, le plus digne de la sagesse profane, selon Laurensberg ; cette épopée d'observation comique, selon M. Chasles ; cette grande comédie de mœurs, selon M. Génin ; ce chef-d'œuvre satirique du moyen âge, selon M. Lénient, est le produit de trois Flamands de Flandre, dont l'un écrivit le *Reinardus Vulpes*, au xi⁰ siècle, les deux autres le *Reinaert de Vos*, à la fin du xii⁰ ou au commencement du xiii⁰ (²).

C'est que, dans un pays, de bonne heure riche et libre,

(¹) Heineccius, dans ses *Elementa juris germanici*, t. II, p. 5.

(²) Cramer, p. li et lii. — Gervinus, *Geschichte der poetischen National-Literatur der Deutschen*, Leipzig, 1843, t. I, p. 152. — Ch. Potvin, *Le Roman du Renard*, p. 32 et 141. — Geyder, *Reinhard Fuchs*, Breslau, 1854, p. x-xiii, place le Renard flamand au xiii⁰ siècle, contrairement à J.-F. Willems, qui en met au moins première partie à la fin du xii⁰. — M. C.-A. Serrure *Geschiedenis der nederlandsche en fransche letterkunde*, Gent, 1855, (p. 140-143) se rapproche de l'avis de Geyder : il date l'origine du premier livre de l'an 1200 à 1220.

comme le nôtre, par le commerce, l'industrie et les communes, la conscience des classes laborieuses ne pouvait pas longtemps rester indifférente en présence des classes parasites qui désolaient la société, et devait s'ouvrir facilement à de bonnes plaisanteries, expression du sens pratique d'une bourgeoisie intelligente. En outre, ce fut en Flandre qu'on vit, au commencement du xiiie siècle, des factions politiques très violentes, connues sous le nom d'Isengrins et de Blavotins (Renardins) (¹). Aussi le roman du Renard eut-il, dès son apparition, un immense et légitime succès, mais dans le Nord seulement. Cela n'a rien d'étonnant; M. Edelestand du Méril, dans sa curieuse histoire de la fable ésopique, explique parfaitement cette particularité : « Malgré le courant d'esprit public, dit-il, qui pénétrait toute l'Europe du moyen âge et réunissait dans une véritable communion d'idées les peuples les plus divisés par leur langue et par la nature de leurs frontières, il y en avait dont la civilisation et l'organisation sociale rendaient ces sortes de poésies impossibles. L'Italie, même gibeline, portait un respect trop religieux aux prêtres pour en admettre les allusions satiriques; la catholique Espagne ne semble pas non plus avoir eu beaucoup de goût pour ces satires; on n'y séparait pas assez le culte de ses ministres; leur succès n'était pas moins impossible dans les pays aristocratiques où la noblesse s'était amollie, comme en Provence, dans une civilisation prématurée, et ne s'adonnait plus qu'aux plaisirs du bel esprit et de la galanterie; il n'était donc possible que dans ces pays du Nord, et surtout en Flandre et dans les Pays-Bas, là où, même lorsque le peuple n'est pas libre, l'esprit est toujours indépendant et proteste par sa liberté et ses satires contre les oppresseurs de son pays. »

(¹) CRAMER et GERVINUS, *l. c.* — FAURIEL, *Histoire littéraire de la France*, t. XXII, p. 898. — Dans les *Annales du comité flamand de France*, t. VII, M. Queux de Saint-Hilaire a énergiquement défendu contre MM. Fauriel et Paulin Paris l'opinion de Grimm sur l'origine flamande du Renard.

Mais écoutons quelques traits du poète :

« De même que le loup traite l'agneau, de même les fripons récompensent ceux qui les servent et leur font du bien. Alors qu'on laisse monter ces gens au premier rang, la justice et l'honneur sont réduits à rien...

« On oublie les anciens services. D'avides fripons sont élevés en grade et la sagesse est repoussée. Aussi les grands commettent-ils de jour en jour plus d'erreurs, car lorsqu'un manant s'élève et devient plus puissant que ses voisins, il ne sait plus lui-même ce qu'il fait. Il oublie son origine, ne s'apitoie sur le malheur de personne et n'écoute nulle prière, à moins qu'elle ne soit accompagnée d'un présent. Tout ce qu'on entend dire, c'est : Donnez, donnez! Ah! combien d'ignorants personnages sont aujourd'hui à la cour auprès du maître, l'environnant de demandes et de flatteries; mais s'il s'agissait d'une oreille pour lui sauver la vie, ils le laisseraient plutôt mourir que de la donner...

« Les trompeurs, lorsqu'ils sont puissants, ont le droit d'accuser les autres; ils font leur volonté et sont redoutés. Ils volent par ci, ils dévorent par là. Ils se montrent les os de leur proie encore dans la gueule, et personne n'ose trouver à y redire. On vante tout ce qu'ils font. Chacun leur tient un langage flatteur, les uns pour n'avoir rien à souffrir de leur part, les autres pour partager le gâteau avec eux, dans l'occasion...

« Combien d'individus ne trouve-t-on pas qui sont pires que le chien de mon apologue, et qui, au milieu des cours et dans le sein des villes, vendent la liberté et les droits du peuple, les abandonnant au premier venu, parce qu'ils espèrent trouver leur avantage dans une pareille conduite...

« Soit dans l'état ecclésiastique, soit dans le monde, on adopte les principes du renard; tous suivent la même voie et le prennent pour exemple. Il a laissé une nombreuse postérité qui monte constamment en honneur et en puissance...

« Celui qui n'a pas l'adresse du renard ne vaut rien dans le monde actuel et n'obtient ni crédit ni place, mais s'il peut employer les mêmes moyens, il monte et chacun s'empresse de le pousser. On voit plus de renardeaux de nos jours qu'on n'en vit jamais, bien qu'ils n'aient pas la barbe rousse. La justice est mise de côté; la bonne foi et la vérité sont repoussées, et nous ne voyons, dans les places, qu'avarice, méchanceté, haine et envie. Enfin, ils ont tout pouvoir. Eux et leur reine, dame Orgueil, gouvernent le monde. A la cour du pape comme à celle de l'empereur, chacun cherche à s'emparer de ce qui appartient à son voisin, et à se mettre en faveur à l'aide de la force, de la bassesse ou de la lâcheté. On ne connaît que l'argent : ce métal est plus aimé que Dieu, et l'on n'est guidé que par la puissance du numéraire. Qui apporte de l'argent est bien reçu et ses désirs sont exaucés les premiers...

« L'impudence, la méchanceté et la luxure ne sont plus aujourd'hui qu'un jeu parmi le clergé. Le pape, aussi bien que l'empereur romain, est entré dans l'ordre de Renardie [1]. »

Dans un poème latin antérieur, les attaques contre le clergé sont bien plus violentes. Le loup (*Isengrin*) y apparaît toujours en qualité d'abbé stupide, ignorant et glouton. Notre étonnement augmente si on réfléchit que l'auteur était moine et qu'il harcèle de la manière la plus impitoyable le clergé, les ordres religieux, les synodes, la vie des couvents, Rome et sa suprématie spirituelle et sa soif inextinguible de l'or. Saint Bernard lui-même n'est pas ménagé. Et cependant l'auteur n'était rien moins qu'un homme irréligieux : il fait l'éloge des prélats vertueux de son temps, dont il cite les noms et dont il est l'ami et le confident. Il comble des mêmes éloges l'ordre des bénédictins, auquel il semble avoir appartenu.

Dans le *Couronnement du Renard* et dans le *Renard li nouvel*,

______

[1] WILLEMS, *Reinaert de Vos*, traduction de M. Delepierre, p. 287-332.

de Jacques Giélée, de Lille, la satire s'accentue et va jusqu'à faire parodier l'excommunication par l'archiprêtre, qui est l'âne, hué aussitôt après par le Renard.

Le poème se termine par l'apothéose universelle de la Renardie.

« Cependant la renommée du Renard s'est au loin répandue sur la terre, tellement que tout le monde veut l'avoir avec soi, les gens d'Église surtout. Les Jacobins l'ont demandé et ils veulent le placer à la tête de leur ordre; le Renard refuse cette position et leur donne son fils aîné Reynardel, qui devient ainsi général des Jacobins. Aux Cordeliers, qui l'ont requis à leur tour, il donne son second fils, Roussel, qui devient ainsi général des Cordeliers. »

Les deux ordres étaient ennemis : Renard va les rapprocher.

« La querelle s'était envenimée au point qu'elle dut être portée devant le pape et les cardinaux. Mais le saint-père et son conseil ne pouvant parvenir à accorder les deux parties, on propose que le Renard soit coupé en deux et que l'ordre des Hospitaliers et celui des Templiers en aient chacun la moitié. Ceci, comme on pense bien, n'est pas entièrement du goût du Renard, qui offre une transaction. Il mettra une robe mi-partie qui, d'un côté, sera des Hospitaliers et, de l'autre, des Templiers; il aura la moitié de la barbe rasée, de sorte que, d'un côté, il ressemblera à un Templier, tandis que, de l'autre, il aura l'apparence d'un Hospitalier complet; et, ainsi tenant de l'un et de l'autre, il sera à la fois général des deux ordres. Cette transaction est adoptée. Alors la Fortune le couronne et le place au haut de sa roue, d'où il brave impunément la justice et les lois. Depuis ce moment, tous les vices règnent sur la terre; le monde est devenu l'empire de *Renardie* (¹).

Cette satire fut comme le prélude de toutes les violentes

(¹) Van Hasselt, *Essai sur l'histoire de la poésie française en Belgique,* p. 51-52. — Potvin, *l. c.,* ten. XVII.

attaques dirigées par les écrivains du XIIIᵉ et du XIVᵉ siècle contre les *papelarts*. L'un écrivait :

> Papelart et Beguin
> Ont le siècle honni ;

l'autre accusait les clercs d'avoir pris pour épouses trois pucelles : Charité, Justice et Vertu ; puis de les avoir déflorées, répudiées et remplacées par trois autres, dont

> La première a nom Trahison,
> Et la seconde Hypocrisie,
> Et la tierce a nom Simonie.

« C'est là un des traits du caractère du XIIᵉ siècle, qui fut une époque de rénovation au moyen âge. La liberté, qui bien souvent y dégénérait en une inconcevable licence et en un cynisme effréné, se continue dans le XIIIᵉ siècle, où non seulement elle se propage dans les chants des poètes, mais aussi se drape dans le manteau de vingt sectes d'hérétiques, des Stadings, des flagellants, des fratricelles, des apostoliques ; où le *Roman de la Rose* prêche la communauté des femmes avec une impudeur inouïe (¹). »

La même hardiesse est partout, dans les satires, dans les fabliaux, même au théâtre qui s'établit dans le temple (²).

Une opposition autrement redoutable pour l'Église devait être celle des Vaudois. Au XIIᵉ siècle, beaucoup d'entre eux, persécutés par l'archevêque de Lyon, étaient arrivés en Flandre. En 1160, Pierre Valdo ou plutôt *Valdes* ou *Valdez* (³), marchand de Lyon, s'était associé avec deux prêtres pour la traduction de l'Évangile et des autres livres de l'Écriture sainte en langue vulgaire. Des laïques se réunirent autour de lui pour s'édifier réciproquement sur ces livres et se communiquer leurs impressions. Valdo n'avançait encore aucun dogme con-

---

(¹) Van Hasselt, *l. c.*, p. 52 et 53.

(²) Altmeyer citait ici de longues pages sur les fabliaux, empruntées à *Nos premiers siècles littéraires*, par M. Ch. Potvin. (Note des éditeurs.)

(³) Voir Herzog, *Die romanischen Waldenser*, Halle, 1853, p. 112-117.

traire au catholicisme. Ce qu'il y avait de nouveau chez lui, c'était qu'un laïque cherchât à se familiariser avec la Bible et à en répandre la connaissance dans les masses. Aussi, le clergé catholique s'alarma-t-il de cette propagande en voyant les Vaudois s'appuyer, dans leurs prédications, sur les textes formels des saintes lettres. Ce fut ce principe biblique qui les poussa plus tard jusque dans le protestantisme du xvie siècle. Cependant, ils s'attachaient particulièrement à l'étude du Nouveau Testament, qu'ils traduisirent tout entier et s'efforcèrent de mettre en harmonie avec l'Ancien. Leurs interprétations étaient à la fois littérales et allégoriques, comme celles de l'Église (1).

En 1184, le pape Lucius III, pour les punir de leur persistance dans leurs convictions, lança contre eux les foudres du Vatican, et cette rigueur fut renouvelée en 1215 par Innocent III et par le quatrième concile de Latran. Les Vaudois n'en continuèrent pas moins de prêcher; mais tout en montrant à cet égard de la désobéissance envers l'Église, ils ne reniaient aucun de ses dogmes fondamentaux et étaient loin de rompre toute mesure avec elle. Ce que l'Église leur reprochait, c'était de prêcher qu'il n'y avait point de milieu entre le Ciel et l'Enfer; que le serment était un péché mortel; qu'il fallait se confesser à Dieu et non pas aux prêtres, qui cependant avaient le pouvoir de donner l'absolution et étaient obligés d'aider les fidèles de leurs conseils et de faire pénitence (2).

Les Vaudois continuaient d'occuper une place dans le catholicisme, bien qu'à certains égards ils en eussent franchi les limites. La différence qui existait entre eux et les catholiques n'était pas l'hérésie; ils étaient séparés les uns des autres comme bons et mauvais catholiques. Aussi, jusqu'à l'époque de la réforme protestante, les rapports des Vaudois avec l'Église romaine ne se rompirent jamais complètement,

(1) HERZOG, *l. c.*, p. 117-131.
(2) HERZOG, *l. c.*, p. 147-173, 210, 347 et 348. — BOSSUET, *Histoire des variations, œuvres complètes*, Paris, 1840, t. IV, p. 185.

parce que leurs convictions religieuses avaient le catholicisme pour fondement. Leur position tenait le milieu entre l'union et l'indépendance. Et d'abord, ils ne reconnaissaient pas de pontife suprême placé au-dessus des autres prêtres. Le Christ seul était pour eux ce pontife. Ils n'admettaient qu'une hiérarchie d'évêques, d'anciens (prêtres) et de diacres. Leurs prêtres étaient des missionnaires ou vivaient en commun, d'une sorte de vie claustrale. Il y avait aussi des femmes qui suivaient cette règle (¹).

Après leur proscription par le pape Lucius III et par le concile de Latran, mais surtout après leur dispersion dans divers pays de l'Europe, les Vaudois adoptèrent les mœurs et les idées de diverses sectes, et à leurs anciens dissentiments avec le catholicisme ils en ajoutèrent d'autres (²). Ainsi ils attendaient le Paraclet, annoncé par le Christ, et avec lui une société nouvelle, une nouvelle Église, où toute violence, toute distinction, toute inégalité seraient inconnues; où les tribunaux et les lois seraient inutiles; où les hommes ne connaîtraient d'autre mobile de leurs actions que l'amour de Dieu et du prochain (³).

En Belgique, les Vaudois paraissent s'être unis aux Cathares et aux sectateurs de Tanchelin. En 1182, ils furent cruellement persécutés par le comte Philippe d'Alsace, sur la dénonciation de l'archevêque de Rheims. On tua beaucoup de monde pour avoir rejeté les sacrements de l'Église, le culte des images et le Purgatoire. On renouvela ces persécutions sanglantes en 1459 (⁴), 1461 et 1491 dans Arras, où

(¹) Herzog, *l. c.*, p. 205-209.

(²) Voy. le savant ouvrage allemand de M. Dieckhoff sur les Vaudois. — Conf. Gieseler, t. II, 2, p. 570 et suiv. — Voy. aussi l'article *Valdo* dans la *Biographie universelle* de Michaud.

(³) Franck, *Réformateurs et publicistes de l'Europe*, p. 162.

(⁴) « En ceste année (1459), en la ville d'Arras, advint un terrible cas et pitoyable que l'on nommoit vaudoisie, ne scay pourquoi; mais l'on disoit que ce estoient aucunes gens, hommes et femmes, que de nuict se transportoient, par vertu du diable, des places où ils estoient, et soubdainement se trouvoient en aucuns lieux, arrière des gens ès bois ou ès désers là où ils se trouvoient en très grand nombre,

un grand nombre de nobles avaient embrassé les nouvelles idées hérétiques. Les persécuteurs, confondant la *vauderie* avec la sorcellerie, représentaient les sectaires comme vivant dans l'intimité du diable, qui présidait leurs réunions tantôt sous la forme d'un singe, tantôt sous celle d'un chien, pratiquant la communauté des femmes, égorgeant de jeunes enfants pour faire de leur graisse des onguents destinés à détruire la santé des hommes et la fécondité de la terre. Ils les accusaient de ravir la lumière au soleil, de provoquer la foudre et les éclairs et de chevaucher dans les airs. Un de leurs adversaires les plus acharnés fut Alain de Lille. Leurs idées, propagées par des traductions flamandes de l'Écriture sainte, passèrent de la Flandre en Hollande, où elles enfantèrent plus tard l'anabaptisme (¹).

Pendant ce temps, la persécution contre les Vaudois ne

hommes et femmes, et trouvoient illec un diable en forme d'homme duquel ils ne véoient jamais le visage, et ce diable leur lisoit ou disoit ses commandemens et ordonnances, et comment, et par quelle manière ils le devoient aorer et servir, puis faisoit par chacun d'eux baiser par derrière, et puis il bailloit à chacun un paon d'argent, et finalement leur administroit vins et viande, en grand largesse, dont ils se repaissoient ; et puis tout à coup chacun prenoit sa chacune, et, en ce point s'estaindoit la lumière, et cognoissoient l'un l'autre charnellement ; et ce fait, tout soubdainement se retrouvoit chacun en sa place, dont ils estoient partis premièrement.

« Pour ceste folie furent prins et emprisonnez plusieurs notables gens de ladite ville d'Arras et autres moindres gens, femmes folieuses et autres et furent tellement gehénez et si terriblement tormentez, que les uns confessèrent le cas leur estre tout ainsi advenu, comme dit est. Et outres plus, confessèrent avoir veu et cogneu en leur assemblée plusieurs gens notables, prélats, seigneurs et autres gouverneurs des bailliages et de villes, voire tels selon commune renommée que les examinateurs et les juges leur nommoient et mettoient en bouche, si que, par force de peines et de tourmens, il les accusoient et disoient que voirement ils les y avoient veuz. Et les aucuns ainsi nommez estoient tantost après prins, et emprisonnez et mis à torture tant et si très longuement et par tant de fois que confesser le leur convenoit, et furent ceux-cy, qui estoient des moindres gens, executez et bruslez inhumainement. Aucuns autres, les riches et plus puissans, se racheptèrent par force d'argent pour éviter les peines et les hontes que l'on leur faisoit. » (*Chroniques de Monstrelet, ad ann. 1459, f. 83 verso et 84 recto.*)

(¹) DIERCXSENS, p. 273. — YPEY et DERMOUT, *Aanteekeningen op de geschiedenis der Nederlandsche hervormde Kerk.* Bréda, 1819, t. I, p. 48, 360 et 361. — BLAUPOT TEN CATE, *Geschiedkundig onderzoek naar den Waldenschen oorsprong der Nederlandsche doopsgezinden.* Amsterdam, 1847, p. 48-52.

s'endormait pas : Robert le Bulgare, moine, ainsi appelé d'un des noms donnés aux Vaudois, dont il avait abjuré la croyance, se fit nommer inquisiteur par Grégoire IX et poursuivit avec rigueur ses anciens coreligionnaires. Il en fit brûler et enterrer vifs plus de cinquante, en trois mois; il raffina leurs supplices. On vit en Flandre des *klompdraegers* ou *kloeffers* (¹) livrés aux piqûres des abeilles après avoir eu la moitié du corps écorché. Leur foi ne se démentait pas dans ces tourments (²).

En 1459, on brûla à Lille un schismatique portugais nommé Alphonse. Il marchait demi-nu, portait la barbe longue et les cheveux négligés. « Vivant dans la pauvreté et dans la mortification, il était presque toujours occupé à prier Dieu. Il prétendait que depuis saint Grégoire le Grand, il n'y avait plus, dans l'Église, ni pape, ni évêques, ni prêtres légitimement ordonnés, et que le corps de Jésus-Christ n'était point véritablement dans l'eucharistie (³). » Alphonse avait fait une propagande telle, que le magistrat de Lille appela, pour le combattre, un célèbre théologien de ce temps, nommé Jean le Fel, qui prêcha aussi contre les Turlupins, sur lesquels, toutefois, la vue du bûcher fut plus puissante que les sermons de ce docteur (⁴). Cette même année, au commencement de novembre, on brûla à Langres, comme Vaudois, un ermite nommé Robinet de Vaux, natif d'Hébuterne dans l'Artois. « Ce malheureux laissa échapper, au milieu des tortures, les noms de Déniselle et du vieux maître Jean Lavite, peintre et poète, connu sous le sobriquet d'*Abbé de peu de sens*. L'inquisiteur fait arrêter Déniselle, femme de folle vie, qui demeurait à Douai. Cette femme, après avoir supporté courageusement la question, qu'on lui avait appliquée plusieurs fois,

---

(¹) C'était sous ce nom que les Vaudois étaient connus en Belgique : il signifiait *porteurs de sabots.*

(²) Mertens et Torfs, p. 408.

(³) De Rosny, *Histoire de l'abbaye de Loos.* Lille, 1838, p. 76 et 77.

(⁴) Id., *ibid.*

finit par succomber et confesse tout ce qu'on veut : elle s'accuse de vauderie et reconnaît l'Abbé de peu de sens pour son complice. Celui-ci, cependant, avait dérouté les limiers de saint Dominique et commençait à respirer dans la retraite qu'il avait choisie à Abbeville; mais l'inquisiteur fait tant qu'il le découvre. Il se rendit aussitôt dans cette ville, arrêta Lavite et le ramena dans la cité d'Arras le 25 février 1560. Là, les bourreaux l'attendaient avec la question du *chapelet*; le poète le savait : craignant d'être trahi par ses forces et de compromettre ses amis par des aveux arrachés à la douleur, il voulut se couper la langue avec un canif et se fit une blessure qui l'empêcha de parler pendant longtemps. Mais l'inquisition ne se laisse point arrêter : ce sera par écrit qu'il fera ses aveux et qu'il nommera ses complices; en effet, ce pauvre vieillard (¹) confessa qu'il avait été en vauderie et qu'il y avait vu beaucoup de gens. Cette confession eut lieu devant les vicaires de l'évêque d'Arras, absent, c'est-à-dire devant Pierre Duhamel, archidiacre d'Ostrevant; Jean Thiébault, official; Jean Pochon et Mathieu Duhamel, secrétaire de l'évêché, Jacques Dubois, docteur en théologie, doyen en l'église de Notre-Dame; tous les cinq chanoines d'Arras. Plusieurs personnes furent aussitôt arrêtées; mais les vicaires généraux se décident à les renvoyer tous sans nulle punition. Dubois s'oppose à cette résolution; range à son parti le frère mineur, Jean Faulconnier, évêque de Baruth, suffragant de l'évêque d'Arras, et va trouver à Péronne le comte d'Étampes, capitaine général des marches de Picardie pour le duc de Bourgogne. Le comte vint à Arras, rappela aux vicaires les ordres que Philippe le Bon leur avait donnés, leur commanda de faire leur devoir ou qu'autrement il s'en prendrait à eux-mêmes. Les vicaires généraux cherchèrent à se soustraire à cet ordre rigoureux. Toutes les confessions des prisonniers accusés de vauderie furent envoyées par eux à deux ecclésias-

____

(¹) Il pouvait avoir de 60 à 70 ans.

tiques renommés par leur piété et leur savoir. La réponse de
ces ecclésiastiques fut que les Vaudois repentants ne méri-
taient pas la mort. L'évêque d'Amiens les jugeait plus saine-
ment encore : il pensait que les malheureux, à qui des bourreaux dictaient les aveux, n'avaient pas fait et ne pouvaient
pas même faire ce dont ils s'accusaient.

« Jean Taincture, docteur en théologie, qui demeurait à
Tournai, écrivit, de concert avec d'autres notables clercs, un
beau traité sur la vauderie, dont la publication eut pour effet
de faire relâcher les prisonniers qu'on détenait à Tournai
sous ce prétexte. Mais le fanatisme du doyen d'Arras s'en
ébranla peu. Le procès des prisonniers vaudois s'instruisit
de nouveau devant un tribunal où vinrent siéger tous les
clercs de la ville et cité d'Arras et quelques laïques, tels que
Gilles Flameng et Mathieu Paille, avocats de Beauquesne. Le
lendemain (9 mai), l'Abbé de peu de sens, Déniselle, quatre
autres femmes du peuple et le cadavre de Jean Lefebvre, sergent des échevins, qui s'était étranglé la nuit dans sa prison,
tous les cinq coiffés d'une mitre où était la figure du diable
adoré par un Vaudois, furent amenés sur un échafaud dressé
dans la cour de la maison épiscopale ; l'inquisiteur les prêcha
devant une foule immense, accourue de douze lieues à la
ronde. Jean Lavite, ainsi que ces femmes infortunées, répondit affirmativement à chacune des charges sur lesquelles on
l'interrogeait, et, après cette confession, la sentence fut pro-
noncée par laquelle on les rendait à la justice laïque comme
pourris, indignes de se trouver avec les membres de la sainte
Église, et déclarait tous leurs biens confisqués. Déniselle fut
remise au magistrat de Douai, celui d'Arras eut les quatre
autres femmes et le cadavre ; l'Abbé de peu de sens fut rendu
au prévôt et aux échevins de la cité. Tous moururent avec
courage, protestant de leur innocence jusque sur le bûcher et
vouant à l'exécration publique Gilles Flameng, dont les falla-
cieuses promesses leur avaient extorqué l'aveu d'un crime
imaginaire.

Le fanatisme trouva bientôt un puissant auxiliaire dans la
cupidité des courtisans qui étaient parvenus à faire appliquer
à ceux d'Arras la confiscation de leurs biens pour le cas particulier de vauderie, malgré les privilèges dont ils jouissaient.
On immola des victimes d'un rang plus élevé et surtout celles
qui se recommandaient par leur grande fortune. Dès lors, la
résistance ne se formula plus seulement en vaines protesta-
tions d'innocence. On avait beau ajouter aux prétendus crimes
des Vaudois en leur attribuant toutes les calamités publiques,
comme on venait de le faire ; ces horribles supplices avaient
fini par éveiller dans la population une vive sympathie pour
les victimes. La persécution apportait, d'ailleurs, une gêne
immense au commerce d'Arras, parce que les aubergistes
refusaient le logement aux marchands de cette ville, et que
leur crédit était anéanti par les craintes que chacun avait de
les voir arrêter comme Vaudois et prononcer contre eux la
confiscation de tous leurs biens. Le parlement de Paris, le
roi de France, le pape même s'interposèrent entre les bourreaux et les victimes. Au mois de juin 1461, le parlement
déchargea de toute condamnation Colard de Beaufort, riche
et vieux ([1]) chevalier, convaincu de vauderie par l'inquisition
d'Arras ([2]); il est mis en liberté avec quelques-uns de ses

([1]) Il avait 72 ans.

([2]) « Et dit ledit inquisiteur que ledit seigneur de Beauffort avoit consenti au
voulloir de méchantes femmes et que, par leur enhort, il avoit pris un bastonchier et
oingt ledit bastonchier et ses mains d'ung oignement qu'on lui avoit baillié, et puis
mis ledit baston entre ses jambes, fust porté par l'ennemy d'enfer à une lieue près
d'Arras en la vaulderie, et illecq présens tous ceux qui y estoient, feit hommaige
au diable d'enfer, lequel y estoit et présidoit en forme de singe et baisa au diable la
patte; et combien que le diable lui requist son âme, il ne lui donna que quatre de ses
cheveux de son chief; ce fait, en icelle place cognut une femme carnellement, et ne
fust point ladite femme nommée; et dit encoires ledit inquisiteur que ledit seigneur
de Beauffort avoit esté par deux autres fois encoires en ladite vaulderie et y estoit allé
à pied, en plein jour, après dîner, et y estoit le diable en forme de quien, et là le
preschoit le diable et disoit qu'il n'y avoit monde que cestuy où nous sommes, et
n'avoient point d'âme aultre que les bestes, et quant ils mouroient, tout mouroit. »
(J. Du Clercq, *Mémoires*, etc. Bruxelles, 1823, t. III, p. 63 et 64.)

compagnons d'infortune, et le trop confiant vieillard continue d'habiter les lieux qui obéissent à ses juges implacables; bientôt traduit de nouveau, sous le prétexte le plus frivole, devant le tribunal sanguinaire, ses cendres dispersées au vent attestent la puissance et l'orgueil de ces hommes barbares. Cependant, l'évêque d'Arras, Jean Geoffroy, en faisant son entrée dans la ville épiscopale vers la Toussaint de 1461, comme légat du pape, désavoue la conduite de ses vicaires et dépose son secrétaire. Faulconnier est arrêté et conduit en prison dans la ville de Bourgogne, où il avait reçu le jour; Paille va s'établir à Paris, et Flameng, qui n'était pas aimé dans Arras, se retira à Douai. Dubois, attaqué d'aliénation mentale, comme il se rendait à Corbie, fut ramené à Paris, où il mourut après une longue et douloureuse maladie. Et, toutefois, ce ne fut qu'en 1491 que les héritiers de Beaufort et de Jean Touquet, riche bourgeois et échevin ([1]), obtinrent un arrêt du parlement qui réhabilitait tous les Vaudois condamnés par la cour spirituelle, ordonnait la restitution des biens confisqués et imposait de fortes amendes aux juges des victimes. En outre, on porta à la connaissance du public que, le 18 juillet, il serait prononcé, dans la cour du palais épiscopal, par un docteur en théologie de l'université de Paris, qui exposerait en partie l'arrêt du parlement...

Le prédicateur Geoffroy Broussart prit, pour texte du sermon qu'il prononça devant un concours immense de peuple, ces paroles de David : *Erudimini, qui judicatis terram.* Chacun festoya de grand cœur ce jour tant souhaité; il y eut bannières, étendards, jeux et ébattements sur le petit marché d'Arras. Mais les bourgeois n'avaient pas attendu l'arrêt du parlement pour flétrir les persécuteurs : au milieu de leur toute-puissance, lorsque les bûchers fumaient, des rôles de papier furent répandus dans la ville. Un poète y exha-

---

([1]) Il avait été brûlé avec de Beaufort.

lait une noble indignation, en des vers dont voici des
extraits :

> Les traîtres remplis de grande envie,
> De convoitise et de venin couvers,
> Ont fait régner ne scay quelle vauldrie,
> Pour cuider prendre, à tort et à travers,
> Les biens d'aulcuns notables et expers,
> Avec leurs corps, leurs femmes et chevanche,
> Et mettre à mort des gens d'estat divers.
> Hach! noble Arras, tu as bien eu l'advanche !
>
> . . . .
>
> L'inquisiteur à sa blanche barrette
> Son nez velu et sa trongne maugrine
> Des principaulx a esté à la feste,
> Pour pauvres gens tirer à la gehenne ;
> Mais il ne sçait qu'ung peu qu'on lui machat
> Tout son desir estoit, et son pourchas,
> D'avoir biens meubles tenus en sa saisine
> Paisiblement, mais il ne les a pas.

Sacotin Maupetit, sergent du roi, fut soupçonné d'être
l'auteur de cette ballade et d'autres libelles diffamatoires. Le
duc de Bourgogne le fit arrêter ; mais Sacotin s'enfuit, se rend
prisonnier à Paris, y est acquitté et remis en liberté par le
parlement.

Le crédit des juges ecclésiastiques, qui avait été assez puissant pour faire différer pendant trente ans la justice due à
leurs nombreuses victimes, ne leur manqua pas encore, quand
il s'agit de faire exécuter certaines clauses de l'arrêt relatives
aux amendes (¹).

En 1482, à Tournai, un prédicateur célèbre, nommé Jean-
François Angeli, avait émis en chaire plusieurs propositions
sur l'administration du sacrement de la pénitence, l'extension des privilèges des religièux et le mépris de la juridic-

____

(¹) Cet épisode est tiré, en grande partie, des *Mémoires* de J. Du Clercq, t. III,
p. 10 et suiv. Je l'ai donné d'après ces Mémoires, mais surtout d'après M. Foitelle,
qui l'a traité d'une manière complète dans les *Archives historiques et littéraires du
nord de la France et du midi de la Belgique*, t. III, p. 413-418.

tion des curés. Ces propositions ayant été déférées au jugement de la faculté de philosophie de Paris, celle-ci en censura quatorze (1).

Beaucoup de Vaudois émigrèrent de la Flandre dans l'Overyssel, en Frise (2) et en Hollande. Encore de 1520 à 1530, il en partit de la Flandre et du Brabant pour l'Overyssel et la Twenthe, où ils apportèrent leur industrie des toiles et des draps. Ainsi la famille flamande de Warnaars fit connaître la fabrication linière à Almeloo. Ils devinrent dans ces parages les précurseurs des baptistes (*doopsgezinden*) du XVIe siècle, qu'il ne faut pas confondre avec les anabaptistes (*herdoopers, wederdoopers*) de Munster et d'Amsterdam (3).

Au XIIIe siècle, le midi de la France était un foyer d'où débordaient de nombreuses hérésies, professées surtout dans les villes d'Albi, de Béziers, de Carcassonne, d'Avignon, de Narbonne, de Tarascon, de Montauban, de Beaucaire et de Toulouse. Le pape Innocent III (1208) prêcha contre elles une guerre d'extermination à laquelle vinrent se joindre, en 1215, les horreurs de l'inquisition qui livra les malheureux Albigeois aux légats du pape chargés de conduire cette guerre. D'un autre côté, le quatrième concile de Latran imposa aux synodes épiscopaux le devoir de rechercher et de punir régulièrement une ou deux fois l'an les hérétiques, et, en 1229, le concile de Toulouse acheva l'organisation de cette inquisition épiscopale, dont l'origine remonte au VIe siècle (4).

En 1252 et en 1253, la cour de Rome fit un pas de plus : Grégoire IX nomma les dominicains : inquisiteurs pontificaux

____

(1) FOPPENS, *Histoire ecclésiastique des Pays-Bas*, manuscrit, f. 2633.

(2) M. Ten Cate n'admet cette émigration que pour la Frise orientale et la rejette absolument pour la Frise occidentale, où il ne reconnaît qu'une transmission intellectuelle des doctrines vaudoises.

(3) BLAUPOT TEN CATE, *Geschiedenis der doopsgezinden in Friesland*, p. 4-12. 53-54 ; et *Geschiedenis der doopsgezinden te Groningen, Overyssel en Oost-Friesland*, p. 1-33.

(4) GIESELER, t. II, 2, p. 579-593, etc.

permanents, et ils commencèrent aussitôt leur sanglant office. Comme l'Église ne pouvait pas verser le sang, les princes, les rois et les empereurs étaient tenus de prêter main-forte à ses terribles juges. La sainte Inquisition ou le saint Office, comme on l'appelait, perfectionné encore par les successeurs de Grégoire IX, devait dépendre immédiatement du souverain pontife, rechercher les hérétiques et leurs adhérents et prononcer sans appel sur leurs biens, leur honneur et leur vie. Jamais ce tribunal ne faisait connaître le dénonciateur ni les témoins ; l'instruction du procès était secrète et les inquisiteurs pouvaient eux-mêmes appliquer la torture (¹).

L'hérésie de Cathares ou Albigeois avait été introduite en Belgique vers 1025, par des missionnaires italiens (²), dont le principal s'appelait Gondolphe. Ces hérétiques n'admettaient que les livres du Nouveau Testament, rejetaient les sacrements du baptême et de l'eucharistie, avaient leurs ministres et croyaient pouvoir conférer le Saint-Esprit par l'imposition des mains, condamnaient le mariage, se prononçaient contre la vénération de la croix, contre le culte des saints, contre la nécessité des églises et des ordres sacerdotaux ; enfin, plaçaient la perfection devant Dieu dans le renoncement au monde, dans la simplicité d'une vie consacrée au travail et dans l'exercice de la charité. Leur base étant le Nouveau Testament, ils prétendaient en conserver les doctrines et les rites ; n'attribuaient aucune importance aux sacrements institués par l'Église, mais avaient introduit la coutume de se

---

(¹) *Bullarium ord. prædicat.*, t. I, p. 37. — Mansi, t. XXIII, p. 74 et 265. — De Laurière, *Ordonnances des Roys de France de la troisième race*, t. I, p. 50. — Pegna, *Comment. ad Eymericum*, n° 124. — *Bullar. magn. Innocent. IV*, n°ˢ 9 et 15 ; *Urban. IV*, n° 8. — *Concil. Narbon. ann. 1255*, can. 26 ; *Concil. Vinens. ann. 1511 (Clementin.* V, tit. III, c. 1.) — Martène et Durand, *Thes. anecdot.*, t. V, p. 1795. — Gieseler, t. II, 2, p. 593 et 594.

(²) Le premier noyau de cette secte s'est formé au xᵉ siècle parmi les Slaves de la vallée du Danube. Des moines bulgares introduisirent ensuite ses doctrines dans les retraites ignorées des Balkans et dans les îles désertes de la côte orientale de l'Adriatique. (Hudry-Menos, *Revue des Deux Mondes*, 1868, t. LXXIV, p. 472 et 473.)

laver entre eux les pieds, à l'imitation du Christ, qui les avait
lavés à ses disciples pour leur donner une leçon d'humilité.
Dans l'origine, les Cathares, surtout les Cathares orientaux,
professaient un dualisme qui se composait d'un petit nombre
de dogmes et de préceptes, lesquels étaient la distinction
entre un bon et un mauvais principe; la condamnation de
l'Ancien Testament comme œuvre du démon; l'opinion que
Jésus-Christ n'a qu'un corps apparent, le rejet du baptème
d'eau, la communication du Saint-Esprit par l'imposition des
mains, la condamnation du mariage et de la nourriture ani-
male, le refus de croire à la présence de Jésus-Christ dans la
cène et de vénérer les images et les croix. Le dualisme, qui
faisait la base de ce système, était absolu, c'est-à-dire qu'il
admettait l'existence de deux dieux éternels indépendants
l'un de l'autre. De bonne heure déjà se montra aussi une ten-
dance à le mitiger par la doctrine d'un seul Dieu, créateur du
démon lui-même, quoique étranger à la formation et au gouvernement du monde matériel. Les partisans de cette doctrine
vénéraient, outre le Dieu suprême, deux de ses fils, dont
l'un gouverne le monde céleste et l'autre le monde visible,
ou bien ils ne rendaient un culte qu'au chef du monde supérieur, tout en ne méprisant pas le démon, de peur de s'exposer à sa vengeance, ou bien encore ils ne se souciaient que
de ce dernier et lui adressaient leurs prières pour être heureux dans ce monde. Cette opinion grossière et barbare, qui
rappelle le plus vivement les superstitions du paganisme,
reléguait au second plan les préceptes moraux, tandis que,
dans le catharisme occidental, les préceptes ascétiques et
l'opposition aux usages et aux pratiques de l'Église catholique figuraient au premier plan ([1]).

Toutefois, celle-ci est allée aussi loin que toutes les autres
sectes sur ce terrain dualiste du bon et du mauvais principe,

---

([1]) C. SCHMIDT, *Histoire et doctrine de la secte des Cathares ou Albigeois.* Strasbourg, 1849, t. I, p. 55 et 8-10.

de Dieu et du diable, de l'esprit et de la matière, du monde invisible et du monde visible. Le principe mauvais qu'elle admet n'est pas éternel, il est vrai; mais l'enseignement et la prédication le revêtent d'une existence réelle, corporelle même, qui s'impose sous mille formes monstrueuses aux imaginations. Il remplit de sa puissance la nature physique et la nature morale. Les vices et les crimes lui sont attribués comme les phénomènes naturels dont la science n'avait pas encore saisi la véritable cause : il souffle l'air empoisonné qui décime la population, on voit passer sa forme étrange sur la nue qui porte la tempête, on entend sa voix dans le rugissement des vents et dans le bruit des grandes eaux débordées, c'est lui qui détache l'avalanche roulant dans la vallée. Toutes ces traditions et ces légendes populaires sur les exploits malfaisants de Satan reçoivent la consécration de l'autorité religieuse et passent dans la croyance orthodoxe. La terreur que le diable inspire courbe les populations et les précipite dans le sanctuaire. Après le bûcher et l'excommunication, la crainte du diable est le plus ferme rempart de l'orthodoxie contre les emportements de l'esprit sectaire; mais la terreur est mauvaise conseillère : à force de s'entendre menacer de cette puissance mystérieuse, les masses ignorantes finirent par se persuader qu'elles pourraient la désarmer et se la rendre propice. Sous l'empire de cette conviction, il se produisit des phénomènes que les écrivains orthodoxes attribuent aux sectes dualistes, mais qui en réalité se manifestent dans les cadres de l'Église et sont le fait de populations demeurées catholiques. Une sorte d'épidémie démonologique s'empare du peuple déguenillé, des seigneurs et des moines. On se tourne vers le diable, on veut entrer en communion avec lui par des pactes, des initiations et des pratiques occultes; on lui demande une protection refusée par les puissances qu'on dit venir de Dieu. Le diable eut ses sabbats, ses synagogues et ses assemblées de culte, où l'on courait la nuit avec frénésie. On ne saurait faire un pas à travers le moyen âge sans rencontrer de ces manifestations qui sont inspirées par la notion exagérée du diable. L'esprit sectaire n'eut qu'à presser cette notion pour en faire sortir le Satan éternel du manichéisme. Dans ce système, Satan est créateur, le monde visible est son œuvre, mauvaise comme lui; les empires de la terre lui appartiennent, les puissances le servent et la plus grande de toutes, l'Église romaine, est son ministre pour le mal. L'idée démoniaque, épouvantail destiné à tenir à distance les ennemis de l'Église, se tourne ainsi contre elle et devient, dans la théologie sectaire, le plus terrible agent de démolition (¹).

L'ignorance seule ou la mauvaise foi ont pu confondre les deux oppositions (la vaudoise et l'albigeoise) qui se sont dressées devant l'Église du moyen âge. Les Vaudois sont des chrétiens primitifs égarés dans un nouveau monde, les Albigeois sont des revenants du gnosticisme alexandrin, des semi-païens. Par leur principe d'amour, qui est le fond de l'Évangile, les premiers ont plané au-dessus des terreurs du moyen âge. Leur foi confiante et simple au Dieu bon qui se manifeste par l'amour dans le monde visible et dans le monde invisible les a préservés de l'invasion de l'idée dualiste. Ils ont cru sans doute au diable, au principe de la terreur; mais, en embrassant plus fortement que ne l'ont fait les autres sectes et même l'orthodoxie le principe de la rédemption, ils ont secoué le cauchemar de la notion terroriste du diable qui régnait au moyen âge. Retranchés dans la doctrine de saint Paul, que l'homme est justifié par la foi et qu'il n'y a plus de condamnation éternelle pour ceux qui croient au Christ, ils ont envisagé sans crainte le grand adversaire, le Satan, créé ou incréé, du moyen âge.

Le système de la secte albigeoise est beaucoup plus compliqué : il consiste dans un étrange amalgame de matériaux divers, tirés des religions d'Asie et des plus purs éléments

____

(¹) HUDRY-MENOS, *l. c.*, p. 471 et 472.

du christianisme. Aussi, la puissance incomparable de dévouement et d'amour qu'il a développée dans le monde, la patience de ses disciples au milieu des persécutions, leur enthousiasme devant le bûcher, leurs mœurs pures, leur piété profonde font de cette secte comme une des plus hautes expressions de la morale chrétienne. Si le catharisme est dualiste par la théologie, il est vraiment évangélique par les œuvres (¹).

Les hérésies qui, pendant le xiᵉ et le xiiᵉ siècle, se répandirent en Belgique semblent se rattacher aux doctrines des Cathares. Tanchelin même paraît avoir reçu d'eux le baptême spirituel; par là il s'était persuadé qu'il possédait la plénitude du Saint-Esprit, et, dans son exaltation, il s'était imaginé que Dieu s'était incarné pour lui. En Flandre surtout, l'état des choses et des esprits favorisait l'opposition au clergé. Un vif désir de liberté animait les Flamands, enrichis par le commerce et l'industrie. Les innombrables ouvriers tisserands, qui passaient leur vie dans des ateliers souterrains, où l'air et la lumière pénétraient avec peine et où nul ministre de l'Église ne descendait pour les visiter, recevaient avidement les spéculations cathares; pendant leur travail silencieux, leur imagination se nourrissait de rêveries sur l'origine du monde et sur la perfection de la vie ascétique. Jusqu'à la fin du xiiiᵉ siècle, le saint Office ne cessa de sévir contre les Cathares de Belgique; alors ils disparurent ou se fondirent dans la secte des Vaudois (²).

L'histoire du xivᵉ siècle présente la décadence du moyen âge dans les institutions féodales et hiérarchiques. Les deux grandes formes politiques et sociales, l'Église et l'Empire, ces créations de l'idée latine de la société humaine comme monarchie universelle, paraissent dans des situations tout à fait nouvelles et sont déjà menacées de destruction. Le vieil

----

(¹) Hudry-Menos, *l. c.*, p. 471 et 567-568.
(²) Schmidt, *l. c.*, p. 47, etc.

empire romain-germanique s'était déjà écroulé en Italie au xiiie siècle; au commencement du xive, ce fut le tour de la vieille Église hiérarchique, à cause du départ des papes pour la France, où, tombant dans le vasselage des rois de ce pays, ils furent dépouillés de leur universalité, de leur puissance et du secret de leur force magique, la foi. A l'exil d'Avignon succédèrent le grand schisme d'Occident, l'autorité des conciles et la réformation du xvie siècle [1].

La lutte colossale du moyen âge entre le pouvoir spirituel et le pouvoir temporel une fois terminée, il ne resta plus aux papes aucun problème politique d'une importance universelle à résoudre pour la civilisation européenne. Le pouvoir absolu qu'ils avaient conquis durant le xiiie siècle, ils le tournèrent contre eux-mêmes et contre l'Église, en se déchirant leurs propres entrailles. Ils défigurèrent cette Église et la pervertirent par des abus et des tyrannies sans nombre. Ils regrettaient toujours leurs anciens combats avec l'empire, le vrai thème de la papauté universelle; car, par ces combats seulement, ils étaient parvenus à cette haute domination qu'ils avaient exercée sur l'univers. Même dans leur prison dorée d'Avignon, sous le protectorat de la politique française, ils provoquèrent de nouveau ces vieilles luttes. Mais, au lieu de la grande voix de l'Empire, ce fut l'esprit réformateur de l'Occident qui leur répondit. Des penseurs plus hardis, plus désintéressés et surtout plus francs que les Hohenstauffen, ne se contentèrent plus d'attaquer l'autorité temporelle des papes; ils ébranlèrent aussi leur autorité spirituelle. L'hérésie leur apparut sous les traits de Wiclef et de Huss et les glaça d'épouvante [2].

En 1374, Wiclef, le plus célèbre des précurseurs de Luther, vint défendre, dans les conférences de Bruges, les intérêts d'Édouard III contre les prétentions de la France et de la cour de Rome. Il resta deux ans dans cette Flandre

---

[1] GREGOROVIUS, *Geschichte der Stad Rom*. Stuttgart, 1859, t. VI, p. 3 et 4.
[2] GREGOROVIUS, *l. c.*, p. 4.

alors pleine de vaudoisie, et il ne la quitta que plus irrité contre la papauté, qu'il attaqua dès lors sans aucune espèce de ménagements. Cinquante ans auparavant, un de ses compatriotes, Lollard Walter [1], avait répandu les idées vaudoises à Londres, et ses doctrines s'étaient également introduites dans la Flandre. Les lollards, qui se montrèrent en assez grand nombre dans la patrie de leur maître, après l'année 1377, étaient des hommes simples et moraux; ils méprisaient les richesses et se faisaient remarquer par leur modération, leur chasteté et leur frugalité; dans leurs discussions avec l'Église, ils ne s'appuyaient que sur les saintes lettres et rejetaient le baptême des enfants [2].

Les relations commerciales de la Belgique avec l'Angleterre contribuèrent non seulement à repandre, mais encore à entretenir les opinions wicléfistes dans nos provinces. Les œuvres du réformateur anglais y furent lues et méditées aussi bien par les moines que par les laïques; car aucun pays de l'Europe occidentale n'avait atteint un degré de civilisation égal à celui de nos grandes villes. Ce fut un disciple de Wiclef, natif de la Bohême, qui introduisit les œuvres de son maître dans ce royaume; les professeurs de l'université de Prague les commentèrent, et bientôt du noyau des anciens dissidents se forma le parti des husites [3].

Les doctrines de Hus, et non pas Huss, n'avaient donc rien d'original; elles n'étaient que la reproduction de celles de Wiclef, avec le même fatalisme de la prédestination [4]; mais avec des tendances démocratiques [5]. A ce titre, Hus est le

---

[1] D'autres soutiennent qu'il était Allemand. Voir à ce sujet LECHLER, *Zeitschrift für die historische Theologie*, t. XXIII, p. 191-193.

[2] LECHLER, *Wiclif, der Vorlæufer der Reformation*, Liepzig, 1873, p. 9 et 10.— PAULI, *Geschichte von England*, t. IV, p. 477 et 478. — BLAUPOT, p. 68-70.

[3] BOXHORN, p. 155.— MERLE D'AUBIGNÉ, *Histoire de la Réformation*, Paris, 1861, t. I, p. 114. — VAN DER ELST, p. 29 et 30.

[4] BOSSUET, *Histoire des variations*, p. 201 et suiv., t. IV de ses œuvres, édit. de F. Didot (Paris 1841).

[5] J. FRIEDRICH, *Johann Huss*, Frankfurt, 1864, 1re partie, p. 13 et suiv.

naissant génie des révolutions modernes (¹); mais Wiclef, en l'inspirant, a contribué pour sa part à lancer l'humanité européenne dans les voies nouvelles, qu'elle n'a plus quittées depuis (²).

L'Église prêcha l'extermination des *Frères de Bohême* insurgés contre la messe, la prière pour les morts, les honneurs des saints et surtout la puissance du pape (³). La Belgique, particulièrement le Hainaut et la principauté de Liége, fournirent leurs contingents d'infanterie et de cavalerie à cette croisade (1419-1434). Excité par la parole ardente du cardinal Brandon de Cortillon, évêque de Plaisance et légat apostolique, le Brabant ne resta pas en arrière. Wenceslas T'Serclaes, conduisit en 1421, une troupe nombreuse de Brabançons à l'empereur Sigismond, qui assiégeait Prague (⁴). Les victoires de Jean Ziska, le terrible chef des husites (1427 et 1431) refroidirent le zèle des croisés, qui, s'enquérant des doctrines qu'ils étaient allés combattre par le fer et le feu, revinrent chez eux avec d'autres idées sur une Église à laquelle ils avaient obéi jusqu'à verser leur sang pour sa cause, sans l'avoir examinée. Cette nouvelle propagande releva le courage des Vaudois en Belgique, mais provoqua aussi contre eux de nouvelles persécutions, notamment à Douai : les faibles abjurèrent, les forts moururent en braves (⁵).

Malgré la circulation de toutes ces idées hétérodoxes dans nos provinces, l'opposition ne sortait pas, généralement parlant, des limites tracées par la hiérarchie et les dogmes de l'Église. Elle se contentait d'attaquer les abus.

Du reste, depuis le xiiᵉ siècle, il se manifestait partout des tendances à restaurer le christianisme du cœur, de l'esprit

---

(¹) L. Blanc, *Histoire de la Révolution française*, t. I, p. 16, édit. de Bruxelles.

(²) J. Friedrich, *l. c.*, p. v,

(³) Bossuet, p. 205.

(⁴) Henne et Wauters, *Histoire de la ville de Bruxelles*, t. I, p. 213.

(⁵) Boxhorn, Merle d'Aubigné, Van der Elst,

et de l'action, c'est-à-dire de la simplicité, de l'amour et de l'abnégation. On vit s'établir, à côté des communautés de moines, d'autres communautés d'hommes et de femmes destinées à réaliser ce que les couvents n'avaient pas réalisé. Ce sont ces associations chrétiennes du moyen âge, qui, ressemblant pour l'extérieur à la vie monacale, n'en subissaient pas la contrainte hiérarchique et étaient animées d'un esprit plus sérieux et plus profondément évangélique. D'abord, vers la fin du xiie siècle, nous voyons se former en Belgique, l'établissement des béguines, dont le but primitif fut d'éloigner le sexe des séductions du monde et de contribuer à la propagation d'un christianisme apostolique dans la pratique [1]. Les béguines, en effet, se livraient au travail et à l'instruction des pauvres sans s'astreindre à des vœux ; elles devaient promettre obéissance et chasteté, et, sans vivre d'une vie claustrale, elles n'en formaient pas moins un monde à part [2].

Les Béghards (en flamand *Bogaerden*), qui datent aussi du xiie siècle, formaient également une association religieuse. On n'y admettait que des célibataires, qui priaient, travaillaient et mangeaient en commun, toutefois sans communauté de biens. Ils n'avaient point de règle et pouvaient quitter l'association suivant leur bon plaisir [3]. Mais dans la suite, ils firent partie du tiers ordre de Saint-François [4].

---

[1] Les béguines furent instituées le 26 mars 1184, à Liége, par un prêtre nommé Lambert li Bègues ; il y en eut à Tirlemont, en 1202 ; à Nivelles, en 1226 ; à Gand, en 1227 ; à Anvers, en 1230 ; à Louvain et à Bruges, en 1234 ; à Bruxelles, en 1250 ; à Malines, en 1257. Voy. HALLMANN, *Die Geschichte des Ursprungs der belgischen Beghinen*. Berlin, 1843. — GIESELER, t. II, p. 364-366. — BETHMANN, *Zeitschrift für Geschichtewissenschaft von Adolf Schmidt*, t. II, p. 68 et suiv.

[2] ULLMANN, *l. c.* t. II, p. 15. — Conf. *Rapport sur les béguinages de Gand présenté au collège échevinal*, Gand, 1862, p. 24 et 25, et « Le Béguinage de Mons » par HACHEZ, dans le *Messager des sciences historiques de Belgique*, 1849, p. 277-302.

[3] HALLMANN, p. 121-124. — BETHMANN (l. l., p. 78) en rattache l'origine à celle des béguines.

[4] « Saint François d'Assise, s'apercevant que le nombre de ceux qui suivaient sa règle augmentait de jour en jour, crut devoir la modifier ; il rangea ses imitateurs

Dès lors, sans vouloir se retirer du monde, ils se soumirent à quelques légères observances et prirent la ceinture de corde des franciscains proprement dits.

Quoi qu'il en soit, dès le commencement du xive siècle, les béghards furent chaudement poursuivis par Henri de Virnenbourg, archevêque de Cologne. Voici les paroles dont Clément V se sert à leur égard : « Nous avons appris avec une extrême douleur qu'il s'est élevé, en Allemagne, une secte abominable de quelques hommes malins, appelés béguins, et de quelques femmes infidèles, appelées béguines, qui enseignent les erreurs suivantes : 1° que l'homme pendant cette vie peut acquérir un assez haut degré de perfection pour devenir impeccable et ne pouvoir plus faire de progrès ultérieurs dans la grâce; car, disent-ils, s'il pouvait en faire davantage, il deviendrait plus parfait que Jésus-Christ; 2° que l'homme ne doit ni jeûner ni prier quand il a acquis ce degré de perfection, parce que la sensualité est alors si parfaitement soumise à l'esprit et à la raison que l'homme peut accorder librement au corps tout ce qui lui plaît; 3° que ceux qui ont atteint ce degré de perfection et cet esprit de liberté ne sont plus assujettis à l'obéissance humaine, ni engagés par aucune loi de l'Église, parce que, comme ils disent, là où est l'esprit du Seigneur là est la liberté; 4° que, dès cette terre, l'homme peut être aussi pleinement heureux qu'il le sera dans le Ciel; 5° que toute nature intellectuelle est naturellement heureuse en elle-même et qu'elle n'a pas besoin de la lumière de la gloire pour s'élever à Dieu, pour le voir et pour jouir de lui; 6° que c'est une imperfection de s'exercer à des actes de vertu

---

en trois classes : les frères mineurs de la stricte observance; les filles et les veuves dévotes, sous la direction de sainte Claire, nommées dans la suite Clarisses; les individus des deux sexes qui, sans abandonner leur famille, voulaient participer aux grâces spirituelles que promettait son institut. On nommait ceux-ci du tiers ordre de saint François. Les béghards appartenaient à la dernière classe. (*Annuaire de la province du Limbourg, rédigé par la société des sciences, lettres et arts établie à Maestricht*, 1830, p. 183.)

et qu'une âme parfaite licencie les vertus (*licentiat a se virtutes*); 7° que le baiser d'une femme est un péché mortel si l'inclination n'y porte pas, mais que l'acte charnel, quand la nature y porte, n'est pas un péché, surtout si celui qui exerce cet acte est tenté (*maxime tentatus exercens*); 8° qu'à l'élévation du corps de Jésus-Christ, on ne doit ni se lever, ni lui donner aucune marque de vénération, parce que ce serait une imperfection de descendre de la pureté et de la sublimité de la contemplation pour penser au mystère et au sacrement de l'eucharistie et s'occuper de la passion de l'humanité de Jésus-Christ (¹). »

Comme les béghards soutenaient que leur règle les obligeait à une pauvreté absolue, et que la rigoureuse observation de cette règle n'accommodait pas tous les moines de Saint-François, il s'éleva entre eux de vifs débats. « Les papes cherchèrent des expédients pour terminer cette guerre monacale; ils en trouvèrent un fort ingénieux, c'est que tout ce qui serait donné aux franciscains appartiendrait en propre à l'Église et que ces religieux n'en auraient que l'usage. Cet expédient ne contenta pas le tiers ordre, et les bégards ne voulurent point reconnaître aux papes le pouvoir d'expliquer leur règle, pas plus que de la limiter ou d'en dispenser. Ce fut alors qu'on les déclara hérétiques et que l'on commença à les faire brûler comme tels. Nier l'autorité suprême du pape, c'était commettre le plus grand de tous les crimes; c'était abjurer la foi chrétienne et retomber dans le paganisme. Mais les supplices ne firent qu'irriter le zèle des moines. Ils dirent hautement que l'Église était la meurtrière des saints et la prostituée de l'Apocalypse. Ils traitèrent Jean XXII, qui les avaient condamnés, d'antéchrist mystique, de précurseur du grand Antéchrist, de démon du Midi, de loup ravissant. » Ce pontife leur répondit en les qualifiant d'animaux stupides, de pernicieux renardeaux, qui en impo-

______

(¹) LENFANT, *Histoire de la guerre des Hussites*, Amst. 1731, t. I, p. 30 et 31.

saient au monde sous le masque de la religion et qui séduisaient le peuple (¹).

Cependant, on a trouvé quelque différence entre les béghards et les béguins, et voici les opinions qu'on attribue à ces derniers : « Il est contre la perfection évangélique de posséder quelque chose en commun; le pape, conséquemment, ne peut pas donner dispense aux religieux ayant fait vœu de pauvreté de garder du froment et du vin dans leurs monastères pour l'usage commun; l'état des frères mineurs est plus parfait que celui des évêques; il n'est pas permis au pape de dispenser d'un vœu fait absolument, quand même ce serait pour le bien de la paix et pour la conversion de quelque peuple à la foi chrétienne (²). » Mais il importe de ne pas confondre les béguines et les béghards belges avec ceux de la France, de l'Italie, de l'Allemagne, de la Pologne et du pays de Liége, qui, après avoir été anathématisés par les évêques, les papes et les conciles, furent totalement exterminés (³).

Il est vrai qu'au commencement du XIVᵉ siècle, quelques « Hypocrites », sous le nom de lollards, se répandirent dans le Hainaut et dans le Brabant et parvinrent à convertir des femmes de la noblesse; mais, je le répète, c'était là, chez nous, un fait exceptionnel (⁴).

Dans Anvers et Louvain, nos béghards, qui avaient d'abord fait le métier de tisserands, enseignaient le grec, le latin et les belles-lettres (⁵). A Maestricht, leur couvent devait son origine à une association de drapiers qui s'étaient réunis pour vivre et pour travailler en commun. On croit qu'elle

---

(¹) De Beausobre, *apud* Lenfant, t. II, p. 342 et 343 et *ibid.* les sources.

(²) Lenfant, p. 31.

(³) Foppens, *Histoire ecclésiastique des Pays-Bas (Manuscrits de la bibliothèque de Bourgogne*, n° 10441). — Diercxsens, t. II, p. 154 et suiv. — Papebroch, *Annales Antverpienses*, Antv. 1845. t. I, p. 74, 75, 90-93.

(⁴) Chapeauville, *Gestor. pontif. Leod. scriptores*, t. II, p. 350.—Gieseler, t. II, p. 219.

(⁵) Hoynck van Papendrecht, *analecta belgica*. Hageborn, 1743, t. I, 1, p. 66. — Gieseler, t. II, 2, p. 367-370.

dataait du commencement du xiiie siècle. Quoique déjà, en 1268, ils fissent partie du tiers ordre de Saint-François, ils n'en continuaient pas moins d'exercer leur profession de drapiers; ils furent reconnus, en 1455, membres de la corporation de ce métier, et successivement ils donnèrent une telle extension à leur manufacture, qu'en 1525 les autres drapiers se plaignirent vivement, auprès des magistrats communaux, du préjudice que leur causait le nombre des métiers en activité chez les béghards. Ces plaintes furent accueillies favorablement, et il en résulta un arrangement par lequel ils s'obligèrent à ne pas avoir plus de huit métiers [1]. En général, la mission de nos béghards fut de visiter les pauvres, les fous, les malades et d'enterrer les morts [2].

Aussitôt après l'année 1500, on trouve à Anvers les lollards [3] chargés de la même mission. Ils n'avaient rien des reclus ni des sectaires; unis à l'Église, ils s'acquittaient des mêmes devoirs que de nos jours les sœurs de charité [4]. Plus tard, néanmoins, une partie d'entre eux s'érigeaient, sur les grands chemins, en interprètes de l'Écriture, gagnaient leur pain en mendiant et jetaient par leurs extravagances la confusion et le trouble dans les masses [5]. Jamais, cependant, ils n'allèrent aussi loin que ceux de l'Autriche et de la Bohème, dont les erreurs, qui provenaient des fratricelles, consistaient principalement dans les articles suivants : « Lucifer et les autres démons ont été chassés du ciel injustement et ils y seront un jour rétablis; les anges, coupables de cette injustice, seront damnés éternellement avec tous les

[1] *Annuaire de la province de Limbourg*, 1870, p. 134.

[2] GRAMAYE, *Antiquitates belgicæ*, f. 18. — A. MATTHÆUS, *Veteris ævi analecta*, t. I, p. 491 et 492. — MOSHEIM, *Inst. Hist. eccl.*, p. 589 et *de Beghardis*, p. 583.

[3] Suivant Mosheim, le nom de lollard ne désignait pas une confrérie particulière, mais se donnait quelquefois à celle des béghards. On le fait dériver de *lollen*, chanter à voix basse, parce qu'en portant les morts à la sépulture, ils chantaient à voix basse et sur un ton lugubre.

[4] DELPRAT, *Verhandeling over de broederschap van G. Groote*, Arnhem, 1856. p. 38 (2e édit.) — ULLMANN, t. II, p. 16-23.

[5] DELPRAT et ULLMANN, *l. c.*

hommes qui ne sont pas de cette secte. Marie est demeurée vierge après l'enfantement ; ce n'est pas un homme qu'elle a mis au monde, c'est un ange (¹). »

Il faut se garder aussi de confondre nos lollards, non plus que nos béghards, avec ceux des provinces rhénanes, qui professaient les hérésies d'Amaury de Bène. Ce philosophe avait enseigné que le Saint-Esprit s'incarne sans cesse dans l'homme, que tout est Dieu, que le Créateur et la créature sont identiques. Et comme les disciples ont l'habitude d'exagérer les doctrines de leurs maîtres, les hérésiarques rhénans professaient des doctrines immorales dont il ne convient pas de faire remonter la responsabilité à de Bène (²).

Les porrétistes, ainsi nommés de Marguerite Porrette, née dans le Hainaut (³), soutenaient qu'une personne anéantie dans l'amour du Créateur peut satisfaire librement tous les désirs de la nature, sans crainte d'offenser Dieu. Comme elle défendit avec opiniâtreté cette doctrine, elle fut condamnée en 1510, à être brûlée vive, à Paris, où elle s'était rendue pour la propager (⁴).

Lorsque la grande *peste noire*, qui avait commencé en Provence, à la Toussaint de l'an 1347, s'abattit sur l'Allemagne, elle la trouva plongée dans un de ses plus sombres accès de mysticisme. La plus grande partie de ce pauvre peuple était depuis longtemps privée des sacrements de l'Église. Les papes d'Avignon l'avaient jeté, en outre, dans le désespoir, par leurs anathèmes. Tous les pays qui reconnaissaient l'adversaire de ces pontifes, Louis de Bavière, couronné empereur en 1328, étaient frappés d'interdit. Plusieurs

----

(¹) LENFANT. p. 31 et 32.

(²) BOUQUET, *Rerum Gall. script.*, t. XVII, p. 83. — *Gerson. opp.*, t. IV, p. 826. — *Thomasii origines philosophicæ et ecclesiasticæ*, p. 113. — *Martini Poloni chronicon*, p. 364. — *Heisterbach. de miraculis*, lib. V, c. 22. — GIESELER, t. II, 2, p. 410-414, 642-645.

(³) D'après Foppens, à Valenciennes.

(⁴) HOVERLANT DE BAUWELAERE, *Essai chronologique pour servir à l'histoire de Tournay*, Tournai, 1805-1834. t. XVII, p. 262 et 263. — FOPPENS, *l. c.*, f. 188.

villes, particulièrement Strasbourg, restaient fidèles à Louis, même après sa mort, et subissaient toujours les effets de la sentence papale. Point de messe, point de viatique. La peste tua dans Strasbourg seize mille hommes qui se crurent damnés. Les dominicains, qui avaient persisté quelque temps à faire le service divin, finirent par se retirer comme les autres. Dans l'abandon où les laissait l'Église, les hommes du peuple s'habituèrent à se passer des sacrements et à les remplacer par des mortifications sanglantes et des courses frénétiques. Des populations entières partirent, allèrent sans savoir où, comme poussées par le vent de la colère divine. Elles portaient des croix rouges, couraient demi nues sur les places, se frappaient avec des fouets armés de pointes de fer, chantaient des cantiques qu'on n'avait jamais entendus. Elles ne restaient dans chaque ville qu'un jour et une nuit, et se flagellaient deux fois le jour; cela fait pendant trente-trois jours et demi, tous se croyaient purs comme au jour du baptême (¹).

Ces flagellants se rendirent d'abord d'Allemagne aux Pays-Bas, où leur fièvre gagna la Flandre et le Hainaut, et de là ils pénétrèrent en France. Le pape les condamna, les puissances temporelles leur coururent sus. Des gentilshommes et des seigneurs s'étaient laissé entraîner par l'extase du peuple, et de nobles âmes avaient suivi leur exemple. Quoi d'étonnant? Ce fut la grande époque du mysticisme (²).

Les flagellants disaient qu'ils ne faisaient qu'obéir à une lettre venue du Ciel et portée par un ange à l'église de Saint-Pierre, à Rome, lettre dans laquelle on voyait que Jésus-Christ, irrité contre les hommes, avait cédé aux prières de la Vierge et des saints et avait pardonné aux pécheurs, à condition qu'ils se flagelleraient, chacun hors de chez lui,

---

(¹) MICHELET, *Histoire de France*, Paris, 1852. t. III, p. 343-345.
(²) OUDEGHERST, *Annales de Flandre*, Gand, 1789. t. II, p. 558. — MICHELET, p. 344 et 345.— Conf. *Revue britannique*, 1853, t. II, p. 48-51.

pendant trente-trois jours et douze heures. La miraculeuse lettre était lue publiquement aux assistants, après chaque opération, et servait continuellement à recruter la confrérie, à mesure qu'elle diminuait par le départ de ceux qui avaient atteint le terme de leur expiation volontaire. Cet accès de pénitence, suscité par l'Enfer, disent les annales de Trèves, était destiné à fléchir la colère de Dieu, qui, à cette époque, décimait le genre humain au moyen du fléau épidémique dont toutes les chroniques du temps ont fait une si terrible peinture, et qui avait valu tant d'indulgences papales aux malheureux que la peste enlevait, et tant de biens à l'Église en récompense de ses largesses spirituelles. Le roi de France, de l'avis de ses théologiens qui avaient consulté Clément VI, ne permit pas que les flagellants entrassent dans Paris et s'y donnassent en spectacle. Clément même les condamna formellement et donna ordre à Baudouin, archevêque de Trèves, de chercher à les découvrir et de les punir s'ils s'obstinaient. Ce prélat, pour ne pas perdre inutilement son temps à tenter des conversions qu'il croyait impossibles, persécuta les flagellants avec cruauté [1].

Le 15 août 1349, les premiers flagellants arrivèrent à Tournai : ils étaient environ 200 et venaient de Bruges. Ils se rassemblèrent à midi sur la place du marché, et une grande rumeur se répandit aussitôt par toute la ville, dont les habitants accouraient pour voir cet étrange spectacle. Ces pèlerins se mirent d'abord en devoir d'accomplir leur pénitence et à se flageller rudement. Les Tournaisiens, qui n'avaient jamais vu chose semblable, eurent grande pitié de ces pauvres gens, qui s'infligeaient à eux-mêmes un châtiment si cruel, et ils appelaient la miséricorde de Dieu sur eux. Ces pénitents brugeois demeurèrent dans la ville pendant toute la journée et la nuit suivante. Le lendemain (c'était un dimanche), ils vinrent au couvent de Saint-Martin ; là, ils

[1] Dom CALMET, *apud* DE POTTER, *Histoire du Christianisme*, t. VI, p. 446-448.

recommencèrent leurs flagellations; après le dîner, ils la réitérèrent sur la place du marché. La commune s'intéressait de plus en plus à eux. Toutefois, les opinions étaient loin d'être unanimes à leur égard; car il y avait beaucoup de bourgeois qui ne les approuvaient pas; mais le plus grand nombre prenait parti pour eux [1]. »

Le mardi suivant, une procession, où se trouvaient réunis le doyen, le chapitre, une grande affluence de religieux et tout le peuple, se rendit au couvent de Saint-Martin. Le frère Gérard de Muro, de l'ordre des mineurs, prêcha sur la grande mortalité qui menaçait le monde. Il reprit énergiquement les vices et les habits immodestes des hommes et des femmes. Mais, à la fin de son sermon, il omit de prier pour les flagellants. Le peuple en fut indigné et, pendant toute la semaine, il murmura violemment contre ce prédicateur [2].

La même semaine, il arriva encore 450 flagellants de Gand, 300 de l'Écluse et 400 de Dordrecht, qui accomplirent leur pénitence, tantôt sur la place du marché, tantôt dans le clos de l'abbaye de Saint-Martin. Le samedi suivant, il arriva de Liége une troupe d'environ 180 de ces pèlerins, ayant avec eux un membre de l'ordre des frères prêcheurs, qui obtint aussi la permission de se faire entendre à Saint-Martin. Ce moine vanta beaucoup les pénitences publiques; appela les flagellants des soldats rouges, à cause qu'ils faisaient couler leur sang en abondance, compara le mérite de ce sang à celui de Jésus-Christ, et avança bien d'autres propositions qui parurent téméraires et causèrent un grand scandale parmi le clergé. Comme il avait traité de scorpions et d'antéchrists les ordres mendiants hostiles aux flagellants, le peuple l'applaudit vivement. Bientôt, on vit 565 habitants

---

[1] Li Muisis, *édition* De Smet, *l. c.*, p. 340 et 348.— De Gerlache, *Essais sur les grandes époques de notre histoire nationale*, p. 190 et 191.

[2] Li Muisis, *l. c.*, p. 349. — De Gerlache, p. 191.

imiter les pénitents étrangers et partir ensuite pour Lille, accompagnés d'un moine, du prieur de Saint-Nicolas-des-Prés et de deux prêtres séculiers, chargés d'entendre les confessions et d'administrer les sacrements. Ils ne rentrèrent en ville que trente-trois jours après leur départ et continuèrent de se livrer à leurs exercices habituels (¹).

Le costume des flagellants tournaisiens était le même que celui des pénitents étrangers. Ils portaient sur leurs vêtements ordinaires une espèce de mantelet, sans manches, appelé vulgairement *cloche,* sur le devant duquel il y avait une croix rouge et une semblable derrière. Cette cloche était fendue d'un côté, auquel pendaient les fouets à trois nœuds appelés *scorgies ;* il y avait à chaque nœud quatre pointes de fer aiguës, en forme de croix. Ils avaient la tête couverte d'un capuchon et au-dessus un chaperon à larges bords, où étaient deux croix, l'une par devant, l'autre par derrière; ils portaient à la main le bourdon de pèlerin. Toutes ces troupes de flagellants faisaient leur entrée en ville précédées de croix et de gonfanons. Elles marchaient en rang, portant des cierges et chantant chacune dans leur langue, c'est à dire en flamand ou en français. Leurs chants ne cessaient qu'à la cathédrale devant l'image de la Vierge. Après s'être dépouillés de leurs vêtements, les flagellants se rendaient, deux à deux, au lieu de leurs exercices, précédés de croix, d'étendards, de cierges, la tête couverte d'un capuchon, nu-pieds, et le corps enveloppé d'un jupon jusqu'à la ceinture; puis ils se formaient en cercle. Aussitôt les chantres entonnaient un cantique, auquel les autres répondaient, et tous se flagellaient en regardant le ciel d'un air farouche et hagard. Durant le cantique, ils s'étendaient trois fois par terre, de manière à former au moyen de leur bras une croix sur le sol. Puis, se relevant sur les genoux, ils chantaient et se flagellaient de nouveau. Les exercices se terminaient par un ser-

(¹) LI MUISIS, *l. c.,* p. 249-352. — DE GERLACHE, p. 191 et 192. — CHOTIN, *Histoire de Tournai,* Tournai, 1840. t. I, p. 516 et 517.

mon que faisait leur chef. Après avoir imploré la clémence
du ciel pour le peuple qui les entourait, ils se retiraient dans
le même ordre qu'ils étaient venus, mais cette fois le corps
déchiré et couvert de sang (¹).

La procession ordinaire de Tournai se ressentit de l'influence des flagellants : elle fut remarquable par la grande
dévotion qui y présida. Deux cent cinquante jeunes gens
s'étaient réunis dans le dessein de faire pénitence publique,
les jours de l'octave, à l'imitation des flagellants. Le frère
Robert, lecteur des augustins, marcha à leur tête pendant neuf
jours, et tel fut l'enthousiasme que ces pénitents en caleçon
répandirent autour d'eux, qu'ils attirèrent quelquefois plus
de 10,000 pèlerins accourus de la Flandre et du Hainaut (²).

Non seulement les flagellants supposaient qu'on pouvait
obtenir le pardon de ses péchés par les châtiments volon-
taires qu'on s'infligeait ; mais encore ils soutenaient que la
flagellation avait autant d'efficacité que le baptême et les
autres sacrements, qu'elle pouvait procurer le pardon des
péchés, indépendamment du mérite de Jésus-Christ ; que la
loi donnée par le sauveur devait être bientôt remplacée par
une nouvelle qui prescrirait le baptême de sang opéré par la
flagellation (³).

En 1349, ces fanatiques parcoururent le Brabant et massa-
crèrent tous les juifs qui leur tombèrent sous la main.
Encore en 1349, on vit à Bruxelles, le soir du jeudi ou du
vendredi saint, environ cent cinquante gentilshommes espagnols et italiens sortir en procession de l'église des dominicains, qui était garnie de tentures funèbres, et parcourir une
partie de la ville, en se flagellant jusqu'au sang (⁴).

(¹) Li Muisis, p. 357-359. — Chotin, p. 317 et 318.
(²) Li Muisis, p. 359 et 360. — Chotin, p. 318 et 319.
(³) Mosheim, *Histoire ecclésiastique*, t. III, p. 338. — De Reiffenberg, *Nouvelles
archives historiques des Pays-Bas*, t. V, p. 309. — Henne et Wauters, *Histoire
de Bruxelles*, t. I, p. 111, 112 et 370. — Schayes, *l. c.*, p. 162 et 163.
(⁴) De Smet, *Corpus chronicorum Flandriæ*, t. II, p. 242 et 243.

Au fond, les flagellants n'étaient qu'une secte particulière de mystiques; à force de castigations de toute espèce, ils voulaient trouver Dieu, qu'ils cherchaient vainement dans l'Église de leur temps; en se surexcitant corporellement et spirituellement l'imagination et le système nerveux, ils parvenaient à un état d'exaltation qui leur faisait voir en chair et en os le Christ, la Vierge et les saints [1].

L'opposé de la secte des flagellants fut celle des danseurs, qui, en 1373, parut à Aix-la-Chapelle, d'où elle se répandit dans le pays de Liége, dans le Hainaut et dans certaines localités de la Flandre. Les hommes et les femmes qui en faisaient partie avaient l'habitude de se mettre tout à coup à danser de toutes leurs forces en se tenant par la main jusqu'à ce que, prêts à suffoquer de lassitude, ils tombassent par terre. Ils disaient que les agitations de la danse leur donnaient les visions les plus ravissantes. A l'exemple des flagellants, ils couraient de lieu en lieu, mendiant leur pain quotidien, traitant le clergé et le culte catholique avec le plus profond mépris et tenant des assemblées secrètes. Les ecclésiastiques les regardaient comme les émissaires de Satan; à Liége on s'efforça, en chantant des hymnes et en brûlant de l'encens, d'exorciser les mauvais esprits qui travaillaient ces frénétiques, et on se vanta d'avoir parfaitement réussi dans cette opération antidémoniaque [2].

En 1411, le cardinal Pierre d'Ailly, évêque de Cambrai, fut informé qu'à Bruxelles il y avait une secte dont les adhérents s'étaient donné le nom d'*Hommes de l'intelligence*. Les chefs de cette secte étaient un carme, Guillaume de Hildernisse, né dans les environs d'Anvers [3], et un Picard, Gilles Cantoris, ou Sanghers, laïque établi à Bruxelles. Guillaume, professeur de théologie et prieur des couvents de carmes,

[1] G. Freytag, *Bilder der deutschen Vergangenheit*, Leipzig, 1866. t. II, 1, p. 313 et 314. — Conf. Mohnike, *Zeitschrift für die historische Theologie*, t. III, p. 245 et suiv.

[2] Mosheim, *l. c.*

[3] Selon d'autres à Malines, vers 1358.

de Bruxelles et de Malines, avait soutenu, en chaire, des propositions dont les unes rappelaient Wiclef, mais dont les autres allaient beaucoup plus loin. D'Ailly obligea le moine à se rétracter (12 juin 1412) et s'opposa de toutes ses forces à l'accroissement de cette hérésie. Les *hommes de l'intelligence* soutenaient que le Christ seul a conquis, pour le genre humain, la vie et le bonheur éternels, et que, par conséquent, les hommes ne peuvent les mériter par leurs propres actions; que les prêtres ne possèdent pas le pouvoir de faire la rémission des péchés; que le Christ seul a ce pouvoir; que les pénitences et les macérations du corps ne servent absolument à rien pour atteindre à la béatitude; que nul ne peut parvenir à la complète intelligence de l'Écriture sans le secours extraordinaire d'une lumière divine. Ils allaient tellement loin dans leur amour mystique pour tous les êtres, qu'ils n'excluaient pas même les démons de la béatitude finale (¹).

Les *hommes de l'intelligence* (²) n'étaient qu'une fraction des *frères de l'esprit libre*, qui se croyaient favorisés d'une grâce spéciale du Saint-Esprit, lequel devait les affranchir des traditions de l'Église et du joug de la loi; car, pour eux, là où se trouvait l'esprit du Seigneur, là aussi se trouvait la liberté(³). Le vingt et unième article rétracté par Guillaume disait : que « le temps de l'ancienne loi fut le temps du Père, le temps de la nouvelle celui du Fils, mais que c'était maintenant le temps du Saint-Esprit, le temps d'Élie, où il faut prêcher le contraire des doctrines du catholicisme; car le Saint-Esprit éclairera plus qu'auparavant l'intelligence des hommes (⁴) ».

(¹) Uyttenhoven, t. I, p. 63 et 64, et pour plus de détails Foppens, *l. c.*, f. 223 et 224, ainsi que Van Ey, *Scriptores Antverpienses* t. I, f. 12-19 (Manuscrit de la bibliothèque de Bourgogne, nº 11398).

(²) Voy. *Errores sectæ hominum intelligentiæ*, apud Baluz., *Miscell.*, t, II, p. 277-297. — Conf. d'Argentré, t. II, f. 201-209.

(³) Voy. la bulle de Clément V (1311) *apud* Mosheim, *De Beghardis et Beguinibus commentarius*, append. *porter.* p. 617 *et passim*.

(⁴) « Etiam in apostolis, quia non habuerunt nisi corticum, et quod instabit

Gilles soutenait particulièrement qu'il était le sauveur des hommes, qui apprendraient de lui comment ils pourraient voir le Christ et par le Christ contempler le Père; que le Saint-Esprit lui avait dit qu'il était aussi innocent qu'un enfant de trois ans, et lui avait défendu de s'abstenir pendant le carême. Il repoussait les commandements de l'Église, la confession, la prière et les austérités spirituelles, comme choses tout à fait inutiles, ajoutant que Dieu exigeait de nous toutes les passions charnelles, même les plus mauvaises. Il se livrait aux plus incroyables extravagances, à ce point de traverser un jour nu les rues de Bruxelles pour porter des aliments à un pauvre. Les femmes de cette secte se donnaient au premier venu. Aussi, Gilles et Guillaume firent-ils de l'une d'elles l'objet de la risée générale, parce qu'elle respectait les lois de la chasteté. Toutes les autres se vautraient dans la fange et dépassaient même les désordres de leurs maîtres. Une vieille, ayant nom Séraphine, se signala surtout, dit-on, par son dévergondage (¹).

L'évêque de Cambrai, avant de forcer Guillaume de Hildernisse à la rétractation, avait chargé Henri Selle, prévôt du couvent de Corsendonck, en Campine, et Laurent Gerouts, prieur de Groenendael, d'aller combattre ces nouvelles doctrines. Ils se rendirent aussitôt à Bruxelles, mais ils y rencontrèrent des obstacles insurmontables; ils furent chansonnés dans les rues, et l'on attenta violemment à leurs jours. Même dix ans après la rétractation de Guillaume, de nouveaux missionnaires se montrèrent dans le Brabant pour prêcher encore sa doctrine. L'un d'eux fit son apparition à Louvain, en 1428, sous le nom de Petite Pelisse (*Pelsken*). Il prêcha secrètement dans différentes places, mais sans succès. Le peuple lui jetait le nom de Judas, et il fut obligé

tempus quo revelanda erit illa lex Spiritus Sancti et libertatis spiritualis, et tunc prœsens lex versabit. » BALUZ, t. II, p. 286. — HAHN, *Zeitschrift für die historische Theologie*, t. XVI, p. 407.

(¹) VAN EVEN, *De Katholiek*, t. XXV, p. 292 et 293.

de se soustraire par la fuite aux poursuites judiciaires du magistrat (¹).

Faisons remarquer que les diverses hérésies du moyen âge étaient généralement d'accord sur un point, à savoir qu'elles considéraient l'Église catholique comme finie, tandis qu'elles se vantaient de constituer des communautés rajeunies par l'esprit (²). C'est là ce qui explique l'importance du Saint-Esprit, comme principe vital des Églises fondées par les différentes hérésies. D'après elles, l'Église catholique était veuve de cet esprit; leurs sectes, au contraire, en étaient pénétrées et saturées (³).

Le 25 novembre 1420, des hérétiques, nommés turlupins, arrivèrent à Douai, où ils firent venir un prédicateur de Valenciennes. L'évêque d'Arras instruisit leur procès. Le prédicateur et sept de ces hérétiques furent condamnés à être brûlés vifs, le 19 mai. Les autres, au nombre de vingt, qui avaient abjuré leurs erreurs, furent bannis à perpétuité ou emprisonnés au pain et à l'eau, soit pour la vie, soit pour un temps limité. Avant l'exécution de la sentence, qui eut lieu sur la place d'armes, on leur attacha des croix jaunes sur la poitrine et sur le dos. S'étant agenouillés devant l'évêque, ils reçurent de ce prélat et de l'inquisiteur quelques coups de verges sur la tête, et leurs livres furent jetés dans les flammes. Puis on les affubla de mitres chargées de figures de diables. La femme d'un des condamnés — Catherine Mamardé — les exhorta à supporter avec courage deux heures de souffrances, afin de mériter avec elle la palme du martyre (⁴).

On avait dressé deux amphithéâtres pour les assistants ; celui qui portait les gens d'Église s'écroula pendant la cérémonie et plusieurs personnes furent blessées. Le prélat qui

(¹) VAN EVEN, p. 293-295.

(²) C'étaient là les *Species diversæ*, les *Caudæ ad invicem colligatæ* dont parlent les décrets des conciles et les brefs des papes.

(³) HAHN, *l. c.*, p. 401 et 402.

(⁴) HENNEBERT, *Histoire génér. de la prov. d'Artois*, t. III, p. 348 et 349. Paris, 1786.

avait ordonné ce supplice était Martin Porée, qui, en 1415, avait fait un si déplorable abus de l'empire qu'il s'était acquis sur les Pères du concile de Constance, en prenant parti en faveur de l'apologiste d'un assassinat et en publiant un livre dans lequel il s'efforçait de prouver qu'il était permis au duc de Bourgogne, Jean sans Peur, de faire tuer le duc d'Orléans (¹).

Les turlupins niaient le dogme de la Trinité, la présence réelle dans l'eucharistie, la vertu des messes pour les morts et celle de l'eau bénite; ils raillaient le baptême et la confession auriculaire, regardaient l'Église comme une prostituée, se moquaient du signe de la Rédemption et de la pureté de la Vierge, enseignaient que l'homme, arrivé à un certain état de perfection, peut, sans crainte comme sans reproche, s'abandonner aux passions les plus charnelles. C'est ainsi que, faisant ouvertement profession d'impudicité et persuadés qu'on ne doit avoir honte de rien de ce qui est naturel, ils marchaient nus par les rues et avaient publiquement commerce avec les femmes. Ils appelaient leur secte la *fraternité* ou *société des pauvres*. On croit que le nom de turlupins vient de ce qu'ils habitaient ou fréquentaient des lieux exposés aux loups. Ils s'établirent en Angleterre; ils voulurent aussi s'établir à Paris, en 1372; mais on en brûla plusieurs avec leurs livres, et les autres disparurent (²).

Les mauvaises mœurs des turlupins ont lieu de nous surprendre un peu moins, si nous réfléchissons aux impudicités qui se commettaient dans les lieux sacrés, à l'occasion de la fête des fous. Cette fête se célébrait dans les églises des nonnes et des moines, lesquelles auraient dû être des sanctuaires de chasteté. « Il s'y commet, dit Gerson, des désordres et des insolences abominables. Les personnes qui ont tant soit peu

---

(¹) A. Dinaux, Archives historiques et littéraires du nord de la France et du midi de la Belgique, t. IV, 3, p. 369 et 370. — Mme Clément-Heméry, Mémoires de l'Académie d'Arras, 1841, p. 23-25.

(²) Hennebert, Dinaux et Clément-Heméry, l. c.

de pudeur ne pourraient, je ne dirai pas les réciter, mais les entendre sans frémir d'horreur... De telles insolences ne se diraient pas à la cuisine par des marmitons. Cependant elles se font par des personnes établies pour honorer le service divin. Elles se font, dis-je, en public et en secret. Chacun sait assez ce qui s'y passe. » Ailleurs Gerson se plaint amèrement de ce « qu'il s'était conservé presque partout des rites païens et idolâtres; qu'on voyait encore ces rites dans le culte des cathédrales; que ni la présence de Jésus-Christ, ni le respect des autels n'empêchaient les ecclésiastiques d'y commettre, par la plus impudente de toutes les dissolutions, ce qu'on aurait horreur d'écrire ou même de penser (*impudentissima dissolutione ab ecclesiasticis talia fiunt qualia vel scribere horror est, vel etiam cogitare*) ». — « Si quelque prélat, ajoute-t-il, entreprend de s'y opposer, on le siffle, on lui déclare la guerre. Voici, dit-on, un troisième Caton qui est tombé du ciel. Vos prédécesseurs, plus sages que vous, n'ont pas seulement toléré ces choses, mais ils ont applaudi ceux qui les faisaient. Il ne s'agissait pourtant pas de légères irrégularités; il s'agissait des crimes les plus noirs et les plus atroces (¹). »

Après cela, faut-il s'étonner des *immunités* des turlupins et des picards (²)?

Au milieu du xve siècle, vivait à Harlem un tailleur, nommé Eppen, qui, sachant à peine lire et écrire, s'était adonné cependant à l'interprétation de la Bible et avait répandu ses opinions en public et en secret. Son éloquence était douce et persuasive, ses manières affectueuses, sa vie exemplaire. Parmi ceux qui se groupaient autour de lui figurait un prêtre, Nicolas de Naarden. En 1458, les prédications d'Eppen furent dénoncées à David de Bourgogne, évêque d'Utrecht, et suspendues par ses ordres. Eppen fut ensuite jeté en prison avec Nicolas et traduit devant une commission d'inquisiteurs, qui les forcèrent de se rétracter et de faire amende honorable,

____

(¹) *Opp.*, t. III, f. 309 et 310, et t. I, f. 121 et 122.
(²) De Beausobre, p. 352 et 353.

Les hérésies dont tous les deux étaient accusés étaient les suivantes :

« On doit adorer Dieu seul, et non le crucifix, la Vierge et les saints. — Pendant la passion du Christ, sa divinité était entièrement séparée de son humanité. — Le sang du Christ n'a aucune espèce d'effet. — Les messes des morts ne servent absolument de rien. — On peut prier aussi bien chez soi qu'à l'église, de telle sorte qu'on n'a pas besoin de celle-ci. —Tous ceux qui ne sont pas en état de péché mortel ne sont pas obligés de se confesser avant d'aller à la communion. — Les mots de saint Luc, II, 7, *fils unique,* sont seuls exacts et non pas *fils premier né,* parce que de cette dernière leçon il résulterait que Marie a eu encore d'autres enfants ([1]). »

Les turlupins furent les prédécesseurs des picards, dont on se débarrassa en Belgique soit par le fer, soit par l'exil.

Æneas-Sylvius Piccolomini raconte ([2]) que, du temps des guerres de Jean Ziska, un Picard passa de la Gaule belgique en Bohême ([3]), que cet homme en imposait au peuple par des prestiges ; qu'il se disait le fils de Dieu, se faisant appeler Adam et ses sectateurs adamites, et qu'il leur commandait d'aller nus. S'il faut en croire le même historien, il n'y avait point de mariage dans cette secte, les femmes y étant communes et les hommes ayant la liberté de se saisir de la première qui leur plaisait. Ils devaient seulement, avant d'en prendre possession, la présenter à leur patriarche et lui dire qu'ils avaient de l'amour pour elle, ou, suivant le style de la secte, *que leur esprit se sentait échauffé pour cette femme.* Le Picard se hâtait alors de répondre : « Allez, croissez et multi-

---

([1]) MOLL, *Kerkgeschiedenis van Nederland voor de hervorming,* Arnhem, 1864. t. II, 3, p. 97-103.

([2]) *Hist. Boh.,* c. 41.

([3]) Le savant historien de la Bohême, M. Palacky, a combattu cette opinion et prouvé que le nom de picard (pikkart) a été jeté, au XVe siècle, en Bohême, comme une flétrissure à ceux qui niaient la transsubstantiation dans l'eucharistie et que, dans la langue de ce pays, il signifie la même chose que *béghard.* Il s'agit ici des béghards hérétiques. Voy. *Ueber die Beziehungen und das Verhältniss der Waldenser zu den ehemaligen Secten in Böhmen,* p. 20 et 21.

pliez. » Il prétendait que tout le genre humain était esclave, hormis lui, ses sectateurs et leurs enfants, et que les vêtements étaient une marque de servitude (¹).

« Cette secte, poursuit Æneas-Sylvius, devint bientôt si nombreuse qu'elle s'empara d'une île que fait la rivière de Laurnitz, d'où quarante de ces fanatiques allèrent un jour faire main basse sur deux cents paysans. Ziska, informé de leurs cruautés et de leurs impudicités, marcha contre eux avec son armée, les força dans leur île et les passa tous au fil de l'épée, à l'exception de deux qu'il conserva pour s'instruire des mystères de cette nouvelle religion. » Piccolomini ajoute : « J'ai ouï dire à Rosenberg (1451), lorsque j'étais en Bohême, qu'il avait tenu en prison des hommes et des femmes de cette secte, que les femmes disaient ouvertement que ceux qui portaient des habits, mais surtout des hauts-de-chausses, n'étaient pas libres. Rosenberg garda ces femmes en prison jusqu'à ce qu'elles fussent accouchées, après quoi il les fit brûler avec leurs maris ; elles souffrirent le supplice du feu en riant et en chantant (²). »

Les Picards soutenaient, en outre, « qu'on ne doit point adorer le sacrement de l'autel, parce que le corps de Jésus-Christ n'y est point, le Seigneur ayant été élevé au ciel en corps et en âme ; que le pain et le vin de l'eucharistie demeurent toujours du pain et du vin dans leur substance ; qu'un laïque peut les toucher, parce que les mains d'un simple fidèle sont aussi dignes que celles d'un prêtre. » Ils expliquaient leur habitude d'aller nus par l'exemple d'Adam et d'Ève, qui restèrent nus tant qu'ils persévérèrent dans l'innocence ; ils prétendaient être dans le même état et ne voulaient pas déroger à leur perfection en portant des habits (³).

De Beausobre a plaidé chaleureusement la cause des Picards,

(¹) De Beausobre, *Dissertation sur les Adamites*, apud Lenfant, *Histoire de la guerre des Hussites*, t. II, p. 261 et 262.

(²) Id., *ibid.*, p. 262.

(³) Id., *ibid.*, p. 269 et 272.

en s'efforçant de prouver qu'ils ont été calomniés par les écrivains catholiques et qu'ils n'étaient, en réalité, que des Vaudois [1]. « Je puis vous assurer, dit-il [2], que la nudité picarde n'était pas celle dont parle Horace :

> *Altera nil obstat; cois tibi pœne videre est*
> *Ut nudam* [3].

« Ce n'est pas celle que Menot [4] reprochait aux dames de son temps : ces manches larges, ces cheveux épars et flottants, ce sein découvert avec la dernière immodestie, ou caché sous un voile si transparent que rien n'échappait aux yeux. C'est encore moins celle que Clément d'Alexandrie décrit, et qui paraîtrait tout à fait incroyable si elle n'était attestée par un tel auteur. Qui croirait que, du temps de ce Père, il y eût des dames chrétiennes qui fussent assez destituées de pudeur pour paraître nues devant les hommes dans des bains publics? Il le dit, pourtant [5]. D'autres, moins immodestes, se donnaient cette liberté devant leurs esclaves qui les servaient au bain, et n'avaient même pas la précaution des premiers athlètes, qui mettaient des ceintures [6]. »

« La nudité des picards était d'une tout autre sorte, et il n'est pas malaisé de la deviner. Exposés à de continuelles persécutions, elle était semblable à celle que saint Paul avait soufferte [7] et que saint Jacques veut que l'on soulage [8], ou à celle que saint Jean décrit dans l'Apocalypse [9]. Leurs persécuteurs les dépouillaient de leurs habits et les obligeaient d'aller nus et de laisser voir leur honte [10].

[1] LENFANT, t. I, p. 38 et 39.
[2] *Apud* LENFANT, t. II, p. 190.
[3] HORAT., l. I, sat. II, v. 101.
[4] ÉTIENNE, *Apologie pour Hérodote*, ch. IX, p. 19.
[5] PÆDAG, l. III, cap. V, p. m. 232.
[6] CLEM. ALEX., *l. c.* — DE BEAUSOBRE, p. 290.
[7] II COR., XI, 27.
[8] *Jacques*, II, 15.
[9] XVI, 15.
[10] DE BEAUSOBRE, p. 291.

« Un autre prétexte peut avoir servi à les accuser de
nudité. Ils étaient laborieux. Pasteurs de troupeaux, tous
travaillaient de leurs mains et cultivaient ou les arts ou la
terre. Dans le travail, ils étaient nus, selon cet ancien
précepte :

Nudus ara, sere nudus [1].

« C'était la nudité où le messager du sénat romain trouva
Q. Cincinnatus, lorsqu'il alla lui annoncer la dictature [2]. Si
Rome eût eu alors des moines et des inquisiteurs de la foi,
et que Cincinnatus les eût eus pour ennemis, le plus illustre
des Romains aurait risqué d'être diffamé comme un homme
sans pudeur, comme un franc adamite, parce qu'il était nu
en labourant son champ, quoique sa nudité eût les bornes
qu'il n'est pas nécessaire que je marque [3]. »

Il est possible que les picards n'aient pas été, dans l'origine, ces cyniques dont parle Piccolomini ; qu'ils n'aient
connu, comme les Vaudois, que la nudité apostolique ; car
on nous représente ceux-ci marchant nu-pieds, vêtus de
laine, ne possédant rien en propre, ayant tout en commun,
comme les apôtres ; et nus, comme ils étaient, en suivant
Jésus-Christ nu [4] ; mais l'imposant témoignage de Piccolomini
et les honteux excès des turlupins, leurs successeurs, ne
permettent aucun doute sur leur dégénérescence, contestée
par de Beausobre au moyen d'arguments plus ingénieux que
solides.

Les picards ne se servaient point, dans le culte, de vêtements sacerdotaux, alléguant pour raison que Jésus et les
apôtres avaient célébré l'eucharistie dans leurs habits ordinaires. Ils blâmaient aussi le luxe et en particulier celui des
ecclésiastiques. A ce sujet, ils faisaient valoir la belle maxime
de la raison et de la philosophie, qu'il faut imiter la nature

[1] *Virgil. Georg.*, I, v. 299.
[2] *Plin.*, liv. XVIII, c. 3.
[3] DE BEAUSOBRE, p. 292.
[4] ID.   p. 293, et *ibid.*, les sources.

qui bannit les superfluités stériles, qui est riche et magnifique dans sa noble simplicité.

Ces aspirations semblent se résumer dans un livre qui devait être sorti de l'imagination entreprenante des franciscains : à chaque page, sous des comparaisons variées, l'*Évangile éternel* répétait que « l'Ancien Testament n'était encore que la clarté des soleils, le vestibule du temple, la brou de la noix ; le Nouveau, la clarté de la lune, le sanctuaire du temple, la coquille de la noix », tandis que la doctrine nouvelle était « le soleil, le saint des saints, le fruit », et devait amener « la félicité universelle ». L'avénement, fixé d'abord à l'an 1260, dut être successivement remis à 1325, à 1335, puis à 1360 et 1370. Le tiers ordre de Saint-François, les fratricelles, les mendiants, les flagellants s'agitaient sous l'aiguillon de ces promesses. Les papes sévissaient en vain et, plus d'une fois, il fut question de supprimer les franciscains, tourmentés par ce besoin de réforme et d'idéal. Les dominicains leur furent opposés. A eux était confiée la répression, et elle fut terrible. Plus le gouvernement des âmes devenait difficile, plus on se persuadait que les supplices étaient le seul remède. Ils défendirent le dogme par le fer et le feu.

Mais, en présence de l'anarchie spirituelle des franciscains et de la cruauté des dominicains, il est clair qu'on est arrivé à l'épuisement du régime. Si on abandonnait les idées à elles-mêmes, elles se précipitaient dans des aberrations ou des révoltes ; si on les contenait, on tombait dans des rigueurs qui révoltent la conscience humaine. Le dilemme est posé, dit un historien, et par elle-même la doctrine qui a fait la force et la grandeur du régime catholico-féodal n'a pas d'issue (¹).

______

(¹) V. Le Clerc, *Histoire littéraire de la France*, t. XXIV.

CHAPITRE III.

JEAN VAN RUYSBROECK ET LE MYSTICISME.

Avec saint Thomas, la scolastique avait atteint sa perfection ; il ne restait plus, ce semble, qu'à perpétuer paisiblement, au sein de l'Université, les traditions de la *Somme*, expression la plus pure de l'enseignement scolastique. Mais, arrivée à ce point culminant, l'école catholique ne put échapper à la décadence. A partir du xive siècle, les grands penseurs ne se montrent plus parmi les scolastiques. L'école aristotélicienne, au contraire, comprimée dans le siècle précédent par Albert le Grand, saint Thomas, Alexandre de Halès et saint Bonaventure, grandit d'une façon surprenante. La scolastique commença à déchoir et sa gloire s'éclipsa derrière de futiles arguties. Les questions les plus abstraites, les plus subtiles, les plus hardies, étaient débattues au sein des écoles universitaires. Bien poser un problème, argumenter avec éclat, résoudre fructueusement une difficulté, embarrasser, condamner au silence un rival, devint une affaire d'État à laquelle on consacrait les jours et les nuits. Telle était la situation de l'enseignement, lorsqu'en 1320, Ockam renouvela le nominalisme. Surnommé le Docteur singulier, il eut pour adversaires Michel de Cézène et Pierre de Rieu, licencié de Louvain et appelé l'Athlète invincible dans la dispute. L'école se divisa de nouveau en deux camps et la querelle des nominalistes et des réalistes se ranima plus brûlante que jamais pour ne s'éteindre que par la lassitude des combattants. Mais, à côté de cette théologie qui se produisait au milieu du bruit des écoles publiques du moyen âge, une autre école s'était élevée paisible à l'ombre des cloîtres : aux subtiles déductions de la scolastique les partisans de cette école substituèrent une science éclairée des douceurs de l'amour divin et dispensatrice des fruits de la charité. Ils cherchèrent à faire sortir les études sacrées du monde des abstractions pour les faire vivre de l'élément contemplatif. La scolastique s'adressait surtout à l'esprit; ils parlèrent tout à la fois à l'intelligence et au cœur pour faire agir la volonté, et plus les scolastiques s'abaissaient à la suite d'Aristote, plus les mystiques grandirent à la suite surtout de saint Augustin (¹).

Le mysticisme, ou la prédominance accordée au sentiment sur la raison, dans cette aspiration à l'infini qui fait le fond de toutes les religions, le mysticisme a la prétention d'établir un commerce direct de l'âme avec Dieu et avec le monde invisible, sans l'intermédiaire des sens. Les époques calamiteuses sont, en général, favorables à cette disposition de l'âme; on cherche alors un asile dans la religion, on se replie sur soi-même, et la solitude est déjà une préparation aux inspirations, aux extases, aux visions. Or, au XIVᵉ siècle, le catholicisme se trouvait précisément dans une de ces époques critiques (²) causée par le grand schisme d'Occident, les scandales de la cour d'Avignon, l'ignorance et la corruption du clergé en général et des moines en particulier (³).

Rome, cette reine de l'unité, était devenue la reine de la discorde. Le plus souvent, il y avait à la fois trois papes; chacun avait son conclave, ses conciles, son saint-siège, sa chrétienté. Ces papes se poursuivent, s'interdisent, se foudroient mutuellement, et ce triste spectacle d'anarchie est donné à l'Europe pendant soixante-douze ans (⁴).

Ce fut pendant cette longue crise, qui commence en 1306,

(¹) *Revue de la Flandre*, III, p. 424-426.
(²) ARTAUD, *Répertoire* cité, t. XVIII, p. 323 et 324.
(³) Voir les preuves entassées par GIESELER, t. II, 3, p. 99 et suiv.
(⁴) E. QUINET, *Le christianisme et la révolution française*, p. 158 (éd. de Bruxelles, 1846.

que surgirent les mystiques. Ils n'étaient pas étrangers aux Pays-Bas, ces hommes pieux qui, pendant le xive siècle, voulaient, sans se séparer de l'Église, spiritualiser la foi, détacher le monde des formes extérieures du culte et le ramener au sentiment religieux, et qui, en même temps, combattaient sans ménagement et sans relâche la dépravation du clergé [1].

Il s'agissait d'une réforme de l'Église catholique par l'Église catholique; il s'agissait de ranimer le pur esprit du christianisme dans les membres de cette Église, d'inspirer à tout le monde l'intérêt le plus vif pour les vérités pures de l'Évangile, de les répandre et de les fortifier dans les masses par la prédication et par les livres utiles en langue vulgaire. De là devait sortir une théologie toute pénétrée de l'esprit et de la vitalité du christianisme, nourrie du lait d'un mysticisme pratique, illuminée des splendeurs de la littérature classique et animée de l'amour du bien [2].

Ce qui distingue cette école, connue sous le nom d'*école des frères de la vie commune*, ce furent les services qu'elle a rendus au peuple sous le double rapport de l'éducation et de l'instruction, tandis que les hommes de la Renaissance proprement dite, tels qu'Érasme et tant d'autres, n'agirent que dans les hautes régions de la science et sur les classes supérieures de la société [3].

---

[1] K. Hagen, *Deutschlands literarische und religiöse Verhältnisse im Reformationszeitalter*. Erlangen, 1841, t. I, p. 60

[2] Ullmann, t. II, p. 4-6. — Baur, *Kirchengeschichte der neueren Zeit*, p. 8, vient de reconnaître, lui aussi, que pour comprendre la réformation du xvie siècle, il faut remonter aux mystiques.

[3] Ullmann, p. 2 et 12. — M. Delprat a parfaitement apprécié l'influence du mysticisme des Pays-Bas : « By velen, dit-il, heerscht de meening dat de omwenteling der xvie eeuw by uitsluiting de hoofdoorzaek is van de welvaert, de verlichting en de vryheid, die ons land boven andere Europeesche gewesten onderscheidde. *Men pleegt weinig acht te doen op de inrigtingen, die vóór dien tyd bestonden, en als toen in het niet verzonken.* Kerkelyke vooroordeelen deden gereedelyk versmaden al wat als een uitvloeisel van het kloosterleven, by de invoering der hervorming in Nederland veroordeeld en vernietigd werd, zonder te bedenken dat de yver der tyden menig goed zaed onverdiend deed verstikken. » — Delprat, *Verhandeling over de broederschap van G. Groote*, p. 8 et 9, 1re édition.

Dès 1269, on avait vu paraître : *Le bien universel ou les abeilles mystiques du célèbre docteur Thomas de Cantimpré, de l'ordre des frères prêcheurs, évêque suffragant de Cambrai* ([1]).

Guillaume-Henri, de Leeuw-Saint-Pierre, à deux lieues de Bruxelles, surnommé Thomas de Cantimpré ([2]), était né en 1201, d'une famille noble du Brabant. Son père avait fait partie de la célèbre croisade dont un des chefs était Richard Cœur de Lion. Le jeune Henri fut élevé, à Liége, dans le culte de Dieu et des lettres. Entraîné par sa vocation religieuse, il embrassa la vie de chanoine régulier de Saint-Augustin dans l'abbaye de Cantimpré, située dans un des faubourgs de Cambrai, d'où il reçut le surnom de Thomas Cantipratanus (1217). Il y séjourna un peu plus de quinze ans, et il y reçut la prêtrise. Vers 1232, il entra, à Louvain, dans l'ordre alors si célèbre des dominicains, et s'y distingua autant par sa piété que par son éloquence. A cette époque brillait avec éclat, dans les ténèbres du moyen âge, Albert, comte de Bollstoedt, surnommé Albert le Grand, savant docteur scolastique, qui, outre l'érudition théologique, possédait, en mécanique, en physique et en histoire, des connaissances fort étendues pour son temps, à ce point que ses contemporains le regardaient comme un sorcier. En 1237, Thomas quitta Cologne pour se rendre à Paris, où il acheva le cours de ses études. En 1246, il fut de retour à Louvain, où il remplit les fonctions de sous-prieur et de lecteur ou professeur. Sa plus haute dignité fut celle de prédicateur général dans une province monastique, composée de cantons de l'Allemagne, de la Belgique et de la France ([3]). Après quoi,

---

([1]) *Traduit du latin par le R. P. frère Vincent Willart, d'Arras et du mesme ordre.* Bruxelles, 1650, in-4°.

([2]) M. Bormans (*Bulletins de l'Académie de Bruxelles*, t. XIX, 1, p. 132) nie qu'il se soit jamais appelé Guillaume ou Henri, et soutient qu'il faut écrire *Thomas de Cantimpré*, né à Leeuw-Saint-Pierre.

([3]) Daunou, *Hist. litt. de la France*, t. XIX, p. 177 et 178. — Conf. Escallier, *l'Abbaye d'Anchin*. Lille, 1852, p. 145.

il fut appelé aux fonctions de suffragant de Cambrai (1263).

Ce fut en 1269 que Thomas publia le curieux travail que je viens de mentionner et qui se distingue par une latinité assez élégante et par une érudition rare.

Thomas avait vu de près les princes de l'État et les princes de l'Église; il avait acquis une grande connaissance des hommes et du monde. De là les nombreuses anecdotes que renferme son livre (¹).

« La ruche des abeilles, dit-il, est une monarchie constitutionnelle avec une loi fondamentale solide et invariable. La reine de cette monarchie se distingue par sa sagesse et sa pureté. Elle n'a pas d'aiguillon, l'aiguillon étant le signe la cruauté. Mais elle est responsable de tout ce qui concerne le gouvernement. Elle est sans faste et sans orgueil; elle ne s'occupe que du bonheur. de la maison. Elle n'aime ni les flatteurs ni les brouillons. En un mot, tout dans cette monarchie est si bien réglé et si bien coordonné que les rois feraient bien d'aller y prendre des leçons (²). »

L'auteur connaît peu de monarchies de son temps et encore moins de prélats qui aient les vertus de cette reine. Au contraire, l'extrême simplicité de l'excellente souveraine présente le contraste le plus frappant avec le luxe des princes et surtout du clergé, depuis le pape jusqu'au dernier des prêtres, qui ne savent plus qu'inventer en fait d'habits, de couronnes, de mitres et de chapes (³).

Dans la ruche, on ne voit que paix, concorde, modération et chasteté. Il n'en est pas ainsi des prêtres et des moines, que généralement Thomas dépeint sous de sombres couleurs; de plus, il cite des exemples qui tiennent trop de la

___

(¹) Voyez la vie de l'auteur dans *Thomæ Cantipratani, S. Theol. doctoris ordinis prædicatorum et episcopi suffraganei Cameracensis, Bonum universale de Apibus.* (Douai, 1617, in-8º.) — Je me suis servi aussi de l'article de Daunou dans la *Biographie universelle de Michaud.*

(²) Scheltema, *Geschied- en letterkundig mengelwerk.* Amsterdam, 1818, t. I (1), p. 161.

(³) Id., *ibid.*, p. 163.

chronique scandaleuse pour qu'il nous soit permis de les reproduire (¹).

Le haut patronage du pape Honorius III ne suffit pas à mettre certains prélats, et notamment Simon, abbé du célèbre monastère d'Anchin (1208-1254) (²), à l'abri des morsures de la satire de Cantimpré.

« J'ai honte, dit-il, de rapporter ce que j'ai vu. Anchin est le plus grand et le plus riche monastère du diocèse d'Arras. L'abbé de ce monastère, qui n'a jamais su les premiers éléments de la règle ecclésiastique, n'est arrivé à cette distinction qu'en se haussant sur des monceaux d'argent, à ce point qu'il a grevé son église d'une dette de plus de dix mille livres; chose par trop honteuse et souverainement ridicule (³). »

Ces hardiesses n'empêchaient pas Thomas de Cantimpré d'être profondément orthodoxe, crédule même et superstitieux, comme on peut s'en convaincre par plusieurs de ses compositions mystiques, entre autres par sa vie de sainte Lutgarde, dont il n'omet aucune des visions, aucun des ravissements. Il sait même qu'un jour, pour empêcher qu'elle ne reçût un baiser, Jésus-Christ vint interposer sa main. « Par ses jeûnes, par ses prières, elle délivrait les âmes du Purgatoire, guérissait les démoniaques, convertissait les pécheurs et affermissait les fidèles contre les plus périlleuses tentations. Douée de l'esprit de prophétie, elle avait un œil qui voyait les choses absentes ou cachées : les péchés secrets se manifestaient à ses regards; elle était en état de faire la confession générale de tous ceux qui se présentaient devant elle. » Après sa mort, en 1240, elle apparut à ses amis et

---

(¹) SCHELTEMA, *Geschied- en letterkundig mengelwerk* p. 164-167.

(²) A deux lieues de la ville de Douai.

(³) *Bonum universale de Apibus*, p. 24 et 25. — ESCALLIER, *L'Abbaye d'Anchin*, p. 144. — BORMANS, *l. c.*, p. 138, a démontré que le *Bonum universale* n'est que l'application morale de l'article consacré aux abeilles dans le *De naturis rerum*, du même auteur, dont les *Naturen bloeme* de Van Maerlandt ne sont qu'une imitation en vers flamands.

connaissances, pour leur annoncer qu'elle était en paradis, sans avoir passé par le purgatoire ([1]).

La démonologie joue un grand rôle dans ce livre de Thomas de Cantimpré : le diable s'y attaque surtout aux religieuses et les obsède tellement que ni le signe de la croix, ni l'eau bénite, ni le sacrement du corps du Christ ne peuvent les en délivrer. Une autre fois, il se permit de dicter une improvisation à un prêtre chargé de faire un sermon dans un synode d'évêques, et par cela même très embarrassé : « De quoi vous inquiétez-vous, lui dit-il, prêchez-leur ceci : Les princes des enfers et des ténèbres saluent les princes et les prélats de l'Église romaine. Ils vous rendent grâce de ce que non seulement vous êtes prêts à descendre au Tartare, mais de ce qu'encore, par la négligence de vos devoirs, vous y amènerez avec vous vos sujets et la majeure partie du monde. C'est à regret que je vous parle ainsi, mais Dieu le veut. » Le prédicateur répondit au diable : « Hélas ! quand même je leur dirais tout cela, ils ne me croiraient pas. » Mais le diable, ayant recours à des moyens sataniques, le força d'obéir ([2]).

C'est à la même école qu'appartenait Nicolas Lyranus, né vers 1300. Dans des expositions courtes et faciles, qui plus tard servirent à Luther, il écrivit contre le service divin en langue latine. En traitant de l'apparition des âmes des morts, il soutint que ces dernières n'ont aucune part en tout ce qui se passe sous le soleil, c'est-à-dire dans les vœux que les vivants font pour eux, et qu'elles n'en retirent aucun avantage. Il expliqua les célèbres paroles de saint Mathieu : *Les portes de l'enfer ne prévaudront pas contre l'Église*, en ce sens que l'Église consiste en ceux qui ont la vraie science, c'est-à-dire qui confessent la foi et la vérité, et non pas dans ceux qui ont la puissance et les dignités, ecclésiastiques ou laïques.

([1]) Daunou, *Histoire littéraire de la France*, t. XIX, p. 181 et 182.
([2]) *Johannis* Wolfii *Lectionum memorabilium, tomus primus*, Livingæ, 1600, f. 547. — *Bonum universale*, etc., lib. II, cap. 56.

Il osa écrire, sur le chapitre X^e de l'épître aux Hébreux, que, dans la messe, il n'y a pas réitération de sacrifice, mais seulement commémoration quotidienne du grand et unique sacrifice de la croix. Lyranus comprenait parfaitement les textes de l'Écriture, parce qu'il était très versé dans le grec et l'hébreu.

Toutefois, ce grand théologien, si connu et si influent sur les esprits dans les Pays-Bas, n'était pas de Lierre, comme le croyait Érasme (¹), mais de Lyre, bourg du diocèse d'Évreux (²). Il mourut le 23 octobre 1340 ou 1349, après avoir été provincial des cordeliers en Bourgogne.

Lyranus a écrit des postilles ou petits commentaires sur toute la Bible (³). Ces commentaires sont fort estimés (⁴). Il reçut le titre de *doctor plenus et utilis*, et fut considéré, au XVIe siècle, comme le précurseur par excellence de Luther. De là ce proverbe : *Si Lyranus non lyrasset, Lutherus non saltasset* (⁵).

A cette époque, la théologie s'occupait tous les jours de moins en moins de l'Écriture sainte. Il est vrai qu'en 1311 le pape Clément V avait établi des écoles destinées à l'enseignement des langues orientales (⁶); mais ce pontife n'avait d'autre but que de créer des missionnaires, et non d'utiliser ces langues pour l'interprétation des saintes lettres. Aussi, les commentaires bibliques de ce temps n'ont-ils pas plus de valeur que ceux des siècles précédents. Lyranus fut, sous ce rapport, une rare et brillante exception, et, par sa connais-

---

(¹) Van der Aa, *Biographisch Woordenbock*. Harlem, 1852, sqq., t. XI, p. 827.

(²) Comme le prouvent les vers suivants :

> Lyra, brevis vicus, normanna in gente celebris,
> Prima mihi vitæ janua sorsque fuit.

(³) Le manuscrit 447 de la Bibliothèque de Gand renferme *Nicolai de Lira Postillæ in evangelia*, commentaire sur les évangiles de saint Jean, saint Matthieu, saint Marc, saint Luc.

(⁴) *Biographie universelle*, art. *Lyranus*.

(⁵) Van der Aa. *Biographisch Woordenboek*, p. 828.

(⁶) Clementin. Lib. V, tit. I, c. 1.

sance de l'hébreu, il rendit les plus éclatants services à l'explication grammaticale de l'Ancien Testament. Il distingua entre les livres canoniques et non canoniques ou apocryphes, qui différaient les uns des autres comme le doute diffère de la vérité, mais que malheureusement on avait l'habitude de confondre de la manière la plus scandaleuse; car on confondait ainsi « ce qui avait été dicté par le Saint-Esprit avec ce qui avait été inventé par les hommes ». Lyranus distinguait ensuite le sens mystique et le sens littéral et soutenait que c'était à ce dernier qu'il fallait s'en tenir, d'autant plus que de jour en jour les textes se corrompaient davantage par l'ignorance et l'incurie des copistes (¹).

Dès le xii⁰ siècle, l'Italie, la France, l'Allemagne et les Pays-Bas s'étaient épuisés en généreux efforts pour rappeler à la vie le christianisme de l'esprit, du cœur et de l'action, ainsi que celui de la simplicité de l'amour et de l'abnégation apostoliques. Des associations de toute espèce s'étaient formées dans ce noble dessein; mais elles s'étaient perdues elles-mêmes par des égarements et des abus qui souvent dégénéraient en scandales publics (²).

Le principe de ces aberrations était le panthéisme mystique, qui plaçait Dieu, non dans l'universalité des choses, mais seulement dans l'humanité, en ce sens que Dieu seul était l'être vrai et que l'homme n'était rien. Ce panthéisme aboutissait, d'un côté, au néant, de l'autre, par une exagération contraire, à la déification de l'homme, par le motif que l'intelligence étant divine, l'homme est Dieu lui-même. De là aussi, chez les mystiques de cette catégorie, la doctrine généralement dominante de l'absorption de l'homme par Dieu. Cette doctrine rencontra un adversaire implacable dans le patriarche de la mystique aux Pays-Bas, Jean

______

(¹) LYRANUS, *De libris canonicis et non canonicis. — Prologus I, de commendatione Sacræ Scripturæ in generali*, dans ses *Postillæ perpetuæ in Biblia*. Rome, 1471, et Leyde, 1550. — GIESELER, t. II, 3, p. 269.

(²) ULLMANN, p. 18-20.

Van Ruysbroeck, qui en attaqua les partisans avec d'autant plus de violence que, se croyant Dieu ou du moins les égaux de Dieu, ils se croyaient en même temps tout permis, rejetaient les notions du bien et du mal, du vice et de la vertu, et se perdaient dans des ivresses mystiques et des extases paradisiaques, qui conduisaient directement aux abominations des cultes orgiastiques de l'Orient (1).

Ce fut contre cette dangereuse mystique du moyen âge que réagit le mysticisme de Ruysbroeck; fondé sur le théisme chrétien et placé entre la mystique hérétique et la mystique catholique, il fut le point de départ du remarquable développement des Frères de la vie commune, parmi lesquels il devint tout pratique. Ruysbroeck possédait la chaleur de l'ancienne mystique contemplative, mais il combattait le panthéisme et l'antinomisme; il tendait, comme elle, à tout ce qui est apostolique et il ne le cherchait pas dans les formes extérieures, mais dans l'esprit et dans la vérité; il jugeait librement les défauts et les infirmités de l'Église de son temps, sans se laisser, toutefois, entraîner contre elle à des hostilités ouvertes, à une opposition subversive; il n'était animé que d'idées réformatrices. Mais sa mystique renferme, elle aussi, des parties fausses, malsaines et extravagantes; quoi qu'on en ait dit, elle manque de cet esprit pratique qu'elle ne prit que sous ses successeurs; puis Ruysbroeck n'est pas non plus, comme eux, porté vers la science et vers une culture libre de l'intelligence. Aussi ne représente-t-il, chez nous, que le côté théologique de la Renaissance; le côté littéraire et pratique était réservé à son illustre disciple Gérard Groot et à l'école fondée par lui (2).

Le mysticisme de l'école de Ruysbroeck a joué cependant un rôle parfaitement indépendant et original. Il a peu em-

(1) ULLMANN, p. 20-34.
(2) ID., p. 35 et 36.

prunté au passé; il n'a rien emprunté à la scolastique. Il a été l'expression libre et audacieuse d'un état des esprits existant alors en Belgique; comme tel, il a exercé une influence énorme, et il mérite toute notre attention, quelque rudes, quelque singulières que puissent être parfois les formes sous lesquelles il se manifeste (¹).

On sait que l'action de nos facultés intellectuelles se produit de deux manières : tantôt elles restent passives en présence du monde extérieur, se laissant aller à leurs impressions, qui se succèdent et qui passent; tantôt la volonté les dirige et en obtient des connaissances précises et distinctes. Ici seulement se rencontre l'effort qui n'existe pas dans la contemplation passive. Cet état contemplatif n'admet d'activité qu'au plus faible degré possible, parce que la volonté n'intervient pas et ne concentre pas ses forces. Or, il dépend de nous de supprimer cette intervention de la volonté et, par conséquent, de borner toute l'activité de l'intelligence au développement contemplatif. C'est là ce qu'ont fait tous les mystiques jusqu'à Ruysbroeck : tous ont proscrit l'effort intellectuel, tous ont prêché la vie contemplative pure et simple. Or, une telle contemplation conduit à l'état d'extase et d'hallucination. Quant à l'activité physique dont Ruysbroeck faisait un devoir à ses disciples et dont il leur donnait l'exemple, ses successeurs la retranchèrent complètement; il y en avait même qui se faisaient un mérite de l'immobilité. Pour eux, tous les liens sociaux étaient rompus, toutes les affections de famille interdites; c'était une perfection mystique de ne plus connaître ni père, ni épouse, ni enfants, ni amis (²).

Jean Van Ruysbroeck est ainsi appelé du lieu de ce nom, situé entre Bruxelles et Halle, où il naquit vers 1293. Dès l'âge de quinze ans, il quitta l'étude des lettres humaines

---

(¹) Barthélemy Saint-Hilaire, *Mémoires des sciences morales et politiques de l'Institut de France*, t. II, p. 212 (*Savants étrangers*).

(²) Ullmann, *l. c.* — Artaud, *Répertoire* cité, t. XVIII, p. 324.

pour se livrer à un genre de méditation affective, mais élevée, dont il avait puisé le goût dans les livres allégoriques de l'Écriture, et plus encore dans les ouvrages attribués à saint Denys l'aréopagite, ouvrages curieux à cause de la fusion du néo-platonisme avec les doctrines du christianisme. Après avoir pris la prêtrise, il remplit, depuis l'âge de vingt-quatre ans, les fonctions de vicaire de l'église Sainte-Gudule, à Bruxelles. Sa piété simple, mais exaltée, donnait à ses écrits un attrait qui manquait aux productions scolastiques du siècle. Elle lui acquit des partisans dévoués. A l'âge de cinquante ans, il embrassa la vie contemplative, en se retirant à Groenendael, près de Bruxelles, avec deux autres prêtres de l'église Sainte-Gudule.

Il était déjà connu par ses attaques contre une hérésie qui avait pour chef une femme, *Bloemardine,* que beaucoup de gens qui s'étaient laissé séduire par ses écrits prenaient pour sainte.

Ruysbroeck combattit Bloemardine en distinguant entre la contemplation des mystiques hérétiques de son temps et celle des mystiques orthodoxes. « Les premiers, dit-il, sont des oisifs, sans idées, sans vertus et sans la grâce de Dieu : ils se retirent en eux-mêmes, ne recherchent que la paresse et le repos absolu, ne s'aperçoivent pas qu'ils pèchent à la fois contre le Saint-Esprit, contre le Père et contre le Fils, en deux mots, contre Dieu et l'Église. Tandis que les vrais mystiques, c'est-à-dire ceux qui sont baptisés dans l'esprit du Seigneur et dans le vrai amour, ne négligent aucun effort pour acquérir toutes les vertus, les faux mystiques repoussent, fuient la vie active, se plongent, s'abîment dans le néant de la contemplation, nient la distinction qui existe entre le bien et le mal, se croient les égaux de Jésus-Christ et même parfaitement identiques à sa personne. De là naissent l'indolence, l'ignorance et une fusion voluptueuse de l'esprit. Les vrais mystiques, au contraire, acquièrent le véritable repos, le véritable calme, en cherchant Dieu par l'action sur eux-mêmes, c'est-à-dire en obtenant une conscience pure (¹)... »

Ruysbroeck ne s'était pas élevé seulement contre Bloemardine, mais encore contre d'autres sectaires de son temps. Cependant, comme Bloemardine avait de nombreux partisans, il s'attira leur haine et se vit tourner en ridicule par les chansons satiriques dont ils firent résonner les rues de Bruxelles (²).

Le duc Jean III de Brabant ayant accordé à l'un des trois ecclésiastiques la propriété de l'ermitage de Groenendael, du grand étang contigu et de quelques autres terrains, à condition d'y élever une habitation pour cinq religieux, dont deux au moins devaient être prêtres, le 17 mars 1344, l'évêque de Trébizonde consacra l'oratoire de la nouvelle communauté, qui, cinq ans après, adopta l'habit des chanoines réguliers de l'ordre de Saint-Augustin et élut Ruysbroeck son prieur. Elle s'était constituée sur le modèle de la congrégation de Richard de Saint-Victor à Paris.

Quant à Ruysbroeck, il était peu lettré et il acquit simplement par l'expérience la connaissance de cette théologie mystique où il excella; ce qui fut une raison de plus pour qu'on le regardât comme un inspiré. Aussi attira-t-il dans son ermitage des personnages considérables, des docteurs et des professeurs distingués. Gérard Groot, le célèbre fondateur de l'institution *des frères de la vie commune,* à Deventer, eut avec lui des entretiens dont il fut édifié et qui le convertirent à ses doctrines (³).

L'action de Ruysbroeck fut puissante aussi sur l'Alsacien Jean Tauler, célèbre mystique allemand, surnommé le docteur sublime et illuminé, qui s'illustra par ses prédications populaires à Cologne et à Strasbourg, depuis surtout qu'en-

---

(¹) Engelhardt, *Richard von St-Victor und Johannes Ruysbroeck*, Erlangen, 1838, p. 224 et suiv. — Conf. Van Even, *De Katholiek*, t. XXV, p. 289 et suiv.

(²) Henne et Wauters, *Hist. de Bruxelles*, t. I, p. 535.

(³) Id., *ibid.*, p. 535.

couragé par Ruysbroeck, il eut renoncé à la scolastique pour se livrer tout entier à la mystique. Ses sermons, comme ses ouvrages d'éducation, se distinguent par la profondeur des pensées, par la sincérité de la foi, par un zèle ardent pour la morale, par des tours ingénieux et par beaucoup d'originalité dans le langage ([1]).

Moins orthodoxe, toutefois, et plus hardi que Ruysbroeck, Tauler brava les foudres du Vatican, qu'il s'était attirées par la véhémence de ses paroles. On sait l'action immense qu'il eut sur la théologie allemande et sur un des principaux adeptes de cette théologie, Jean Staupitz, père intellectuel de Luther.

Au moyen âge, les sermons de Tauler étaient copiés et étudiés dans nos couvents ([2]). L'influence de leur auteur se maintint chez nous jusqu'au xviie siècle, où il illumina le génie mystique de Van Helmont ([3]).

Ruysbroeck avait l'habitude de mettre ses inspirations par écrit en se promenant dans la forêt de Soignes. « Un jour qu'un religieux le cherchait, étonné d'une absence qui s'était prolongée plus qu'à l'ordinaire, il le trouva assis sous un tilleul dont le feuillage lui paraissait entouré de rayons. Cet arbre, qui avait commencé à dépérir, reprit une nouvelle vigueur vers l'an 1600 ([4]). »

Entouré de vénération et comblé d'années, qualifié d'illuminé et de divin, Ruysbroeck s'éteignit le 2 décembre 1381. Suivant les légendes du couvent, sa mort fut, comme sa vie, accompagnée de prodiges.

Son corps fut enterré dans l'enceinte de la chapelle du monastère; mais, en 1386, Jean 't Serclaes, évêque de Cambrai, le transféra dans le chœur de la nouvelle église. Le 8 octo-

---

([1]) ULLMANN, p. 35 et suiv., p. 223 et suiv. — *Biographie universelle* et *Répertoire* cité, art. *Tauler.*

([2]) MONTYN, *Geschiedenis der hervorming in de Nederlanden*, t. I, p. 87.

([3]) ROMMELAERE, *Études sur J.-B. Van Helmont*, Mém. cour. Acad., 1868, p. 9.

([4]) HENNE et WAUTERS, *Hist. de Bruxelles*, p. 536.

bre 1622, Jacques Boonen, archevêque de Malines, déterra solennellement le corps de Ruysbroeck, le mit dans une châsse de bois et le plaça devant le maître-autel dans un mausolée magnifique, que l'infante Isabelle fit orner à ses frais, après avoir été, le 17 novembre, visiter à Groenendael ces vénérables reliques. Elles y furent conservées jusqu'à la fin du xviii⁰ siècle. On assure qu'après la suppression du monastère (1784), elles furent déposées dans l'église Sainte-Gudule, à Bruxelles (¹).

En 1624, sur les instances du père général de la congrégation de Windesheim, du prieur et des religieux de Groenendael, Boonen donna au savant Aubert Le Mire, doyen de la cathédrale d'Anvers, une commission spéciale pour commencer le procès informatif sur la vie et les miracles de Ruysbroeck. La congrégation des rites, après avoir examiné ce procès préparatoire, décréta qu'on avait pleinement satisfait à l'inquisition générale requise par les saints canons, et qu'on pouvait procéder à faire des recherches ultérieures. Elle donna aussi, le 10 mai 1626, des lettres *remissioriales* et *compulsatoriales* en vertu desquelles une nouvelle enquête fut faite par les juges et les commissaires que la congrégation des rites avait nommés pour poursuivre cette cause. Toutes les pièces de ce procès informatif se conservent encore aux archives de l'archevêché de Malines (²).

Non seulement Boonen, mais encore Isabelle avait sollicité de Grégoire XV la canonisation de Ruysbroeck (³). De la part du républicain janséniste Boonen, cela se comprend ; mais Rome ne se laissa pas éblouir, comme l'Infante, par les miracles de Ruysbroeck, et elle refusa de donner suite au projet de béatification : le précurseur du quiétisme (⁴) ne

---

(¹) Butler, *Vies des saints*, éd. de De Ram, t. VI, p. 307.

(²) Id., *l. c.*

(³) La lettre est conservée aux archives du royaume, conseil d'État.

(⁴) « Il y eut dans quelques-uns de ses ouvrages extatiques, dit Foppens, des expressions si sublimes qu'elles semblent approcher du quiétisme. » *Histoire ecclésiastique des Pays-Bas.* (Manuscrit cité de la Bibliothèque de Bourgogne, f. 215.)

pouvait pas être un de ses élus (¹). Peut-être aussi se souvenait-on de Tauler, de Staupitz et de Luther.

Heureusement, ce refus ne ternit en rien la gloire de Ruysbroeck, qui restera le plus grand mystique et le plus grand prosateur flamand des Pays-Bas au moyen âge.

Quant aux doctrines de cet homme extraordinaire, Ruysbroeck prend pour point de départ l'être divin ; puis il en arrive à l'homme et s'efforce de prouver comment l'homme devient un avec Dieu sans perdre son individualité. « Dieu, dit-il, est la substance surnaturelle de tout ce qui existe, reposant éternellement en lui-même, et en même temps le principe vital et le moteur de tout ce qu'il a créé. D'après son essence, Dieu est le repos éternel ; il n'y a, dans lui, ni espace ni temps, ni passé ni avenir, ni désir ni avoir, ni lumières ni ténèbres ; ce qui ne l'empêche pas de se manifester par les actes éternels de connaître, de vouloir et d'aimer, qui le constituent. Quoiqu'il repose dans son essence, il n'en agit pas moins de toute éternité sur la nature. En lui, le repos et l'activité sont remplis d'une clarté simple et transparente. Par sa libre volonté et par sa sagesse infinie, Dieu a tiré du néant le ciel, la terre et toutes choses, en un mot (²).

« Les hommes se divisent en bons et en mauvais, selon l'usage qu'ils font de leur libre arbitre ; même parmi les bons, il y a une grande variété, quoique tous les mortels tiennent de la nature la même divinité, la même liberté, la même noblesse. Ce qui produit parmi eux la variété, ce sont le sol, le climat, le tempérament, etc. (³).

« Le libre arbitre de l'homme, voilà l'instrument par lequel Dieu opère dans lui. C'est le libre arbitre qui, joint à la grâce divine, nous rend libres, nous élève au-dessus de nous-mêmes

---

(¹) Foppens dit (*ibid.*, f. 215 et 216) qu'il fut mis au nombre des bienheureux, quoiqu'il n'ait pas été formellement *béatifié.* — Conf. *De Eendragt*, derde jaergang, p. 64.

(²) ENGELHARDT, p. 173 et 174. — ULLMANN, p. 40.

(³) ENGELHARDT, p. 183 et 184.

et nous unit à Dieu dans la vie contemplative. Aussi tout dépend de la volonté : que l'on veuille ardemment l'amour et l'humanité et on les aura, Dieu même ne pourra pas nous les enlever. Mais il faut que la volonté soit pure, c'est-à-dire que tout ce qu'elle fait soit uniquement en l'honneur de Dieu. Pour cela, il est nécessaire que l'homme s'abstienne de pécher et qu'il recherche toujours la grâce de Dieu. Ce ne sera que par la réunion de cette grâce et du libre arbitre que l'homme accomplira sa destinée et fera de son âme un royaume où la volonté, libre par la nature, mais plus libre encore par la grâce, sera roi, un roi qui aura pour diadème l'amour, pour vêtement la force du Saint-Esprit, pour conseillers l'intelligence et le discernement, pour juge la justice dans la prudence, pour sujets toutes les puissances de l'âme. Aussi quiconque veut jouir de la contemplation éternelle doit posséder trois choses, la grâce de Dieu, une volonté libre, une conscience sans tache ([1]). »

« Le Christ vient d'en haut, comme un donateur bienfaisant et tout-puissant; l'homme, au contraire, vient d'en bas, comme un pauvre hère qui ne peut rien par lui-même et qui a besoin de toutes choses. La grâce et la liberté sont corrélatives, tel est l'ordre établi par Dieu. La grâce agit dès que le libre arbitre se tourne vers elle. Point de vie spirituelle sans grâce, point de grâce sans vie spirituelle. Dieu n'habitera dans nous avec sa grâce qu'aussi longtemps que nous nous exercerons à toutes les vertus, que nous dompterons toutes nos passions par les prières et par les pénitences et surtout que nous ferons des bonnes œuvres; car la charité, voilà la solution du mystère de l'action réciproque de la grâce et du libre arbitre ([2]). »

Ruysbroeck insistait spécialement sur cette partie de sa doctrine, tellement qu'un jour, suivant sa coutume, étant occupé à travailler dans son monastère et à donner des

([1]) ENGELHARDT, p. 183, 187, 350. — ULLMANN, p. 42 et 43.
([2]) DÖLLINGER, Die deutschen Mystiker, p. 489-491.

preuves de sa douceur ordinaire non seulement aux hommes, mais encore aux animaux, il reçut la visite de deux ecclésiastiques de Paris, arrivés exprès à Groenendael pour avoir de lui quelques paroles édifiantes, quelques paroles qui pussent les enflammer de l'amour de Dieu. Il se contenta de leur répondre avec un gracieux sourire : « Chers frères, vous êtes aussi saints que vous voulez l'être. » Comme ils furent étonnés de cette réponse, Ruysbroeck ajouta : « Veuillez donc comprendre que votre sainteté est précisément aussi grande que votre bonne volonté. C'est pourquoi examinez jusqu'où votre volonté est bonne, et alors vous connaîtrez le degré de votre sainteté ; car chacun est aussi saint qu'il est bon de cœur (¹). »

La liberté, l'humilité et l'amour, tels furent, pour Ruysbroeck, les biens suprêmes. « Descendre dans l'humilité, disait-il, c'est escalader les hauteurs de tous les cieux ; sans humilité, toutes les bonnes œuvres perdent leur beauté. La liberté et l'humilité ont la même valeur (²).

« L'union de Dieu et de l'âme, voilà l'amour, la grâce, la charité, d'où naît la pureté de la conscience... Jésus-Christ n'était qu'amour, douceur et souffrance pour le genre humain qu'il a voulu racheter par sa mort. — La charité et la justice sont les fondements du royaume des âmes où viendra demeurer Dieu ; ajoutez-y l'humilité, et vous aurez les trois vertus cardinales (³). — La nature incompréhensible de Dieu échappe à toutes les créatures dans les cieux comme sur la terre ; car Dieu est à la fois au-dessus, en dehors de toutes les créatures et dans toutes les créatures. Toute intelligence créée est trop étroite pour le comprendre ; cependant, si la créature veut comprendre Dieu, il faut qu'elle soit ravie hors d'elle-même en Dieu ; qu'elle comprenne Dieu par le moyen

---

(¹) Engelhardt, p. 169.
(²) Id., p. 199.
(³) Ruisbroec, *Chierheit der geesteliker brulocht*, f. 43, verso 48. (Manuscrit de la Bibliothèque de Bourgogne, nº 1166.)

de Dieu. Mais il n'est pas permis de savoir et d'étudier ce que c'est que Dieu, voilà ce qui échappe à toutes les créatures (¹).

« Tout réside dans la pureté de l'esprit, qui soustrait l'homme à la matière et l'unit à Dieu. — La pureté du cœur crée, exerce et conserve toutes les vertus; et ces vertus ornent l'âme comme si c'était un palais (²). Le roi de l'âme, c'est le libre arbitre, et ce roi sera couronné d'une couronne qui s'appelle la charité. Lorsque l'âme se plonge tout entière avec amour en Dieu, elle repose et demeure en Dieu et Dieu en elle.

« La première et la plus grande unité de l'homme est en Dieu; car non seulement les hommes, mais toutes les créatures sont suspendues dans cette unité avec leur essence, leur vie et leur conservation, et si elles se séparaient de Dieu, elles tomberaient dans le néant et seraient réduites à rien. — Pour être uni avec Dieu, il faut la grâce de Dieu. La grâce de Dieu est comme la lumière dans une lampe ou dans un vase de verre; de même que cette lumière échauffe, éclaire et pénètre ce vase, de même la grâce échauffe, éclaire et pénètre l'homme (³). — Le feu du Saint-Esprit pousse, aiguillonne le cœur qui le possède à employer toutes les forces de l'âme pour remercier et louer Dieu (⁴). »

Mais c'est particulièrement dans les explications qu'il donne de la vie contemplative qu'il faut suivre Ruysbroeck, parce que c'est précisément là que se révèle comment il sépare la doctrine de l'Église des tendances panthéistes du mysticisme de son temps. Suivant lui, « la vie contemplative consiste en ce qu'avec un esprit porté pour Dieu, nous entrions librement en communauté avec lui, et que nous sortions pour ainsi dire de nous-mêmes pour ne faire qu'un seul et même esprit avec Dieu...

(¹) Manuscrit cité, f. 51, verso.
(²) Fol. 52 et 53.
(³) Manuscrit cité, fol. 57, verso.
(⁴) Id., fol. 59, verso.

« Le dernier degré de la contemplation coïncide avec l'amour le plus parfait. L'un et l'autre, c'est-à-dire l'intelligence parfaite et l'amour identique avec elle, ne sont plus à l'état d'action, mais à celui de pur repos ; l'un et l'autre sont au delà de toute action, quittes et libres de tout exercice, éprouvant l'amour divin qui dévore l'esprit de l'homme et le convertit en sa substance, de façon qu'il s'oublie lui-même et ne connaît plus rien, ni Dieu, ni soi-même, ni aucune créature et qu'il ne ressent que l'amour dont il jouit dans le simple repos [1]. »

Rien de plus intéressant que la classification faite [2] par Ruysbroeck des hommes livrés à une fausse vie spirituelle et égarés par quatre tentations.

La première classe comprend ceux que l'on pourrait appeler les spirituels selon la chair, les épicuriens spirituels. « Ce sont, dit Ruysbroeck, tous ceux qui se permettent tous les plaisirs des sens, s'efforcent de se complaire mutuellement par des dons, des paroles et des lettres, recherchent la délicatesse dans le manger, le boire, les vêtements et dans tout ce dont on a l'habitude d'orner et de satisfaire ce misérable sac, destiné à être la proie des vers. Les tentations de toutes ces choses règnent dans les couvents, les cellules des ermites et tous les ordres de l'Église, depuis le premier jusqu'au dernier. Quoiqu'ils prient et chantent beaucoup, quoiqu'ils disent beaucoup de *Pater*, ils n'en vivent pas moins selon la chair [3]. »

La seconde classe est celle des stoïciens, des pharisiens, des visionnaires, qui font ostentation d'une grande sainteté et qui n'en ont point ; qui veulent que Dieu leur envoie un ange pour leur apprendre à vivre, ou qu'il leur adresse une lettre écrite en caractères d'or, ou qu'il leur manifeste sa

---

[1] ENGELHARDT, p 224-246 et suiv. — ULLMANN, p. 47-49.

[2] Manuscrit de la bibliothèque de Bourgogne, n° 3420 : *Dat boec der vier becoringhen*. Et *Werken van Jan van Ruusbroeck*, t. IV, p. 267 et suiv.

[3] Manuscrit cité et *Werken*, p. 273.

volonté dans des songes et des visions. Tel est leur orgueil qu'ils se croient dignes d'une destination particulière(¹), qu'ils souffrent de voir d'autres véritablement saints. Hypocrites et présomptueux, ils se donnent des airs de piété et d'abstinence, et ils s'imaginent être intelligents et sages, tandis qu'ils ne sont que stupides et lourds.

La troisième classe renferme ces esprits subtils qui veulent être les plus grands philosophes de la terre et dont tous les exercices consistent à argumenter sur les Écritures autant qu'ils osent le faire. Quant aux hommes qui mènent une vie simple ou une vie dure, une vie de pénitence, ils les regardent comme des animaux, comme des ânes bâtés. Extérieurement très lourds, ils ont des manières très hautaines envers leur prochain. Ils aiment à soigner leur ventre en toutes choses, et ils veulent qu'on les estime et vénère par-dessus tous. C'est là une erreur, une illusion commune à ces mortels habiles et fins qui se complaisent et s'élèvent dans l'art savant de la philosophie naturelle. Leur moi, voilà leur idole, et cette idolâtrie provient de ce qu'ils se figurent n'être qu'une substance avec Dieu (²).

Ces antipathies de Ruysbroeck pour les scolastiques se comprennent. Comme tous les mystiques, il ne voyait que le christianisme, et celui-ci, il le plaçait dans la pratique de toutes les vertus chrétiennes. Voilà pourquoi, à ses yeux, les moins chrétiens de tous les hommes étaient les scolastiques, qui avaient engagé le christianisme dans une voie de puérile discussion métaphysique. D'un autre côté, leur philosophie, en proclamant Aristote le maître unique d'une science achevée, faussait la pensée d'Aristote. Aristote, s'il eût assisté aux débats de l'école, eût répudié cette doctrine étroite et applaudi à ses contradicteurs (³). »

Pour Ruysbroeck, comme pour tous les théologiens mysti-

<hr>

(¹) Manuscrit cité et *Werken*, p. 275 et 276.
(²) Manuscrit cité et *Werken*, p. 277-280.
(³) RENAN, *Vie de Jésus*, p. 444, 446 et 447.

ques, une triple voie conduisait à la perfection chrétienne :
la purification, l'illumination et l'union des fidèles (¹).

Il est aisé de s'apercevoir que ce mysticisme de Ruysbroeck pèche par les mêmes défauts que tout mysticisme
contemplatif. En effet, il se précipite en aveugle et en lâchant
toute bride à l'imagination, dans les plus profonds abîmes de
la contemplation, pendant que toutes les notions de la connaissance réelle et rationnelle s'éteignent. Il lutte d'une
manière surnaturelle pour atteindre à ce monde placé en
dehors de la réalité, au monde des anges ; il regarde la
lumière divine jusqu'à ce que la force visuelle soit épuisée,
jusqu'à ce que l'œil terrestre voie sans savoir ce qu'il voit.
Si la mystique panthéiste veut que l'homme devienne, non
pas un chrétien, mais un Christ, la mystique théiste contemplative, non satisfaite de l'état de la foi, veut que l'homme
entre en pleine contemplation. Ce n'est pas tout : la mystique de Ruysbroeck, qui prétendait non seulement à être
chrétienne, mais encore ecclésiastique, n'a rien de déterminé, de positif pour l'idée de la rédemption et de l'expiation ; elle ramène tout à l'influence de la grâce et de la liberté
qui s'ouvre à la grâce. Ruysbroeck se disait : L'homme n'a
qu'à vouloir pour être bon et divin ; s'il veut l'amour, il l'a ;
s'il veut Dieu, il l'a. De même que pour respirer l'air on n'a
qu'à respirer, de même l'homme n'a qu'à ouvrir son intérieur pour recevoir en soi le divin présent partout (²).

Ce n'est pas que Ruysbroeck, à la manière des panthéistes,
niât ou justifiât le péché ; loin de là, il en jugeait même très
sévèrement les diverses manifestations ; mais il n'en appréciait pas convenablement l'importance et la signification en
général. Ses regards qui se perdaient dans la contemplation,
qui n'étaient fixés que sur Dieu et les types célestes, dédai-
gnaient ces ombres de la terre qui se font connaître à tout
homme qui agit, fût-il même un mystique. En dehors de ces

(¹) ENGELHARDT, p. XI.
(²) ID., p. 221 et 234. — ULLMANN, p. 49 et 50.

défauts, on est forcé d'assigner à la mystique de Ruysbroeck
une grande profondeur, une plénitude vitale souvent très
poétique, une grande vérité d'expérimentations internes, et
des points de vue infiniment plus élevés que ceux de la mystique panthéiste et hérétique. Il est vrai qu'il y a, dans ses
livres, des passages qui semblent enseigner l'absorption complète de l'individualité humaine par la substance et ramener
par là à la mystique du *libre esprit ;* car, suivant le docteur
extatique, les personnalités rationnelles sont, dans leur
essence la plus intime, les images de Dieu et éternellement
en Dieu. « Or, dit-il, ce qui est en Dieu est Dieu. » Aussi un
de ses principaux ouvrages (*Sur l'ornement des noces spirituelles*) fut-il censuré par Gerson, chancelier de l'université
de Paris et l'âme du concile de Constance (1405). Gerson
reprocha, entre autres, à Ruysbroeck d'avoir avancé que
l'homme, sur cette terre, dans l'état de contemplation parfaite, non seulement peut voir Dieu par une clarté divine,
mais que l'âme elle-même est cette clarté, qu'elle perd
alors son existence propre et rentre transformée et perdue
dans son essence originelle, et ne faisant plus qu'un avec
Dieu ([1]).

La censure de Gerson était justifiée par ce fait que la doctrine de Ruysbroeck peut donner lieu à des malentendus
contraires à la philosophie, à la religion et à la morale. Mais
Ruysbroeck n'était pas personnellement panthéiste et il ne
laisse échapper aucune occasion pour s'en défendre. Il est
vrai que, dans ses méditations, il part de l'idée de l'absolu,
qui est l'unité dans son être et la trinité dans son action et
dans sa vie, et il ramène le but de l'homme au renoncement
à toute créature pour rentrer, par la contemplation, dans
l'absolu. Dieu, selon lui, est le principe de l'existence du

([1]) Voyez : *Gersonii epistola ad Fr. Bartholom. Carthusiensem super tertia parte
libri Jo. Ruysbroech de ornatu spiritualium nuptiarum* (GERSON *opp.*, éd. Dupin,
t. I, p. 59), et le remarquable article de la *Biographie universelle* sur Ruysbroeck.
— Voyez aussi ULLMANN, p. 52. — ENGELHARDT, p. 265-271.

monde; il est dans le monde; mais, suivant une expression empruntée au langage métaphysique moderne, le mystique brabançon reconnaît tout à la fois l'immanence et la transcendance de Dieu. Dans sa pensée, Dieu est immanent au monde en ce qu'éternellement il agit par ses personnes divines sur le monde et y déborde pour ainsi dire, en ce qu'il habite originairement dans les esprits créés et s'unit d'une manière intime aux hommes pieux; d'un autre côté, Dieu est transcendant, car éternellement il repose en sa propre essence; il a l'entière possession et la pleine jouissance de sa divinité et des personnes qui la composent; il est indépendant du monde, au-dessus de toutes les créatures et, par conséquent, essentiellement et éternellement différent de l'homme ([1]).

De cette conception au panthéisme, il y a un abîme. Ce que l'on peut reprocher à Ruysbroeck, c'est que, par ses expressions, il semble flotter entre le théisme et le panthéisme; c'est qu'il pèche par un manque de précision et de clarté. Cela se comprend, du reste, chez un homme qui voulait représenter par la parole les moments les plus insaisissables de la vie contemplative et extatique. Il y a peu de mystiques qui se soient élevés autant que lui dans les régions obscures de la contemplation et qui aient fait de plus grands efforts pour se procurer des intuitions du monde invisible. Aussi le Liégeois Denis le Chartreux, auteur mystique du xve siècle, l'appelle-t-il un second Denis l'Aréopagite, et des amis de ses ouvrages lui ont-ils donné de bonne heure le surnom de docteur extatique par excellence. Le vol de la contemplation l'emporte au delà des bornes de toute pensée; l'union avec Dieu, telle que d'autres mystiques la décrivent, comme dernier terme que l'âme puisse atteindre, n'est, pour lui, qu'une transition à un état super-essentiel, quoique, dans cet état, l'âme reste créature différente de Dieu. Son

_____

([1]) SCHMIDT, *Mémoires des sciences morales et politiques.* — ULLMANN, p. 52 et 53.

mysticisme est comme une brillante hallucination d'une âme ivre de Dieu, et comme il n'a pas mesuré les forces ni fixé les limites de la raison, il perd, dès les premiers pas, toute connaissance réelle et intelligible et se précipite dans les abîmes les plus profonds de l'idée. Il rappelle souvent les spéculations si obscures et si splendides à la fois des poètes de l'Orient (¹).

En résumé, la mystique de Ruysbroeck était d'accord, d'une part, avec celle des hérétiques de son temps, car elle avait pour principe que l'homme doit être un avec Dieu, conforme à Dieu, et qu'il ne peut parvenir à cette unité, à cette conformité que par la contemplation, par l'abstraction la plus entière; mais, d'autre part, elle en différait parce que le mysticisme de ces hérétiques était panthéiste, tandis que celui de Ruysbroeck était essentiellement théiste. L'un, en effet, considérait l'homme comme divin par sa nature; l'autre, au contraire, exigeait pour la déification de l'homme l'intermédiaire de la grâce de Dieu; l'un prenait l'unité en Dieu comme un mode d'être absolu de Dieu dans l'homme, l'autre n'admettait qu'un développement continu de l'homme pour atteindre à cette déification, c'est-à-dire pour être reçu en Dieu, mais toujours comme être créé. Ruysbroeck dit, non pas une fois, mais vingt fois, que jamais Dieu ne peut devenir la créature pas plus que la créature ne peut devenir Dieu. Enraciné dans la foi catholique, il combat de la manière la plus formelle et la plus énergique le mysticisme panthéiste et prouve combien celui-ci est contraire au mysticisme chrétien (²). Comme Gerson jugeait Ruysbroeck sur une traduction latine, il est aisé de comprendre qu'il ait pu se tromper, et, de fait, il a mal jugé notre illustre compatriote parce que, ne connaissant pas tout ce qu'il avait écrit, il a nécessairement ignoré ce qui met précisément Ruysbroeck en

(¹) Schmidt. — Avant Schmidt, Néander avait disculpé Ruysbroeck de l'accusation de panthéisme. Voyez sa belle *Histoire de l'Église*, t. X, p. 737-779.
(²) Engelhardt, p. 343. — Ullmann, p. 52-54.

opposition flagrante avec le mysticisme hérétique de son temps (¹).

Tout ce qu'on peut dire pour expliquer la rigidité de Gerson, c'est que Ruysbroeck a péché, non pas, certes, par le fond, mais par le manque de précision et de clarté dans l'expression; ce que pouvait difficilement éviter un homme qui voulait rendre sensibles les plus grandes extases et qui portait le nom de docteur extatique (²).

Au surplus, Ruysbroeck a trouvé un défenseur enthousiaste dans le savant chanoine et sous-prieur de Groenendael, Jean de Schoonhove (³), dont Thomas a-Kempis a décrit la vie si pure, si pieuse et si orthodoxe.

Schoonhove, en commentant l'idée de son ami sur l'union de l'âme avec Dieu, s'efforça de démontrer que le maître ne parlait que de l'union par la douceur de l'amour, par la profonde extase de la contemplation, qui, disait-il, dissolvent l'âme et absorbent toute la force de la raison. Il distinguait une identité substantielle, que Ruysbroeck n'admettait pas, qu'il combattait même comme une hérésie; une identité idéale par la conformité morale de la volonté et qu'avaient tous ceux qui possédaient la grâce spirituelle, et une troisième qu'il plaçait entre ces deux : une identité immédiatement contemplative et religieuse, l'identité de la contemplation et de l'amour, dans laquelle l'âme se fondait, se dissolvait elle-même et se transformait en Dieu. Il prouva que c'était celle-là seule dont parlait Ruysbroeck. Mais rien ne put ébranler Gerson; il persista dans son opinion, ne cessa de condamner les expressions du docteur extatique et fit remarquer à Schoonhove qu'en les défendant il se rendait lui-même coupable (⁴).

(¹) Voyez les preuves *apud* ENGELHARDT, p. 224 et suiv.

(²) ULLMANN, p. 53-55, d'après ENGELHARDT, p. 265 et suiv.

(³) Il mourut en 1431.

(⁴) GERSON, *opp.*, t. I, p. 63 et 78; t. III, p. 391 et 394. — ENGELHARDT, p. 272-278. — BÖHRINGER, p. 539.

Schoonhove fit remarquer à Gerson que les ouvrages de
Ruysbroeck avaient été écrits en flamand et que Gerson ne
les connaissait que par les traductions latines qu'on en avait
faites; que cette circonstance seule aurait dû lui commander
plus de réserve, attendu que le style latin appartenait exclusivement au traducteur; qu'en langue flamande, la parole du
maître était plus douce, plus harmonieuse et plus ravissante;
qu'il avait été forcé de s'exprimer en images et en figures,
car il s'agissait de l'inexprimable; que l'inexprimable ne peut
pas être rendu clairement et que, par conséquent, il est sujet
à des malentendus (¹).

Au fond, Gerson avait tort : il n'avait pas compris ou il
n'avait pas voulu comprendre ce qui distinguait expressé-
ment Ruysbroeck des mystiques hérétiques de son temps (²).

L'accusation de panthéisme devait être renouvelée plus
tard contre un autre frère de la vie commune, contre le
Louvaniste Henri Bogaert, prieur de Sept-Fontaines, près
du village d'Alsemberg, où il mourut en 1469.

Ruysbroeck, comme les mystiques allemands, ses contemporains, avait une trop grande liberté de penser pour s'en-
chaîner étroitement aux dogmes de l'Église et donner une
importance excessive à l'autorité des livres; il aimait mieux
puiser ses inspirations aux sources pures du cœur; mais,
par cela même, il se plongeait trop dans les profondeurs
du sens intime ou dans les voluptés surnaturelles de l'amour
de Dieu pour ne pas négliger l'activité de la vie pratique. Il
est vrai qu'il tendait à une exquise pureté morale, renonçait
à toute espèce d'égoïsme et ne faisait le bien que pour le
bien; mais cette moralité était trop intérieure, trop idéale,
trop extatique pour s'appliquer aux besoins de chaque jour.

(¹) Engelhardt, p. 270 et 271. — Du reste, pour Schoonhove, voyez *Tractatus,
Epistolæ et collationes sive sermones fratris Johannis de Schoonhovia, superioris
Viridis Vallis, ordinis canonicorum regularium, egregii in artibus magistri, com-
pilati a quodam fratre presbytero professo Viridis Valli, ejusdem de Schoonhovia
discipulo. (Manuscrit de la Bibliothèque de Bourgogne.)*
(²) Engelhardt, p. 224.

Il n'y a pas moins dans ces mystiques un progrès immense, si on les compare aux aberrations de l'*esprit libre*, qui s'élevait au-dessus de toute loi et de toute conscience. Mais, quoiqu'ils aient dirigé leur enseignement de manière à agir directement sur le peuple, ils furent impuissants à opérer une transformation dans la vie populaire et dans les rapports de la société. Hâtons-nous, cependant, de faire remarquer que, sous ce rapport, Ruysbroeck et les frères de la vie commune ont fait beaucoup, grâce à la sainteté de leurs mœurs; ils étaient de vrais modèles de piété et de vertu pratique; et, à ce titre, ils exercèrent sur les masses une influence digne des premiers temps du christianisme, influence d'autant plus grande qu'ils vivaient constamment parmi le peuple et qu'entre eux et le peuple il n'existait pas de ces limites étroites qui faisaient des laïques et des ecclésiastiques deux corps séparés par des barrières infranchissables (¹).

Chose étrange, Gerson lui-même, l'adversaire de Ruysbroeck, peut être rangé parmi les mystiques. On sait qu'il se serait entièrement voué à la vie contemplative, s'il n'en avait été détourné par le grand rôle que son génie et les circonstances lui ont imposé. Vivant au milieu de toutes les angoisses d'une décadence qui atteignait à la fois le sentiment religieux, la moralité publique et la science philosophique, il en avait été lui-même profondément troublé; et, par un signe du temps digne de remarque, il était arrivé au mysticisme par le nominalisme. C'était le dernier refuge d'un esprit ferme et d'une conscience droite, qui s'était cependant plusieurs fois trompé et qui avait vu s'évanouir tous ses rêves de réforme religieuse et sociale par l'action de l'Église et des conciles.

Gerson pensait, il est vrai, comme les grands réalistes, qu'il fallait croire pour comprendre et que la théologie était la maîtresse de toutes les sciences. Mais il reprochait aux

---

(¹) Ritter, *Geschichte der Philosophie*, t. VIII, p. 626-630.

scolastiques de son temps de se flatter de connaître Dieu au moyen de syllogismes. Son idéal, comme celui de Ruysbroeck, était l'amour de Dieu. Il ne voyait plus dans la philosophie qu'une science d'expérimentation interne, tendant à donner à l'âme la plus ignorante un sentiment de Dieu plus précis et plus complet que celui de la spéculation métaphysique ou scolastique. Seulement, caractère modéré et porté à la conciliation, il a souvent flotté entre des opinions contraires, et il a mérité lui-même quelques-uns des reproches qu'il adressait à Ruysbroeck, par sa préférence décidée pour la vie contemplative.

Si Gerson, du reste, ne sortit pas victorieux de sa polémique avec l'apologiste de Ruysbroeck, il n'eut pas plus de succès dans une autre question bien plus importante. On s'occupait alors, en théologie, beaucoup plus de la casuistique que de la morale. Les scolastiques, habitués à fournir des preuves pour et contre toutes choses, s'efforçaient de donner de la probabilité à des opinions hasardées. Le triste état de la morale se montra particulièrement dans les orageuses discussions soulevées par l'assassinat du duc d'Orléans (23 novembre 1407), ordonné par Jean sans Peur, duc de Bourgogne. Le cordelier Jean Petit, docteur en théologie à Paris, s'en était constitué l'apologiste et avait rédigé une justification de son souverain le duc Jean, en dix-huit articles (¹). Mais le parti d'Orléans ayant triomphé en France, l'archevêque de Paris la condamna. Jean sans Peur déféra la question au concile de Constance. Gerson, longtemps attaché à la maison de Bourgogne par la reconnaissance qu'il avait vouée au duc Philippe le Hardi, son protecteur, rompit avec son fils, pour défendre la cause de la morale contre les sophismes du dominicain Martin Porrée, évêque d'Arras, fondé de pouvoirs de Jean sans Peur (1415). Le concile n'osa pas se prononcer d'une manière décisive. Sans doute, il condamna la doctrine

____

(¹) Jean Petit était né à Hesdin.

du tyrannicide, mais il n'agit pas de même à l'égard de l'opuscule de Jean Petit, et déclara le jugement de l'archevêque de Paris nul par incompétence (1416). L'année suivante, la plupart des Pères condamnèrent un écrit du dominicain Jean de Falkenberg, qui prêchait l'assassinat de tous les Polonais et de leur roi Jagellon. Mais le pape, dominé par l'ordre teutonique et par le puissant duc de Bourgogne, n'osa frapper ni faire frapper solennellement cet écrit, non plus que celui de Petit. Dès lors, les moines mendiants furent libres de soutenir le *probabilisme* de ces thèses révolutionnaires (¹).

Pour en revenir à Ruysbroeck, en plaçant la vie de l'homme en Dieu, mais en la faisant dépendre de sa perfection spirituelle, il traça par cela même une ligne de démarcation profonde entre lui et les sectes hérétiques de son temps, celle des béghards surtout (²). Cette direction religieuse et morale mise en pratique lui dicta les plus véhémentes imprécations contre les mœurs corrompues de son siècle. Il faut l'entendre élever sa puissante voix contre les prêtres, pour les accuser d'avoir introduit par avarice les indulgences, de faire métier et marchandise de la rémission des péchés. Quoiqu'il fût d'un dévouement à toute épreuve pour l'Église, il n'en flétrit pas moins, dans les termes les plus énergiques, les vices du clergé en général et des moines en particulier. « Il n'y a point de vice, dit-il, dont ils ne soient entachés ; ils sont bien loin de leur destination primitive ; ils ne servent que le ventre, le monde et leurs passions. Ni le sacerdoce ni la vie claustrale ne donnent la sainteté ; les pensées et les sentiments seuls la procurent. Dans l'origine, papes, évêques et prêtres avaient été égaux ; alors, ils convertissaient les peuples, créaient la foi et la scellaient de leur

______

(¹) GERSON, *opp.*, t. II, p. 387 ; t. V, p. 15, 49, 312, 322, 358, 391, 475, 500, 1013. — VON DER HARDT, *Concil. Const.*, t. IV, p. 439, 1565. — BULAEUS, *Hist. univ. paris.*, t. V, p. 293. — DLUGOSSUS, *Hist. Poloniæ* (Francof. 1711), I, f. 376 et 387. — GIESELER, t. II, 3, p. 262-268.

(²) OKKEN, *De privâ Religionis Christ. mœdio œvo, inter Nederlandos progressæ, naturâ.* Groningæ, 1846, p. 89 et 90.

sang. Que les temps sont changés! Ceux qui possèdent à présent l'héritage du Christ et les biens de l'Église sont inquiets, remuants, ensevelis dans les choses du monde et oublieux de leurs devoirs. Ils prient encore des lèvres; mais leur cœur ne comprend ni le sens de leurs paroles, ni les étonnants mystères de l'Écriture, ni les sacrements, ni la sainteté de leurs fonctions. Ils sont gras et stupides, et pas la moindre lueur de la vérité divine, pas plus que la moindre vertu ne les pénètre (¹)... Il y a d'innombrables moines mendiants; mais il y en a peu qui suivent les statuts de leur ordre; ils veulent se faire passer pour pauvres et, au besoin, ils mangeraient le pays à sept milles à la ronde de leurs couvents.

« Les religieuses, pimpées, sortent de leur couvent, comme si elles avaient à servir le monde et le diable; aux moines et aux nonnains le cloître est une prison et le monde un paradis. *Desen luden es haer cloester een kerkere ende die wereld een paradijs* (²). »

« Les prélats ne sont pas exempts de ces défauts; la plupart d'entre eux ne s'occupent guère du service divin. Les honneurs et l'argent les frappent de cécité, au point que la plupart d'entre eux ne connaissent plus la vertu. Dans leurs tournées diocésaines, ils se font accompagner par des escadrons de cavalerie; ils étalent un luxe de domestiques et de table tel, qu'il est difficile de s'en faire une idée. Ils ne pardonnent que les péchés de ceux qui savent payer; après quoi, les plus grands coupables peuvent de nouveau servir Satan. C'est ainsi que chacun a ce qu'il veut : le diable l'âme, l'évêque l'argent et les imbéciles leurs satisfactions (³). Tout est au plus offrant et dernier enchérisseur : pour de l'argent on a lettres d'absolution et indulgences plénières.

(¹) *Die expositie van den Tabernaccle des Orconscaps*, etc. (Ms de la Bibl. Bourgogne, n° 15136.) — WILLEMS, *Belgisch Museum*, t. IX, p. 159.

(²) Manuscrit cité et *Werken van Jan Van Ruusbroeck*, t. IV, p. 110 et 111, édit. de David. — ULLMANN, p. 57 et 58.

(³) « Ende aldus heeft yeghelyc dat hi begheert : die duvel, die ziele, die bisscop 'tghelt, die doere (*domme*) mensche syn coite ghenoechte. » (Manuscrit cité.)

La contagion a envahi la religion et les prêtres du monde entier ([1]). »

On voit par tout ce qui précède que si, d'un côté, Ruysbroeck était un contemplateur mystique, de l'autre, il était un réformateur pratique. Ces deux éléments se retrouvent dans deux hommes sur lesquels il a exercé une grande influence, Tauler et Gérard Groot ([2]).

Ruysbroeck remplaçait par l'observation, par les expériences intimes, ce qui lui manquait sous le rapport de la logique : il communiqua cette manière à Tauler et à Gérard Groot. Sans cesse dévoré du désir de savoir de quelle façon l'homme pourrait arriver au premier et au dernier échelon de toutes choses : à Dieu, il veut initier ses contemporains aux efforts qu'il a faits et à ceux qu'ils doivent faire eux-mêmes pour y atteindre : de là, la richesse et l'immense variété de ses contemplations; car, dans la méthode d'enseignement qu'il suivit, il était forcé de tenir compte de tout, de la diversité des tempéraments, de l'influence des corps célestes, des erreurs, des préjugés et des vices de son temps. La base fondamentale de ce qu'il écrivait et prêchait, c'était l'essence de l'homme, l'essence de la Trinité et l'action de la Trinité sur l'homme. Aussi, quand il parle de Dieu, quand il développe la Trinité, quelles vives et brillantes images il étale à nos regards, depuis les abîmes les plus profonds de la créature et depuis les cieux des cieux jusqu'aux caractères et aux passions des hommes ! Et comme il les connaît, ces caractères et ces passions! Quels coups d'œil il jette jusque dans les plis et les replis les plus cachés du cœur humain ! Puis, comme il sait ramener dans les sentiers de la foi les frères égarés par le monde ! Quels trésors de science et de morale il leur ouvre, trésors qu'il puise dans les Pères de l'Église et dans les docteurs du moyen âge ([3]).

([1]) « Ende heeft besmet alle die religie ende alle dat paepschap der werelt. » (Ms cité.)
([2]) ULLMANN, p. 59 et 60.
([3]) ENGELHARDT, p. XIII, 170-172.

Telles étaient, à Groenendael, l'humanité et la charité des frères les uns envers les autres, telle était leur simplicité, que chacun d'eux, quels que fussent son rang et sa place dans le monastère, pouvait instruire tous les autres. Ainsi, Jean de Leeuw, d'Afflighem, qui avait suivi Ruysbroeck dans sa retraite et qui y faisait le métier de cuisinier, se sentant la vocation de donner également aux frères et aux hôtes une nourriture spirituelle, ne laissa pas échapper l'occasion de les exciter à la contrition et à l'amour de Dieu. *Le bon cuisinier*, car c'était ainsi qu'on le nommait, portait les plus mauvais habits, se contentait des mets les plus vulgaires et avait atteint le vrai but d'un disciple du maître, en ce qu'il était aussi capable de vaquer à la vie active que de se livrer à la contemplation. Personne ne le surpassait en douceur, en humilité; et, « cependant, Dieu ne lui épargna pas les épreuves; souvent il endura les tourments et les angoisses de l'enfer ». En revanche, il se vit honoré de révélations divines qui lui inspirèrent quelques ouvrages flamands dans lesquels il parle avec enthousiasme de son maître bien-aimé. Il mourut en 1377 ([1]).

Mais Ruysbroeck eut un élève tout autrement éminent dans le Hollandais Henri Mande, qui sut s'approprier avec beaucoup d'originalité les idées et même le style du célèbre Brabançon.

([1]) ENGELHARDT, p. 326.

CHAPITRE IV.

LES FRÈRES DE LA VIE COMMUNE.

En Hollande, la congrégation des *Frères de la vie commune* de Deventer donna une forme mieux déterminée à la direction de la théologie mystique dont Ruysbroeck avait été le chef. Le fondateur de cette congrégation était Gérard Groot (Geert Groete, Groote, Groot ou De Groot), de Deventer, où il était né au mois d'octobre 1340. Werner Groot, son père, l'envoya faire ses études à l'université de Paris et c'est probablement dans cette ville qu'il fit la connaissance de Pierre d'Ailly, de Jean Gerson et de leurs professeurs, qui, alors, commençaient à épurer la théologie, à attaquer les abus de l'Église et des écoles et à se révolter contre l'omnipotence du pape et des moines ([1]).

Le jeune Gérard se distingua parmi ses condisciples et reçut le grade de docteur ès arts, répondant au titre de docteur en philosophie de nos jours. A dix-huit ans, il vint à Cologne enseigner la philosophie et la théologie, et ne tarda pas à se faire une réputation brillante par la supériorité de son éloquence et de son savoir. Outre la fortune considérable qu'il possédait, il fut pourvu de deux prébendes, l'une du chapitre d'Aix-la-Chapelle, l'autre de celui d'Utrecht. La gloire du siècle l'absorbait alors complètement : il prenait part à tous les plaisirs du monde, faisait la toilette la plus recherchée, se frisait les cheveux avec grâce, aimait la bonne chère et buvait le meilleur vin. Mais tout à coup il changea d'idées et de mœurs, se démit de ses fonctions, renonça à ses prébendes et ne songea plus qu'à la retraite. Il fut surtout

([1]) Meiners, *Lebensbeschreibung berühmter Männer*, t. II, p. 311 et 312.

fortifié dans cette résolution par Ruysbroeck, qu'il visitait souvent.

Il se décida à recevoir les ordres, mais en se bornant au simple diaconat, par humilité et pour prêcher la parole de Dieu, d'abord en latin, puis en langue vulgaire, non seulement dans les églises, mais encore sous la voûte du ciel (¹).

Ce fut dans un couvent de chartreux en Gueldre qu'il opéra sa retraite et qu'il se soumit à la discipline la plus sévère, à la pénitence, à la lecture, à la prière, aux exercices pieux; mais, né pour la vie active et doué d'une grande éloquence, il sortit du couvent pour instruire le peuple dans la doctrine des saintes Écritures. Ses sermons lui attirèrent un concours prodigieux d'auditeurs et firent un grand nombre de conversions. Pour mieux fixer les règles de morale et pour multiplier les textes de ses instructions, il fit venir des divers monastères et collèges de l'Europe les manuscrits les plus anciens et les meilleurs de la Bible et des Pères. La jeunesse de toutes les parties de l'Allemagne, de la Hollande et de la Belgique affluait à Deventer. Gérard y rassembla un grand nombre d'élèves pour transcrire les manuscrits qu'il avait recueillis et pour en extraire ce qui pouvait leur servir d'enseignement. Il leur donna sa maison de Deventer et y établit une communauté de travail. La calligraphie, les ouvrages manuels les plus utiles, la prière, l'étude de la Bible, des Pères de l'Église et des moralistes de l'antiquité constituaient l'objet principal de l'institution. Plus tard, les frères s'emparèrent de l'imprimerie pour activer leur propagande, et on leur doit plus d'une édition précieuse et rare des classiques grecs et latins (²).

(¹) THOMAS A-KEMPIS, *Vita Gerardi Magni*, c. 8, 9 et 15; *Vita Florentii*, c. 6. BUSCHIN, *Chronicon Vindescmt.*, lib. I, c. 1. — DELPRAT, *Verhandeling over de broederschap van G. Groote*, etc. (2ᵉ édition), p. 4 et suiv. — BÖHRINGEN, 614. — *Biographie universelle*, art. G. Groot.

(²) KIST en ROYAARDS, *Archief voor herkelijke geschiedenis*, t. II, p. 190 et 191. — DELPRAT, p. 4 et suiv. et p. 252. — MEINERS, p. 315 et 316. — MOOREN, *Nachrichten über Thomas a-Kempis*; Crefeld, 1835, p. 40 et 42. — OKKEN, p. 92. — *Biographie universelle*, art. cité.

En philosophie, Groot professait le nominalisme. Cette doctrine avait atteint sa troisième période avec l'Anglais Guillaume Ockam (mort en 1347), qui l'avait professée à l'université de Paris. Ockam s'était fait le champion du pouvoir temporel, tout en soutenant que le pape n'est pas au-dessus des rois, et même qu'il peut errer comme un simple mortel. Il repoussait, en outre, plusieurs propositions réalistes, niait que l'homme pût connaître la substance des choses, et, par suite, rejetait toutes les démonstrations philosophiques des doctrines positives, qu'il ne basait que sur la révélation. La puissance du nominalisme dans cette nouvelle phase fut telle qu'à la fin du xive siècle, il triomphait à Paris, malgré l'opposition de Rome, tandis qu'un peu après, il succombait à Prague, avec Jean Huss. « Victorieux, dit Cousin, le nominalisme répandit l'esprit d'indépendance et produisit les conciles de Constance et de Bâle, où siégeaient les grands nominalistes : Pierre d'Ailly, Jean Gerson, ces pères de l'Église gallicane, sages réformateurs, dont la voix n'est pas écoutée et que remplace bientôt cet autre nominaliste qui s'appelle Luther. »

Gérard Groot recommandait à ses disciples Socrate et Platon comme les deux plus grands maîtres de la philosophie. Un professeur nominaliste ne pouvait mieux faire. Tout pour lui était dans les convictions intimes, dans la conscience, dans la liberté de la pensée et de l'enseignement, et non dans les mots auxquels on attribuait une valeur d'universalité qui changeait avec les individus. La stérilité des systèmes réalistes répugnait à Groot et à ses disciples, à leur immense désir de connaître la vérité et de pratiquer la vertu ; malheureusement, de peur de se commettre avec les hommes et les choses de ce monde, ils se perdirent dans les visions et les extases, et poussèrent à l'extrême l'abstinence et le renoncement, en s'assujettissant aux épreuves les plus dures de l'obéissance et de la piété.

La mort de Groot (21 août 1384) l'empêcha de réaliser tous

les projets qu'il avait conçus; mais un de ses disciples les plus dévoués, Florent Radewyns, continua ce que le maître avait si bien commencé.

Les clercs de la vie commune pratiquaient dans toute sa rigueur la vie des apôtres et des premiers chrétiens de Jérusalem, qui n'avaient qu'un cœur, qu'une âme, et qui mettaient tous leurs biens en commun. Ils demeuraient ensemble dans l'obéissance de l'ordinaire et de leurs supérieurs locaux. Ils ne mendiaient point, ils vivaient des fruits de leurs travaux manuels (*laboramus, operantes manibus nostris*) et il ne leur était pas permis de briguer des bénéfices. Les supérieurs les envoyaient à l'ordination lorsqu'ils s'étaient rendus dignes du sacerdoce, mais ils en envoyaient peu. Leurs vêtements, semblables à ceux qu'avait pris leur fondateur, étaient le cilice, une robe noire ou grise, une rochette de lin blanc, un capuchon noir et un manteau lorsqu'ils sortaient. Leurs cheveux étaient coupés en forme de couronne, comme ceux des moines en général (¹).

Tous les frères, sans distinction, s'appliquaient à un christianisme pratique, à une étude approfondie de l'Écriture; ils excluaient la scolastique et tout ce qui ne tendait pas au développement de la pure essence des doctrines du Christ. Beaucoup moins adonnés au mysticisme que les moines de Groenendael, ils professaient une théologie plus évangélique que spéculative (²).

La manière de vivre de ces clercs, qui ne possédaient rien en propre et qui déposaient dans une bourse commune le fruit de leurs travaux manuels, sans aucune réserve particulière, les fit appeler par la suite *Frères de la vie commune* (³).

(¹) Lambinet, *Recherches sur l'origine de l'imprimerie*; Paris, 1810, p. 333 et 334. — Delprat, p. 246. — Mooren, p. 128.

(²) Vita Gerardi, c. 13. — Hagen, t. I, p. 71-74. — Okken, p. 97.

(³) On trouve toute l'organisation de l'institut dans *Privilegia Fratrum vitæ communis a Gerardo Magno, Daventriensi, circa annum 1379 institutorum*, manuscrit ayant appartenu aux Frères de la vie commune, de Bruxelles. (Bibl. de Bourg., n° 16515.)

Leur nombre se multiplia : la renommée de leurs vertus se répandit au loin. Bientôt on en demanda des colonies en Frise, en Hollande, en Gueldre, en Brabant, en Flandre, à Liége, dans le Cambrésis, en Westphalie, en Saxe et ailleurs (¹).

Cet enthousiasme universel pour les frères s'explique : leur mission était de visiter les pauvres, les malades et les orphelins ; d'éclairer par leurs sermons évangéliques prêtres et laïques, pauvres et riches, nobles et bourgeois ; de veiller sur l'éducation religieuse des enfants ; d'ouvrir des écoles ; d'enseigner dans celles qui existaient, de cultiver la langue du pays et de propager le goût des belles-lettres (²).

L'institut de Gérard Groot, considérablement développé après sa mort, avait été approuvé par Grégoire IX (1376).

Il avait établi aussi une communauté de filles auxquelles il avait également prescrit la vie commune. On en comptait dans les Pays-Bas et dans le nord de l'Allemagne jusqu'à soixante-huit. Ces sœurs se livraient au travail manuel, aux exercices de piété et à l'instruction des enfants de leur sexe. C'était par elles que l'esprit religieux des frères pénétrait dans les familles (³).

Le pape Eugène IV (1431 et 1439) accorda des privilèges aux maisons des frères, et plus tard (1444 et 1460) Pie II les combla de ses faveurs (⁴).

Comme les frères n'étaient assujettis à aucun vœu et qu'ils vivaient en commun du produit de leur travail, ils excitèrent la jalousie des ordres mendiants, déjà irrités des attaques dirigées par Groot contre l'ignorance et les mœurs du clergé en général et contre les leurs en particulier. Pour se venger, les moines dénoncèrent les frères, en les assimilant aux béghards et aux frères de l'esprit libre, dont l'association avait été

(¹) Delprat, p. 29 et 39. — Lambinet, p. 334. — Buddingh, *Geschiedenis van opvoeding en onderwijs in de Nederlanden ;* 's Gravenhage, 1842, p. 52.

(²) Okken, p. 97 et 98.

(³) Lambinet, Buddingh, *l. c.* — Delprat, p. 210-213. — Ullmann, p. 101.

(⁴) Id., *ibid.*

réprouvée. Mais Gérard disculpa pleinement son ordre de leurs imputations calomnieuses (¹), et un de ses amis et de ses admirateurs, Guillaume de Salvavarilla, archidiacre de Brabant en l'Église de Liége, s'adressa (1383) à Urbain **VI** pour le supplier de rendre à Groot la liberté de la prédication qui lui avait été enlevée par l'évêque d'Utrecht; mais Groot mourut avant que le pontife eût été à même de prendre une décision à ce sujet (²). Cette interdiction était la plus grande privation pour un homme que tous les dons de la nature avaient fait orateur, qui, à une étonnante facilité d'esprit, à une grande profondeur de sentiments, joignait une rare puissance de parole et une haute science de l'Écriture et des classiques, qui savait électriser les hommes et les femmes, les grands et les petits, les savants et les ignorants, les libres et les esclaves (³).

Chose étrange! Groot, accusé de solidarité avec les partisans des doctrines de l'esprit libre, lesquelles remontaient à Bloemardine, eut précisément à lutter contre eux, notamment contre un certain frère Barthélemi, de Dordrecht et de l'ordre des Augustins, dont quelques-uns de cette ville étaient réputés hérétiques. A la façon d'un sectaire vulgaire, nommé Gerbrand, Barthélemi prêchait contre Groot, à Kampen, Zwoll et dans les campagnes environnantes. Sur les instances de son illustre antagoniste, il fut condamné par la cour spirituelle d'Utrecht et forcé de subir la dégradation sacerdotale. Mais le magistrat et les bourgeois de Kampen, qui étaient portés pour ce moine, se vengèrent en maltraitant les amis de Groot et en les expulsant de la ville; les échevins citèrent devant eux quelques femmes à qui ils reprochaient d'avoir publiquement et injustement accusé Barthélemi; ils voulurent les condamner à une amende de réparation du dommage que, d'après eux, elles lui avaient causé par leur

---

(¹) *Biographie universelle*, art. cité. — MOOREN, p. 43, 51 et 53.
(²) ACQUOY, *Gerardi Magni Epistolæ XIV*; Amst., 1857, p. 58-60.
(³) BÖHRINGER, *Die Kirche Christi*, etc.; Zurich, 1844, p. 626 et 627.

méchanceté. Ils bannirent ensuite pour dix ans Werner Keynkamp, de Lochem, recteur de l'école de Kampen, ami de Groot et adversaire de l'augustin (¹).

Barthélemi avait prêché contre la pénitence et la macération des sens, en disant que Jésus-Christ a été un bon compagnon, aimant le bon vin et la bonne chère, et que jamais il n'a enseigné de fuir les plaisirs de la vie (²).

Quant aux autres partisans du libre esprit, Groot les dépeint comme de grossiers panthéistes, se moquant brutalement des dogmes de l'Église; blasphémant ses plus saints mystères (³); niant l'efficacité des vertus théologales, la foi, l'espérance et la charité; affirmant qu'il n'y a ni vices ni vicieux, ni enfer ni purgatoire, ni surtout aucune espèce de perfection dans les couvents (⁴).

Contre ces hérétiques, Groot voulait et déployait les plus grandes rigueurs, tellement qu'il aurait été revêtu de la charge d'inquisiteur, s'il avait vécu longtemps (⁵). Il est vrai qu'il y avait un abîme entre un inquisiteur de ce temps et un inquisiteur de Charles-Quint ou de Philippe II. Cependant Groot, sans occuper cette fonction, avait coopéré à faire exhumer et livrer aux flammes les restes d'un lollard d'Utrecht; mais il s'était contenté, sans contrainte matérielle, d'imposer silence à Barthélemi et à d'autres partisans de l'esprit libre (⁶); et il est à croire qu'il n'aurait fait verser le sang qu'à la dernière extrémité.

Au concile de Constance, le cardinal Pierre d'Ailly, évêque de Cambrai, fut chargé avec Gerson d'examiner une dénonciation faite contre les frères de la vie commune, qui, par

(¹) Acquoy, p. 24 et suiv.

(²) *Manuscrits de la Bibliothèque de Bourgogne*, nᵒˢ 8849-8859, et Moll, *Studiën en Bijdragen op 't gebied der historische theologie*; Amst., 1870, t. I, p. 344.

(³) « Non exhibent reverentiam corporis Christi, avertendo se ab hostia consecrata, et blasphemando dicunt quod sapiat eis sicut stercus in ore. »*Apud* Acquoy, *l. c.*,p.29.

(⁴) Acquoy, p. 29-33.

(⁵) Id., p. 46.

(⁶) Moll, p. 405.

leurs mœurs exemplaires et leurs travaux utiles, avaient encouru la haine d'un dominicain nommé Grabow, envieux de leurs succès. La vertu et la science eurent toujours des droits sacrés sur le cœur de ces deux grands hommes d'Église; aussi prirent-ils avec ardeur la défense des pieux et savants cénobites et réduisirent-ils le dénonciateur au silence (3 avril 1418) [1]. N'oublions pas, d'ailleurs, que tous les deux étaient nominalistes comme les frères. Mais le cardinal était loin de prévoir alors que cet ordre, auquel il accordait une si juste protection, devait un jour éclairer son évêché [2].

Grabow avait soutenu que les frères de la vie commune étaient condamnables, parce que leur règle tenait le milieu entre la vie claustrale et la vie du monde; que les vœux d'obédience, de pauvreté et de chasteté ne pouvaient s'observer que dans les ordres religieux proprement dits, qualifiés par lui de vraies religions (*veræ religiones*) et que ceux qui vivaient dans le monde ne pouvaient renoncer aux biens de la terre. D'Ailly répondit que les premiers chrétiens avaient eu à Jérusalem la communauté des biens, quoiqu'il y eût parmi eux plus d'un marié. Il blâma Grabow de donner aux ordres le nom de vraies religions, attendu qu'il y avait de l'hérésie à soutenir que la vraie religion n'existait que dans ces ordres. Il traita les trente-cinq articles, que ce moine avait rédigés à ce sujet et présentés au concile, d'erronés, de téméraires et de scandaleux. Gerson, qui partageait la manière de voir de son ami, ajouta que la religion chrétienne seule pouvait être qualifiée de vraie religion, qu'on pouvait l'observer parfaitement sans vœux et que les ordres monastiques n'étaient appelés états d'une perfection supé-

---

[1] Von der Hardt, *Concil. Const.*, t. III, 8, 107-121. — Mooren, p. 43, 51, 52, 65 et 66. — Delprat, p. 50-57, et surtout *J. Gersonii et Petri de Alliaco testimonia pro domo Fratrum de communi vitæ* (publié par Schoepff).

[2] Jacques de Croy, évêque de Cambrai, ayant fait venir de Gand cinq de ses frères, leur prépara, en 1503, un collège qu'ils ouvrirent six ans après.

rieure « qu'improprement, par abus et peut-être par usurpation ». Grabow se rétracta, honteux d'avoir attaqué une institution où se retrouvaient l'esprit des anciens Pères et le zèle des premiers moines du christianisme [1]. Toute cette conspiration contre les frères avait été ourdie non seulement par les couvents, dont l'ombre y était si favorable, mais encore par les riches négociants dont Groot avait flétri l'esprit d'usure, un des fléaux de ce siècle ; par le clergé séculier, qui tenait ouvertement des cabarets et dont les ménagères partageaient le lit et la table, et par les curés des paroisses, qui prétendaient au monopole de la prédication [2].

Une des plus graves questions de ce siècle et des suivants était celle de la conversion des pécheurs. « Cette conversion, disait Groot [3], est une œuvre plus grande que la création du monde. A quoi sert-il aux prêtres de les absoudre sur la terre, si Dieu ne les absout pas dans les cieux? Car Dieu seul sait s'ils ont un cœur contrit et sincèrement repentant, sans quoi il n'y a pas de conversion véritable [4]. »

Remarquons que les principaux chefs de l'établissement de Groot avaient étudié à Prague, où le nominalisme se maintint jusqu'en 1409, époque où les adhérents de cette philosophie furent exposés aux plus violentes persécutions. Chassés de cette ville au nombre de 24,000, ils se réfugièrent en partie dans les Pays-Bas et envahirent les écoles de Deventer, Zwoll, Groningue et Alkmaar [5].

Les réalistes voyaient la source de la vérité dans la Bible, les pères et la tradition, parce que, chez eux, la foi pré-

---

[1] Von der Hardt, *l. c.* — Hefele, *Conciliengeschichte*, Freiburg i. B. 1855. t. VII, p. 366. — Meiners, p. 317.

[2] *Gerardi Magni Sermo de Socaristis*, édité par Clarisse, *Archief voor kerkelyke geschiedenis*, t. I, III, VIII. — Conf. Moll, *l. c.*, p. 404-411. — *Vita Gerardi*, c. 18. — Hartsheim, *Concilia Germaniæ*, t. III, f. 350 ; t. IV, f. 457. —Mooren, p. 36, 37, 52 et 53.

[3] « Conversio peccatorum major est quam creatio mundi. » *Apud* Acquoy, p. 83.

[4] Id., p. 83 et 84.

[5] Delprat, p. 276-281.

cédait tout; les nominalistes, au contraire, n'enseignaient rien que comme moyens d'excitation à la foi. Or, les moines mendiants étaient les partisans déclarés du réalisme, et les frères de la vie commune ses adversaires les plus énergiques [1].

Afin de se conformer à leurs doctrines, les frères faisaient à leurs disciples une loi de la vie contemplative, c'est-à-dire de l'examen de leur vie morale, de leurs défauts et de leurs péchés. Mais le travail, qui leur était recommandé comme premier devoir, servait de contrepoids à leur idéalisme; et comme leurs refuges étaient ouverts aux regards de tous, il leur était impossible de perdre de vue le but de leur fondateur. Aussi, par la simplicité et la bonté de leur enseignement, trouvèrent-ils des échos partout et parvinrent-ils à se substituer aux ordres mendiants [2].

Pour mieux exercer leurs élèves dans les lettres sacrées et profanes, ils leur faisaient représenter sur la scène des sujets tirés de la Bible, ou de Plaute et de Térence. A coup sûr, ce n'était pas dans leurs écoles qu'on traitait la question de savoir quelle était la capacité du tonneau de Diogène, ou lequel de ses pieds Énée avait mis le premier sur le sol de l'Italie. D'ailleurs, en publiant les trésors de l'antiquité dans une forme plus pure, les frères contribuèrent puissamment à la renaissance des lettres et du bon sens; et, sous ce rapport aussi, ils furent les adversaires des réalistes, dont le latin barbare n'avait d'égal que leur vaine et indigeste érudition [3].

Ainsi, pendant que la France se débattait encore dans les absurdités de la scolastique et les catégories d'Aristote, on vit naître, dans nos provinces, un mysticisme pratique qui, non content de se donner satisfaction à lui-même par le vague de la spéculation, s'appliqua à remédier aux misères

[1] DELPRAT, p. 276, 277, 290 et 295 (2e édition).
[2] ID., p. 316-325.
[3] ID., p. 265, 325-336.

intellectuelles du peuple, à chasser l'impiété et l'ignorance,
à former l'esprit, à anoblir les cœurs. La grande importance
de l'enseignement des frères consistait en ce qu'il était donné
aux pauvres (¹). Les écoles des monastères et des cathédrales
n'étaient, en général, que pour les prêtres, les moines et les
nobles. La nouvelle direction imprimée à l'opinion publique
par les frères convenait parfaitement à l'esprit religieux à la
fois et libéral de nos communes. Beaucoup de professeurs
de leurs écoles étaient en relations avec les plus illustres
Grecs réfugiés en Italie, ils firent des Pays-Bas un foyer de
lumière. C'est à l'école fondée par Gérard Groot que les
Pays-Bas sont redevables de la Renaissance de l'antiquité
classique (²) et des fortes études bibliques qu'il ne cessait de
recommander (³).

Aux yeux de Groot, rien de plus sublime que le sacerdoce;
voilà pourquoi il ne garda aucune espèce de ménagement
pour les prêtres indignes de ce nom; pourquoi il flagella
sans pitié leur ignorance, leur orgueil, leur ambition, leur
rapacité, leurs incroyables simonies (⁴); pourquoi il déchaîna
toutes les tempêtes de sa colère contre cette engeance diabo-
lique, c'est-à-dire contre ces prêtres maudits qui, enfants
encore et uniquement à cause de leur haute naissance, étaient

---

(¹) Les riches devaient payer, les pauvres recevaient gratis la nourriture de l'âme
et souvent même celle du corps.

(²) CRAMER, p. 261 et 267. — NAMÈCHE, *Nouveaux mémoires couronnés de l'Académie de Belgique*, t. XV, 1, p. 10.

(³) « Sæpius, disait-il, masticandæ et ruminandæ sunt scripturæ auctoritates. »
Apud DE RAM, *Venerabili Gerardi Magni Epistolæ* VIII ; Bruxelles, 1881, p. 24.

(⁴) « Heu, s'écria-t-il dans un de ses sermons, heu! jam sunt presbyterii, qui nec
bene faciunt nec bene dicunt, imo bene facientibus absunt et resistunt... Omnes
volunt beneficiari, magistrari, vocari Rabbi, honorari, habere, dominari et apparere,
vel saltem molliter, vel leviter et abundanter vivere. Presbyterorum communis
modus vivendi jam sordidissimus est. Ubique circa et ante ecclesiam et in quaque
ecclesia stat forum venalium... Et pæne venalia sunt quæ emi non possunt, spiri-
tualia et ecclesiastica sacramenta. *Omnia cedunt pecuniæ, Nummus vincit, Christus
repellitur.* » — Il fustige jusqu'au sang ces « pessimos presbyteros qui aut contu-
bernarii aut fornicatores sunt, aut ambitiosi, aut simoniaci, aut bibuli, aut avari,
aut curiarum sectatores, aut negotiorum secularium tractatores ». *Apud* KIST en
ROYAARDS, t. II, p. 300-302. — Voyez aussi p. 298-299.

parvenus à la dignité sacerdotale (¹). Jamais, cependant, il ne sortit du respect et de la vénération qu'il professait pour l'Église catholique (²).

Il était réservé à notre siècle de voir ce monstrueux accouplement de mots qui hurlent de se trouver ensemble, cet exécrable blasphème de la *christianisation des capitaux!* De quelle foudre Groot l'aurait accablé s'il avait été condamné à l'entendre, lui qui traita d'idolâtres tous les religieux propriétaires et les voua aux gémonies! Car, disait-il, l'essentiel du moine, c'est d'être pauvre. La richesse appartient aux couvents pour le soulagement des pauvres, ces membres de Jésus-Christ. Elle n'est en aucune façon aux moines, qui doivent fuir *le tien* et *le mien*, ces deux prénoms auteurs de tous les maux qui affligent l'humanité, tandis que la communauté des biens est la mère de toutes les félicités dans ce monde et dans l'autre, notamment de l'abondance du nécessaire, de la paix et de la vie religieuse sur cette terre (³).

Groot avait fondé lui-même une seconde maison à Zwoll, sur les conseils d'un homme aussi modeste que distingué, Jean Cele, qui avait étudié à l'université de Prague et accompagné Gérard à Paris et à Groenendael. Nommé professeur à cette école vers 1376, Cele, formé au devoir par Groot, la vit fréquenter par environ 1,000 élèves accourus du Brabant, de la Flandre, de la Hollande, de la Frise, de la Westphalie, de la Saxe, de Cologne, de Trèves, d'Utrecht, de Liége, de la Gueldre et de Clèves (⁴).

Gérard Groot, en instituant la communauté des Clercs, avait le dessein de la conduire encore à une plus haute per-

___

(¹) *Apud* ACQUOY, p. 101-107.

(²) « Salvo semper judicio Sacro-sanctissimæ Ecclesiæ, qui humillime undique et ubique me submitto. » (*Ibid.*, t. I, p. 360.) — Conf. p. 299 et *Vita Gerardi*, p. 8.

(³) DENAM, *l. c.*, p. 35-38.

(⁴) DELPRAT, p. 35-37. — MOOREN, p. 59-64. — Voir, pour plus de détails, les savantes études sur Groot par MM. Clarisse et Delprat, *apud* KIST en ROYAARDS, *Archief voor kerkelyke geschiedenis*, t. I, III, VI et VIII, et *id. Nieuw Archief*, t. II, p. 295-307 ; VAN VLOOTEN. *Quartalschrift*, cité, p. 294-298.

fection. Il avait été tellement édifié de la simplicité et de la candeur religieuse qui régnait au monastère de Groenendael, qu'il avait pris la résolution d'en fonder un semblable; mais la mort le prévint à l'âge de quarante-quatre ans (1384). Le plus vertueux de ses disciples, Florent Radewyns, de Leerdam, — qui, comme Cele, avait étudié à Prague, et comme lui était nominaliste, — auparavant chanoine de de Saint-Pierre à Utrecht, maintenant recteur de l'école de Deventer, exécuta l'entreprise. Windesheim, près de Zwoll, lui parut l'endroit le plus convenable. Déjà en 1386, six frères de la vie commune avaient pris l'habit de chanoines réguliers et prononcé les vœux solennels suivant la règle de Saint-Augustin. En 1402, sept monastères reçurent, dans un chapitre général, les nouvelles constitutions dressées pour le gouvernement spirituel et temporel de Windesheim, reconnu comme centre de la congrégation, laquelle se répandit promptement dans toutes nos provinces et en Allemagne. Quinze monastères, désirant vivre dans un plus grand recueillement, obtinrent de ce chapitre l'autorisation de se réformer et s'engagèrent par un quatrième vœu à une clôture spirituelle. De ce nombre furent, depuis 1498, Val-Vert (*Groenendael*) et Rouge-Val (*Rouge-Cloître*) dans la forêt de Soignes, Saint-Martin à Louvain, Sainte-Marie de Bethléem, près de la même ville, Fontaine près d'Arnhem, Saint-Jean-l'Évangéliste près d'Amsterdam. Mais l'union de Groenendael et de Rouge-Cloître au chapitre de Windesheim était déjà faite en 1420, sous les auspices du prieur Jean Schoonhove (¹).

Le monastère de Rouge-Cloître, fondé en 1368, fut ainsi nommé depuis 1376, parce que ses parois étaient couvertes d'un ciment rouge fait de tuiles broyées et qui devait les protéger contre la pluie. Il était situé dans la vallée de ce nom, une des plus charmantes retraites de nos anciennes communautés. Les religieux de l'ordre des chanoines de

____

(¹) DELPRAT, p. 223.

Saint-Augustin y cultivèrent avec ardeur la théologie et
l'histoire, et la calligraphie et les enluminures ne furent point
négligées. Ce couvent se forma une bibliothèque considérable, où les savants bénédictins Martène et Durant trouvèrent beaucoup de documents intéressants qui, depuis, ont
enrichi la bibliothèque de Bruxelles. Successivement agrandi
et embelli depuis le xvᵉ siècle, Rouge-Cloître fut supprimé,
en 1784, par Joseph II, puis vendu en 1796. Une partie du
bâtiment a disparu, entre autres l'église, qui brûla en 1834;
les corps de logis élevés au xviᵉ siècle avec leurs larges
fenêtres à cintre surbaissé sont restés debout. Le moulin à
eau, dont la duchesse Jeanne de Brabant avait autorisé l'établissement en 1398, sert actuellement à une teinturerie [1].

Outre les occupations dont je viens de parler, les chanoines de l'ordre de Saint-Augustin s'exerçaient particulièrement à corriger le texte de la *Vulgate*, et ils y réussirent si
bien qu'ils reçurent l'approbation du concile de Constance.
Comme ces chanoines et les frères de la vie commune avaient
toujours été unis par les liens les plus étroits, il est arrivé
souvent qu'on les a confondus. Mais, par la nature des vœux
solennels de religion, les premiers différaient radicalement
des autres [2].

Les prêtres et les frères de la vie commune augmentèrent
encore la célébrité de leur nom, de leurs vertus et de leurs
talents, lorsque, vers le milieu du xvᵉ siècle, ils ouvrirent
des écoles publiques pour l'instruction de la jeunesse. Comme,
à cet effet, ils avaient pris pour patrons saint Grégoire et
saint Jérôme, et que les maisons qu'ils habitaient portaient
presque toutes ces noms, on donna aussi aux clercs la
désignation de frères de Saint-Grégoire et de Saint-Jérôme
ou Hiéronymites [3].

Il y avait alors à Liége une institution de *bons enfants* (*domus*

[1] WAUTERS, *Hist. des environs de Bruxelles*, t. III, p. 353-358.
[2] DELPRAT, p. 213-222. — LAMBINET, p. 336.
[3] LAMBINET, p. 340 et 341.

bonorum pucrorum), sous la direction de quelques chanoines ; mais elle était devenue un réceptacle de femmes publiques (*publicarum mulicrum receptaculum*). Réformée par un frère de Deventer, sous l'épiscopat de Jean de Heinsberg (1424-1428), elle prospéra quelque temps, puis retomba dans la plus scandaleuse immoralité. L'évêque la changea en un couvent de Windesheim.

En 1495, il s'établit à Liége une maison d'Hiéronymites, sur le modèle de celle de Bois-le-Duc, là même où est aujourd'hui l'université. En 1521, cet institut comptait 1,600 élèves, des rangs desquels sortit Jean le Plaisant, de Saint-Trond, auteur d'un poème en vers sur les aventures d'un moine gras : *Pugna porcorum*. En 1581, les Jésuites s'emparèrent de l'établissement et de ses revenus (¹).

Dans leur école de Liége, les frères essayaient, au moyen de l'étude des anciens et de l'introduction de grammaires plus rationnelles que celles du moyen âge, de débarrasser la langue latine des barbarismes dont elle était alors encombrée. Ils donnèrent à leurs écoles une organisation très remarquable pour cette époque de tâtonnements et de recherches ; ils furent les premiers peut-être en Europe à dresser le plan d'un enseignement divisé en stades progressifs, reliés entre eux par l'unité du but. Quoiqu'elle fût incomplète et imparfaite sous plusieurs rapports, cette organisation valait cependant mieux que l'absence de plan et le morcellement des forces ; elle reposait sur des principes vrais : l'unité de la méthode et la marche progressive d'une instruction formant un ensemble régulier. L'école des frères, qui, conformément à l'esprit du temps, mettait en première ligne l'enseignement du latin, était divisée en huit classes : dans la première, alors la plus basse, les élèves apprenaient à lire et à écrire, à décliner et à conjuguer ; dans les trois suivantes, on leur enseignait les différentes parties de la

---

(¹) Delprat, p. 170-173.

grammaire latine, en y joignant l'explication de quelques auteurs et des exercices de style; en quatrième, on leur donnait les éléments du grec. La grammaire grecque était achevée en cinquième; dans cette même classe, commençaient les leçons de rhétorique et de dialectique, qui étaient continuées en cinquième et complétées par l'indication de la *ratio imitandi*, c'est-à-dire des règles à suivre dans l'imitation des auteurs classiques. En septième, on expliquait l'*Organon* d'Aristote et quelques traités de Platon; on donnait d'après Euclide des notions de mathématiques, et l'on y ajoutait les éléments du droit. Dans la huitième, enfin, on y préparait les élèves à l'étude de la théologie. Des exercices de composition, de déclamation et discussion remplissaient une grande partie des leçons des deux classes supérieures. Dans celles-ci, les différentes matières étaient confiées à des professeurs spéciaux, tandis que les six autres classes n'avaient chacune qu'un maître. Le recteur, chargé de veiller à l'unité de la méthode et à la progression de l'enseignement, était placé sous l'autorité du chef de la maison des frères (¹).

En 1433, les frères de Deventer fondèrent une maison à Louvain : elle prospéra, mais sans avoir l'importance de celles de Hollande (²).

Gand avait déjà vu, en 1429, s'établir dans ses murs un couvent d'Hiéronymites, dont l'enseignement attira de nombreux élèves, au nombre desquels figure le célèbre enlumineur Josse Bade, d'Assche, l'ami d'Érasme. Mais, lors de l'établissement des nouveaux évêchés sous Philippe II, les revenus de cette institution furent consacrés à l'entretien de l'évêque, et, en 1578, son local devint une maison de fous (³).

Le 15 mai 1422, Philippe, fils naturel de Philippe Von den Heetvelde, d'une ancienne famille noble, fonda à

(¹) Schmidt, *La vie et les travaux de Jean Sturm*, p. 3 et 4.
(²) Delprat, p. 173-175.
(³) Id., p. 175-177.

Bruxelles, rue de la Putterie, un couvent de frères de la vie commune qu'il avait fait venir de Zwoll pour leur confier l'instruction de la jeunesse et la copie des manuscrits. En 1480, Hugues, fils de Philippe, les installa dans une maison près de l'église de Saint-Géry, qui, dans la suite des temps, fut démolie. Ils y élevèrent une chapelle dont le grand autel fut consacré, le 12 juin 1481, en l'honneur de la Trinité, de la Vierge et des saints. Le nouvel et l'ancien établissement étaient connus sous le nom de Nazareth. Ce fut à cette communauté que Bruxelles dut ses premières impressions typographiques (1476). Lorsqu'elle voulut ouvrir une école, elle rencontra des obstacles qui ne furent levés que le 29 juillet 1515.

Le gouvernement autorisait les frères à enseigner la grammaire, la logique et la musique à leurs domestiques, à leurs commettants, aux pauvres demeurant dans leur maison, à soixante enfants de la ville et à tous les étrangers, pauvres ou riches, qui désireraient recevoir leurs leçons. Pour les indigents, l'instruction devait être gratuite. Les frères comptèrent bientôt environ deux cents élèves, dont quelques-uns appartenaient aux plus hautes classes de la société, et dont plusieurs, tel que Jean Le Mire, évêque d'Anvers, ont illustré leur patrie. Cette école avait trop de succès pour ne pas être exposée aux attaques de ceux qui voulaient faire de l'instruction un moyen de gouvernement. A la demande de Granvelle, qui lui avait fait représenter la nécessité d'établir à Bruxelles un séminaire, le magistrat céda à cet effet le couvent de Nazareth et ses biens, en se réservant sur le nouvel établissement un droit de surveillance semblable à celui qu'il exerçait sur l'école [1]. Dans les troubles du xvie siècle, la maison fut destinée à l'éducation et à l'entretien de cent garçons nécessiteux professant le calvinisme (15 novembre 1580). Cinq ans après, elle fut rendue aux frères, preuve évidente

[1] Résolution du 13 septembre 1569.

que le séminaire n'avait pas réellement été institué. Les Urbanistes ou Riches-Claires, dont le monastère, fondé en 1345, et longeant le rempart depuis la porte de Hal vers l'est, avait été démoli en 1578, obtinrent, dix ans après, cette même maison de Nazareth qui, dès lors, porta leur nom. Une rente viagère de 240 florins fut assignée au dernier recteur de l'institution, Henri Gheysels. La modeste demeure élevée en 1481 ne suffit pas longtemps aux Riches-Claires : le 1ᵉʳ septembre 1665 fut posée la première pierre d'un nouvel édifice, petit, mais régulier et d'un style peu commun, tel qu'il existe encore (¹).

Une maison d'Hiéronymites, enseignant avec succès la langue latine à de nombreux élèves, était établie à Grammont, ville alors très florissante ; mais elle disparut au milieu de la tourmente du xviᵉ siècle (²).

Un contemporain de Florent Radewyns, Gérard Zerbolt, de Zutphen (³), formé dans l'école de Deventer, donna une plus vive impulsion à la copie et à la conservation des manuscrits rares qui ornaient la bibliothèque de cette ville. Il se distingua par son zèle dans la propagation de la Bible en langue vulgaire. Il écrivit à ce sujet un livre curieux (⁴), dans lequel il s'appliquait à démontrer que tous les laïques pouvaient s'instruire eux-mêmes dans l'Écriture sainte, dont la simplicité n'avait besoin ni d'érudition, ni d'arguties. « Et pourquoi, dit-il, les éloigner de cette lecture, alors qu'elle doit servir de correctif aux lectures profanes de la *Guerre de Troie,* du *Roland furieux,* de la *Belle Diane* et autres histoires romanesques? Les plus illustres pères de l'Église, les Jérôme, les Augustin, les Grégoire, les Chrysostome, n'ont-ils pas sans cesse excité les laïques à l'étude de la Bible? Certes, ils ne l'auraient pas fait s'ils y avaient vu quelque danger. La nature

(¹) LAMBINET, p. 341-347. — DELPRAT, p. 177-179. — HENNE et WAUTERS, *Histoire de Bruxelles*, t. III, p. 168-170.

(²) DELPRAT, p. 180.

(³) Né en 1367, mort en 1396.

(⁴) *De utilitate lectionis sacrarum litterarum in lingua vulgari.*

même des choses veut que les laïques lisent le livre sacré dans leur langue maternelle. Originairement, ce livre était écrit tout entier dans la langue comprise de ceux à qui il était destiné. L'Ancien Testament en hébreu pour les juifs; le Nouveau Testament en grec, à l'exception de l'évangile de saint Mathieu et de la lettre aux Hébreux, qui sont écrits en hébreu (¹), et d'après quelques-uns la lettre aux Romains, qui était en latin. Or, s'il n'était pas permis de lire la Bible dans la langue courante, pourquoi les prophètes et les apôtres se seraient-ils servis de la leur? Pourquoi saint Paul et saint Mathieu n'auraient-ils pas employé, chez les juifs, le grec, le latin ou tout autre idiome non usité, et chez les Grecs la langue hébraïque? Bref, les juifs ont la Bible en hébreu, les Chaldéens en chaldéen, les Grecs en grec, les Arabes en arabe, les Syriens en syriaque, les Goths en gothique, les Égyptiens, les Indiens, les Russes, les Slaves, les Gaulois, tous les peuples la possèdent dans leurs langues respectives, pourquoi, nous autres Germains (Allemands, Flamands, Hollandais) ne l'aurions-nous pas en germanique? La lecture de la Bible considérée en elle-même ne saurait être mauvaise; car elle est pour l'homme un élément principal du bien. Au surplus, elle n'est défendue ni en théologie ni en droit. Au lieu donc de détourner les Allemands et les Flamands de la lecture de ce livre, il est préférable de les y exciter (²). »

Rien de plus remarquable que le jugement de Zerbolt sur les rapports de la *Vulgate* avec le texte biblique : « En hébreu et en grec, dit-il, l'Écriture sainte est beaucoup plus authentique qu'en latin, car il faut toujours rectifier et corriger la traduction latine sur le texte hébraïque et le texte grec, s'il se rencontre des ambiguïtés dans la langue latine (³) ».

Zerbolt recommande aussi les livres de prière écrits en langue vulgaire (⁴).

(¹) La critique moderne nie pour la lettre aux Hébreux le texte hébraïque.
(²) REVIUS, *Daventria illustrata*, p. 41-55. — ULLMANN, t. II, p. 115-122.
(³) REVIUS, p. 53. — ULLMANN, p. 121 et 122.
(⁴) REVIUS, p. 55-58.

Il est incontestable que les principes et les exemples des
frères contribuèrent à rendre de plus en plus général l'usage
de cette langue dans le domaine de la religion, et par là
frayèrent les voies à la Réforme du xvie siècle et à l'émancipation des nationalités, en les détachant de la langue et de la
civilisation latines (1).

Les prédications des frères dans la langue populaire y
contribuèrent également : au commencement, ils se servirent
littéralement des grands modèles de l'éloquence chrétienne,
des Chrysostome, des Augustin, des Grégoire Ier, des Bernard
de Clairvaux. Quelle impression devaient produire ces paroles
du premier de ces orateurs : « Je vous dis donc : que les
hommes prient en tout lieu, levant les mains pures, sans
colère et sans contention (I, Tim., II, 8). Partout nous pou-
vons lever les mains saintes, car toute la terre est devenue
le sanctuaire de Dieu. Vous me demandez comment un
ouvrier peut se rendre trois fois par jour à l'église pour
prier ; je vous réponds : Rien de plus facile ; si vous ne pouvez
pas vous rendre à l'église, priez au milieu de vos occupations ;
il ne s'agit pas autant de la voix que du cœur, pas autant de
l'élévation des mains que de l'état de l'âme, pas autant de
l'attitude que du sentiment. Nous ne vivons plus sous l'Ancien Testament. Partout où vous serez, vous aurez devant
vous l'autel, le couteau du sacrifice, le sacrifice même, parce
que vous êtes vous-même le prêtre et le sacrifice. Le temps et
le lieu ne vous seront pas des obstacles (2). »

Ils aimaient aussi à citer saint Jean Chrysostome et saint
Jérôme recommandant la lecture de la Bible, et saint
Augustin se prononçant contre les adorateurs des images (3).

Les homélies de saint Grégoire Ier ou le Grand, imprimées
en 1497, étaient traduites et répandues partout. Élevé au
pontificat en 590, ce pape a laissé à ses successeurs les plus

---

(1) ULLMANN, p. 123 et 124.
(2) MONTYN, *Geschiedenis der hervorming in de Nederlanden ;* Arnhem 1868,
t. I, p. 82.
(3) ID., *ibid.,* p. 82.

grands exemples de zèle et de vertu pastorale dans le gouvernement de l'Église. La charité évangélique le dirigeait
principalement; les biens de l'Église, il se plaisait à les
appeler le bien des pauvres. Il désapprouvait l'adoration des
images des saints; il n'était pas même pour la vénération du
crucifix. Il disait que le souvenir du Christ suffisait pour
remplir le cœur d'amour pour lui ([1]). La Bible était à ses
yeux la pierre de touche de la vérité chrétienne ([2]).

Quant à saint Bernard, né en 1091, ses sermons furent
imprimés en 1475. Il avait prédit que les abus de la papauté
la conduiraient à sa ruine; il avait demandé qu'elle renonçât
à son pouvoir temporel pour ne gouverner que l'empire des
âmes. Il plaçait la révélation du Nouveau Testament au-dessus
de celle de l'Ancien; il reconnaissait non à l'Église, mais à
Dieu le pouvoir de pardonner les péchés; pour lui, la vénération des saints consistait dans leur imitation, et le culte
extérieur, sans la pitié du cœur, était de nul effet. Personne
plus que lui ne réprouvait les persécutions des hérétiques de
son temps (les *Cathares*). « Il faut, disait-il, les prendre non
par les armes, mais par des raisons. Contentons-nous de les
réfuter pour les ramener dans le giron de l'Église ([3]). »

Un des élèves les plus célèbres sortis du *fraterhuis* de
Gouda fut Jean Standonck, nommé en 1483 principal du
collège de Montaigu (à Paris), fondé, au xive siècle, par
deux membres de la famille Montaigu, dont l'un était
archevêque de Rouen. Les libéralités réunies de ces deux
bienfaiteurs assuraient une somme annuelle de dix livres de
rente pour l'entretien et la nourriture de chaque élève. Mais
le désordre et la mauvaise administration du collège furent
tels qu'en 1483 ce produit ne s'élevait qu'à onze sous de
rente. Ce fut à cette époque qu'il passa entre les mains
de Standonck, une des figures les plus originales que four-

([1]) MONTYN, p. 83.
([2]) ID., *ibid*.
([3]) ID., p. 86 et 87.

nisse l'histoire de la pédagogie. C'était un homme d'un caractère ardent, d'une force de volonté peu commune et d'une opiniâtreté extrême. Il était fils d'un tailleur de Malines. Venu à Paris sans autre ressource qu'une lettre de recommandation pour l'abbaye de Sainte-Geneviève, il y fut admis à titre de charité, payant toutefois l'hospitalité des moines par des offices domestiques qu'il remplissait à leur service, et trouvant de cette manière le moyen de puiser aux écoles de Paris cette instruction, dont le goût décidé l'avait attiré au sein de la capitale. On raconte qu'à cette époque de sa vie, il montait, un livre à la main, dans le clocher, pendant les nuits claires, pour y étudier aux rayons gratuits de la lune. Devenu, en 1483, principal de Montaigu, il put y rétablir l'ordre, fonder douze bourses nouvelles et subvenir à toutes les dépenses. Mais il ne réalisa ces bienfaits qu'en imposant aux écoliers une discipline plus que spartiate, et en leur léguant, pour ainsi dire héréditairement, la vie de labeurs et de tribulations que lui-même avait traversée. La règle de la maison était effectivement des plus austères. Tâches ardues, jeûnes fréquents, maigre pitance, discipline rigoureuse, telle était la condition, devenue proverbiale, des écoliers de Montaigu ; condition que résumait spirituellement leur devise traditionnelle : *Mons acutus, ingenium acutum, dentes acuti* ([1]). Vêtus d'une cape de gros drap, ouverte par devant et surmontée d'une cagoule qui se fermait par derrière, le peuple les surnommait les pauvres *capettes* de Montaigu, et journellement on les voyait prendre part aux distributions de pains que les chartreux du voisinage faisaient aux indigents. Érasme, à l'âge de vingt-cinq ans, avait étudié à Montaigu sous l'autorité de ce même Standonck : il connut par expérience les rigueurs de cet asile. Dans un de ses ingénieux colloques, où l'idée philosophique circule sous l'enveloppe légère d'une forme frivole : le dialogue de la chair et

([1]) VALLET DE VIRIVILLE, *Histoire de l'instruction publique en Europe* ; Paris, 1852, p. 164.

du poisson, il stigmatisa en termes piquants les traitements inhumains, le gîte insalubre, la nourriture malsaine, par lesquels il vit lui-même sa santé compromise pour le reste de sa vie ; et, passant de ce propos à des considérations plus élevées, il glisse, à l'adresse de l'éducation de son temps, les traits acérés d'une critique hardie ([1]). » Remarquons que le fameux Ignace de Loyola avait étudié la grammaire dans l'établissement de Standonck.

Louis XII, roi de France, ayant répudié Jeanne, sœur de Charles VIII, pour épouser Anne, duchesse de Bretagne, Standonck s'opposa catégoriquement à cette volonté du roi et soutint que ce mariage était contre la loi de Dieu. Ce fut pour cette résistance qu'il encourut la disgrâce du monarque et fut banni du royaume.

Le savant Brabançon rentra dans sa patrie, et passant par Cambrai et par Valenciennes, il s'y arrêta quelque temps, y visita les lieux où la jeunesse recevait l'instruction et conçut l'idée d'y apporter des améliorations (1493). De là, il partit pour Malines, où, se souvenant des misères de ses jeunes années, il fonda pour les enfants pauvres un *fraterhuis*, en y appelant les frères de Deventer, de même qu'à Louvain et à Gand. Cette dernière ville fournit, bientôt après, des sujets qui s'établirent à Cambrai. Il leur procura aussi un établissement à Paris, au collège de Montaigu, et l'on prétend que les règlements qu'il y dressa fournirent à saint Ignace, le plan de sa célèbre compagnie ([2]).

Ce fut pendant l'épiscopat de Jacques de Croy, en 1505, que cinq clercs de la vie commune venus de Gand commencèrent à enseigner publiquement au collège *des bons enfants*, tenu auparavant par des prêtres séculiers qui portaient le nom de *frères escoliers de Saint-George*. Ils s'établirent dans

----

([1]) VALLET, p. 164 et 165.

([2]) DELPRAT, p. 125, 126, 180 et 181. — BULÆUS, *Historia universitatis Parisiensis*, t. V, p. 900. — A. DINAUX, *Mémoires de la Société d'émulation de Cambrai*, 1823, p. 223.

une maison commode que cet évêque avait fait préparer
en 1505, et y furent connus sous le nom de *jéronimites* ou
fratres. Vers 1534, rebutés par des difficultés qui empêchaient le progrès de leur maison, ils prirent le parti d'y
renoncer et de se retirer (¹).

Parmi les cinq élèves que Jacques de Croy avait fait venir
de Gand en 1509, on distingua longtemps à Cambrai Chrétien
Masseeuw, qui se donnait le nom de *Cameracenus*, quoiqu'il
fût né, le 13 mai 1469, à Warneton, bourg de la Flandre, sur
la Lys. Il enseigna les belles-lettres pendant près de quarante
ans à Cambrai, et y mourut le 25 septembre 1546, âgé de
75 ans. Outre divers ouvrages d'histoire et de philosophie
qui ont été imprimés, ce savant a laissé en manuscrit : *Breve
chronicon Cameracense,* perdu ou resté inédit (²).

Quant à la maison fondée par Standonck, à Malines, elle
fut réunie, en 1580, au séminaire archiépiscopal.

Citons encore Jean Momboir (*Mauburnus*), de Bruxelles
(1460-1503), formé à Windesheim, et qui, par ses écrits
mystiques (³) et sa piété exemplaire, acquit un tel renom à
l'étranger que, le 18 avril 1497, le parlement de Paris
s'adressa au chapitre de Windesheim pour le prier d'envoyer
Momboir en France, où il fut chargé de la réforme de plusieurs couvents, tàche dont il s'acquitta à la plus grande
satisfaction de tous (⁴).

A Bergues-Saint-Winoc, il y avait aussi une maison de
frères de la vie commune, où enseigna quelque temps Jean
Despautère (Van Pauteren), de Ninove (⁵), qui laissa des rudiments, une grammaire, une syntaxe, une prosodie, un traité
des figures et des tropes. Ces ouvrages étaient autrefois dans
tous les collèges ; mais depuis qu'on en a fait de plus métho-

---

(¹) A. Dinaux, p. 224.
(²) Id., p. 225.
(³) *Rosetum exercitiorum spiritualium et sacrarum meditationum ;* Bâle, 1491.
(⁴) Delprat, p. 299-301.
(⁵) Né en 1460, mort en 1520.

diques, ils ne sont plus consultés que par les savants. Ils sont précieux encore pour entendre le fond de la latinité.

Ce ne fut pas seulement à Bergues-Saint-Winoc, mais encore à Louvain, à Lille, à Commines, qu'on recueillit les fruits de la prodigieuse activité de Despautère, qui eut un digne successeur dans Georges Macropède (¹) (Van Langevelt), de Gommert, près de Grave, dans l'ancien Brabant. Macropède enseigna avec un brillant succès chez les frères de Bois-le-Duc, de Liége et d'Utrecht. Il possédait les mathématiques et les langues savantes, notamment l'hébreu et le chaldéen, chose bien rare dans ce temps-là. On a de lui une grammaire grecque et latine, plusieurs ouvrages classiques et un grand nombre de pièces dramatiques en vers. A ses profondes connaissances il joignait une piété exemplaire, une douceur évangélique et une inaltérable pureté de mœurs. Il fut très suivi : presque tous ceux qui se distinguèrent dans les lettres aux Pays-Bas vers la fin du xvi⁰ siècle étaient sortis de son école. Un de ses élèves, entre autres, qui acheva ses études à l'université de Louvain, Jean Sasgert, Sasgers ou Sasgarides, curé à Haringrarspel, que les ennemis de la réformation contraignirent à chercher un refuge sur la terre étrangère, fut recommandé par Mélanchton à Christian III, roi de Danemark, et appelé à l'université de Copenhague comme professeur de théologie (²).

Un autre élève de Macropède, élève devenu également célèbre, fut Georges Rataller, noble Frison, né en 1528 à Leeuwarde, et qui, venu enfant à Utrecht, y fut initié par lui au culte des lettres. Après avoir visité les provinces méridionales des Pays-Bas, il devint conseiller au conseil d'Artois, puis au grand conseil de Malines ; en 1565, ambassadeur en Danemark et, en 1569, président du conseil d'Utrecht. Ces diverses fonctions ne l'empêchèrent pas de travailler avec ardeur à l'étude de la littérature grecque : il a traduit en

____

(¹) Né en 1474, mort en 1558.
(²) Delprat, p. 129, 156-158.

latin et en vers *les OEuvres et les Jours* d'Hésiode, sept tragédies de Sophocle et trois d'Euripide. Il mourut à Utrecht le 6 octobre 1581, avec la réputation d'un magistrat laborieux, intègre, bienveillant et d'un savant littérateur (1).

Despautère et Macropède avaient été attachés tous les deux, comme professeurs, à la maison de Bois-le-Duc, splendide succursale de Zwoll. Honoré, protégé par le pape et par l'évêque de Liége, cet établissement était un des plus considérables de nos provinces. L'excellence de son enseignement des lettres grecques et latines y avait attiré jusqu'à 1,200 élèves, non sans exciter la jalousie de l'université de Louvain, qu'il inquiétait même encore dans sa décadence. Les frères y avaient une imprimerie destinée à la publication de bons manuels pour l'instruction des élèves. Le 20 mars 1625, ils se virent contraints de donner leur assentiment à la suppression de leur institut, exigée par les archiducs Albert et Isabelle, qui conférèrent aux jésuites l'enseignement que les frères avaient donné jusque-là (2).

Cependant la grammaire latine de Despautère, publiée au commencement du xvie siècle, était composée de plusieurs parties trop volumineuses pour que les jeunes élèves fussent à même d'y puiser aisément leurs leçons. Des latinistes le comprirent et Sébastien Nieuwmeulen, de Duysbourg, après en avoir abrégé la syntaxe, en 1553, donna sommairement à Cologne, l'année suivante, les sept livres des *Institutions despautériennes.*

Mais les nouveaux rudiments, entièrement en latin, étaient encore trop étendus et trop difficiles pour les étudiants. Ces motifs engagèrent probablement le Montois Jean Gillet, professeur au collège de Houdain, fondé en 1545, et qui dut à son savoir d'en être le premier recteur, à dicter à ses élèves une grammaire latine plus courte et plus claire. Il l'avait

<hr>

(1) Van Kampen, *Beknopte geschiedenis der letteren en wetenschappen;* 's Gravenhage, 1821, t. I, p. 73, et Delvenne, t. II, p. 285.

(2) Delprat, p. 126-131.

formulée par demandes et par réponses, et, dans ses leçons, il traduisit en français les phrases et les mots présentés comme exemples : c'était une bonne innovation de plus [1].

La grammaire élémentaire de Gillet fut publiée en 1553. On y rencontre, ce qui est rare, des accents d'intonation [2]. Le plan de cet ouvrage est assez conforme à l'ordre suivi dans nos livres de classe actuels.

Cette œuvre grammaticale de Gillet a un mérite d'ancienneté, de priorité, de clarté et de simplicité, qui en rehausse singulièrement le prix [3].

Gillet, qui mourut vers 1554, comptait aussi parmi les bons poètes latins du temps [4].

Comme on le voit, l'institution fondée par Groot s'était développée de deux manières différentes : le centre était formé par les chanoines de la vie commune, réunis à la manière sévère des cénobites, c'est-à-dire dans le cloître ; la masse, plus grande, plus libre, plus répandue dans la vie du peuple, était celle des frères ordinaires de la vie commune, prêtres ou laïques, vivant ensemble dans leurs maisons communes, ou bien épars, occupés de fonctions spirituelles et de l'éducation de la jeunesse : c'était une association où régnaient tout à la fois l'unité et la liberté. L'entrée dans la corporation n'était pas caractérisée par un vœu indissoluble, et la conduite des frères était réglée bien plus par les bonnes coutumes que par les préceptes étroits et minutieux du monastère. Le principe le plus puissant d'unité qui pénétrait toutes les maisons était l'esprit d'amour, d'humanité et d'obéissance [5].

Cependant, au mont Sainte-Agnès, que surmontait le couvent de Saint-Augustin, près des murs de Zwoll, vivait

<hr>

[1] C. Wins, *Mémoires et publications de la Société des sciences, des arts et des lettres du Hainaut*, t. I ², p. 188 et 189.

[2] Id., *ibid.*

[3] C. Wins, p. 191.

[4] Id., p. 197.

[5] Ullmann, p. 94-101.

comme sous-prieur un homme qui s'est fait un nom immortel par un livre unique au monde : *l'Imitation de Jésus-Christ*, admirable résumé des doctrines des frères de la vie commune (¹).

Quelle grande idée ne devrions-nous pas avoir de cet institut célèbre quand il n'aurait formé qu'un seul homme, comme Thomas Hemerken, ou Thomas a-Kempis, surnom emprunté à Kempen, petite ville non loin de Cologne, où il était né vers 1380, et qui, avec son château, sa fabrique de toiles, ses distilleries et ses 5,000 habitants catholiques (²), ne mérite une mention dans les géographies modernes que parce qu'elle est le lieu de naissance de cet illustre fils d'un orfèvre (³)!

Je sais qu'on a voulu lui ravir son plus beau titre de gloire pour en décorer Gerson ; mais je pense qu'après l'admirable monument de critique littéraire que feu M. Malou, évêque de Bruges, a érigé à la mémoire de Thomas a-Kempis, on ne tentera plus que vainement de faire de fausses restitutions (⁴).

On sait que ce livre d'amour mystique fut écrit au milieu du grand schisme d'Occident, où pendant cinquante ans l'Église fut divisée entre des papes rivaux, s'excommuniant les uns les autres et compromettant la plus haute dignité du catholicisme par les plus cruels outrages.

(¹) DELPRAT, p. 258 (1ʳᵉ édition).

(²) MALTE-BRUN, t. III, p. 125.

(³) MOOREN, p. 1, 2, 32 et 33.

(⁴) Voir BÖHRINGER, p. 701-705. — Cependant, les gersonistes ont de nouveau fait valoir leurs prétentions avec beaucoup de chaleur. Voyez VERT, *Études historiques et critiques sur l'Imitation de Jésus-Christ*, Paris, 1853. — M. Busken-Huet, dans le *Gids* de 1861, t. II, p. 438 et suiv., est également défavorable à Thomas a-Kempis. M. Guénebault, au contraire, s'est prononcé pour lui dans la *Revue archéologique*, t. XI, p. 315-317. — M. Moll (*Kerkgeschiedenis van Nederland voor de Hervorming*, t. II², p. 362-375) a vivement plaidé la cause de Thomas a-Kempis au moyen de la littérature ecclésiastique des Pays-Bas au xivᵉ et au xvᵉ siècle et en montrant à Windesheim un second Thomas dans Gerlach Peters. — Voyez d'autres preuves dans *de Katholiek*, t. XX, p. 137 et suiv.

Élève de l'école de Deventer à l'âge de douze ans, Thomas a-Kempis fut reçu, en 1399, comme membre de la communauté du mont Sainte-Agnès, où son frère Jean était prieur. Après sept ans d'épreuves, il y fit en 1406 ses vœux d'obéissance à la règle de Saint-Augustin, reçut la prêtrise en 1412, devint sous-prieur en 1425 et mourut le 26 juillet 1471 [1], laissant la réputation d'un homme véritablement apostolique et véritablement chrétien [2].

En ce temps-là, la maison de Sainte-Agnès, située sur un terrain montueux et couvert de ronces, était encore une fondation récente. Tout y manquait, tout y était à créer, au milieu d'obstacles auxquels on n'avait pas lieu de s'attendre. Le biographe de Jean a-Kempis nous le représente, tout prieur qu'il était, tantôt maniant la truelle, tantôt creusant le sable et le transportant sur des charrettes comme un simple manœuvre. Sans doute, Thomas ne s'y épargna pas plus que son frère. A cause de la grande pauvreté de ses religieux, Jean leur permit de transcrire des livres, dont la vente subvenait aux besoins les plus pressants de la communauté. Thomas avait pour ce genre d'occupation une aptitude toute particulière, et parmi ses productions calligraphiques, on signale surtout un missel, une bible complète en quatre volumes in-folio, travail en quelque sorte herculéen, chef-d'œuvre d'écriture demi-onciale, et quelques opuscules de saint Bernard, où l'on remarque le plus grand art et la plus grande habileté. Du temps de Rosweyde, le premier de ces ouvrages, qui date de 1414, était conservé dans la bibliothèque des chanoines réguliers de Saint-Martin, à Louvain; le second, terminé en 1439, au monastère du Corps du Christ, à Cologne [3].

Thomas a-Kempis était un jeune homme d'une taille au-des-

---

[1] A l'âge de 92 ans.
[2] MOOREN, p. 106, 115, 116, 118, 121 et 140.
[3] VANDERSPEETEN, *apud* TERWECOREN, *Collection de précis historiques*, 1864, p. 433 et 434.

sous de la médiocre, brun, l'œil clair, les traits doux, le pas
réservé et un peu craintif, dont les talents paraissaient avoir
peu fixé le regard de ceux qui avaient mission de les utiliser;
à qui ses maîtres venaient d'enseigner à tenir la plume de
ses doigts longs et flexibles; qui inaugurait son noviciat et
allait le poursuivre sept ans jusqu'à sa profession, avec une
brouette et une faucille, ayant, pour récréation, à certaines
heures, la copie d'interminables in-folios sur lesquels il lui
fallait se courber (¹).

Malgré l'extrême douceur de son caractère et quoiqu'il
fût constamment livré à une vie céleste de paix et de contemplation, Thomas ne méconnut pas l'état déplorable du
clergé de son temps et ne laissa échapper aucune occasion
de se prononcer contre le monachisme. A l'exemple de
Ruysbroeck, il accabla de tout le poids de sa colère « ces
hordes de mendiants encapuchonnés qui inondaient les Pays-
Bas, qui prétendaient que le travail et la piété étaient deux
choses inconciliables, qui se donnaient eux-mêmes le nom
de colombes et traitaient les autres ecclésiastiques de cor-
beaux; qui, dans les rues et sur les places publiques, tenaient
au peuple un langage trahissant la plus profonde ignorance
et la plus scandaleuse immoralité (²). »

Ceux qu'atteignait sa critique auraient dû en faire leur
profit, ne pas oublier ces conseils de l'*Imitation* et s'abstenir :

> De s'informer ainsi qui des saints est aux cieux
> Le plus considérable, ou le moins précieux,
> Et ne contester point sur la prééminence
> Que de leur sainteté mérite l'excellence.
> Ces curiosités sont autant d'attentats
> Qui ne font qu'exciter d'inutiles débats,
> Enfler les cœurs d'orgueil, brouiller les fantaisies,
> Jusqu'aux dissensions pousser les jalousies,
> Lorsque de part et d'autre un cœur passionné
> A préférer son saint porte un zèle obstiné.

(¹) Vert, *Études historiques et critiques sur l'Imitation de Jésus-Christ*, p. 80
et 81.

(²) Delprat, p. 21, 254 et 255 (1ʳᵉ éd.) et p. 88, 97, 220, 221, 283 (2ᵉ éd.).

> Les contestations de ces recherches vaines
> Ne laissent aucun fruit, après beaucoup de peines.
> Ce n'est que se gêner d'un frivole souci,
> Et l'on déplaît aux saints quand on les loue ainsi [1]. »

Si sévèrement qu'il fût attaché à l'Église, Thomas a-Kempis n'en plaça pas moins la piété au-dessus de toutes choses et préféra aux plus doctes théologiens l'homme simple qui faisait le bien et adorait Dieu dans l'esprit et dans la vérité. « A quoi bon, dit-il, tant de cavillations sur des choses cachées ou obscures, dont l'ignorance n'entraînera pour nous aucune responsabilité devant Dieu?... Que nous importent les genres et les espèces (*des nominaux et des réaux*)?... Celui pour qui tout est un, que tout entraîne vers l'unité et qui voit tout en elle, peut demeurer tranquille et rester en paix. Dieu! fais-moi un dans la charité perpétuelle, car en toi je trouve tout ce que je veux et désire; à ton aspect, que tous les docteurs se taisent, que toutes les créatures fassent silence. Oh! si nos docteurs mettaient autant de zèle à extirper leurs défauts et à s'inculquer des vertus qu'à soulever des questions épineuses, il n'y aurait plus tant de scandales parmi le peuple [2]. »

Loin d'être hostile aux idées littéraires, A-Kempis fut un des plus grands promoteurs des nouvelles tendances scientifiques de la théologie [3]. Sa vie était un modèle non seulement des vertus chrétiennes et claustrales, mais, par cela même, une critique vivante du moine de son temps.

« Moine, pourquoi as-tu abandonné le monde? Pourquoi as-tu mis ce capuchon? Pourquoi as-tu méprisé les pompes de la terre? N'était-ce pas pour servir Dieu et garder ton cœur? Pourquoi donc vagues-tu ainsi et médites-tu des choses vaines? Tâche d'imiter la vie de Jésus-Christ, apprends à converser chastement, justement, pieusement; gouverne tes

---

[1] *De l'Imitation de Jésus-Christ*, traduit en vers par Corneille, liv. III, ch. 58.
[2] *De Imitatione Christi*, lib. I, cap. 3, 55, 1 et 2.
[3] HAGEN, p. 74 et 75.

mœurs, bouche tes oreilles, prie souvent, lis souvent. Chaque jour, chaque heure, résigne-toi (¹). »

Quoique Thomas se montrât constamment le fils le plus humble et le plus dévoué de l'Église, quoique jamais il n'attaquât aucun dogme de l'Église, il n'en défendit non plus aucun : ses tendances étaient morales et non pas dogmatiques. De là, chez lui, rien d'exclusif, rien du fanatisme des dogmatistes. Sous le rapport du culte, il met la foi au-dessus des pratiques, au-dessus des cérémonies et des fêtes religieuses. D'un autre côté, il tient beaucoup plus à l'esprit qu'à la hiérarchie de l'Église.

Dans ses nombreux écrits, il ne nomme que deux fois le pape, et c'est pour dire que lui et ses bulles de plomb ne sont, comme toutes les choses de ce monde, que mort, cendre, néant :

Sapiens est ille qui spernit millia mille.

Omnia sunt nulla : Rex, papa et plombea bulla.

Cunctorum finis : mors, vermis, fovea, cinis (²).

Pour Thomas a-Kempis, Jésus, le doux Jésus est tout : « c'est lui seul qu'il faut prendre pour modèle, c'est lui qu'il faut constamment rechercher, invoquer, pénétrer; c'est pour lui qu'il faut patiemment supporter le joug de cette vie (³) »

Au XVᵉ siècle, les pensées d'A-Kempis furent développées

(¹) *Vita Leoni Monachi*, p. 277, 249.

(²) *Hortulus rosarum*, p. 61. Il faut y joindre *Vallis liliorum*, p. 97 : « Moritur dominus (rex), papa et Cardinalis et succedit alius, citò moritus. Nemo quippe unius diei certitudinem vivendi habet, nec impetrare potest a papa bullam nunquam moriendi, etc. »

(³)   Vitam Jhesu Christi stude imitari,
                       Caste, juste, pie, disco conversari, etc.

(Chant liturgique extrait d'un manuscrit de la Bibliothèque royale de Bruxelles.) Ce manuscrit est compris dans le catalogue sous les nᵒˢ 4585, 4586 et 4587. Ce dernier numéro renferme un opuscule en langue flamande sur les bons et les mauvais discours. Il est intitulé : *Van goede woorden te horen ende die te spreken.* Au bas de la page finale, on lit : *Finitus et scriptus per manus fratris Thome Kempis.* Anno Domini MCCCCLXIᵒ.

par Antoine de Roovere (¹), rhétoricien, boucher et bourgeois de Bruges, dans un poème intitulé : *Van den Mollen-
feeste* (²), espèce de danse macabre, où l'auteur invite à la fête
de la mort pape, cardinaux, légats, évêques, doyens, officiaux, curés, frères-prêcheurs, frères-mineurs, jacobins,
augustins, chartreux, clercs, maîtres, moines, béghards, lollards, béguines, nonnes, sœurs mendiantes, etc.

Un peintre brabançon, Jérôme Van Acken, a rendu cette
idée dans un tableau, qui est la plus horrible, la plus impres-
sionnante danse de mort que l'on connaisse. La toile porte
quatre pieds de haut sur six de large ; les figures peuvent
avoir six pouces de haut, et il y en a des centaines, multitude confuse et compacte de squelettes, d'écorchés, de larves,
de fantômes, de démons, de bourreaux, de suppliciés, dont
le milieu est occupé par la Mort, à cheval, armée de sa faulx,
galopant sur ce pavage humain et faisant de larges trouées
autour d'elle (³).

Il est aisé de comprendre qu'un homme doué de la charité
évangélique de Thomas a-Kempis devait la transporter dans
son enseignement et dans ses sermons. Aussi, chez lui point
de ces malédictions encore aujourd'hui si familières aux
prédicateurs catholiques, point de ces affreuses et menaçantes
peintures de l'enfer, si ordinaires au moyen âge. Pour
Thomas, la terre, l'homme, l'univers, toute la création, en
un mot, n'était plus chargée d'anathèmes ; tout, au contraire,
était relevé par la grâce divine (⁴).

A ses yeux, rien n'est réel, si ce n'est Dieu. Dieu seul est
juste, Dieu seul est bon, Dieu seul doit attirer notre attention,

---

(¹) Mort en 1482.

(²)   De Paus en de zyn cardinalen
          Moeten alle t' deser feeste zyn,
          Legaten, bisschoppen, dekens, officialen, etc.

(*Apud* ALBERDINGK-THYM, *Gedichten uit de verschillende tijdperken der Noord-
en Zuid-Nederlandsche literatuur;* Amsterdam, 1850, p. 179. — WILLEMS, *Belgisch
Museum,* t. IX, p. 190.)

(³) CLÉMENT DE RIS, *Le Musée royal de Madrid,* p. 91 et 92.

(⁴) MOOREN, p. 149 et 150.

et, avec lui, ce sont les pauvres : « Allons vite dans un coin avec un petit livre. Se taire et souffrir, voilà ce qui donne la paix et prouve la joie. Ne mettez votre espoir et votre consolation qu'en Dieu. Soyez humbles et miséricordieux envers les pauvres en général (¹). »

L'idéal de Thomas a-Kempis, c'était la primitive Église, avec ses vertus austères, sa science élevée et simple, son dévouement inaltérable. De là, chez lui, tant de paroles tristes et amères sur la décadence du catholicisme, tant de nobles et sages conseils, tant d'exhortations encourageantes : « Puisque nous sommes frères en Christ, prions les uns pour les autres, servons-nous mutuellement, exhortons-nous, consolons-nous, réjouissons-nous, attristons-nous ensemble, comme le Christ nous a chéris. Ce sera de cette manière que nous accomplirons sa loi, que nous serons ses vrais disciples et ses amis les plus chers, aimés par le Père, adoptés par le Fils, enflammés par l'Esprit-Saint, prédestinés par toute la sainte Trinité (²). » La vie intérieure, l'âme, le sentiment, voilà ce que veut Thomas : point d'œuvres sans l'amour qui sanctifie tout ; et dans cette vie intérieure, le bien suprême, c'est la liberté spirituelle (³). « Être détaché de toutes les créatures, ne dépendre que de Dieu ; mais, dans cette dépendance, être entièrement maître de soi et de toutes choses, voilà le but

---

(¹)
   In angello. In een hoecxken
   Cum libello. Met een boecxken
    Swighen ende lyden.
   Maket vrede ende doet verbliden.
  Set uwen troest ende hopen in Gode alleen.
 Weest oetmoedich ende barmhertig tot den armen in 't ghemeen.
(*Apud* ALBERDINGK-THYM, *l. c.*, p. 181.)
L'*Imitation* dit de même, l. I, ch. 20 :
   Un payen nous le dit, tout chrétiens que nous sommes :
   « Je n'ai jamais, dit-il, été parmi les hommes
   Que je n'en sois sorti moins homme, etc. »
     (Traduction de P. CORNEILLE.)

(²) Concio XXXVI, *De Sancta Conversatione primitivæ Ecclesiæ*, p. 251 et 252.

(³) « Libertas spiritus principale bonum in vita spirituali. » *Vita Gerardi Magni*, p. 23. — « Sis intimus liber et tui ipsius potens. » *Imitation*, l. III, c. 28.

vers lequel l'homme doit tendre sans relâche. » Dans l'étude des saintes Lettres, Thomas ne cherchait que le Christ (¹) et l'Évangile, la grâce, la pénitence, la foi, l'amour, l'esprit de Dieu (²), et, dans la pratique, l'instruction du peuple par la prédication (³).

Pour bien comprendre toute la portée du génie de Thomas a-Kempis, on ne doit pas oublier qu'il vécut à une époque où tous les rapports sociaux avaient atteint l'apogée de leur dissolution dans l'État et dans l'Église et où le besoin d'une transformation de la vie intérieure et extérieure de l'humanité européenne se faisait sentir tous les jours davantage : c'est, en effet, le siècle qui précéda celui de la réformation. Quoique Thomas se tînt dans l'isolement le plus complet, il n'avait pu empêcher les échos sonores de son siècle de pénétrer dans la cellule, et l'incroyable corruption de ce temps contribua, sans doute, à lui inspirer ce dégoût du monde et ce refuge en Dieu qui caractérisent son livre de l'*Imitation*. La situation particulière de l'Église n'y fut pas étrangère : pendant la profonde dégradation qu'elle venait de subir, la papauté avait poussé ses prétentions à l'extrême : le pape voulait que les rois ne tinssent leur couronne que du Saint-Siège, que lui seul eût le droit de nommer à toutes les dignités de l'Église, lui seul pût exploiter les sources de richesses qu'il s'ouvrait de ce chef; qu'il pût recevoir les annates condamnées comme simoniaques par Chrysostome et par le concile de Chalcédoine; qu'il pût se permettre les abus les plus criants au sujet des commendes et des incorporations, des exemptions, des dispenses, et enfin des trop fameuses indulgences, introduites depuis 1300. Et quelle multitude d'autres griefs encore : la cour pontificale devenue le siège de toutes les voluptés; les palais des évêques trans-

____

(¹) « Si Christum bene scis, satis est si cætera nescis noxia tibi. » (*Doctrinale Juvenum*, c. 1. — Conf. c. 7.)

(²) *De Imitatione*, lib. 1, c. 5, § 1, p. 5; lib. III, c. 2, p. 48 et 49.

(³) ULLMANN, p. 175 et 177.

formés en résidences princières; le haut et le bas clergé faisant ses délices des armes, des tournois, de la chasse, de la danse et du vin; même l'ordre si respectable des bénédictins réduit à compter des légions de moines ignorants, paresseux et pleins de vices! Voilà beaucoup plus qu'il ne fallait pour obliger la chrétienté à rentrer dans des voies meilleures, à revenir aux mœurs et aux doctrines de la primitive Église, en un mot, à rentrer dans le sein du Christ. C'est à cette tâche que travailla A-Kempis, il y consacra tout ce qu'il possédait de science et de vertu, et cela explique l'immense valeur de ses écrits (¹).

A-Kempis, en partant du principe que la règle du Christ n'est pas de ce monde, devait nécessairement se prononcer contre l'ambition du clergé (²), l'opulence des couvents et des églises, la simonie (³), le cumul des charges ecclésiastiques et les manifestations extérieures des moines. « Ce ne sont ni l'habit, ni la tonsure qui font les vrais religieux; ce sont le changement des mœurs et l'entière mortification des passions. Deux choses leur nuisent beaucoup : c'est qu'ils se livrent à trop d'exercices corporels et n'examinent pas assez leur intérieur. Des vêtements simples et une table frugale, voilà ce qui doit leur suffire. Le Christ aime un cœur pur et non un beau capuchon et une robe tissue avec une magnifique variété d'ornements. Un monastère ne doit pas abonder en richesses et en beaux édifices; mais tous les frères doivent y fleurir par les bonnes mœurs et par les vertus saintes (⁴). »

De l'école de Zwoll sortit, en 1424, le célèbre réformateur des monastères d'Allemagne, Jean Busch, de la même ville de Zwoll. Après avoir pris, en 1419, l'habit de chanoine à Windesheim, Busch eut, comme Luther, des combats terribles à soutenir avec lui-même : il chancela dans la foi jus-

---

(¹) *Thomas a-Kempis, seine Zeit, sein Orden und seine Person*, p. 8 et 9.
(²) *Epistola IV*, p. 175.
(³) *Vallis liliorum*, p. 95 et 98.
(⁴) *Epistola VI*, p. 178. Voyez aussi 179 et 180.

qu'à douter de la divinité de Jésus-Christ; il ne pouvait comprendre le motif qui avait porté Dieu le Père à affliger son fils des faiblesses et des misères de la nature humaine, à le laisser vivre et mourir dans ce monde, poursuivi par la haine et le mépris. Lorsqu'au réfectoire, on lisait l'Évangile durant le repas, il se disait en silence : « Non, ce n'est pas un Dieu, c'est simplement un homme que les évangélistes veulent louer; les docteurs qui représentent Jésus-Christ comme un Dieu ont vécu longtemps après sa mort. » Mais à force de prières et de méditations, il parvint à dompter son scepticisme et à rentrer dans le catholicisme le plus pur ([1]).

Dans plusieurs églises de l'évêché d'Utrecht, le peuple restait réuni après la messe pour se livrer à des chants d'ensemble en langue vulgaire, d'après les livres sur lesquels le prêtre faisait l'office et qui servaient ensuite à des pratiques de divination ou à des augures. Les dominicains de Zutphen voyaient avec douleur et indignation ces déplorables usages se perpétuer; afin d'y porter remède, ils défendirent au peuple la lecture de toute espèce de livres flamands. Jean Busch était animé d'un zèle trop éclairé pour tolérer une aussi extravagante mesure; d'autant plus qu'à sa connaissance plus de cent congrégations de religieuses et de béguines, dans le seul diocèse d'Utrecht, se servaient avec le plus grand avantage de livres en langue vulgaire. Mais les Pères voulaient non seulement détourner le peuple des pratiques superstitieuses, ils désiraient encore l'empêcher de lire ou de méditer les livres de sentences tirées des docteurs de l'Église. Jean Busch sut trouver, dans tout cela, un milieu, en bornant la défense aux missels et à quelques autres ouvrages dont la lecture en langue flamande pouvait présenter quelque inconvénient ([2]).

Ce fut en 1424 qu'Adolphe, duc de Berg, conçut le projet

([1]) GOETHALS, *Histoire des lettres, des sciences et des arts en Belgique;* Brux., 1840, t. I, p. 62 et 63.

([2]) ID., *ibid.*, p. 63 et 64.

de réformer un couvent situé à Bodingen, près de Cologne;
et, à cet effet, il s'adressa au prieur de Windesheim, qui lui
envoya Jean Busch et trois autres frères. Après un labeur
incessant de quatre années, Busch réussit à le faire ployer
sous la règle de Windesheim ([1]).

En 1429, le monastère de Saint-Martin à Ludingkerke ou
Achlum, comme on appelle maintenant ce village, aux environs de Harlingen, demandait une réforme profonde. Peu
de prêtres demeuraient dans ce monastère; en revanche, il
était habité par un grand nombre de frères convers, qui
avaient fait un pacte d'union avec les chartreux des environs;
ils avaient juré entre eux de se défendre et se protéger
mutuellement contre quiconque oserait troubler les délices
de leur paradis. Cette coalition les avaient rendus si puissants qu'ils régnaient en despotes sur toute la Frise. L'évêque
d'Utrecht, informé de ce scandale, et ayant appris, en outre,
que les hommes et les femmes qui habitaient pêle-mêle dans
dans ce couvent n'étaient nullement des religieux, les en fit
sortir sans délai et demanda quelques chanoines de Windesheim, avec lesquels il fût possible de fonder un monastère honorable. Le prieur en envoya deux, dont l'un était
Jean Busch, et, grâce à ces deux frères, le monastère se
trouva bientôt transformé ([2]). Ils firent de même du couvent
de Sion, aux environs de la ville de Beverwyck, pour lequel
ils avaient reçu la même mission.

Le concile de Bâle venait de décréter d'urgence la réforme
des couvents de l'Allemagne. Busch fut envoyé à Witten-
bourg, village de l'évêché d'Hildesheim, pour y être sous-
prieur de la maison de la B. Marie (1457). Ce fut, de tous les
monastères de la province de Saxe, celui qui adopta le premier la réforme monastique ([3]).

Désolé des abus dont il était environné, Busch conseilla au

([1]) Van der Aa, *Biographisch Woordenboek*; Amst., 1852-1878, t. II, p. 1632.
([2]) Goethals, p. 66-68.
([3]) Id., p. 70.

prieur de cette maison de solliciter du concile une bulle pour le monastère des prétendus chanoines réguliers de Sultze, près de la ville d'Hildesheim, lesquels seraient invités à se soumettre au chapitre de Windesheim dans un temps déterminé. Le concile s'empressa d'accorder cette demande. Au terme fixé, Busch se rendit, en 1439, à Sultze; mais les chanoines qu'il devait réformer étaient tellement ivres, qu'ils menacèrent de le tuer s'il se présentait devant eux. Tout ce qu'avec l'appui d'Hildesheim, Busch put obtenir de ces débauchés, qui du vrai moine n'avaient que le froc, fut leur sortie du couvent; après quoi on admit le monastère dans la congrégation de Windesheim (¹).

Un an après, Frédéric, archevêque de Magdebourg, invita Busch à venir réformer le monastère de Marie et de Saint-Alexandre, près de Halle, riche et puissante communauté dont le prévôt avait les droits d'archidiacre sur 200,000 âmes, sur une étendue de onze lieues. Cette maison était dans une situation bien plus déplorable encore que celle de Zudingkerke, qui ressemblait à une congrégation militaire. Pour donner une idée de celle de Halle, il suffira de dire que, d'après l'opinion du peuple, on ne devenait prévôt de la Bienheureuse-Marie qu'après avoir été emprisonné au moins trois fois pour différents crimes (²).

Afin de parvenir plus facilement à la réforme de ce lieu de scandale, ainsi que de tous les couvents qui se trouvaient dans l'archidiaconat, on pria le père visiteur, Jean Busch, de se charger de la prévôté. Ce fut vers 1449, après avoir gouverné le monastère de Sultze pendant neuf ans, qu'il se vit élever à cette dignité (³).

En 1451, le cardinal Nicolas de Cusa convoqua les prélats allemands à Magdebourg et leur fit connaître, en assemblée générale, qu'il tenait de la cour pontificale l'ordre de pro-

---

(¹) GOETHALS, p. 70-73.
(²) ID., p. 73 et 74. — VAN DER AA, p. 1633 et 1634.
(³) ID., p. 74 et 75.

céder à la réforme de tous les monastères de cet archevêché.
Il chargea de cette difficile mission Busch et le prévôt de
Saint-Maurice, à Halle. L'activité de ces deux hommes, également
ment distingués, également remarquables, s'étendit sur les
couvents de Weimar, Leipsick, Naumbourg, Hallerstadt, Erfurt.
Les nobles efforts de Busch furent couronnés par une disgrâce
qu'il encourut auprès du nouvel archevêque de Magdebourg,
qui était entièrement à la dévotion des ennemis du chanoine
de Windesheim. Mais, en 1462, le monastère de Sultze lui
conféra de nouveau la dignité de prieur; et, neuf ans après,
l'archevêque de Magdebourg lui rendit son amitié et son
estime. Dès lors, Lunebourg, Brême, le Holstein, la Frise,
l'Overyssel, la Westphalie, le Brandebourg, Magdebourg, la
Meisnie, la Thuringe, la Saxe, toutes les contrées, toutes les
villes de la Germanie où il croyait pouvoir faire du bien
furent tour à tour visitées par l'éminent réformateur, dont
plus d'une fois la vie courut les plus grands dangers au milieu
de sa laborieuse carrière. Puis en 1474, sentant sa fin approcher,
cher, il termina la rédaction de ses mémoires, qui sont de la
plus haute importance pour l'histoire du peuple et pour celle
de l'Église, et il mourut, en 1479, à Sultze même, après avoir
résigné sa charge de prévôt. Malheureusement, les réformes
qu'il avait introduites ne lui survécurent que pendant quelques
ques années (¹).

Ruysbroeck était l'auteur d'une mystique religieuse appuyée
sur la contemplation spéculative dont le vol sublime convenait
nait surtout aux esprits supérieurs. Avec Gérard Groot,
Radewyns et Thomas a-Kempis commence une autre mystique,
tique, toute pratique et éminemment populaire, mais ascétique
tique rejetant tout ce qui ne semblait pas en connexité
directe avec la vie morale et religieuse, et fondée sur le principe
cipe d'association monastique et sur l'éducation de la
jeunesse. Le sol natal de cette mystique, c'est le nord des
Pays-Bas, les villes de l'Overyssel, et notamment Deventer,

(¹) Goethals, p. 75-81. — Van der Aa, p. 1634-1636.

la plus considérable de toutes. On se croyait revenu aux premiers temps du christianisme. Nos trois mystiques s'étaient constamment efforcés de se détacher de la science dogmatique et de n'agir que sur l'individu, de le porter sans cesse à l'examen de sa conscience, de son moi intime et de faire tout ce qui peut rendre l'homme de plus en plus pieux. Mais par là même ils travaillaient davantage à la pratique de la vie religieuse et, par suite, ils aboutissaient à l'indifférence en matière de dogme. Ce fut ainsi que, bien malgré eux, les frères de la vie commune concoururent au progrès du rationalisme du xvie siècle, secondé par la Renaissance, et dont le plus illustre de leurs élèves, Érasme, devint l'immortel représentant (¹).

Ce mélange d'aspirations idéales, de rêveries contemplatives et d'oppositions anticléricales de nos mystiques constitue l'atmosphère intellectuelle et morale dans laquelle ont grandi les écoles primitives de peinture des Pays-Bas.

A l'école de Ruysbroeck appartenait encore Henri Harphius ou Van Herp, né au bourg de Herp ou Erp, dans la Campine, qui fut provincial des franciscains en Flandre et supérieur de la maison de cet ordre à Malines, où il mourut en 1478. Plus élevé que le célèbre mystique allemand, le docteur sublime et illuminé Jean Tauler, il se rapprocha de Ruysbroeck. Faire naître, graduellement, par une sorte d'épuration et d'épreuves, les divers états de la vie divine dans l'âme humaine, d'abord dans chacune des facultés, puis dans la substance entière de l'âme, possédée alors par toute la Divinité elle-même, tel est le but spiritualiste qu'Harphius s'est proposé dans ses ouvrages, dont les premières éditions parurent, l'an 1602, en flamand. Elles furent bientôt prohibées pour l'opinion de l'auteur que les hommes parfaits, mus par l'impulsion seule de l'esprit divin, n'ont pas besoin de directeurs, ceux-ci étant, d'ordinaire, plus occupés des

(¹) BÖHRINGER, p. 612 et 613. — VORREITER, *Luther's Ringen mit den antichristlichen Principien des Revolution* ; Halle, 1860, p. 82, 83 et 109.

pratiques extérieures que de la vie spirituelle. Dans la version française, on supprima la dénomination de créature éternelle donnée à l'homme, qui a pris, selon Harphius, son origine dans le temps et dans l'éternité.

Bossuet applique au même auteur le reproche fait par Gerson à Ruysbroeck, de pousser trop loin l'allégorie du langage figuré du Cantique des Cantiques, en parlant des noces spirituelles de l'épouse avec l'époux, jusqu'à prétendre que l'âme s'unit tout entière et inséparablement avec Jésus-Christ, dans la contemplation d'idées qui ont produit, surtout chez les femmes d'une sensibilité vive, ce mysticisme exalté d'autant plus propre à égarer l'esprit qu'il flatte davantage l'imagination (¹).

Harphius avait attaqué avec beaucoup d'énergie un des grands défauts des croyants de son siècle, en leur reprochant de ne faire le bien que dans l'espoir de la béatitude céleste et de n'éviter le mal que par la crainte de l'enfer ; il leur avait remontré qu'il ne fallait faire l'un et l'autre que par le pur amour de Dieu, que par un effort constant à se conformer à toutes ses volontés et à les accomplir sur la terre au risque de perdre les honneurs et les biens de cette terre. « Et qu'on ne se figure pas, dit-il, que ce soient les œuvres, c'est-à-dire les pénitences, les retraites dans un couvent qui sauvent. Non, c'est la foi en Dieu seul, c'est le pur amour de Dieu pratiqué dans toute la liberté des enfants du Christ, c'est-à-dire sans espoir du ciel et sans crainte de l'enfer, qui fera notre salut (²). »

A Harphius, il faut ajouter Jean Brugman, fameux prédicateur du xvᵉ siècle, qui vit le jour dans la ville natale de Thomas a-Kempis et fut élevé à Saint-Omer dans le culte de la vertu et des lettres sacrées et profanes. Son éloquence naturelle, mais bizarre, a été comparée à celle du père Bridaine, et son désintéressement évangélique était devenu prover-

(¹) *Biographie universelle*, art. *Harphius*.
(²) MOLL, *Johannes Brugman*; Amsterd., 1854, t. I, p. 27 et 28.

bial. Aussi exerçait-il un empire immense sur la multitude, dont il connaissait les idées, le langage et les besoins. Voulait-il faire à la fois son éloge et la satire de ses confrères, il tirait, en chaire, un billet de sa manche et s'adressait ces questions : « Brugman, vas-tu armé de longs couteaux pour défendre les lieux de prostitution? Non, certes. Plutôt que d'être simoniaque, tu préfères aller simplement avec un pauvre froc rapiécé. Donnes-tu l'absolution pour de l'argent? Non, certes. Tu confesses tout le monde gratuitement pour plaire à Dieu, et tu ne dépouilles pas les brebis de leur laine. Quand il y aura des pestiférés, les abandonneras-tu, comme font quelques-uns? Non, certes. Pauvres ou riches, tu colleras ta bouche sur la leur, tu les assisteras jusqu'à leur dernier soupir ([1]). »

Puis prenant un crucifix et le montrant à toute l'assistance, il accompagnait ce mouvement d'autres paroles également caractéristiques, dont voici la fin : « Chers amis en Jésus-Christ, comme j'ai choisi un pauvre petit couvent pour vous montrer à tous le chemin de la vie éternelle, et comme j'ai besoin de votre aide et assistance, je prie, au nom du crucifié, tous ceux d'entre vous qui sont disposés à me rester fidèles, de lever le doigt en signe d'adhésion. »

L'assentiment était universel, et Brugman se disait, pour leur bonheur, prêt à verser jusqu'à la dernière goutte de son sang ([2]).

Dans ces temps, la parole parlée était tout autrement puissante qu'elle ne l'est de nos jours. On raconte que l'effet de celle d'un de nos mystiques fut tel que beaucoup de ses auditeurs, frappés, transportés, « ravis dans les cieux », tombèrent évanouis ([3]).

([1]) *Biographie universelle*, art. *Brugman*.

([2]) MOLL, *Johannes Brugman*, t. I, p. 137 et 138. — Conf. CERISIER, *Tableau de l'histoire générale des Provinces-Unies* ; Utrecht, 1770, t. II, p. 194. —Voir un autre sermon de Brugman, *apud* J. LE LONG, *Historische Beschryving van de Reformatie der stadt Amsterdam* ; Amst., 1729, f. 360-369.

([3]) FREYTAG, *Bilder der deutschen Vergangenheit*, t. II, 1, p. 322 et 323.

Il ne fallait rien moins qu'un prédicateur comme Brugman pour ranimer le feu sacré des croyances religieuses ; car le peuple célébrait les jours de fête non pas dans les églises, mais dans les cabarets, où il jouait, buvait, se battait depuis le matin jusque bien avant dans la nuit (¹).

Brugman, qui s'était aussi fait connaître comme hagiographe (²) et comme poète (³), mourut à Nimègue en 1473. Il avait vécu dans l'amitié de Denys Van Leeuwen, surnommé le Chartreux, né à Rickel, village près de Looz, et mort, en 1447 (⁴), prieur de son ordre à Ruremonde.

Denys, également remarquable comme homme, comme savant, comme prédicateur et comme écrivain mystique, lutta — à l'exemple de tant d'autres — contre la décadence de l'Église de son temps et fut en correspondance avec tous ceux qui, en Allemagne et dans les Pays-Bas, travaillaient à la destruction des abus. Il publia une série de traités sur la vie des prélats, des archidiacres, des chanoines, des moines, des nonnes, des curés, des nobles, des guerriers, des marchands, etc. Pour répondre notamment aux vives instances de Brugman, il composa un manuel de doctrine chrétienne destiné à servir de guide non seulement à certaines classes de la société, mais à tous les croyants en général. Cet ouvrage (⁵), qu'on peut encore lire avec fruit aujourd'hui, fournit des éclaircissements importants sur l'état de l'Église au xvᵉ siècle et sur les changements qu'elle devait subir. S'attachant à rappeler les vrais principes et l'esprit du christianisme d'après les apôtres, les lettres de saint Paul et les paroles de Jésus-Christ lui-même, l'auteur montre que

---

(¹) MOLL, p. 170-172.

(²) Voyez *Vita alme Virginis Lydwine. Translatio tertia, per venerabilem patrem fratrem Joh. Brugman. An.* 1456; Schiedam, 1498. — Conf. MOLL, *l. c.*, t. II, p. 98-143.

(³) HOFFMANN VON FALLERSLEBEN, *Horæ belgicæ*, t. II, p. 34-41. — MOLL, t. II, p. 205-218.

(⁴) A l'âge de 69 ans.

(⁵) *Dionisii Carth., de doctrina et regulis vitæ christianæ*, lib II.

l'Église primitive n'était autre chose qu'une assemblée de fidèles dont la vie était consacrée à l'amour et à l'adoration de Dieu; et, à ce sujet, il prend occasion pour tonner contre la ruine de l'Église et contre la monstrueuse dégradation du peuple chrétien de son temps. « La vigne du Seigneur est dévastée, s'écrie-t-il; ce ne sont plus des chrétiens, ce sont des antichrétiens! Ils ont fait un pacte avec la mort et l'enfer! Partout, c'est la chair, le luxe, le jeu, le théâtre, les voluptés qui l'emportent. Et ce qu'il y a de plus triste, c'est que les grands et les savants parmi les peuples sont précisément les plus coupables; ce sont eux, en effet, qui se livrent avec le plus de fureur aux vices du siècle, au mensonge, à la débauche, à la simonie, à l'avarice, à l'usure; ce sont eux qui ont gangrené tout le corps de l'Église [1]. »

A tant de maux, Denys oppose treize règles fondamentales basées sur l'Écriture et les pères de l'Église, puis une recommandation de devoirs pour toutes les conditions de la société, pour le pape aussi bien que pour le moindre cénobite, pour le prince aussi bien que pour le dernier homme du peuple. Partout, dans ces chapitres si curieux, se rencontre la même inspiration biblique, les mêmes plaintes sur l'état corrompu de la chrétienté, les mêmes menaces contre la simonie et le concubinage des prêtres, les mêmes exhortations à la réforme de la vie chrétienne tout entière. Le pape est particulièrement prié de concourir à cette réforme tant désirée et, dans ce but, de convoquer un concile général [2].

Denys s'adresse aussi d'une manière toute spéciale aux curés, aux pasteurs des âmes, à qui il demande, avant toute œuvre, d'être *chrétiens*; de pratiquer les vertus des apôtres; d'être doux, tolérants et probes; de bien expliquer les paroles de l'Écriture; de tout faire pour les inculquer dans l'esprit et dans le cœur des fidèles; de beaucoup lire, étudier, écrire;

---

[1] MOLL, t. I, p. 70-77.
[2] ID., p. 77-79.

de se corriger eux-mêmes et de s'occuper principalement des petits et des pauvres (¹).

Il remontrait au pape, aux prélats, aux rois que la perte de Constantinople, récemment conquise par les Turcs, était la peine infligée à leurs péchés et à ceux de leurs peuples; qu'ils devaient s'appliquer sans délai à la réforme de leurs mœurs et venger l'Église du sanglant outrage qui venait de lui être fait par cette catastrophe (²).

Brugman partageait entièrement les opinions de son ami : il ne voyait dans l'Église qu'un champ ravagé sans culture (³). Mais si, par rapport au dogme et à la morale, il était d'accord avec Thomas a-Kempis, il différait radicalement de ce mystique en ce qui concernait la vie sociale. A-Kempis dédaignait cette vie extérieure, parce qu'il attendait tout de Dieu, rien des hommes; il fuyait la fréquentation des femmes, des amis et des étrangers, comme des pièges du démon. Brugman, au contraire, tandis que le pieux cénobite se renfermait dans sa cellule, travaillait, lui, sans relâche dans les tumultueuses agitations du monde et agissait à la fois sur les intérêts religieux et sur les intérêts sociaux de l'humanité. Et c'était chose nécessaire, car, même durant le xvᵉ siècle, les bons prédicateurs étaient rares (⁴).

En 1409, un autre franciscain, Henri Stuurman, insistait auprès du magistrat de Groningue sur la nécessité de la réforme morale des moines mendiants. Il faisait une censure amère de leur dépravation et demandait que l'on créât une commission de quatre membres pris dans la bourgeoisie et chargés de les surveiller (⁵).

Les frères de la vie commune s'étaient principalement réunis pour faire des exercices de piété et des actes de bien-

(¹) MOLL, p. 79-80.
(²) BÉRAULT-BERCASTEL, *Histoire de l'Église;* Paris, 1778, t. XVI, p. 89 et 90.
(³) MOLL, p. 97.
(⁴) ID., p. 99, 100, 148 et 149.
(⁵) HOFSTEDE DE GROOT, *Geschiedenis der Broederenkerk in Groningen;* Groningue, 1832, p. 9.

faisance, et non pour attaquer ouvertement l'Église ; mais pendant la seconde moitié du xve siècle, la théologie prit des tendances décidément hostiles à l'ordre ecclésiastique. Elle fut surtout engagée dans cette voie par les doctrines de Wicleff et de Hus, et bientôt on commença à pénétrer philosophiquement l'essence même de la religion, en se guidant beaucoup plus sur les textes de l'Écriture que sur les traditions de l'Église. C'est alors qu'on entendit Jean Van Goch (¹), prieur d'un couvent de chanoinesses à Malines, nommer Thomas d'Aquin le prince de l'erreur ; déclarer sans détour que la Bible est la seule autorité de la foi ; que les écrits des théologiens de son temps, notamment ceux des moines, n'avaient aucune valeur ; que l'emploi de la force en matière de foi est condamnable ; que, l'amour étant la seule loi du christianisme, la doctrine évangélique, loin de contraindre l'esprit humain, voulait, au contraire, le rétablir dans toute sa liberté d'action ; que les vœux monastiques n'étaient ni d'une nécessité absolue, ni aussi méritoires qu'on le prétendait ; que l'Église peut errer ; que la différence entre les évêques et les simples prêtres n'est pas d'institution divine ; que la chrétienté devrait revenir à la simplicité de ses temps primitifs (²). Van Goch parlait aussi avec beaucoup de sévérité de la vie scandaleuse des moines, qui, disait-il, était telle que Satan rougirait d'imaginer ce que beaucoup de moines osaient prendre sur eux (³).

Goch, lui aussi, ne mettait pas la loi dans l'observation des rites extérieurs ni dans la pratique des bonnes œuvres ; mais, à l'exemple des mystiques et des autres hommes de l'opposition, il la plaçait dans la piété et dans la foi. Quant à l'Église, il n'entendait par ce mot que la communauté de ceux qui tendaient à la piété, à la foi, à la sainteté et qui étaient reliés entre

____

(¹) Il mourut en 1475.

(²) WALCH, *Monimenta mœdii œvi*. Goetting, 1757, . t. I, fasc. 4. Præf., f. XXXV-XXXVII. — HAGEN, p. 75, 76, 116 et 117. — ULLMANN, t. I, p. 150. — OKKEN, p. 115.

(³) WALCH, *l. c.*, f. 122.

eux par la charité sous leur chef Jésus-Christ. Ce lien n'était donc pas une autorité religieuse extérieure, mais l'amour des uns pour les autres. « C'est pourquoi on n'était pas tenu de croire au pape, qui avait erré plus d'une fois. L'unité de l'Église n'était que spirituelle, et son vrai chef était le Christ. Saint Pierre avec le pape ne constituaient donc pas cette unité. Aussi, combien n'y a-t-il pas dans ce monde d'excellents chrétiens qui ignorent Rome et le pape (¹)? »

« L'Église, disait-il, ne peut reposer que sur l'Évangile, et l'on ne doit lui obéir que pour autant qu'elle repose sur ce fondement.

« Il y a un double sacerdoce, l'un qui s'acquiert par l'état de prêtre et par le sacrement, l'autre que l'on obtient par la nature rationnelle de l'homme. Ce dernier sacerdoce est commun à tous. Le peuple a le droit de s'opposer au clergé qui corrompt l'Église. Les rapports du clergé avec le peuple ressemblent à un contrat qui peut être résilié dès que les prêtres ne font plus leur devoir. » Aussi Goch voulait-il que ceux-ci fussent soumis tous les ans à une réélection par le peuple.

« Le pape n'a d'autre mission que d'édifier les fidèles. S'il s'en acquitte dignement, on lui doit obéissance, sinon, on est tenu de lui résister. Le pape n'est pas le maître de l'Église; mais il est, comme tous les fidèles, obligé envers Dieu, le Christ et l'Évangile. Son autorité n'existe que lorsqu'il représente véritablement l'Évangile, de telle sorte que tous ceux qui comprennent l'Évangile mieux que lui ont aussi plus d'autorité (²). »

On le voit, Van Goch avait déjà les tendances des réformateurs du xvi⁰ siècle; c'est, chez lui, la même lutte contre le philosophisme scolastique et contre le principe d'autorité absolue, la même valeur donnée à l'Écriture sainte et à la pratique de l'Évangile, la même polémique

____

(¹) HAGEN, t. II, p. 118 et 119.
(²) ID., p. 119 et 120.

contre le trop grand mérite attribué aux œuvres spirituelles et aux exercices de piété. Avec une éloquence qui bouillonnait comme un fleuve de feu, il voulait arracher à la décadence tous les ordres de la société, le peuple aussi bien que les grands, l'État aussi bien que l'Église ; et, chose surprenante, jamais il ne fut suspect à la hiérarchie ecclésiastique et jamais non plus il ne se vit exposé à la moindre persécution, sans doute parce qu'il ne répandait pas ses principes et ses critiques dans la vie publique, mais qu'il les renfermait dans le cercle de ceux qui pouvaient le comprendre et l'apprécier. Et cependant, par ces principes, Goch était un réformateur dans la véritable acception du mot [1].

A la même époque brillait un homme plus considérable encore que lui, Jean Wessel [2], surnommé Gansfort, Goesevort ou Gansevoet, fils d'un boulanger de Groningue, élève de Zwoll et ami de Thomas a-Kempis.

Wessel, après avoir étudié et enseigné à Zwoll, était allé approfondir la philosophie et la théologie à l'université de Cologne. Cette université, cependant, était alors bien déchue de sa splendeur. Il y régnait le sombre et intolérant dogmatisme scolastique, dont l'esprit de persécution se fit sentir dans toute son étendue immédiatement avant la réformation de Luther. Cologne était devenu le siège principal des inquisiteurs en Allemagne, et c'est de là que sortit, à la fin du xve siècle, le terrible *Malleus Maleficarum*. Aussi les écrivains les plus distingués de ce siècle et du xvie ne parlent-ils qu'avec mépris de cette ville, devenue un centre de l'obscurantisme, après avoir rendu tant de services à la science. On disait que Virgile et Cicéron y étaient rejetés avec autant de dégoût que la viande de porc par les juifs [3].

Le jeune étudiant, qui avait été élevé à Zwoll dans une douce et abondante piété chrétienne et formé à une école

[1] ULLMANN, t. I, p. 146-150.
[2] Né en 1419, mort en 1489.
[3] ULLMANN, t. II, p. 303-310. — J. FRIEDRICH, *J. Wessel*, p. 94 et 95.

d'où sortirent plus tard les restaurateurs de l'antiquité classique, ne devait se plaire que très médiocrement dans une
université qui en était encore aux systèmes surannés d'Albert
le Grand et de Thomas d'Aquin. Il n'en fut pas moins reçu
docteur, mais il ajouta beaucoup plus d'importance à l'étude
des livres conservés dans les bibliothèques des couvents, surtout dans celui des Bénédictins. Il avait une prédilection particulière pour la philosophie platonicienne, qui avait à ses
yeux le mérite de se rapprocher du christianisme. Il fut assez
heureux pour se fortifier dans la langue grecque chez quelques Hellènes réfugiés à Cologne. Afin de connaître ensuite
l'Écriture sainte dans ses textes originaux, il apprit de juifs
et de moines l'hébreu, le chaldéen et l'arabe ([1]).

Champion ardent du réalisme, Wessel partit, en 1452,
pour Paris, après avoir séjourné quelque temps à Louvain.
Il voulait déployer, dans la capitale de la science théologique,
son activité réformatrice parmi les nominaux, au profit des
réalistes ([2]).

On sait que les théologiens de l'université de Paris furent
en partie les auteurs et les défenseurs les plus remarquables
de l'opposition antipapale des conciles de Constance et de
Bâle, ainsi que les promoteurs de ce principe si fécond en
conséquences suivant lequel les conciles sont au-dessus des
papes. Tout cela donnait au nominalisme une sorte de justification, outre qu'hostile aux développements dialectiques du
réalisme et favorable à l'Écriture sainte et à la primitive
Église, il s'alliait au mouvement réformateur du siècle. Aussi
les représentants des nouvelles idées en France étaient-ils
tous des nominalistes, tels que Pierre d'Ailly, Nicolas de
Clémangis, Gerson et tant d'autres. Mais quelle que fût leur
haute influence, ils ne parvinrent pas à empêcher le retour
des vieilles querelles du réalisme et du nominalisme, qui, en
effet, reprirent force et vigueur vers le milieu du XVe siècle.

([1]) ULLMANN, p. 310-315. — FRIEDRICH, p. 95-97.
([2]) FRIEDRICH, p. 97.

Paris en fut le principal théâtre et il attira tous ceux qui brû-
laient du désir de combattre. C'est parmi eux que prit place
Wessel, qui avait refusé une position à l'université de Heidelberg, afin de pouvoir aller rompre une lance à Paris et, particulièrement, afin de ramener au réalisme deux de ses
compatriotes, Henri Van Zomeren et Nicolas d'Utrecht, nominalistes célèbres.

Mais, au milieu de la lutte et des études qu'elle nécessitait,
Wessel changea peu à peu d'opinion et passa lui-même au
nominalisme. En même temps, il s'intéressa aux disputes de
l'université sur l'étendue du pouvoir pontifical, l'infaillibilité
du pape, les abus de l'Église et de la cour de Rome, et bientôt
il figura parmi les plus illustres platoniciens de Paris (¹).

Cependant, malgré cette adhésion au nominalisme, Wessel
n'adopta pas toutes les doctrines de cette philosophie, qu'il
accusait, entre autres critiques, de ne pas distinguer « le feu
qui purifie du feu qui punit » et de se permettre une grande
« dissidence et incohérence de mots » à l'égard des indulgences (²).

Wessel demeura environ seize ans à Paris. Il y eut pour
maîtres Henri van Zomeren et Nicolas d'Utrecht, qu'il avait
d'abord voulu convertir; puis Guillaume de Phalis, Jean de
Bruxelles et Jean le Picard, de son nom de famille Haveron,
qui, en 1450, fut recteur de l'université. Parmi les hommes
plus jeunes sur lesquels il exerça de l'influence, il importe
de citer Jean Reuchlin et Rodolphe Agricola, dont il sera
question ci-après (³).

Après qu'il eut visité d'autres universités et la ville de
Rome, où il se trouvait en 1470 et 1471, nous le rencontrons
de nouveau à Paris en 1473. Cette année, Louis XI publia un
édit qui tomba sur le nominalisme comme un coup de ton-

(¹) *Bulæus, Historia universitatis parisiensis*, t. V, f. 666, 780 et 918. — Friedrich, p. 99-102.

(²) Wesselii, *Opera ;* Amst., 1617, p. 850 et 890. — Friedrich, p. 102.

(³) Friedrich, p. 102 et 103. — Ullmann, p. 340-341.

nerre. Cette doctrine y était proscrite comme moins utile et moins propre que le réalisme à l'édification de l'Église et de la foi chrétienne, ainsi qu'à l'éducation de la jeunesse (¹). Le célèbre historien de l'université de Paris nous apprend que la dignité de cet établissement avait été fortement compromise par les philosophes et les théologiens combattant pour l'un ou l'autre système. Pour la rétablir, le Normand Jean Bochard (²), auparavant confesseur du roi Charles VII, depuis évêque d'Avranches (³) et le principal conseiller de Louis XI dans l'affaire de l'édit, eut recours au talent et à l'habileté de Wessel (⁴). Il paraît que, dans cette circonstance, il fut nommé recteur de l'université, dont il devint le restaurateur. Bochard n'aurait pu faire un meilleur choix : pour une mission aussi élevée, il fallait un homme tel que Wessel, qui, tout en se ralliant au nominalisme, n'avait pas abdiqué son individualité, son indépendance, et pouvait facilement prendre une position conciliatrice entre les deux partis, auxquels il pouvait hardiment faire entendre le langage de la vérité, parce qu'il planait au-dessus d'eux (⁵). Au surplus, quand la paix fut rétablie, l'édit fut révoqué (1481), et l'entière liberté philosophique rendue à la France (⁶).

Quels étaient maintenant les motifs qui avaient conduit Wessel en Italie? C'étaient probablement la renaissance de l'antiquité classique, et particulièrement l'étude de la littérature grecque, qui florissait alors dans ce pays. Wessel désirait lire « l'Aristote grec en Grèce ». Nous avons, du reste, peu de renseignements sur le séjour qu'il fit en Italie : nous savons seulement qu'à un dîner chez Henri Dalman, camérier du pape Paul II, auquel assistaient Guillaume de Phalis, Jean de Bruxelles et Jean le Picard, Wessel fut amené à

(¹) Bulaeus, *l. c.*, f. 708.
(²) Id., *ibid.*, f. 886.
(³) Mort en 1485.
(⁴) Bulaeus, f. 918.
(⁵) Friedrich, p. 103 et 104.
(⁶) Ullmann, p. 336, d'après Bulaeus, t. V, f. 739-741 et 918.

exposer ses idées sur les indulgences, et que le chambellan répondit : Cela n'est pas nouveau, et plus d'un membre de la cour de Rome s'exprima de même (¹).

Cela se comprend, rien n'était plus incertain et plus obscur, au xvᵉ siècle, que les questions relatives aux indulgences, lesquelles ne furent fixées comme dogme que dans la 25ᵉ session du concile de Trente. Jamais, du reste, à part quelques excentricités de paroles, Wessel n'a différé fondamentalement, *principiellement*, de l'Église, tandis que, de très bonne heure, il en fut différemment chez Luther (²).

Wessel visita aussi Florence, où l'attirait sans doute l'étude de la philosophie platonicienne, mais où il apprit à connaître aussi le caractère italien sous un aspect moins avantageux. Il fait l'éloge des compatriotes de Zwoll, gens simples et bons, qui, heureusement pour leur caractère et leur moralité, ne savent pas calculer comme les rusés Florentins (³). A Venise, il fut témoin d'un acte du procès de canonisation au sujet de la vie et des miracles du patriarche d'Aquilée. Il pensait que, malgré les incertitudes qui y régnaient, une telle canonisation serait encore préférable à celle qu'on abandonnerait à l'opinion flottante du peuple (⁴).

On a parlé des voyages de Wessel en Grèce et en Égypte, mais sans aucune espèce de fondement. Il avait eu l'occasion d'étudier « le grec en Grèce », chez les savants Hellènes réfugiés en Italie. Après son second séjour à Paris, il arriva, vers 1474, à Bâle, où il retrouva Reuchlin, et il y donna des leçons privées sur la théologie et les langues grecque et latine (⁵).

Vers 1475 ou 1476, Wessel est de retour dans sa patrie. On parle, il est vrai, d'un nouvel appel qui lui avait été fait par l'université de Heidelberg, où il aurait enseigné la phi-

---

(¹) *Wesselii Opp.*, p. 886 et 887. — FRIEDRICH, p. 104 et 105.
(²) Voir les preuves *apud* FRIEDRICH, p. 238 et suiv.
(³) *Opp.*, f. 212.
(⁴) *Ibid.*, f. 583. — ULLMANN, p. 357.
(⁵) FRIEDRICH, p. 105 et 106. — ULLMANN, p. 357 et 358.

losophie, mais non pas la théologie, parce qu'il n'y était pas gradué. Mais, à cet égard, les preuves manquent et, ne manqueraient-elles pas, toujours serait-il que jamais, comme on l'a dit, il n'a semé dans cette université le germe des doctrines dont l'auteur fut Luther (¹).

Après une vie scientifique très agitée, Wessel rentra à Zwoll, où il fut reçu avec enthousiasme. Il passa les années qui lui restaient à vivre tantôt chez les chanoines réguliers du Mont-Sainte-Agnès, près de Zwoll, tantôt dans l'abbaye d'Adwaerd, en Frise, tantôt dans un couvent de religieuses à Groningue. Il va sans dire qu'il ne se détacha pas des bonnes et fortes études et qu'il s'efforça, au contraire, de les répandre et de les fortifier (²).

Wessel avait un esprit réformateur, une organisation puissante que ne pouvait satisfaire la vie contemplative des mystiques et dont aucune autorité ne pouvait assouplir l'indépendance. Encore enfant, il se moquait des indulgences et il rejetait également les mérites que l'on faisait résulter du jeûne. « La pratique de toutes les vertus chrétiennes, s'écriait-il, voilà la seule, la plus complète, la plus incontestable de toutes les lettres d'indulgence, non de par saint Pierre, mais de par le Saint-Esprit, annoncé par saint Pierre et reçu par l'Église (³). » Il consacra une dissertation spéciale à prouver que les indulgences ne sont fondées ni sur l'Écriture, ni sur les Pères antérieurs à Albert et à Thomas, et qu'elles ne reposent que sur l'absurdité et la tromperie (⁴).

Wessel voulait, en toutes choses, des preuves, et lorsqu'elles manquaient, il refusait de croire. Ce fut lui qui répandit dans la conscience publique les éléments d'opposition jusque-là renfermés dans les sociétés des frères de la vie commune. Il ne reconnut pour tout fondement et pour

____

(¹) FRIEDRICH, p. 106 et 107.
(²) ID., p. 107. — ULLMANN, p. 371.
(³) *Wesseli Gansforti opera;* Groningue, 1614, p. 811 et suiv.
(⁴) *Ibid.*, p. 876-914.

toute source de religion que l'enseignement naturel et libre de l'Évangile, et ne plaça la piété que dans la croyance sincère en Dieu et en ses lois. L'Église était, pour lui, une communauté de tous ceux qui veulent le bien et qui sont unis par l'amour sous leur chef Jésus-Christ, et non pas sous le pape [1]. D'après lui, la suprême, la dernière décision de l'Église est toujours fournie par l'Évangile, de manière que celui qui entend le mieux l'Écriture, qui l'explique le mieux et avec le plus de foi, celui-là est le véritable philosophe et le véritable théologien chrétien; celui-là est toujours au-dessus du prêtre [2].

La place que Wessel assigne au pape est plutôt juridique que religieuse et théologique : il en fait le représentant suprême des lois de l'Église, mais dans les choses où l'homme peut être dominé par l'homme, et non dans les rapports de l'homme avec Dieu [3].

Wessel représente les rapports des prêtres avec le peuple comme un contrat que l'on peut rompre lorsque les premiers ne s'acquittent pas convenablement de leurs devoirs. Aussi pensait-il que les prêtres, sans distinction de rang, devaient être annuellement élus par le peuple, et pouvaient, suivant les circonstances, être destitués par lui [4].

Wessel était un caractère viril et pur; hardi, intrépide, généreux, passionné pour la vérité, il soutint franchement son opinion partout. Telle fut sa réputation qu'il acquit le surnom de maître des contradictions et de *lumière du monde* [5].

De tous les hommes dont nous nous sommes entretenus jusqu'à Wessel, aucun n'a enseigné des idées réformatrices

<hr>

[1] HAGEN, *l. c.*, p. 117-119.
[2] ULLMANN, t. II, p. 556.
[3] *De Purgatorio*, p. 826 et 827. — *De Thesauro Ecclesiæ*, p. 4-20. — ULLMANN, t. II, p. 531-557.
[4] HAGEN, p. 120.
[5] HARDENBERG, *Vita Wesseli*, p. 5. — HAGEN, *l. c.*, — BURIGNY, *Vie d'Érasme;* Paris, 1757, t. I, p. 22.

qui se rapprochent autant que les siennes de celles du
xvi⁰ siècle. Mais, comme celles d'Erasme, elles empruntaient
au caractère belge une grande mesure de forme. Erasme
lui-même se plaisait à faire ressortir l'extrême modération
de notre compatriote comparée aux violences excessives de
Luther (¹). Le savant Guillaume Lagarus, jurisconsulte zélandais, membre du Conseil de Brabant sous Charles-Quint, était
tellement épris des doctrines du grand maître de Zwoll, qu'il
visita Adwaerd pour obtenir quelques renseignements sur
lui (²). Cependant, malgré les différences profondes qui séparaient de Luther l'illustre théologien hollandais, le réformateur de Wittenberg ne l'en proclama pas moins son prédé-
cesseur. « Si j'avais lu antérieurement Wessel, dit-il, mes
ennemis auraient pu croire que j'avais tout puisé chez lui,
tellement nos deux esprits ne font qu'un (³). » Ici, Luther est
allé trop loin ; sans doute, le docteur de Groningue a avancé
des opinions très hardies et dont quelques-unes rappelaient
les siennes ; mais ses écrits, pris dans leur ensemble, étaient
catholiques et, dans tous les cas, ils n'ont rien d'un système
théologique semblable au protestantisme (⁴).

En général, aucun des réformateurs du xv⁰ siècle n'a songé
à faire comme Luther au xvi⁰ ; aucun n'a voulu détruire les
fondements sur lesquels reposait l'Église romaine ; tous ne
cherchaient qu'à la réformer par elle-même et en elle-
même ; car tous lui reconnaissaient assez de force pour opé-

______

(¹) *Epist. ad fratres infer. et orient. Fris. Opp.*, t. X, f. 1622.

(²) Hardenberg, p. 15 et 16.

(³) Walch, *Luthers Werke.* Halle, 1740-1753, t. XIV, p. 220 et 221.
Plusieurs dissertations de Wessel avaient été envoyées à Luther. Elles furent
publiées pour la première fois en 1521, peut-être à Wittenberg même, sous ce titre :
Farrago rerum theologicarum uberrima, doctiss. viro Wesselo Groningensi auctore.
Dans les éditions subséquentes, à commencer par celle de Bâle (1522), il se trouve
une préface de Luther, dans laquelle il dit : *Hic, si mihi antea fuisset lectus, pote-
rat hostibus meis videri Lutherum omnia ex Wesselo hausisse, adeo spiritus utrius-
que conspirat in unum.* — Ullmann, p. 643-645.

(⁴) C'est ce qui a été prouvé par M. le docteur Jean Friedrich, dans sa savante
biographie de Wessel.

rer sa propre régénération. Wessel, d'ailleurs, mourut dans le
sein de l'Église (¹). Il conserva même toujours quelque chose
de l'ascétisme des Frères de la vie commune (²), qu'il ne cessait de représenter comme des modèles (³).

Wessel avait eu pour protecteur spécial l'évêque d'Utrecht,
David de Bourgogne, fils de Philippe le Bon et demi-frère de
Charles le Téméraire. En dehors de ses travaux philosophiques et théologiques, il se livrait aux contemplations soli-
taires et se préparait à la mort par la prière et la méditation.
Soumis aux règles monastiques, il communiait avec les frères
et leur récitait les paroles d'adieu du Christ, voulant montrer
par là comment il désirait introduire dans la vie sa doctrine
de l'Eucharistie.

Les lettres de Wessel nous font voir clairement que tout,
de son temps, poussait à la question de savoir jusqu'où
s'étendait l'autorité du pape, et qu'on était parvenu à la conviction que les abus de la cour de Rome, notamment le
honteux système des indulgences, avaient une part considérable dans la décadence du christianisme. Cependant, on fut
plus d'une fois froissé de ce que Wessel enseignait sous ces
rapports et on crut qu'il mettait les doctrines de l'Église en
péril (⁴). Aussi fut-il dénoncé aux inquisiteurs de Cologne par
le doyen Hoeck (⁵). Il ne les redoutait pas, tellement il se sentait fort de son orthodoxie et de son éloignement de toute
rupture avec l'Église (⁶). Il pouvait d'ailleurs compter sur
l'appui de David de Bourgogne, et, en effet, la dénonciation
n'eut point de suites, 1470 (⁷). David de Bourgogne avait été

(¹) FRIEDRICH, *Johann. Wessel*, p. 110, 112, 125, 171, 280-283.
(²) ULLMANN, p. 423, 633 et 641. — GIESELER, t. II, 4, p. 491 et 493.
(³) Eux aussi entendaient la Réforme de la même manière que Wessel. C'est pourquoi, lorsqu'ils virent Luther rompre définitivement avec l'Église catholique, ils se
séparèrent de lui comme firent Staupitz, Cratus Rubianus et tant d'autres. On ne
lira pas sans intérêt un document inédit que nous publions à la fin de ce chapitre.
(⁴) FRIEDRICH, p. 109.
(⁵) *Opp. Wess.*, p. 864.
(⁶) *Ibid.*, p. 920.
(⁷) FRIEDRICH, p. 110 et 111.

nommé évêque par le pape, grâce à la puissante intervention de Philippe le Bon et contrairement à l'élection parfaitement canonique du prévôt de la cathédrale, Gisbert Bréderode ([1]). Il fut le cinquante-cinquième évêque d'Utrecht et y gouverna de 1456 à 1496, donc pendant environ quarante ans. Au commencement, il paraît avoir eu une attitude pleine de dignité ; ensuite, il baissa peu à peu dans l'estime publique, de sorte qu'il mourut sans laisser de regrets. Il n'était cependant pas sans de grandes qualités : on louait sa libéralité, sa magnanimité, son dévouement aux sciences et aux arts ; mais, d'un autre côté, on blâmait ses habitudes voluptueuses, son tempérament colérique et sa légèreté française. Plus porté à se faire craindre qu'aimer du peuple, il se vit exposé à plus d'un soulèvement. Inexorable envers ses adversaires, il fut accusé d'avoir empoisonné Bréderode. Tout-puissant pendant le règne du Téméraire, il perdit son crédit après la mort de ce prince (1476). Parvenu à une vieillesse caduque, il se laissa dominer comme un enfant. Abîmé d'ailleurs par la goutte, la mort fut pour lui une délivrance (16 avril 1496) ([2]).

Malgré les énormes différences qui existaient entre lui et Wessel, deux choses les rapprochaient : l'amour des lettres et le sens des améliorations ecclésiastiques. David, comme Léon X, aimait une cour brillante et recherchait les hommes distingués par leurs talents ([3]). Il voulait un clergé instruit et le soumit régulièrement à des examens publics. Dans une de ces épreuves, il avait fait la triste expérience que sur trois cents, trois seulement avaient subi l'examen d'une manière satisfaisante. Les ajournés lui donnèrent pour excuse que le temps n'était plus où l'on faisait des théologiens comme saint Augustin et saint Jérôme. « Non, répondit le prélat, mais

---

([1]) LEO, *Zwölf Bücher niederländischer Geschichten*, Halle, 1832, t. I, p. 950 et 951.

([2]) HEDA, *Historia episcorum ultrajectensium illustrata ab Arn. Buchelio.* Utrecht, 1642, p. 292-297, 305 et 306. — ULLMANN, 376 et 377.

([3]) HEDA., p. 292, 294, 306 et 307.

faut-il créer des ânes et des abîmes d'ignorance (¹)? » Pour remédier à un tel abaissement, David n'aurait pu choisir un meilleur conseiller que Wessel; malheureusement, l'évêque ne possédait pas assez de force morale pour mener à bonne fin les réformes exigées à ce sujet (²).

Le séjour de prédilection de Wessel fut l'abbaye d'Adwaerd. Elle était célèbre par sa science, la richesse de ses biens, la beauté de ses édifices et l'importance de sa bibliothèque. La partie la plus considérable de cette bibliothèque devint, au xvi° siècle, la proie des flammes et ce qui en resta fut incorporé à celle de l'université de Groningue. Au temps de Wessel, rien n'était plus recherché que les écoles d'Adwaerd. Elles formaient une sorte d'académie fréquentée par la jeunesse studieuse de la Frise. Elles étaient divisées en deux sections, l'une inférieure, où l'on enseignait les principes des sciences; l'autre supérieure, où des professeurs de premier ordre enseignaient la philosophie et la théologie. Elles avaient été jadis dans une situation brillante et avaient possédé autant de maîtres illustres que de brillants élèves; mais, au xv° siècle, elles avaient subi une sorte de décadence, dont elles furent heureusement relevées par Wessel, avec le concours de son ami Henri Rees. Wessel s'appliquait notamment à instruire les élèves et les moines dans la littérature hébraïque (³).

Les nombreux et savants amis de Wessel prouvent qu'il y avait alors dans les Pays-Bas beaucoup d'ecclésiastiques pensant en vrais chrétiens, et plus librement que partout ailleurs; ce qui était inévitable dans une contrée qui donna l'impulsion, je ne veux pas dire au luthéranisme et au calvinisme, mais aux idées réformatrices du xvi° siècle. Parmi ces amis figuraient : Jacques Hoeck (Angularis), docteur en théologie et doyen de Naaldwyck, oncle de Martin Dorp, professeur à Louvain et ami d'Érasme; maître Rodolphe Van Veen, doc-

---

(¹) Schoockius, *De bonis ecclesiasticis.* Groning., 1651, p. 435.
(²) Ullmann, p. 378.
(³) Id., p. 382-384.

teur en droit et doyen de Saint-Martin, à Utrecht; Bernard
Van Meppen, chanoine régulier; frère Jean d'Amsterdam et
maître Englebert de Leyde; Rodolphe de Langen, de Munster;
Paul Pélantin, Jean Cauter, Lambert Freyling, de Groningue;
Arnold de Hildesheim; le savant chevalier Onnon Van Ensum;
Renier Predinius, de Groningue; Rodolphe Agricola; Alexan-
dre Hegius et le famulus de Wessel, Goswin de Halen, sur
la Moselle, recteur du *fraterhuis* de Groningue (¹).

Goswin Van Halen était né dans la seconde moitié du
xv° siècle. Il vécut longtemps dans l'abbaye d'Adwaerd, en
compagnie de son maître et du célèbre Rodolphe Agricola.
Au commencement du xvi° siècle, il fut placé à la tête du *fraterhuis* de Groningue et il devint plus tard prieur du couvent
des Récollets de cette ville, où il se fit une belle réputation
par l'excellence de son enseignement et où il jeta les semences
de la Réforme dans l'esprit de deux hommes destinés à jouer
un rôle au début du protestantisme : Regnier Redinius et
Albert Hardenberg.

Van Halen mourut en 1530, grandement estimé d'Erasme
et de Mélanchton pour sa science et pour ses vertus. Mais,
quoiqu'il fût sincère partisan des idées nouvelles, il n'en était
pas moins resté constamment attaché à l'Église.

Aux deux plus anciens élèves de Wessel et des plus distingués, Rodolphe Agricola et Jean Reuchlin, se rattachaient un
grand nombre d'indigènes : Herman Torrentius (Van der
Beeke), de Zwoll, professeur dans les écoles de Groningue et
de Zwoll; Gérard Van Cloester; Rodolphe Hilbrand, surnommé Bolens; Jean Oostendorp, chanoine de Saint-Liévin,
à Deventer, et recteur de l'école de cette ville après Hégius (²).

Goswin a décrit le cercle des études que l'on suivait, sous
l'inspiration de Wessel, à Zwoll, à Adwaerd et dans d'autres
écoles de ce temps : on lisait Ovide et les poètes du même
genre; mais on approfondissait Virgile, Horace et Térence,

(¹) ULLMANN, p. 386-389.
(²) ID., p. 390.

Plutarque, Salluste, Thucydide, Hérodote, Justin, Aristote, Platon, Cicéron, la Bible, Jérôme, Ambroise, Chrysostome, Grégoire, Bernard, Hugues de Saint-Victor et l'histoire de l'Église. Dans ce programme, l'antiquité classique avait une place tout autrement considérable que dans celui de Groot, où la vie des saints et les écrits des Pères jouaient un plus grand rôle. Sans doute, les noms que je viens de citer étaient loin d'être tous des noms illustres dans les lettres; mais ceux qui les portaient formaient des sortes de familles savantes qui exerçaient une action puissante sur leur siècle[1].

Il y avait aussi des religieuses qui consultaient Wessel; de ce nombre fut sœur Gertrude Reyners, du couvent de la Sainte-Vierge à Klooswater, dans la province de Gueldre, près de la petite ville de Hattem. Elle l'interrogea sur l'utilité de l'étude de la logique, et le philosophe-théologien lui répondit qu'il ne voyait pas quel intérêt pouvait avoir cette étude pour des nonnes, à qui la prière devait suffire. A une autre recluse, il enseigna la commémoration du dernier repas de Jésus au milieu de ses apôtres [2].

Wessel avait l'esprit trop libre, trop élevé, pour ne pas rejeter un des plus funestes préjugés de son temps : la magie. Il s'explique aussi avec beaucoup de raison sur les visions, les révélations et les apparitions de fantômes, et, sous ce rapport, il se distingua très avantageusement de Thomas a-Kempis et des anciens Frères de la vie commune, qui ne croyaient que trop à tous ces phénomènes d'une imagination exaltée. Il ne voulait même pas les tolérer chez les femmes; il n'y voyait que des ruses de Satan. Il les tolérait tout au plus lorsqu'ils tendaient à fortifier la piété, jamais comme appuis de la foi [3].

Wessel mourut le 4 octobre 1489, à l'âge de 69 ou 70 ans. Il fut enterré dans le couvent des nonnes, à Groningue, où

[1] ULLMANN, p. 391-393.
[2] FRIEDRICH, p. 111.
[3] ULLMANN, p. 405.

il avait passé la plus grande partie de la fin de sa vie; ses
cendres furent déposées dans le chœur de l'église, non loin
du maître-autel ([1]).

Wessel était, sans contredit, un très savant théologien; ce
qui lui manquait est ce qui manquait généralement à son
siècle, c'est-à-dire de solides connaissances historiques et
une critique sagace. Ce défaut de théologie historique fut
cause qu'il se fourvoya plus d'une fois. La méthode dialectique du moyen âge avait détruit les fondements historiques
de la religion, de sorte qu'on eut de la peine à reconnaître
l'état des choses du xvᵉ et du xviᵉ siècle comme le développement légitime des premiers temps du christianisme. On rompit dès lors avec le présent comme avec une mauvaise excrois-
sance du passé, afin de recommencer tout à neuf. C'est dans
ce sens surtout que Wessel, comme savant, fut un précurseur de la réformation.

Pour apprécier ce théologien philosophe, il faut remarquer qu'il vécut à une époque de transition qui tient en quelque sorte le milieu entre Gerson et Luther, entre les grands
théologiens français qui ne voulaient pas rompre avec la
papauté et ne désespéraient pas de réformer l'Église sur le
terrain de la hiérarchie, et les théologiens allemands qui se
détachèrent de Rome pour fonder une Église chrétienne
inconnue jusque-là. Quand Gerson mourut, Wessel était dans
sa dixième année. A la mort de Wessel, Luther était un
enfant de six ans, Zwingle de cinq et Mélanchton n'avait pas
encore vu le jour. Ainsi Wessel n'était le contemporain d'aucun des grands docteurs de la fin du xvᵉ et du commencement du xviᵉ siècle. Aucun d'eux ne pouvant exercer une
influence sur lui, ni être à la portée de la science, il se trouva
isolé; mais, en revanche, il en eut d'autant plus d'indépendance et d'originalité. Il connaissait d'ailleurs parfaitement
l'esprit de son siècle, aux besoins duquel il sut répondre
dignement. Doué d'une plus grande force de caractère

([1]) ULLMANN, p. 415.

qu'Erasme, il agit comme réformateur; moins hardi et moins violent que Luther, il croyait que le calme et la douceur étaient indispensables à un disciple du Christ et, pour cela même, il répugnait aux éclats dangereux d'un schisme. A une révolution il préférait une transformation religieuse telle qu'elle convenait au caractère du peuple des Pays-Bas, mais dont ce peuple ne put recueillir les fruits, précisément à cause de l'invasion des idées étrangères, venues d'Allemagne et de Suisse.

DÉSAVŒU DE LUTHER PAR LES FRÈRES DE LA VIE COMMUNE.

(Voir page 182, note 3.)

Nos, prior, superior, caeteríque patres ac definitores generalis capituli windesemensis, canonicorum regularium ordinis S. Augustini, in actu et congregatione capitulari in Windesem congregati : notum facimus tenore praesentium quod, quum Spiritu Sancto invocato precibusque de more praemissis ad reformationem disciplinae monasticae quae nimium diu multis in locis collapsa jacuit, totam curam cogitationemque nostram converteremus : provocati inprimis Domini Dei nostri suam Ecclesiam nunc tandem misericorditer respicientis indicibili clementia ac pietate, extimulati etiam Regiae Majestatis propensissima in religionem voluntate quam nobis hic congregatis illustrissimus dux Albanus plenius suae Excellentiae ad nos datis literis insinuavit. Volentes tantae exspectationi nostroque debiti muneris officio satisfacere, illud praecipue conandum efficiendumque nobis duximus ut indagatis et cognitis malo· rum fontibus, contariisque remediis institutis quam rectissima et certissima via ad medicinam perveniamus.

Vigebat ab hinc annis ducentis quum primum ordo isti in germania inferiori simul inceptus est institui et spargi in tam eximia disciplina tantaque probae conversationis publica existimatione, ut vix ullum in regiis ditionibus sit oppidulum in quo non alterutrius sexus aliquod nostri ordinis collegium reperiatur; sed, proh dolor! *exoriente in ipsis capituli nostri quasi humeris lutherana haeresi*, eaque in dies latius serpente, sicut publice in urbibus et regionibus civilium ac legitimorum magistratuum contemptus invaluit, ita passim in monasteriis superiorum authorita vilescere coepit, ita ut quum improbitas et licentia quotidire cresceret et superiores corrigere improbos aut non possent aut non auderent, subsecuta sit paupertatis abjectio, solitudinis et inclusionis infractio et castimoniae quoque non una species laesionis.

Quominus autem istis initiis principio obviam itum et vitia inde enata deinceps debita correctione oppressa extiterint praeter alias multas causas malicia ipsa temporum, quibus et imperatores et reges cedere debuerunt, praecipua in causa fuit. Sed quum nunc singulari Dei omnipotentis beneficio, post tam longam catholicae doctrinae in his regionibus, in spem pristinae libertatis, et illa et nos repositi sumus, dabimus enixe operam ut temporum meliore occasione, sicut valde obstingimur, ita feliciter et libenter utamur. (4 mai 1569.)

(ARCHIVES DU ROYAUME, *Papiers d'État et de l'audience*, liasse 284.)

CHAPITRE V

ORIGINES DE LA RENAISSANCE.

Presque tous ceux sur qui Wessel avait exercé de l'influence étaient des humanistes. En effet, les études classiques se trouvaient aux Pays-Bas entièrement liées aux études théologiques. Mais elles y eurent des résultats tout différents qu'en Italie et en France : elles se firent les auxiliaires de la foi, et l'on y chercha les avantages que la religion pouvait en retirer. Ce qui n'avait produit, chez les uns, qu'un certain raffinement d'idées parfois minutieux et superficiel, pénétra toute la vie des autres, échauffa leurs cœurs et prépara leurs esprits à de plus vives lumières. Les premiers restaurateurs des lettres en France et en Italie se signalèrent par le scepticisme et par le mépris des doctrines évangéliques; ils produisirent une opposition incrédule et licencieuse, tandis que les écoles de la Hollande et de la Belgique, occupées d'une théologie profonde, furent pleines de foi et d'enthousiasme. Là, on sapait les fondements mêmes du christianisme; ici, on les rétablissait. Il se forma dans les Pays-Bas une réunion remarquable d'hommes libres, savants et généreux, qui s'efforçaient de rendre la science utile à la religion. Les uns apportaient à l'étude la foi humble des enfants; les autres un esprit éclairé, pénétrant, disposé peut-être à franchir les bornes d'une liberté et d'une critique orthodoxes; mais les uns et les autres contribuèrent à déblayer les parvis du temple obstrués par tant d'abus (¹).

(¹) HAMELMANNI *op. genealogico-historica*, Lemgov. 1711, p. 321.—*Melanchtonis declam.*, t. I, p. 602. — MERLE D'AUBIGNÉ, *Histoire de la Réforme*, t. I, p. 132-133. — HAGEN, p. 132-133. — GIESELER, t. II, 4, p. 511-513.

Il n'en pouvait être de même en Italie. Là, le néo-platonisme et l'éclectisme allaient jusqu'à nier l'immortalité de l'âme. Marsile Ficin, qui avait pour Platon un culte idolâtrique et faisait brûler une lampe devant son image, assimilait le *Criton* à un second Évangile. Pomponace, lui (1473-1525), professait ouvertement l'athéisme [1]. On comprend, dès lors, que l'Église, en Italie, ne pouvait laisser à l'étude de l'antiquité classique qu'une part d'action bien faible sur la théologie, science qui, dans ce pays, n'était étudiée que dogmatiquement. L'Église regardait, en général, les anciens comme des païens aveugles et obstinés, qui ne pouvaient avoir aucune autorité dans les questions religieuses. On ignorait, d'ailleurs, presque entièrement l'exégèse biblique, ce puissant moyen par lequel la littérature grecque et romaine devait avoir tôt ou tard une influence puissante sur la théologie, et même opérer une des plus grandes révolutions dans ce domaine de la science. Il est vrai que Laurent Valla avait fait un essai de critique de l'Ancien Testament; mais cet essai, bien faible, ne fut pas suivi d'autres études plus fortes. Il est vrai encore que l'Italie possédait quelques orientalistes habiles; mais ils n'influèrent pas non plus sur l'exégèse, la plupart d'entre eux appliquant leur science à la théosophie juive, connue sous le nom de Kabbale. Ce fut, à certains égards, un bonheur pour la renaissance des lettres, parce que les théologiens, s'ils avaient pu en redouter quelque chose, s'y seraient opposés de toutes leurs forces et, de cette manière, auraient empêché la propagation de la lumière nouvelle. Dans la situation où ils se trouvaient, lorsqu'ils concevaient quelque doute sur l'orthodoxie de cette propagande, ils s'en consolaient en disant que les Pères de l'Église, tels qu'Eusèbe et Augustin, s'étaient activement occupés de l'étude des anciens, que par la Renaissance, les livres des Pères avaient eu aussi les avantages d'une circulation

[1] Cantu, *La Réforme en Italie,* Paris, 1867, p. 337 et suiv.

plus rapide et plus grande, et que de cette manière le poison serait neutralisé par le contre-poison (¹).

Il en fut tout différemment aux Pays-Bas et en Allemagne : les hommes qui s'y appliquaient à l'étude des classiques, tels que Agricola et Reuchlin, étaient non seulement des littérateurs, mais encore des partisans déclarés de la théologie. Le premier mourut trop jeune pour faire plus qu'il n'avait fait; le second, entraîné par sa prédilection pour la littérature orientale, avait puissamment contribué à en répandre la connaissance par son enseignement et par sa grammaire hébraïque; s'adonnant en même temps aux sciences théologiques, il vécut assez pour assister aux commencements de cette grande révolution à laquelle il avait si ardemment coopéré sans qu'il s'en doutât.

Déjà à la fin du xvᵉ siècle, s'était fait sentir en Allemagne une fermentation d'idées qui n'existait point en Italie et qui ne devait avoir sa complète explosion qu'au xvɪᵉ siècle (²). La renaissance de la vraie philosophie grecque brisa les fers imposés à l'esprit humain par la scolastique et du même coup réagit d'une manière foudroyante sur la théologie monacale du moyen âge, non pas en Italie, mais en Allemagne, où les tendances intellectuelles de la race germanique l'emportèrent sur les tendances esthétiques de la race latine.

Ces premières tendances s'étaient déjà manifestées dans le système de l'enseignement, destiné, comme celui des Pays-Bas, à pénétrer dans les masses pour en activer l'émancipation, chose entièrement inconnue à l'Italie (³).

En Allemagne, comme dans nos provinces, les moines s'aperçurent du danger et se mirent à pousser des clameurs contre les mêmes études qu'ils avaient tolérées en Italie et en France. Il se forma entre eux une conspiration contre les

---

(¹) HEEREN, *Geschichte* u. s. w. *des Studiums der classischen Litteratur*. Götting., 1797, t. II, p. 338-340.

(²) ID., *ibid.* p. 340-341.

(³) ID., *ibid.* p. 349-354.

langues et les sciences classiques. Ils étaient d'autant plus irrités qu'ils virent le mouvement des idées nouvelles descendre peu à peu dans les masses par l'organe des langues vulgaires. De bonne heure, les poètes flamands avaient dirigé leur verve contre les mêmes abus qu'attaquaient les mystiques. Ainsi Jacques Van Maerlant [1] n'était pas seulement un poète, c'était encore un philosophe, propagateur des idées libérales. Dans ses fonctions, il avait appris à connaître les faiblesses des hautes classes de la société. Il rompit les barrières qui séparaient le monde savant du peuple, en traduisant en flamand les ouvrages les plus célèbres de son siècle. Avant lui, la science, ensevelie dans les couvents, n'avait pour organe que la langue latine et était lettre close pour la généralité. Le premier, Van Maerlant perça les ténèbres qui voilaient la vue des masses, et, à l'aide de ses rimes, fit pénétrer les connaissances utiles dans l'intelligence de tous. Doué d'un esprit transcendant, il mit la main à l'œuvre de la culture intellectuelle du peuple et ne négligea aucun effort pour relever et éclairer ses semblables. Ennemi déclaré de la scolastique, tantôt il familiarisait ses lecteurs avec la philosophie d'Aristote et de Platon ou avec le texte même des saintes écritures, tantôt il étalait devant eux les fleurs de la nature [2] et de l'antiquité classique, ou le miroir de l'histoire [3]; toujours il avait pour but de corriger les mœurs et de perfectionner les idées. Ses tendances rationalistes l'exposèrent à l'intolérance religieuse de ses contemporains. Poursuivi, accusé pour sa Bible rimée [4], il reçut

[1] Né vers 1225, mort en 1300. — Déjà en 1725, J. Le Long (*Boekzaal der neder-duitsche Bijbels*, t. I, p, 158) revendiquait pour la Flandre la gloire de ce nom que, de nos jours, la Hollande a voulu lui contester.

[2] Voy. *Der Naturen Bloeme van* JACOB VAN MAERLANT. *Met inleiding, varianten, aanteekeningen en glossarium, voor de eerste maal uitgegeven door J.-H. Bormans*, Brussel, 1857. D'après M. Bormans, ce poème est une imitation en vers du *De natura rerum* de CANTIMPRÉ. Voy. aussi DUBOIS, dans *Noord en Zuid*, et SERRURE, *l. c.*, p. 61 et suiv.

[3] Voy. JACOB VAN MAERLANTS. *Spiegel historiael*, publié : 1° par la Maatschappij der Nederlandsche letterkunde ; 2° par De Vries.

[4] JACOB VAN MAERLANTS *Rijmbijbel, uitgegeven door J. David.* Brussel, 1850-60.

l'ordre de se justifier devant le pape et de soumettre son livre à un examen ecclésiastique (¹). Il fut heureux d'échapper aux horreurs de l'inquisition de son temps, qu'il a décrites à un de ses amis (²).

Après la Bible rimée, la Flandre eut sa Bible en prose, l'année même de la mort de Maerlant. Cette version ne fut pas complète, mais il n'y en eut pas d'autre en flamand jusqu'à l'époque de l'invention de l'imprimerie. Le nom du traducteur est inconnu, il était né en Flandre et laïque. Il recommanda son œuvre comme livre de lecture pour les dimanches et les jours de fêtes, que le peuple, à l'exemple du clergé, passait dans les cabarets (³).

L'histoire de la papesse Jeanne, établie dans des chroniques monacales et si longtemps reçue par les catholiques, ruinée par Bayle et Basnage, ridiculisée par Voltaire (⁴), mais exploitée quelquefois encore de nos jours par les protestants, cette histoire ou plutôt cette singulière imposture a été reproduite avec tous ses scandaleux détails par Maerlant (⁵), qui déclare s'abstenir sur la question de savoir si le fait est vrai ou faux, si c'est une fable ou une histoire.

Et cependant Van Maerlant était catholique orthodoxe : il vénérait les saints et les martyrs; il professait un culte chevaleresque pour la Vierge; il croyait à l'enfer, aux miracles et même aux superstitions de son temps. Ce qui ne l'empêche pas de diriger des attaques violentes contre le clergé et l'Église d'alors. « Le prêtre, dit-il, c'est l'ennemi

---

(¹) LULOFS, *Handboek van den vroegsten bloei der Nederlandsche letterkunde.* Groningen, 1845, p. 32-58. — WILLEMS, *Verhandeling over de nederduitsche tael- en letterkunde,* Antw., 1819-24, t. I, p. 150-152. — SNELLAERT, *Verhandeling over de nederduitsche dichtkunst,* p. 23-25. — JONCKBLOET, *Geschiedenis der nederlandsche dichtkunst,* Amst., 1851, t. II, p. 381 et suiv. ; t. III, p. 68, 75, 87 et 159.

(²) Dans son *Wapene-Martyn.*

(³) LE LONG, l. c., p. 219-297.

(⁴) Voy. VILLENAVE, *Répertoire universel des sciences, des lettres et des arts,* t. XV, p. 321-323.

(⁵) Dans son *Spiegel historiael.*

naturel du laïque ; c'est le loup dans la bergerie, il vole le bien et la femme du prochain ; c'est l'adorateur du veau d'or : cupide èt avare, il accorde des indulgences et ouvre le ciel à prix d'argent. » Même au déclin de sa vie, Maerlant ne modéra pas son langage, malgré la colère des prêtres, qui le menaçaient du feu et de la hart : « L'Antechrist, s'écrie-t-il, est-il déjà né et précédé par ses disciples? Si j'osais, je dirais que oui. Un sot se fait-il raser une tonsure, large jusqu'aux oreilles, en devient-il d'un grain plus sage? Je voudrais dire combien la première tonsure fut humiliée, celle que portait saint Pierre à Antioche, lorsqu'on le jeta dans un cachot, quoique innocent, parce qu'il voulait ramener le peuple qu'il croyait innocent. Aujourd'hui, la tonsure est une source de trafic pour ces avares que rien ne peut rassasier. Je crois que jamais on ne vit race si âpre au gain. Combien de loups sont devenus pasteurs au milieu de ces brebis précieuses, pour lesquelles le Christ a versé son sang! Ils ont adopté les vêtements courts, les larges épées, les longues barbes et les hauts destriers. Ils vendangent dans la vigne du Seigneur et recueillent sa grasse moisson. Ce sont eux et les leurs qui enseignent au peuple la bienfaisance, et ils ne s'inquiètent pas de ceux qui tremblent de froid et gémissent de faim parce qu'on manque pour eux de charité. De là ces plaintes des pauvres : Ah! Seigneur, n'aurez-vous pas pitié de moi, que j'aie de quoi me nourrir? Ainsi crient-ils, l'estomac vide, le corps malade et les bras nus. Et vous, vous êtes assis, dans les délices, près de vos brasiers ; vous ne leur permettez pas de se réchauffer auprès de vous. Vous repoussez ceux que vous devriez protéger, et vous possédez les biens de la sainte Église, qui, de droit, ne vous appartinrent jamais. Écoutez votre sentence. On vous accuse. Vos membres sont couverts des vêtements du pauvre ; tous vos efforts tendent à amasser des richesses. Votre main est toujours fermée. Le pauvre se plaint que vous lui ayez refusé l'aumône lorsqu'il vint à vous. Vous voulez suivre les traces des grands ; mais votre orgueil sera humilié. » Et ailleurs : « Quand la tête s'emplit de vin sans mesure, tous les membres subissent une révolution. Alors le moine crie et frappe, saisit et déplace ce qui était bien; ses jambes et ses pieds chancellent sous lui. Ainsi l'Église de Rome, la tête de la chrétienté, est dans l'ivresse et sans ressource. Pas un de ses membres ne lui prête secours. Empereurs, rois, prélats, se sont perdus par leur avarice. Lorsque les prélatures deviennent vacantes, chacun s'empresse, l'un va supplier, l'autre fait l'amour, et la simonie marche tête levée. Quels sont ceux qui recueillent le bénéfice? Ceux qui ont le cœur rempli de renards. Les biens qui devraient nourrir les enfants de Dieu et les soulager dans leurs misères, ils s'en sont emparés, les avares! Je ne veux pas faire honte aux bons, mais puisse le cœur saigner à ceux qui entretiennent d'orgueilleuses maîtresses! La ruse obtient les grosses prébendes et la piété mendie son pain. Voilà le spectacle que nous avons sous les yeux [1]. »

Il y avait, chez Maerlant, une foi vive dans la bonté de la Providence et, par cela même, une grande colère contre les moines qui ouvraient ou fermaient le ciel suivant les dons qu'on leur faisait et qui rendaient le chemin du paradis fort étroit pour les pauvres. Aussi faut-il lire dans l'original les mordantes invectives du poète contre ces portiers du ciel et de l'enfer, dont l'ignorance est cause que l'on interprète si mal le vrai sens de l'Écriture [2].

Pour Maerlant, la racine de tous les maux, c'était l'avarice. Tous, il est vrai, vantaient l'éminente dignité des pauvres dans l'Église; mais tous, clercs, moines, jeunes gens, vieillards, pourchassaient les richesses et se livraient aux doux loisirs ou aux grasses voluptés de l'opulence. C'est pourquoi Maerlant nous représente l'Église corrompue, gorgée de vin,

<hr>

[1] MAERLANT, *Der Kerken claghe*. — A. WILLEMS, *Revue trimestrielle*, 1859, t. II, p. 29, 35 et 38. — JONCKBLOET, *l. c.* — MONTYN, t. I, p. 109.

[2] OKKEN, p. 68-70.

titubante comme un homme ivre, et il lui oppose la pauvreté
de son divin fondateur (¹).

Aux iniquités sociales dues à la féodalité, Maerlant oppose
un remède désespéré, la communauté des biens :

« Il n'y a que deux mots sur la terre, dit-il, *le tien et le
mien;* si on pouvait les bannir, tout le monde serait libre,
hommes et femmes; nul ne serait dépendant d'un autre; le
blé et le vin seraient communs à tous, on n'assassinerait plus
personne ni sur la mer ni sur le Rhin. Qu'on enlève le poison
de l'avarice, qu'on annulle toutes les lois et qu'on en fasse de
nouvelles.

« Dieu, qui fit tout avec raison, donna les biens de la terre
en commun à l'humanité, afin qu'elle se nourrît, se vêtît et
vécût décemment; mais l'avarice sévit tellement aujourd'hui
que chacun s'évertue à tout posséder à lui seul. C'est pour
cela que l'on répand le sang humain; c'est pour cela
que l'on construit force châteaux et maisons de pierre,
pour le malheur du plus grand nombre. Et cependant les
richesses ne manquent pas; si on les mettait en commun, si
on les donnait aux pauvres, on verrait cesser immédiatement
toute guerre et l'on pourrait expurger son âme de tout
péché (²). »

Les idées patriotiques et libérales de Maerlant agirent
puissamment sur la Flandre, ainsi que sur la bravoure et le
civisme de ses milices à Courtrai (³).

Le poète flamand, tout en citant quelques-unes des compositions de Chrestien de Troyes, qui avait été attaché à la personne de Philippe d'Alsace, n'en voyait pas moins avec dépit
la préférence que l'on accordait à la langue et aux fictions
françaises. Mais les comtes de Flandre, pairs de France, et

(¹) LULOFS, p. 89-90. — LE LONG, *Boekzaal der nederduitsche Bijbels*, p. 157
et suiv.; *Reformatie van Amsterdam*, p. 169-170. — OKKEN, p. 70-72.

(²) MAERLANT, *Wapene-Martyn.* — Cf. SERRURE, *l. c.*, et LABEYE, *Revue belge,*
t. VII, p. 300-393.

(³) JONCKBLOET, *Gesch. d. Ned. Letterkunde,* Gron., 1873, p. 298-299.

dont la domination s'étendait sur des pays où l'on ne parlait que la langue française, se considéraient eux-mêmes comme princes français. Grand nombre de leurs chartes, même pour les provinces flamandes, furent rédigées en français; c'était la langue de l'aristocratie. De là vint que plusieurs écrivains, Flamands de naissance, l'ont préférée, et cela avec d'autant plus de raison qu'elle les mettait en communication avec un plus grand nombre de lecteurs (¹). La satire animait de même cette poésie.

La langue française pénétra aussi en Hollande, à la cour des comtes de la maison d'Avesnes. Mais elle ne devint jamais populaire dans cette province; elle ne le devint pas non plus dans celle de Flandre, quoique celle-ci fût bien plus accessible aux influences gauloises. Les vrais Flamands étaient jaloux de leur langue et soutenaient volontiers sa supériorité sur les autres (²).

A l'école de Maerlant appartenait Jean Boendale. Il naquit au hameau de Boendale, sous Tervueren, vers 1280 ou 1285. Il vint habiter Anvers au commencement du xɪvᵉ siècle et y obtint la place de secrétaire du banc des échevins, fonction qu'il remplit jusqu'à sa mort, pendant plus de quarante ans.

Comme son maître Maerlant, Boendale ne cessa de tonner contre les iniquités des seigneurs et des prélats. Mais on ne trouve pas dans ses écrits les principes communistes de Maerlant. En revanche, la guerre qu'il fait au clergé a un caractère de violence inconnue au greffier de Damme. Il prélude à une réforme radicale de l'Église et porte l'audace jusqu'à méconnaître le pouvoir des saints. Et, toutefois, il était loin de songer à se séparer de l'Église; comme tous les hommes remarquables de son temps, il se bor-

___

(¹) DE REIFFENBERG, *Chronique rimée de Philippe Mouskes*, t. I, p. cxxi, lxii et lxiv.

(²) ID., *ibid.*, p. cxxv.

nait à vouloir la réforme du catholicisme dans et par le catholicisme (¹).

Boendale recommande la lecture de la Bible de préférence à l'étude de la théologie. « Si, dit-il, il n'y avait que des jacobins, des frères mineurs, des augustins et d'autres moines, qui donc cultiverait la terre, qui ferait marcher le commerce et l'industrie? Pourquoi les reclus ne travaillent-ils pas comme les gens mariés? Sachez que le couvent ne peut donner la sainteté, qui ne consiste que dans la bonté du cœur, et, comme Dieu est partout, soyez convaincus qu'on peut l'adorer partout (²). »

De Clerk ne fut pas seulement l'auteur des *Brabandsche Yeesten* ou de l'histoire des ducs de Brabant depuis les temps les plus anciens jusqu'en 1350, il composa (1345) un doctrinal qu'il dédia au duc Jean III de Brabant. Dans cette dédicace, il disait que tout prince qui fait tort à ses sujets encourt la perte de sa couronne, et que les couvents ne peuvent donner la sainteté à l'homme, par la raison que Dieu est partout chez ceux qui sont purs de cœur. Il y faisait ressortir aussi la difficulté et même le danger qu'il y avait à rendre un bon jugement en justice, ajoutant qu'il n'y avait rien de plus insensé que de prononcer uniquement selon sa conscience et en dehors des prescriptions légales (³).

L'année même de la mort de Boendale, l'audace de l'opposition se manifesta jusque sous les yeux du pape : en plein consistoire public, un des cardinaux laissa tomber adroitement une lettre qui ne manqua pas d'être ramassée et qu'on porta sur-le-champ au pontife. Elle était d'un style emphatique, écrite au nom du prince des ténèbres à Clément VI, qu'il nommait son vicaire, et aux cardinaux, qu'il qualifiait

---

(¹) Van Even, dans Alberdingk-Thym, *De dietsche Warande*, t. V, p. 303-321 — Jonckbloet, *Dichtkunst*, p. 238-239.

(²) Ypey, *Beknopte geschiedenis der nederlandsche tale*, Utrecht, 1812, p. 358.

(³) Van Kampen, *Beknopte geschiedenis der letteren en wetenschappen*, t. I, p. 231. — Jonckbloet, *Letterkunde*, p. 311.

ses conseillers. Il relevait les fautes communes à eux tous
et celles qui étaient particulières à chacun d'eux, les assu-
rait de son estime et les exhortait à la mériter de plus en
plus, surtout en continuant à mépriser la vie pauvre et modeste des apôtres. Il se plaignait cependant que leurs ensei-
gnements ne fussent pas conformes à leurs œuvres, et les pressait de se montrer plus conséquents, afin de mériter un
rang plus élevé dans son empire. A la fin de la lettre, on
lisait les mots : « Votre mère superbe vous salue, avec vos
sœurs l'avarice, l'impudicité et les autres vices, vos parents
et amis, qui se vantent de prospérer en tous lieux par votre
concours. Donné au centre des enfers, en présence de nos
grands officiers. » Comme la satire était piquante par sa
singularité mêm e et parce que les vices des prélats y étaient
parfaitement caractérisés, il s'en répandit des copies sans
nombre (¹).

Un des plus hardis poètes flamands fut un chanoine
d'Ypres, nommé Jean Weert (²), qui ne garda aucun ménagement pour aucun des abus de l'Église ; car il attaque tout
à la fois la simonie, les bénéfices ecclésiastiques vendus à
prix d'argent, les biens du clergé entre les mains des enfants
du siècle les plus riches et non pas les plus dignes et les
plus capables. Les captations des testaments surtout sont
livrées à sa mordante hyperbole. « C'est ainsi que les pasteurs accaparent les rentes, qu'ils fabriquent Dieu pour le
vendre ; vrais Judas qui trahiraient Jésus lui-même, s'il était
encore sur la terre. Les prédicateurs mêmes font de la parole
de Dieu métier et marchandise, car ils ne prêchent pas gratuitement. — Vos prélats sont des Pilates. — La sainteté ne
consiste pas dans des apparences, dans des signes extérieurs,
mais à être réellement saint. La douceur du cœur, l'onction
de la parole, la ferveur de la prière, voilà ce qui constitue
la sainteté devant Dieu. Que nos prêtres, clercs, nonnes et

(¹) De Berault-Bercastel, *Histoire de l'Église*, t. XIV, p. 129-130.
(²) Mort en 1362.

béguines commencent donc par là s'ils veulent prétendre au titre de saints! Qu'ils sachent que couvents et églises ne peuvent pas donner la sainteté, car Dieu est partout; et comme c'est par la pureté du cœur qu'on sert Dieu le mieux, on peut le servir partout, dans les rues, sur les montagnes et dans les vallées (¹). »

Sous le rapport de la licence des mœurs du clergé et de la dépravation des femmes de cette époque, les poètes sont d'accord avec les prédicateurs, qui ne tarissent pas sur la vente que ces femmes faisaient de leur pudeur dans toutes les classes de la société. Les mères elles-mêmes engageaient souvent leurs filles à gagner leur dot aux dépens de leur honneur. La prostitution était la plaie vive de la seconde partie du moyen âge (²). Elle envahissait les rues malgré les édits qui cherchaient à la limiter; elle s'installait dans les hôtelleries, les tavernes, les étuves, et elle finit pas décrier tellement ces bains orientaux que les prédicateurs les poursuivirent de leurs anathèmes jusqu'à leur entière disparition (³).

Les historiens eux-mêmes ne tardèrent pas à faire entendre leur voix dans ce concert d'opposition. Un Belge, Jean Marius, historiographe de Louis XII, roi de France, écrivit, en 1496, qu'il n'y avait de sauvés que trente-deux papes; que presque tous les autres, avec un grand nombre de prêtres, étaient tombés dans la nasse du diable, qui les avait pris avec son hameçon d'hérésies, de richesses et d'orgueil (⁴).

On attribue à notre historien-poète Georges Chastellain

(¹) *Manuscrit de la Bibliothèque de Bourgogne*, nᵒˢ 11231-11236. — WILLEMS, *Belgisch Museum*, t. VIII, p. 237-238. — Voir, pour plus de détails, sur tout ce qui précède, SERRURE (C.-A.) *Geschiedenis der vlaemsche en fransche letterkunde in het graefschap van Vlaenderen*, Gent, 1855.

(²) Un chroniqueur flamand dit de l'an 1367 : « Het puticren was soo ghemeene, soo by leecke als papen in de stede van Ghendt, dat den officiael van Dornicke hierover letteren van kennis door scepenen ghesonden wierden. » *Apud* CANNAERT, *Bydragen tot het oude strafregt in Belgie*, Gent, 1835.

(³) MÉRAY, *Les célèbres prêcheurs devanciers de Luther*, etc., Paris 1860, p. 191-192.

(⁴) JOHANN. WOLFII, *Lectionum memorabilium*, t. I, f. 943.

un mystère qu'il composa en 1452 ou 1453 sur le concile de
Bâle et dans lequel il fait tenir à l'Église ce langage adressé
au concile :

> ... Tout mal me sourt,
> Je vous dis, pour le temps qui court,
> Par ceux qui me dussent accroistre...
> Mais tout s'en va comme il vient;
> J'ay grand deuil quant il m'en souvient
> Comment j'ai esté gouvernée;
> J'aimasse mieux n'estre oncques née,
> Si brief remède n'y est mis.
>
> . . . .
>
> « Concil, si par votre science,
> Moyennant réformation,
> Ne m'est faite provision
> Telle que Paix soit sus remise,
> Il n'est plus riens de moy Église.
> La douleur que j'ay, trop m'altère,
> Quand je regarde et considère
> J'ay de mal tant en tous estats...

Chastellain, qui mourut le 13 février 1475, a laissé des
pages saisissantes sur ce remarquable xvᵉ siècle, qui forme
l'époque de transition où le moyen âge s'efface pour faire
place à la société moderne. Il pleure, raconte-t-il, avec une
éloquente émotion [1], « sur des choses de tribulation et de
ruine, sur ce présent temps auquel les rois et les princes de
la terre estoient divisés ensemble, frois en amour, nonchail-
lans en devoir, paresseux au fait de la chose publique, pleins
de vanité, pleins de murmures, pleins de couvertes envies,
pleins de desrèglements, pleins de vices, chaulds et bouillans
en leurs propres querelles, par lesquelles menacent le monde
et le font trembler, laissant la querelle de leur Créateur, l'ex-
pédition de la vraie foi sainte, en quoy Dieu se pourroit con-

[1] PINCHART, *Notes inédites sur George Chastellain et sur Julien Forrestier*,
p. 20. Gand, 1862. — KERVYN DE LETTENHOVE, *Œuvres de Georges Chastellain*,
Brux., 1863-65 t. VI, p. 4, 20 et 22.

tenter d'eux et chrétienté resourdre, qui maintenant va chancelant et desconfortée, criant hautement devant les portes des royaux palais, mais ne trouve que cœurs endormis, affections refroidies, amour petite, dévotion sobre, compassion nulle, rien que la convoitise et la vaine gloire (¹) ».

On sait les lamentations des Pères du xvᵉ siècle sur le déplorable état de l'Église de ce temps; on sait les tristesses des Clémangis et des Gerson; on connaît leurs foudres contre les iniquités des cardinaux et des papes, contre les débauches, l'ignorance et le zèle farouche du clergé en général (²). Aussi l'Église avait-elle compris qu'il était temps pour elle de mettre un terme aux désordres qui l'affligeaient, et elle le tenta en s'attribuant un pouvoir supérieur à celui de Rome : ce fut l'œuvre des conciles de Constance et de Bâle (1414-1431) (³).

Quoique, sous le rapport des mœurs, le clergé fût beaucoup moins répréhensible dans nos provinces que partout ailleurs, cependant, il n'avait pas échappé à la corruption, à l'ignorance et à la vénalité qui lui étaient généralement reprochées et qui devinrent autant de griefs articulés contre lui par notre révolution du xvıᵉ siècle (⁴), mais qui remontaient beaucoup plus haut. En effet, dans l'abbaye de Villers (⁵), aujourd'hui la ruine la plus importante que possède la Belgique, la décadence avait commencé, à partir du milieu du xıııᵉ siècle, et les choses ne firent qu'empirer pendant presque tout le xvᵉ.

L'abbaye de Saint-Martin, à Tournai, après avoir brillé d'un vif éclat, était aussi déchue, livrée aux discordes et au schisme,

---

(¹) Kervyn de Lettenhove, *Œuvres de G. Chastellain*, Brux., 1863-65, fol. xxvii.

(²) Voy. Gerson *apud* Dux, *Der deutsche Cardinal Nicolaus von Cusa*, t. I, p. 85. — Gerson, *Declaratio compendiosa defectorum virorum ecclesiasticorum*, *apud* Goldast, *Monarchia S. Rom. Imperii*. Francof., 1611, t. II, fol. 1445. — Id., *ibid.*, fol. 1467.

(³) Quinet, *l. c.*, p. 164.

(⁴) *Correspondance de Philippe II*, par Gachard, t. II, p. 87-88.

(⁵) A une lieue à la gauche de Genappe.

lorsqu'en 1332, Gilles Li Muisis, né en 1272, à Rongy, près de Saint-Amand, fut élevé à la dignité abbatiale [1]. Le nouvel abbé donna tous ses soins à réparer les maux que le couvent avait soufferts et à réformer des mœurs dont plus tard il devait faire un tableau dans ses poésies. À sa voix, et plus encore à son exemple, tout se releva avec une force nouvelle : la discipline reprit ses droits et ses devoirs, les études furent remises en honneur et les finances administrées avec une si sage économie, que l'habile et vertueux prélat réussit à amortir les dettes du monastère et à lui assurer les revenus nécessaires après quinze années d'administration, c'est-à-dire en 1347. Ce fut à cette époque que le prélat commença son principal ouvrage, son *Chronicon majus* [2].

Ces chroniques, écrites quelques années avant Froissart, et rédigées en latin, portent l'empreinte du siècle et le caractère de l'auteur; elles expriment avec tant de vérité les mœurs et les idées de l'époque, qu'elles sont pour nous du plus haut intérêt. Là, comme dans ses *Lamentations,* on voit les femmes livrées au luxe et à la volupté, les hommes à l'ivrognerie, à la débauche et aux jeux de hasard, le clergé aux affaires mondaines et aux concubines [3].

Mais écoutons Li Muisis lui-même : « Ceux qui vivaient en l'année 1349, dit-il [4], virent et ouïent des choses tellement surprenantes qu'il m'a paru nécessaire d'en donner une idée à ceux qui viendront après nous. Tout le peuple, ecclésiastiques et laïques, étaient tombés dans un déréglement de mœurs si grand que c'était horrible à voir, surtout pour ceux qui avaient connu les temps passés. »

---

[1] DE SMET, *Chronica Ægidii Li Muisis,* dans le *Corpus Chronicorum Flandriæ,* t. II, p. 95, 98 et 297.

[2] ID., *ibid.,* p. 99-101.

[3] DE GERLACHE, *Essais sur les grandes époques de notre histoire nationale,* Brux., 1876, p. 147 et suiv.

[4] *Apud* DE SMET, *l. c.,* p. 346-347.

Après une satire du luxe et des mœurs des gens du monde, il arrive au clergé :

« Ce qu'il y a plus affligeant, c'est que les ecclésiastiques eux-mêmes n'étaient pas totalement à l'abri de la contagion; pour le malheur de l'Église, il semblait que le temps fût venu où l'on pouvait leur appliquer ce commun proverbe : *Tel peuple, tel prêtre* (¹). »

Et cependant Li Muisis fut loin d'être un rigoriste; lui-même vécut dans le faste; il loue sans réserve la discrétion et la sagesse de l'évêque de Tournai, qu'il dit avoir vu plusieurs fois galopant par la ville avec une suite de seize à vingt chevaux. Sa piété ne s'effarouchait point *des tournois, balleries* et *dosnois,* c'est-à-dire réjouissances et plaisirs où dominait la galanterie. L'âge d'or où l'on aimait par amour souriait à son imagination. La courtoisie du seigneur féodal et la galanterie du trouvère s'alliaient en lui à l'austère dignité de l'épiscopat : c'est un point de rapprochement entre lui et le chanoine historien Jean le Bel, de Liége, qui tenait table ouverte, aimait les exercices et les tournois, se montrait joyeux compagnon, recherchait l'entretien des dames et savait faire chansons et virelais (²).

Au milieu de la dégradation des mœurs de son temps, augmentée encore par une ignorance et une grossièreté générales, Li Muisis recommande au clergé ce qui seul était capable de le relever : l'étude de la philosophie et des belles-lettres, c'est-à-dire des classiques anciens, jointe à celle de la Bible, principalement des paroles et des préceptes des évangélistes et des apôtres, sans négliger les Pères et les docteurs de l'Église, dont les mœurs, comme les maximes, sont des modèles à suivre (³).

(¹) De Gerlache, *l. c.,* p. 189-190.

(²) De Reiffenberg, *Chronique rimée de Philippe Mouskues,* t. I, p. ccix et 3.

(³)　　　　　　　　Et semper obediendi
　　　　　　　Dictis sanctorum Doctorum,
　　　　　　　Sequendo mores eorum.

(De Smet, l. c., p. 362-363.)

En 1316, la célèbre abbaye de Floreffe, qui avait su garder toute sa pureté au milieu de la corruption générale du clergé, faillit la perdre sous son vingt-troisième abbé nommé **Wéry**. Une chronique rimée de cette abbaye nous a laissé un triste tableau de l'état de ce monastère pendant le règne de ce déplorable prélat [1].

Le scandale y était à son comble, et il fallut procéder d'abord à la destitution et à l'excommunication de Wéry (1331), puis à une réforme tellement radicale du monastère, que dès lors la pureté des moines fut une des causes qui le préservèrent de l'intrusion des doctrines protestantes au XVIe siècle. Des documents dignes de foi attestent qu'il n'y avait dans la ville de Floreffe ni hérétiques, ni blasphémateurs, ni personnes travaillant les dimanches et les fêtes, ou hantant les tavernes pendant l'office divin ; qu'il ne régnait dans cette localité aucun désordre notable et qu'on n'y connaissait point de gens mariés qui *s'abusaient de leur état*. Disons, à propos des blasphémateurs, qu'une lettre de Charles-Quint permettait au mayeur et aux échevins de Floreffe de leur percer la langue ou de les punir comme « on avait accoutumé de faire [2] ».

L'abbaye de Saint-Ghislain, à deux lieues de Mons, avait su, elle aussi, se préserver de la contagion du siècle. Mais en 1374, l'abbé crut devoir prendre des mesures qui furent renouvelées en 1406 et en 1414. Les annales de l'abbaye [3] le constatent :

« L'horreur que notre abbé Dom Jean de Loyens avait de l'ignorance des ecclésiastiques et des moines de son temps, sur laquelle il rejetait le misérable état et le schisme de l'Église, fit qu'il n'épargna aucuns frais pour faire instruire ses religieux dans les sciences divines et humaines, et, afin

[1]
        Religion lors perissoit,
        L'Iniquite si dominoit, etc.
            (DE REIFFENBERG, dans sa *Coll. de Chroniques*.)

[2] DE REIFFENBERG, *Introduction à la Chronique de Floreffe*.

[3] Par BAUDRY, édition de Reiffenberg.

qu'ils fussent enseignés par de bons maîtres, il en envoya quelques-uns dans l'université de Paris, où, par sa profonde érudition, il avait depuis longtemps reçu le bonnet de docteur en théologie... C'est apparemment pour que ses religieux fissent de grands progrès dans cette science qu'il faisait chanter tous les jours, de grand matin, une messe du Saint-Esprit, outre la conventuelle, 1414 (¹). »

Pendant que la corruption s'introduisait dans le monastère de Notre-Dame du Bois (*Nonnenbosche*), près d'Ypres, composé de jeunes filles connues sous le nom de servantes du Christ, l'abbé Siger, du couvent de Saint-André-lez-Bruges (1416), gaspillait dans les cours des princes les immenses richesses en or et en argent amassées par ses prédécesseurs. Mais, en sacrifiant ainsi à ses folles dépenses les revenus du monastère, il finit par rencontrer de vives résistances de la part des moines, et plusieurs dissensions éclatèrent. L'évêque de Tournai parvint à y mettre ordre et à contraindre ce beau prélat, généreux, élégant, homme du grand monde enfin, à la tempérance et à la simplicité. Malheureusement, les discordes intestines reparurent dans la suite et grandirent au milieu de l'incrédulité toujours croissante des laïques; car le monde alors était plein d'hommes qui se faisaient un plaisir et un devoir de tourner en ridicule les saints et les prêtres (²). Jugez de leur satisfaction quand ils apprenaient que des moines dérobaient des calices d'argent et jusqu'à la chape de l'abbé, qu'ils se hâtaient ensuite d'aller vendre secrètement à Bruges. On peut dire que depuis 1488, la licence fut telle que ces religieux se permettaient tout ce qu'ils voulaient (³), et que toute ombre de discipline disparut. L'abbé Michel, alors régnant, favorisait leurs plus mauvais

______

(¹) Page 535.

(²) *Chronique de l'abbaye de Saint-André-lez-Bruges,* dans le *Monasticus Flandriæ,* Bruges, 1839-70, publié par la Société d'Émulation de Bruges, 1ʳᵉ série, p. 151.

(³) *Quod libuit, licuit. Ibid.,* p. 160.

penchants : le monastère était transformé en cabaret, où l'on vendait à boire et à manger à tout venant; où les religieux, vrais pourceaux d'Épicure, ne vivaient plus que pour le vin, le jeu et la débauche (¹). La pudeur défend de révéler tout ce qui se passait dans ce lieu de perdition, qui n'était plus un couvent, mais un antre de brigands, un lupanar, une sodome digne d'être engloutie sous la colère de Dieu. Saint-André ne fut réformé que de 1509 à 1519 (²). Un synode, convoqué le 4 juin 1366, à Tournai, avait publié des statuts fort intéressants pour la connaissance de l'esprit et des mœurs de ce diocèse, dont la métropole, quoiqu'elle fût placée, depuis 1187, *sous le protectorat* de la France, était essentiellement belge par ses idées, ses sympathies et ses intérêts (³). Voici quelques-uns des chapitres de ces statuts :

« 1° Les fonts baptismaux doivent être couverts et sous clé, pour les préserver des immondices et des sortilèges;

« 2° On ne peut donner la tonsure à celui qui n'a pas été confirmé;

« 3° Il est défendu d'entendre la confession après le coucher et avant le lever du soleil. Il est interdit aux prêtres d'ouïr celle des femmes avec lesquelles ils ont péché. Les curés enverront à l'évêque, chaque année, les noms des habitants qui ne se sont point confessés et qui n'ont pas reçu l'eucharistie, à moins qu'ils ne croient devoir s'en abstenir. Ceux qui se sont absentés des offices divins trois dimanches de suite, sans permission de leur curé ou sans motif légitime, seront interdits par leur pasteur, qui, cependant, pourra se contenter d'écrire à l'évêque. Ceux qui se seront abstenus pendant dix ans de la confession et de la communion, qui n'auront pas de certificat de maladie, seront cités au prochain synode, pour y être interrogés sur leur croyance.

(¹) *Chronique*, etc., p. 160.
(²) *Chronica monasterii Sancti-Andreæ, per Arnoldum Goethals, ejusdem monasterii monachum*, dans le *Monasticus Flandriæ*, p. 160-161.
(³) Elle étendait d'ailleurs sa juridiction sur une partie de la Flandre.

Excommunication contre ceux qui font des sortilèges avec les hosties consacrées ou avec le saint sacrement. Les curés doivent purger leurs paroisses des sorciers, des femmes de mauvaise vie, des maisons de jeux de dés et des blasphémateurs, sous peine d'être châtiés sévèrement. Défense aux prêtres de dire deux messes, sauf urgente nécessité. Défense aux fidèles, sous peine d'excommunication, de louer des maisons à des femmes de mauvaise vie ou à ceux qui les soutiennent ;

« 9° Les curés ne peuvent recevoir, pour les mariages, que ce qu'on leur donne librement. Les juges qui traduisent les clercs devant les tribunaux laïques et les y condamnent à des peines corporelles ou pécuniaires, ou au bannissement, sont excommuniés, ainsi que leurs fauteurs et adhérents. Les lieux où un clerc sera détenu par la justice laïque seront interdits jusqu'à ce qu'il soit remis en liberté ;

« 10° Les ecclésiastiques doivent s'abstenir des jeux publics dont l'intempérance et la lascivité sont le principal ornement. Ils ne peuvent intervenir également comme acteurs dans la fête des fous, où l'on psalmodie indécemment devant les anges. Les clercs ne pourront porter des couteaux pointus, des serpents ferrés ou de bois, des bâtons ferrés à têtes, des arcs avec des flèches et des dards interdits aux laïques. Même défense pour les jeux de dés, le bal, la danse, les spectacles, les petites maisons dans lesquelles les femmes donnent des rendez-vous, — ainsi que pour la profession d'avocat, sauf quand il s'agit des droits de l'Église ou des pauvres. Les prêtres ne peuvent fréquenter les cabarets, excepté lorsqu'ils voyagent, et alors seulement pour prendre leurs repas. Ils ne peuvent loger chez eux que des femmes de quarante ans. Les moines et les chanoines réguliers n'en peuvent loger dans leurs cloîtres ou dans leurs maisons de campagne. Excommunication, après une monition préalable, de tout clerc qui, se dépouillant de l'habit ecclésiastique, prend des vêtements laïques, porte des vestes galonnées ou bro-

dées, rompt la lance dans les tournois, tient maison de jeux
et de femmes de mauvaise vie, lesquelles y vendent à boire.
Défense aux prêtres, diacres et sous-diacres de se trouver à
des repas de noces, dans des bals ou salles de danse, dans
des sociétés où l'on chante des couplets lascifs, où l'on voit
des attitudes obscènes, d'autant plus que des prêtres s'y sont
oubliés au point de s'y enivrer, d'y tenir les discours les plus
indécents et d'y prendre les postures les plus lubriques. Les
prêtres sont tenus de faire sortir de chez eux, dans l'espace
d'un mois, les concubines avec lesquelles ils vivent publiquement, sous peine d'excommunication et de privation de
leurs bénéfices ;

« 12º Les usuriers sont excommuniés, l'absolution et la
sépulture leur seront refusées (¹). »

En 1481, le 4 octobre, nouveau synode tenu à Bruges (²),
dont voici les principaux statuts :

« Défense aux doyens, curés, vicaires, de relever des
couches, par la purification, les religieuses hospitalières, les
béguines, les femmes incestueuses, de mauvaise vie, qui ont
conçu des œuvres de prêtres et de moines. Défense d'absoudre
les femmes et les filles avec lesquelles ils ont eu ou cherché
à avoir des relations charnelles. Défense de plaider dans
les églises, cimetières et lieux sacrés, d'y jouer ou permettre
les farces des charlatans et des histrions, la vente des marchandises, la proclamation des édits, des bans et ordonnances
de justice séculière. Défense à ceux qui réclament le droit
d'asile dans les cimetières d'y boire et manger avec leurs
amis ou avec des filles de joie, et d'y troubler l'ordre par des
cris insolents ou par des chansons. Défense aux curés de
porter des habits courts, avec des pattes pointues (*spatulas
alatas*), des perruques, des barrettes repliées, des chapeaux

---

(¹) Hoverlant de Bauwelaere, *Essai chronologique pour servir à l'histoire de
Tournay*, Tournai, 1805-34, t. XIII, p. 63-80.

(²) Convoqué par Ferry de Chigny, évêque de Tournai et chancelier du duc de
Bourgogne.

à cornes, des souliers longs et à pointes; de porter des armes, d'aller au cabaret, de fréquenter les spectacles, de jouer aux dés, de s'immiscer dans les affaires domestiques des séculiers. Les contrevenants seront arrêtés par l'autorité laïque, pour être punis par la Cour spirituelle, suivant l'exigence des cas. Défense aux prêtres et aux bénéficiers de tenir des concubines et obligation de renvoyer immédiatement celles qu'ils ont. Les curés, prêtres et bénéficiers doivent s'abstenir de l'ivrognerie, de la débauche, des conversations et des repas trop fréquents avec les laïques ou avec des femmes suspectes (¹). »

En 1360, Guillaume Friesen, de Maestricht, avait fait une prophétie terrible : « Tout le clergé sera humilié, les monastères seront détruits, les moines seront réduits à la plus profonde misère ; chassés de partout, ils ne trouveront plus un asile nulle part. Les prélats n'iront plus à travers le monde dans la soie et dans la pourpre. L'Église de Rome s'écroulera; papes, cardinaux, évêques seront dépouillés de tout, à cause de leur avarice, de leur orgueil et de tous leurs autres vices. On leur laissera à peine de quoi couvrir leur nudité. Ils seront la huée et la risée de tous. Ils resteront exposés à ce châtiment terrible jusqu'à ce qu'ils se corrigent, jusqu'à ce que, pleins d'un repentir sincère, ils avouent leurs péchés, en demandent pardon à Dieu et promettent de vivre dans la simplicité apostolique des premiers temps du christianisme (²). »

On comprend mieux encore ces paroles prophétiques, lorsqu'on porte son attention sur les provinces septentrionales des Pays-Bas. En 1293, l'évêque d'Utrecht, Jean de Sierk, crut devoir exiger du clergé une plus grande pureté de mœurs, et surtout « qu'il s'abstînt de la crapule et de l'ivrognerie (³) ». Les clercs de ce diocèse portaient des

---

(¹) Hoverlant, t. XIX, p. 108-121.
(²) Johannis Wolfii *lectionum memorabilium, tomus primus,* f. 645.
(³) *Batavia sacra,* t. I, f. 267 (éd. de Bruxelles, 1714).

défis à qui viderait les coupes les plus larges et les plus
pleines (¹). Dans l'ordonnance publiée par ce prélat, il fut
prescrit aux ecclésiastiques de fuir la simonie, le trafic et
l'usure, de ne pas porter des armes prohibées, de ne pas
admettre plus de trois parrains pour le baptême d'un enfant,
de ne pas hanter les tavernes, de ne pas donner de représen-
tations théâtrales, de ne pas faire de mascarades dans les
églises ou sur les cimetières, de ne pas dire deux messes le
même jour, de distribuer gratuitement les sacrements de
l'Église, de ne pas mettre en gage les objets sacrés (²).

En 1310, ces prescriptions furent renouvelées par l'évêque
Gui d'Avesne, frère de Jean II, comte de Hollande et de Hainaut (³).

En 1376, le magistrat et les bourgeois de Leyde se plaignirent à l'évêque d'Utrecht de ce que les prêtres fomentaient
la guerre et la discorde, fréquentaient des lieux suspects,
couraient nuitamment les rues et se permettaient toute
sorte d'insolences. Ce prélat autorisa l'écoutète de Leyde à
les arrêter, les emprisonner et les livrer ensuite à l'autorité
épiscopale (⁴).

En 1385, les moines de Zierickzée menaient une vie telle,
que le magistrat fut forcé de les chasser de la ville. En 1388,
ceux qui les avaient remplacés, ayant appris qu'il s'agissait
de rappeler leurs prédécesseurs, se hâtèrent de vider secrètement les lieux en emportant tout ce qu'ils pouvaient, livres,
vases, ornements sacerdotaux.

Les plaintes formées par la Hollande contre les richesses,
l'ignorance et les mauvaises mœurs du clergé devenaient tous
les jours plus graves : à Delft, on prit des mesures énergiques
pour arrêter le mal, et, dans toute cette province, on
parla de dépouiller les prêtres au profit des pauvres. On

(¹) *Batavia sacra*, t. I, f. 267.
(²) *Ibid.*, f. 268.
(³) *Ibid.*, t. II, f. 174 et suiv.
(⁴) *Ibid.*, f. 201.

disait : Ces biens ont été donnés au clergé pour soulager les malheureux et pour propager la foi. Or, il ne s'acquitte plus de ces devoirs; donc la dépossession est de droit (¹).

En 1430, Henri Wilde, de Bois-le-Duc, prieur d'un couvent d'Amsterdam, y introduisit par force des réformes. Les moines de ce couvent n'avaient pas rougi d'intercaler des images obscènes dans leurs livres de chant (²).

La Hollande et la Zélande se divisaient en doyennés et en prévôtés. Les doyens et les prévôts étaient préposés à la recette des dîmes, amendes et autres revenus de l'Église, et présidaient aux juridictions dépendantes de l'évêque d'Utrecht. Ces officiaux attentaient journellement à l'autorité temporelle par les évocations qu'ils faisaient des affaires laïques, sous prétexte que la religion ou quelqu'un de ses ministres était intéressé dans la contestation. Les appels se portaient devant le juge épiscopal, et, par ce moyen, l'évêque d'Utrecht étendait son pouvoir sur les domaines du prince. La plupart des églises avaient le droit de franchise, dont elles se servaient pour dérober un grand nombre de criminels au supplice. Ces tribunaux ne punissaient les crimes que par des amendes; les époux clandestins, les adultères, les personnes qui travaillaient les fêtes ou les dimanches en étaient quittes pour de l'argent; et si, par hasard, un enfant tombait dans l'eau ou dans le feu, la famille entière, quelquefois tout le pays était taxé de grosses sommes pour la négligence, réelle ou fausse ! Philippe le Bon résolut de mettre un terme à ces abus (1433) par une ordonnance qui limitait la juridiction des doyennés et des prévôtés, exceptait du privilège de franchise ceux qui seraient accusés de lèse-majesté ou d'assassinat prémédité, et ordonnait aux supérieurs des églises et des monastères de livrer le coupable à la première réquisition du juge séculier (³).

(¹) J. Le Long, *Historische beschrijving van de reformatie der stadt Amsterdam*, Amst., 1729, f. 282, 283, 284 et 288.

(²) Id., *ibid.*, f. 255.

(³) Dujardin et Sellius, *l. c.*, p. 43-44, et *ibid.*, les preuves.

Malgré toutes les tentatives de réforme faites en Hollande, la fin du xve siècle fut troublée par des guerres civiles et par des désordres de toute espèce. Les écrivains du temps n'ont qu'une voix pour déplorer les mœurs dissolues et les attentats monstrueux des ecclésiastiques et des moines de ce temps-là. Leur nombre devenait si formidable qu'on fut obligé de leur défendre la construction de nouveaux édifices. Les religieux mendiants ruinaient, en outre, tellement le peuple par leur gueuserie effrontée qu'il fallut leur prescrire des règlements et des heures pour faire leurs quêtes. A l'exemple de la cour de Rome, qui, par ses annates, ses bénéfices et ses indulgences mises aux enchères, attirait à elle seule le meilleur argent de la chrétienté, les clercs employaient les vénalités les plus scandaleuses pour s'enrichir aux dépens d'un peuple crédule et superstitieux. On raconte à ce sujet un tour assez plaisant joué à un prêtre de cette province : Un homme qui ne voulait pas être dupe, vint un jour à confesse; moyennant une somme considérable, il obtint du prêtre l'absolution de tous ses péchés, non seulement passés, mais futurs. Sentant alors sa conscience dans un état de grâce imperdable, il alla attendre son confesseur sur le grand chemin, l'aborda, mais pour le détrousser entièrement. L'homme d'Église lui faisant des remontrances : « Comment! répliqua le pénitent, n'êtes-vous pas content que je vous laisse la vie? J'eusse pu vous l'ôter sans offenser Dieu. Ne m'avez-vous pas donné une indulgence plénière pour tous mes crimes futurs? Si elle est bonne, je n'ai rien à craindre. Si elle ne vaut rien, ne dois-je pas vous reprendre mon bien, et vous punir comme un imposteur (¹)? »

Quelques années après (1506), le diable avait trouvé moyen de se glisser dans le couvent de Sainte-Marie-Madeleine à Gouda : c'était sous la forme d'un beau garçon, qui se plaisait à porter des mains téméraires sur les chastes

---

(¹) Cerisier, t. II, cité par l'*Esprit des Journaux*, février 1778, p. 15-16.

sœurs, et se permettait avec elles d'étranges licences. Il se métamorphosait quelquefois en bête, ne cessant de tourmenter les pauvres nonnes, auxquelles il faisait presque perdre la raison. Cependant, à force de pénitences, d'aumônes et de mortifications, les religieuses finirent par remporter la victoire, et un beau matin le prince des ténèbres avait disparu ([1]).

L'impureté et l'avarice des prêtres de ce temps étaient en opposition flagrante avec les théories de l'Église sur la pureté et la continence exigées du clergé. Ces théories lui commandaient de dompter ses désirs et ses concupiscences, de fuir le monde et ses richesses. Or, aucune puissance de la terre ne savait comme l'Église accumuler les biens de la terre; en ce qui concernait le luxe et les jouissances matérielles, les ministres du ciel dépassaient du tout au tout les laïques ([2]). Encore s'ils avaient montré pour les autres une indulgence dont ils avaient besoin eux-mêmes! Mais ils n'en étaient que plus ardents à la persécution. Les barbaries exercées contre les Vaudois le furent en vertu de sentences rendues par des juges ecclésiastiques. On vit en 1460 et 1461 des malheureux amenés, à force de tortures et de séductions, à s'avouer coupables ou à désigner de nouvelles victimes. Ils se rétractaient sur l'échafaud, mais c'est là, disait l'Église, un des caractères de la sorcellerie. On ne fournissait pas de preuves solides, mais elles étaient inutiles; les principaux témoins sont-ils des filles perdues, des gens infâmes : il ne faut rien dédaigner quand il s'agit d'une sainte cause. On poursuivait ainsi trois sortes d'accusés, des citoyens riches qu'on voulait dépouiller, des magistrats incorruptibles dont on voulait se venger et des misérables auxquels on arrachait de nouvelles accusations et qu'on faisait parler comme on le jugeait convenable. A la tête de cette horrible procédure, paraissent plusieurs

[1] Cerisier, t. II, p. 337-338.
[2] Hagen, t. I, p. 4-5.

docteurs en théologie, avec un jacobin, inquisiteur de la foi (¹).

L'inquisition était donc connue en Belgique avant la révolution du xvi⁰ siècle. Ainsi, en 1477, un dominicain, nommé Eustache Leeuwercke, était inquisiteur de la foi à Bruges (²). Ce fut seulement contre l'établissement régulier et permanent de cet affreux tribunal que les Pays-Bas se soulevèrent sous Philippe II (³).

Au milieu des débordements du xv⁰ siècle, tous les fidèles accueillirent avec enthousiasme un éminent réformateur catholique, un des élèves les plus distingués et les plus recommandables de l'école de Deventer. Né en 1404 (⁴), le cardinal Nicolas de Cusa s'était rendu célèbre par ses études du grec et de l'hébreu, de la philosophie et de la théologie, affranchies de la routine de son temps, et par son habileté dans les sciences mathématiques et politiques, alors si peu cultivées. Il fut, en qualité d'archidiacre de Liége, envoyé au concile de Bâle (1432). Pendant la tenue de ce concile, il publia son livre *de Concordantia catholica*, où il soutint avec autant de force que de modération : que ces assemblées l'emportent en autorité sur le pape; que, dans l'Église universelle, réside exclusivement l'infaillibilité; qu'aucun canon des conciles n'oblige les églises particulières qu'après leur acceptation; que la puissance des princes temporels est indépendante de celle du pape; qu'ils peuvent assister aux conciles pour y maintenir l'ordre et en faire exécuter les décrets (⁵).

(¹) De Reiffenberg, *Mémoires de Du Clercq*, t. 1, p. 28.

(²) Voy. *Excellente cronike van Vlaenderen*, Antwerpen, Vorsterman, 1531, fol. 198 verso.

(³) De Reiffenberg, *Mémoires de Du Clercq*, p. 28-29.

(⁴) A Cues, village situé sur la rive gauche de la Moselle, à huit lieues de Trèves, vis-à-vis de Berncastel. Ce village relevait de notre vieille province de Luxembourg. Cusa mourut en 1465.

(⁵) Scharpff, *Der Cardinal Nic. von Cusa*, Mainz, 1843, t. I, p. 24-32. — Dux, O. C. t. I, p. 107-125. — *Biographie universelle*, art. Cusa. — Gerson, *De potest. eccles.*, apud Goldast, *Mon.*, fol. 1388 et 1391. — Voy. aussi Dux, *l. c.*, p. 125-133.

On voit par là que Cusa partageait les opinions de Gerson. Il avait même une idée beaucoup plus hardie : il avait songé à la concordance, à la fusion des trois principales religions de l'Europe (¹). Chose digne d'attention, le délégué de l'université de Louvain à Bâle soutint les mêmes principes que Gerson et Cusa (²). Celui-ci eut encore le courage d'attaquer, le premier, la prétendue donation de Constantin, ainsi que les fausses décrétales, et de dire la vérité (³) sur la fable pontificale qui attribuait le baptême de cet empereur, vingt ans avant sa mort, au pape Sylvestre Iᵉʳ, tandis qu'il ne fut baptisé qu'à l'article de la mort, par le chef des hérétiques Ariens, Eusèbe, évêque de Nicomédie (⁴). Je regrette que Cusa n'ait pas flétri comme il le méritait un prince qui fit périr Crispus son fils, déjà décoré du titre de César, sur un léger soupçon d'avoir eu commerce avec Fausta, sa belle-mère; qui fit étouffer, dans un bain chaud, cette même Fausta son épouse, à laquelle il était redevable de la conservation de ses jours; qui fit étrangler l'empereur Maximien Hercule, son père adoptif; qui ôta la vie au jeune Licinius, son neveu, dont le caractère promettait de grandes qualités; qui, enfin, s'est déshonoré par tant de meurtres que le consul Ablavius appelait ces temps-là néroniens (⁵). Le pape Nicolas V avait chargé Cusa d'annoncer la rémission des péchés, à l'exception *de la coulpe* qu'on ne peut effacer que par un repentir sincère et par la pénitence dans cette vie et dans l'autre, en sorte que si les indulgences ne peuvent délivrer du purgatoire, elles en abrègent la durée par l'application des mérites de Jésus-Christ

---

(¹) Prosper Marchand, *Dictionnaire historique*, t. I, p. 316.

(²) Voy. *Recueil de quelques pièces des fastes académiques de l'Université de Louvain*, p. 8-9, Lille, 1783, in-4º.

(³) Voy. son livre *De Concordantia catholica*, lib. II, c. 34; lib. III, c. 2.

(⁴) *Ibid.*, lib. III, c. 2. — Döllinger, *Die Papst-Fabeln des Mittelalters*, München, 1863, p. 60.

(⁵) Voltaire, *Dictionnaire philosophique*, t. III p. 158 (Bruxelles, 1828), et *Philosophie générale*, t. IV, p. 354 (Paris, 1821). — Döllinger, p. 52-53.

et des œuvres surérogatoires des saints (¹). Cusa prêchait cette
doctrine en public; mais il convenait en particulier que la
pratique des préceptes de l'Évangile est nécessaire pour la justification et que les indulgences sont plus utiles au temporel de
l'Église qu'au salut des fidèles (²). Il s'était aussi chargé de
réformer les abus qui s'étaient glissés dans la discipline et de
détruire la superstition qui prenait la place de la dévotion.
Il commença sa prédication à Dordrecht au mois de janvier 1451 et continua sa mission dans la plupart des villes
de Hollande. Ses sermons furent vivement applaudis (³).
L'évêché d'Utrecht, affranchi de la juridiction du pape et
soumis uniquement à l'empereur d'Allemagne, s'était rendu
coupable d'immoralités, d'injustices et de violences. Déjà
en 1454, le duc Philippe de Bourgogne avait tenté de remédier à ce déplorable état de choses, mais sans résultat impor-
tant (⁴). Vers la mi-août 1451, Cusa était à Deventer, dont il
aimait les frères tout aussi bien que ceux de Windesheim et
de Zwoll. Comme il avait fait ses premières études à Deventer,
il dota cette école d'une bonne somme d'argent et la combla
de grâces spirituelles. Ses réformes concernant Utrecht por-
tèrent d'abord sur les couvents de religieuses, qui étaient
devenus un scandale public; elles atteignirent ensuite les
habitudes mondaines et les mœurs voluptueuses des chanoines de ce diocèse (⁵).

A Windesheim, il avait été forcé de sévir contre des excès
d'une nature tout à fait différente, contre des fanatismes de
chasteté poussés jusqu'à la mutilation d'Origène (⁶).

(¹) *Magnum chronicon belgicum,* dans Pistorius, *Rer. Germ. Script.,* Ratisb.,
1726, f. 380.

(²) Boxhorn, *Histoire des Pays-Bas,* p. 277.

(³) Dujardin et Sellius, *Histoire générale des Provinces-Unies,* t. III, p. 45.

(⁴) Swalue, *De kardinaal Nicolaus von Cusa,* apud Kist en Royaards, *Archief*
cité, t. IX, p. 40-73.

(⁵) Swalue, IX, p. 112-165.

(⁶) Archives du Royaume, *Copie contenue dans un des vidimus délivrés par l'official
de Liége résidant à Louvain, le 20 août 1471, archives provenant du couvent de
Saint-Martin, à Louvain.* — Acte donné par Cusa, à Bâle le 1ᵉʳ août 1427.

Cusa était un homme modeste, pieux et d'une rare simplicité. Il voyageait monté sur une mule, n'admettait
autour de lui que des personnes de talent et de vertu
et refusait constamment les présents qu'on lui faisait (¹).
Nommé cardinal en 1448 et, deux ans après, évêque de
Brixen, il fut chargé, en 1451, de la mission de légat en Allemagne et appelé, au même titre, dans les Pays-Bas par le
duc de Bourgogne. Aidé par Jean Busch, de Zwoll, qui venait
de réformer les couvents de la Germanie et qui voulait créer
un nouveau monde dans le clergé et dans le peuple, il réalisa
des réformes promptes et décisives (²).

Sa mission l'ayant conduit dans les environs de la ville de
Liége, où, comme je l'ai dit, il avait été archidiacre, les habitants, qui gardaient de lui les meilleurs souvenirs, l'invitèrent
à les honorer de sa présence. Il fit d'abord quelques difficultés
parce qu'il doutait que sa mission s'étendît à eux, vu qu'ils
ne se servaient pas de la langue allemande et que ses visites
étaient restreintes à l'Allemagne. Il céda néanmoins aux
pressantes sollicitations des bourgeois, sans songer aux
obstacles que lui susciteraient le clergé liégeois et ses cham-
brières grandes et petites. Depuis le trop fameux Henri de
Gueldre (1247-1274), surnommé *le ribaud de la cité* (³), les
mœurs de ce clergé n'avaient fait que déchoir; sans parler
des concubines des chanoines, du luxe de leurs chevaux, de
leurs chiens de chasse et de leurs oiseaux de proie, l'Église
de tout le diocèse était en pleine décadence, et ses écoles,
auparavant si célèbres, n'étaient plus que des réceptacles
d'ignorance.

La vertu et la pitié ne se trouvaient plus que chez quelque
pauvre solitaire, qui du fond de son cloître protestait contre
le monde et ses abominations. Tel fut le célèbre Denis Rickel,

---

(¹) *Biographie universelle*, art. cité.
(²) *Ibid.*
(³) *Epistola pia et erudita quam Gregorius pont. scripsit Henrico antequam
eum episcopatu privaret, apud* CHAPEAVILLE, *Gesta pont. leod.*, t. II, p. 301.

que l'on appelait le docteur extatique parce qu'il passait une partie de sa vie en contemplation. Il ressemblait à Ruysbroeck, son modèle, et à Brugman, son ami. Sa réputation s'étendait en Italie, en France et en Allemagne. Cusa s'empressa d'aller lui rendre hommage dans sa chartreuse de Bethléem à Rure- monde, et il s'en fit accompagner dans ses tournées. Denis ne cessait de prédire à l'Église de grandes calamités si on ne réformait bientôt les mœurs du peuple et du clergé; il annon- çait aussi de terribles punitions à ses compatriotes (¹).

Cependant l'évêque de Liége et son clergé avaient fait le meilleur accueil au légat et lui avaient promis la réforme de leur Église (14 octobre); mais, le lendemain, les chanoines, en songeant qu'ils devaient renvoyer leurs concubines, se ravisèrent et proposèrent à Cusa de l'écouter comme car- dinal, mais non pas comme légat, parce que la bulle qui l'investissait de sa mission ne parlait que de l'Allemagne, et qu'ils n'étaient pas Allemands, mais Germains ou Gaulois. L'évêque intervint et déclara vouloir en référer au pape. Ce prélat était Jean de Heinsberg, doux, aimable, savant, mais conduit par son entourage et livré aux femmes et au luxe. C'était un aussi mauvais chef d'Église qu'un mauvais chef d'État. Denis le Chartreux le représentait comme un maudit voué aux tourments de l'enfer; et, dans un de ses jours d'extase, il crut voir des diables le retenant au milieu des flammes et ses entrailles déchirées par d'affreux serpents (²).

Heinsberg allait parfois visiter le chartreux dans sa cellule pour lui demander conseil. Alors Denis lui reprochait amè- rement sa vie dissipée, ses folles prodigalités en jeux, fêtes, tournois, comédies, etc. « L'argent que vous dépensez dans de telles vanités, lui dit-il un jour, vous le dérobez aux églises

---

(¹) Dux, t. II, p. 28-29. — De Gerlache, *Histoire de Liége,* 2ᵉ édition, p. 197.— Van der Aa, *Biographisch woordenboek,* t. IV, p. 181.

(²) Fisen, *Hist. Eccles. leod.,* t. III, p. 122, Leod. 1696. — Foullon, *Hist. leod.,* t. II, p. 84; Leod., 1735. — Henaux, *Hist. du pays de Liége,* t. I, p. 284; t. II, p. 11-12; Liège, 1872.

et aux pauvres dont il est le patrimoine. Malheur à celui par qui vient le scandale ! Et vous, pasteur des âmes, vous répondrez de toutes celles qui se seront perdues par vos exemples! » Heinsberg répondait : « Je ne suis pas seulement évêque, je suis aussi chef de l'État; ce luxe, cette magnificence que vous me reprochez, conviennent à un prince. — C'est bien, répliquait le chartreux ; mais si le prince est damné, que deviendra l'évêque? » On assure que Heinsberg, troublé par ces paroles hardies, mais ne sentant pas la force de se corriger, cessa de voir le pieux solitaire, et mourut dans l'impénitence finale (¹).

Denis était physicien, naturaliste, orateur, poète et théologien aussi libéral que profond (²); car il n'admettait point l'infaillibilité du pape en matière de foi; dans son opinion, l'Église seule, représentée par ses conciles généraux, était infaillible (³).

Quoi qu'il en soit, Cusa avait deviné où tendait le subterfuge du clergé liégeois : il rejeta la proposition de l'évêque; mais une partie du clergé, que le cardinal avait déjà fort maltraité à Tongres, accabla Cusa d'outrages et se montra si furieuse contre lui que ses amis mêmes n'osèrent plus venir le voir. Cusa, pour ramener ces prêtres égarés, fut forcé de secouer sur eux la poussière de ses souliers et de les menacer de ses colères. Cette énergie produisit son effet : le clergé liégeois, pris de repentir, se hâta de se réconcilier avec Cusa. L'ayant rejoint à Utrecht, l'évêque obtint de lui son pardon, et la réconciliation fut complète (⁴).

Du reste, le cardinal avait été parfaitement reçu dans toutes les villes des Pays-Bas qu'il avait traversées : à Zwoll,

---

(¹) De Gerlache, *l. c.*, p. 197-198.

(²) Dans son écrit : *De auctoritate papæ et concilii.*

(³) Becdelièvre, *Biographie liégeoise*, t. I, p. 157. — Van der Aa, p. 182.

(⁴) Bollandus, *Acta sanctorum Martii*, t. II, c. III, n° 15. — Martene, *Veterum scriptorum collectio*, t. IV, p. 1220. — Binterim, *Suffraganei coloniensis extraordinarii sive de sacræ coloniensis ecclesiæ proepiscopis syntagma historicum*, p. 60-62. — Scharpff, t. I, p. 177-178. — Dux, t. II, p. 29-31.

Kampen, Arnhem, Harlem, Dordrecht, Amsterdam, Leyde, Nimègue, Ruremonde, Maestricht, Louvain, Bruxelles. Il connaissait la langue du pays et l'employa à prêcher au peuple la pure doctrine du Christ, à attaquer les abus et les superstitions; il se prononçait avec énergie contre le scandale des indulgences [1], une des causes de l'insurrection de Luther; contre le trop grand nombre de fêtes, de jubilés [2], de processions et de pèlerinages.

A Malines, il tonna contre le zèle outré des prédicateurs, contre l'incrédulité et les vices du clergé. Il exhorta les fidèles à chercher le salut non pas dans Rome, mais dans la pureté du cœur : « Une vie religieuse et calme, disait-il, vaut mieux que toutes les indulgences; il faut faire le bien, non pas pour obtenir celles-ci, mais pour l'amour de Dieu [3]. »

Quoique les principes de Cusa, tout aussi bien que ceux de Thomas a-Kempis, de Gerson et de d'Ailly, fussent contraires à ceux des réformateurs du xvie siècle, il est cependant aisé de comprendre qu'on devait le ranger au nombre de leurs précurseurs; Luther lui-même cite le cardinal comme une des sources où il a puisé. Seulement, ces précurseurs catholiques de la Réforme ne voulurent point sortir de l'Église; et, à cet égard, notre immortel Érasme fut de leur avis [4].

Comme c'était l'évêché d'Utrecht qui avait provoqué le plus de plaintes, le légat en confia le siège à un homme sur lequel il croyait pouvoir compter, David de Bourgogne, bâtard du duc Philippe le Bon; Cusa ne s'était pas trompé, car le nouveau prélat introduisit un tout autre esprit dans l'évêché.

Cusa avait rempli une mission salutaire à toutes nos pro-

---

[1] Kist en Royaards, *Archief voor kerkelijke geschiedenis*, t. I. p. 147. — Lodewyck van Velthem, *Spiegel historiael*, liv. IV, c. 59. — *Chronycke van Hollant*, p. 412. — *Magnum chronicon belgicum*, dans Pistorius, *l. c.*, t. III, p. 164.

[2] Gerdes, *Història Evangelii in Belgio renovati*, Groning., 1744, p. 10.

[3] Hartzheim, *Vita Cusæ*, Trevir, 1776, p. 108. — Swalue, p. 46, 59, 60, 66, 109 et 112. — Scharpff, p. 173-180. — Dux, t. II, p. 24-25.

[4] Dux, p. 40-41.

vinces; malheureusement, les résultats n'en pouvaient être que partiels et transitoires. Il lui était impossible de faire disparaître tout d'un coup l'ignorance et la corruption, ces deux cancers qui dévoraient les entrailles de l'Église. Une telle œuvre dépendait du temps et de la persévérance de toute une série d'hommes agissant dans le même esprit que le cardinal. Ce qu'il fallait, c'était une transformation complète des idées et des sentiments du clergé, et comment attendre d'un seul homme une œuvre de cette portée [1]?

Quoi qu'il en soit, les réformes de Cusa trouvèrent, en 1453, un excellent appui dans l'ordre des dominicains, qui s'était entièrement renouvelé dans les Pays-Bas, et d'abord à Rotterdam et à La Haye. Ce fut sur le modèle de la congrégation hollandaise que les frères prêcheurs se reconstituèrent dans leur pureté primitive, en 1456 à Gand, et en 1457 à Lille. Leurs couvents de Bruxelles, Valenciennes, Douai, Harlem, Groningue, Zutphen, Zwoll, Zirickzée, Leeuwaerde et autres suivirent. Le premier chapitre général de la congrégation se tint, en 1464, à Lille, en présence de Philippe le Bon, protecteur d'un ordre qui était appelé à donner de nouveaux exemples de vertu et de sainteté [2].

En 1493, le fameux Sprenger, l'auteur du *Malleus malefi-carum*, vint réformer en personne le couvent de Louvain, en défendant aux moines de recevoir des femmes et de se servir de vases d'argent [3],

Quatre ans après eut lieu la réforme du monastère de Sainte-Élisabeth dans la même ville : les sœurs y menaient une vie mondaine et dissolue. On plaça d'abord à leur tête un ange de vertu; mais cette admirable femme n'ayant rien

---

[1] Swalue, p. 48. — Scharpff, p. 182-183. — Dux, p. 42 et 52.

[2] C. Smet, *De Roomsch-catholyke religie in Brabant*, Brussel, 1807, p. 151. et 152.

[3] Jo. Molani *Historiæ Lovaniensium, lib.* XII, éd. De Ram., t. I, p. 248-249. (*Coll. des chroniques.*)

pu obtenir de ces filles rebelles, se retira découragée. Dans
de telles extrémités, le magistrat s'adressa à la duchesse
Marguerite, veuve de Charles le Téméraire, qui donna des
pensions à toutes les nonnes, les relégua en Hollande et fit
venir du Hainaut des sœurs réformées qu'elle plaça sous la
direction d'un homme aussi vertueux que savant, Nicolas
Heller, professeur de théologie (¹).

Ajoutons, tout en reconnaissant ce que Nicolas de Cusa a
fait pour l'évêché d'Utrecht, que la réforme n'y fut réellement
opérée que par George d'Egmond (1534-1559). Le savoir, la
dignité, l'austérité de ce prélat sauvèrent la pureté des doctrines et des mœurs de son diocèse, et, par cela même, y
paralysèrent la propagande des doctrines nouvelles dont
d'Egmont avait juré l'extirpation (²).

Il n'était pas au pouvoir de Cusa, pas plus que de tout
autre, d'arrêter l'Église des Pays-Bas sur la pente de la décadence et de la préserver des coups terribles que devait lui
porter le xvi⁰ siècle. C'était en Allemagne que ses efforts
auraient dû être couronnés d'un succès durable ; là, il aurait
fallu une réforme radicale. La constitution de l'Église germanique avait besoin d'une rénovation complète ; sa position
vis-à-vis de la papauté aurait dû être régularisée d'une manière conforme aux vœux exprimés par l'opinion publique.
Mais Rome ne comprit pas ces vœux : ce fut une faute qu'elle
expia par les plus cruelles expériences (³).

Si Cusa était grand comme théologien, il ne l'était pas
moins comme philosophe ; il avait emprunté à Platon les
formes d'une nouvelle métaphysique, et il ne cessa de faire
la guerre au dogmatisme de la scolastique (⁴).

C'est à Padoue, où il avait étudié le droit après avoir quitté

(¹) Molanus, p. 343-344.

(²) *Batavia sacra*, t. II, f. 246 et suiv.

(³) Stampf, *Die politischen Ideen des Nicolaus von Cusa*, p. 113.

(⁴) Dux, p. 243 et suiv. — Je recommande, du reste, pour plus de détails, toute
la savante étude de M. Swalue, *l. c.*, p. 1-115, 233-283, 501-507, et t. XIV,
p. 113-172.

Deventer, qu'il s'était familiarisé avec les progrès de la Renaissance en Italie, sans avoir cependant réussi à s'approprier l'élégance des écrivains classiques de l'antiquité. Ses écrits sont tout à fait dans le style des scolastiques, en mauvais latin, diffus et lourds. Son éloquence et sa dialectique étaient également dans le goût du moyen âge. Mais, si on fait abstraction de la forme, pour ne voir que le fond, on s'aperçoit qu'il a rompu avec la routine des anciennes méthodes d'enseignement et qu'il en a secoué les chaînes. Son érudition dépasse infiniment celle des scolastiques; non seulement il est familier avec les ouvrages de Platon, d'Aristote et de Cicéron; non seulement il a approfondi l'Écriture, les Pères et l'histoire du droit canon, mais encore il a étudié les écrits des mystiques, même de ceux qui étaient accusés d'hérésie. Il s'était assimilé beaucoup de doctrines des philosophes de l'antiquité et était parvenu à les faire concorder avec ses propres convictions. On le place à juste titre parmi ceux qui, au xvᵉ siècle, ont contribué le plus à ranimer l'étude de la philosophie platonicienne, bien que personnellement il ait rejeté toute espèce d'autorité philosophique ([1]).

Cusa ne tenait pas exclusivement ses conceptions scientifiques des influences littéraires de la Renaissance; il les tenait de l'originalité de son génie, qui devançait les tendances de l'avenir. De là aussi ses idées avancées sur les mathématiques et la physique; de là le plan de réforme du calendrier qu'il soumit, en 1436, au concile de Bâle ([2]). Il aimait l'étude des mathématiques, parce qu'il regardait les sciences exactes comme le meilleur moyen de connaître la vérité, comme une image du surnaturel. Malheureusement, à cet égard, ses efforts ne furent pas couronnés de succès; on lui a reproché peu d'exactitude dans ses calculs; on y a vu un manque de travail. Reproche étrange, car il n'y avait

([1]) Ritter, *Geschichte der Philosophie*, Hamburg, 1836-53, t. IX, p. 147-150.
([2]) M. Dux (t. I, p. 160-162) en a donné une analyse.

pas d'homme plus laborieux que lui ; il ne dormait que quatre heures de la nuit (¹).

De toutes les idées de Cusa, une des plus fameuses se rapporte au mouvement de la terre. Il est vrai qu'il n'a pas une notion exacte du système solaire, car il fait tourner la terre, non pas autour du soleil, mais autour des pôles du monde ; il n'est pas prouvé non plus qu'il ait préparé les voies à Copernic ; mais au moins les idées qu'il a émises à ce sujet nous font voir quelle indépendance et quelle audace d'esprit il devait avoir pour faire valoir cette thèse, qu'en égard à notre terre, l'apparence du repos pouvait être trompeuse. C'était attaquer toute la cosmologie d'Aristote. Pour rendre son opinion acceptable, il soutint que la terre n'était pas plus déshéritée que le soleil, les planètes et les étoiles fixes ; et, à cet effet, il invoque la raison qui domine en nous et qui vaut autant, pour le moins, que l'intelligence des astres. C'était placer le ciel sur la terre. Mais ici il fut forcé de combattre l'opinion que les changements opérés sur ce globe par la naissance et la mort, en comparaison de la durée des astres, sont une preuve de l'infériorité de notre monde sublunaire. Cusa, pour répondre à cette objection, va jusqu'à dire que la naissance et la mort ne sont que des transformations de substances éternelles (²).

En matière religieuse, Cusa ne craint pas d'avancer qu'aucune des religions alors existantes n'était condamnable et qu'aucune n'était parfaite (³) ; par cet argument, il voulait gagner les Turcs au christianisme ; il pensait que la loi musulmane porte en elle des éléments de vérité qui pourraient servir à réfuter ses erreurs. A son avis, cette religion n'est qu'une hérésie chrétienne née du nestorianisme (⁴). Cusa développe davantage encore cette idée dans son opuscule sur

---

(¹) RITTER, p. 150-151.

(²) NIC. DE CUSA, *Opera*. Basil. 1565, *De docta ignorantia*, lib. II, c. 12.—RITTER, p. 150-153.

(³) NIC. DE CUSA, *De docta ignorantia*, lib. III, c. 11 et suiv.

(⁴) ID., *ibid.*, *De cribratione alchorani*.

la paix. La prise de Constantinople, la fureur des disputes religieuses dont cette ville fut la triste victime, l'avaient rempli de douleur et excité à réfléchir sur les discordes religieuses en général. Il conclut que, par l'union de quelques hommes sages et expérimentés dans les diverses religions, on pourrait arriver à la pacification de tous les partis et à l'établissement d'une paix perpétuelle [1]. Et pourquoi pas? Toutes les religions ne sont-elles pas d'accord sur un point fondamental, l'adoration de Dieu? Il est vrai que la manière d'adorer Dieu doit nécessairement différer de peuple à peuple, par le motif fort simple que les hommes diffèrent les uns des autres; mais il suffirait de leur démontrer qu'au milieu de l'infinie variété des rites, il n'y a qu'une religion [2] pour mettre un terme aux dissentiments. Aussi recueillait-il la voix de tous les peuples de la terre pour prouver que tous confessent la même vérité. Aux Arabes qui se prononçaient pour l'unité de Dieu, il faisait remarquer que les polythéistes adoraient, eux aussi, la divinité dans les innombrables dieux qui y participaient [3]. Il ne voyait pas non plus pourquoi on ne tolérerait pas le culte des images, pourvu qu'on n'oubliât jamais leur nature symbolique [4]. Il reconnaissait également les traces de la trinité dans toutes les religions [5], et il était convaincu que toutes admettraient l'incarnation du verbe créateur, de Dieu dans l'homme [6]. « Quant aux mahométans, ils vénéraient déjà le Christ, et il serait facile de leur prouver par le Coran qu'ils devaient le reconnaître comme fils de Dieu. » Ce qu'il craignait le plus, c'était l'opiniâtreté des juifs; mais ils n'étaient pas assez nombreux pour troubler la paix du monde, les armes à la main [7].

---

[1] Nic. de Cusa, *De pace seu concordantia fidei*, c. 1.
[2] *Non est visi una religio in rituum varietate. Ibid.*
[3] *Ibid. De pace seu concordantia fidei*, c. 5, et *De docta ignorantia*, lib. I, c. 25.
[4] *De pace*, etc., c. 7.
[5] *Ibid.*, c. 10.
[6] *Ibid.*, c. 11.
[7] *Ibid.*, c. 10. — Ritter, p. 153-156.

Pour Cusa, la vraie religion, c'est le christianisme, auquel toutes les autres religions pouvaient être conduites ou ramenées; mais cette manière de voir ne lui inspire aucune idée d'intolérance contre les autres cultes, ni aucune idée de domination sur ceux qui professaient le sien. Aussi est-il fort indulgent pour les mots, les rites et les œuvres.

« C'est la foi qui vivifie, dit-il, et non pas les œuvres. Il est vrai que la foi sans les œuvres n'est qu'une foi morte; mais, d'un autre côté, elle n'exige, pour accomplir les commandements du Christ, que la mise en pratique du précepte le plus simple : Aimez Dieu et votre prochain! L'amour, en effet, est l'accomplissement de la loi. Ce précepte est gravé dans le cœur de tous les peuples; c'est un principe, une catégorie du droit naturel, qui ne peut être infirmé par aucune loi, ni antérieure, ni postérieure. » Cusa est tellement enthousiaste de son rêve de paix perpétuelle, qu'il déclare vouloir se soumettre à la circoncision si, à ce prix, les peuples païens se montrent disposés à embrasser la religion chrétienne (1).

En général, il ne marchandait pas les concessions aux faiblesses humaines; car vouloir exiger une parfaite concordance dans les usages religieux, ce serait, suivant lui, vouloir troubler la paix (2).

Ces idées sont certainement hardies; elles n'ont trouvé de l'écho que dans les temps modernes, quand le nom de Cusa était lui-même presque inconnu (3).

Cusa s'était prononcé contre la scolastique et contre la domination des sectaires d'Aristote, qu'il traitait tout bonnement de rationalistes. Il entendait par là tous ceux qui veulent mesurer l'idée de Dieu sur l'étalon des choses humaines et ne saisissent pas la haute signification de cette idée (4). Il

(1) *De pace fidei*, c. 17.
(2) *Ibid.*, c. 20. — RITTER, p. 156-157.
(3) RITTER, *ibid.*
(4) *Apologia doct. ignorantiæ*, fol. 35, A et B. — *De docta ign.*, lib., c. **2.** — *De Conjecturis*, lib. I, c. 10-12. — RITTER, p. 158-959.

rappelle, sous ce rapport, les mystiques, dont il partageait, du reste, les opinions philosophiques, avec une forte nuance de panthéisme. « Dieu, dit-il, c'est l'absolu universel, l'âme du monde, l'être absolu du monde ou de l'univers ; il est le monde même (¹). » Hâtons-nous d'ajouter que ces assertions se trouvent contrebalancées par d'autres, par celles de cause et d'effet, de créateur et de création (²).

Du reste, il y a chez Cusa des tendances sceptiques qu'on a vainement essayé de méconnaître, mais qui n'ont d'autre résultat que de le conduire à des solutions plus profondes et plus solides sur Dieu et sur l'homme (³).

Cusa ne partage pas avec les mystiques, dont il avait suivi les écoles, l'espérance qu'ils avaient d'acquérir la connaissance de Dieu en se retirant du monde et en se plongeant dans l'essence de l'âme. Lui, au contraire, partait d'un autre principe : l'homme, selon lui, ne participe immédiatement de Dieu que par le monde, et la raison ne doit chercher à connaître Dieu que par ses œuvres (⁴).

Aussi tout son système théologique repose-t-il sur une conception mathématique poussée jusqu'à l'abstraction. Dieu n'est dans ce système que l'unité absolue, principe et source des nombres, dont le monde réel est la manifestation. Sa prédilection pour la certitude mathématique lui faisait illusion sur la vanité des conséquences mystiques qu'il en tirait ; mais elle l'avait amené à étudier bien des problèmes qui n'ont été résolus qu'après la Renaissance, et à émettre des idées hardies singulièrement en avance sur son siècle.

En outre de son traité : *De docta ignorantia*, qui développe mathématiquement sa théorie de l'unité absolue et réserve à la foi la connaissance de Dieu, pour donner exclusivement à la raison humaine celle du monde, le volume in-folio de ses

---

(¹) *De doct. ign.*, t. II, p. 6, 9 et 13. — Ritter, p. 165.
(²) Voy. les preuves dans Ritter, p. 165-169.
(³) Ritter, p. 167 et suiv.
(⁴) *De Conjecturis*, t. II, p. 13. — Ritter, p. 199.

œuvres en contient plusieurs autres sur les transmutations géométriques, sur les perfectionnements mathématiques, sur la mesure des droites et des courbes et jusque sur la quadrature du cercle. Un de ses manuscrits, conservé à la Bibliothèque de Bourgogne, soutient même l'hypothèse du mouvement de la terre, déjà indiquée dans le livre *De docta ignorantia*. Son dialogue *De staticis experimentis* fait connaître un bathomètre et un hygromètre pour démontrer que les plantes prennent leur nourriture dans l'air atmosphérique [1].

On sait qu'il avait présenté au concile de Bâle un projet de réforme du calendrier, qui ne fut repris que sous Grégoire XIII. « Il a eu la première idée, nous dit Chasles [2], de faire rouler, au sujet de la quadrature, un cercle sur une ligne droite », et l'on en a conclu qu'il connaissait le cycloïde dès l'an 1450. On ne peut, dans tous les cas, lui refuser l'immense mérite d'avoir largement appliqué la méthode géométrique à la théologie et d'avoir ainsi concouru à renverser l'échafaudage de la vieille scolastique, pour ouvrir les voies rationnelles de la philosophie moderne.

Cusa n'avait pas seulement rêvé la transformation de l'Église catholique, mais encore celle de l'empire d'Allemagne. Pour réaliser ce rêve politique, il voulait l'émancipation du pouvoir temporel et la reconstitution de ce pouvoir au moyen d'un ordre judiciaire indépendant, d'assemblées nationales régulières, d'une armée nationale permanente, d'un code et d'un trésor communs [3].

C'est dans l'introduction du troisième titre de sa Concordance catholique que Cusa s'est appliqué à développer ses idées et ses principes politiques, empruntés en grande partie à Aristote. D'après lui, l'idée de l'État est fondée dans la

---

[1] Quetelet, *Histoire des sciences mathématiques et physiques chez les Belges*, p. 59-60.

[2] *Aperçu historique des méthodes de géométrie*, p. 529, Bruxelles, 1837.

[3] *De concordantia catholica*, lib. III, c. 36. — Ranke, *Deutsche Geschichte im Zeitalter des Reformation*, t. I, p. 101-103. — Hagen, *Deutsche Geschichte*, t. III, p. 445-449.

nature humaine : l'homme est de sa nature un être politique.
L'État est donc nécessaire à la conservation et au bonheur du
genre humain et doit être dirigé, conformément à la vertu,
par les plus sages, avec l'adhésion des autres, vers l'utilité
commune et d'après des lois fixes. Parmi toutes les formes
de gouvernement, c'est la monarchie qui mérite la préférence,
et la monarchie élective sur l'héréditaire. Le cardinal attribue au prince dans l'État la même fonction que celle du
cœur dans le corps humain. Sa mission est d'animer tout
l'État par la discipline des lois. Il faut qu'il donne toute son
attention à ce qu'il ne s'établisse pas une trop grande inégalité entre les sujets ; car, sous ce rapport, la rupture de
l'équilibre mettrait la constitution en péril. Il faut enfin que
le prince possède une grande sagesse, une grande prudence
et une grande expérience, afin de pouvoir guérir par des
mesures salutaires les maladies dont souffrirait l'État (¹).

Cusa flagelle en termes violents l'ambition des princes
et de l'empereur, dans laquelle il voit la source de tous les
maux, guerres, factions, discordes, bouleversements de toute
espèce (²).

Les espérances conçues par Cusa d'une réforme de l'Église
furent déçues. A sa mort (11 août 1464), qui, trois jours après,
fut suivie de celle de son ami le pape Pie II, tout allait au
plus mal dans la catholicité, même aux Pays-Bas, où le cardinal n'avait pu introduire que des améliorations partielles,
sans porter la hache à la racine du mal ; car les bénéfices
ecclésiastiques étaient donnés à la requête des princes et des
seigneurs, ou bien au poids de l'or ; il y avait des cardinaux
qui tenaient en commanderie vingt à trente évêchés, abbayes
ou prieurés ; des fils de princes devenaient évêques sans être
prêtres ; et, en général, les gens d'église, depuis les premiers
jusqu'aux derniers, étaient si arrogants, si pleins de convoitise et de luxure, qu'ils soulevaient contre eux toutes les

----

(¹) CONTZEN, *Geschichte der volkswirthschaftlichen Literatur*, p. 67-68.
(²) ID., *ibid.*, p. 69.

colères des laïques ; celles-ci éclataient tantôt contre un abbé
qui vivait en concubinage, tantôt contre un jeune prêtre qui
célébrait les saints mystères malgré les foudres de l'excommunication dont il était atteint (¹), tantôt contre un doyen, chan-
sonné comme celui d'Arras :

> Par toy, doyen, qui t'es en la clergie
> Moult abusé, cuidant trouver les fons
> D'aulcuns secrets de la théologie ;
> Mais garde-toy avec tes compagnons ;
> Je te promets, nous d'Arras, te ferons
> Et à Barut danser sy belle danse.
>
> . . . .
>
> Quand tu estois en Arras, bonne ville,
> Chascun cuidoit que tu feusses prophète,
> Sage comme un Salomon ou Sibille ;
> Mais sy, du sens qui oncq fust en ta teste,
> Tu as voulu semer une tempeste,
> Tu beuveras ton brassin et brouet ;
> Et s'y seras le premier à la feste ;
> Folie fait qui folie commet (²).

Du reste, les Belges avaient l'habitude de chansonner tous
les genres d'abus, témoin la ballade suivante, remise, en 1464,
à Charles le Téméraire, pendant son séjour à Paris, à l'époque
de la fameuse ligue du bien public dirigée contre Louis XI :

> Quand vous verrez les princes recullés
> Et eulx-meïsmes meus en dissention ;
> Quand vous verrez les sages aveuglés
> Pour soustenir police et union ;
> Quand les flatteurs, par leur séduction,
> Informeront les seigneurs au contraire,
> Quand on croira des fols l'opinion,
> Soyez asseurs qu'aurez beaucoup à faire.
>
> Quand vous verrez le clergié ravallés,
> Oster aux juges leur jurisdiction ;
> Quand vous verrez vieulx servants désolés
> Et despourveus de leur provision ;

(¹) *Mémoires de Jean Du Clercq*, p. 158, éd. Buchon.
(²) *Ibid.*, t. III, p. 81.

> Quand vous verrez au peuple émotion;
> Quand le petit vouldra le grand desfaire,
> Et en l'église noise et destruction,
> Soyez asseurs qu'aurez beaucoup à faire.
>
> Prince, pour Dieu ayez affection
> D'entretenir la justice ordinaire,
> Ou aultrement et pour conclusion,
> Soyez asseur qu'aurez beaucoup à faire [1].

Le mal qui ravageait l'Église datait de loin. On aurait dit que les lois sur le célibat, au lieu de corriger le clergé du péché d'incontinence, n'avaient fait que l'augmenter. « On vit partout des prêtres vivre ouvertement avec des concubines, et même des évêques leur vendre pour de l'argent le droit de concubinage, dans un temps où l'Église prescrivait aux ecclésiastiques de ne tenir dans leur maison que leurs mères, leurs sœurs ou leurs plus proches parentes. A la fin du xve siècle, cette corruption était devenue presque générale et les écrivains les plus orthodoxes sont d'accord à cet égard. La réformation seule y parut un remède : se voyant épiés et attaqués sans relâche ni trève par des ennemis acharnés, les prêtres catholiques s'efforcèrent de prévenir les accusations par une vie meilleure [2]. »

Pendant que de nombreux éléments d'opposition se formaient dans le sein même de l'Église, les princes belges rivalisaient d'efforts pour contenir le pouvoir spirituel dans d'étroites limites, non seulement pour la justice, mais encore pour l'impôt. Ainsi, en 1474, Charles le Téméraire publia une ordonnance tendant à exiger du clergé de Hollande, Zélande et Frise, un devis exact de ses biens, qu'il se proposait de frapper d'une contribution nécessitée par l'épuisement de son trésor. Ce clergé résista, aussi bien que celui de Brabant, qui avait été sommé d'obéir à une ordonnance semblable. Les

---

[1] *Mémoires de Jean Du Clercq*, p. 266.
[2] SCHAYES, *Essai historique sur les usages, les croyances*, etc., *des Belges*, Louvain, 1834, p. 84-85.

commissaires du duc parvinrent à gagner, à force de ruses, les Brabançons et les Zélandais et à isoler ainsi les Hollandais, qu'ils espérèrent vaincre par des menaces. Antoine Hanneron, prévôt de Saint-Donatien à Bruges, le principal agent du duc dans cette affaire, leur fit entendre le langage le plus dur et les somma de payer d'avance deux ou trois années de rentes, que ce fût juste ou injuste, permis ou non, et dussent-ils vendre tous leurs biens, meubles et immeubles, et jusqu'aux ornements de leurs églises. Et joignant l'action à la parole, le gouvernement fit arrêter trois prêtres, qui furent aussitôt chargés de chaînes et incarcérés à La Haye; d'autres furent conduits à Malines. Mais l'homme le plus violent fut Jean Van Boschuysen, chambellan du duc, qui, en 1476, voulut qu'on emprisonnât tous les membres du clergé réunis à La Haye, les traita de ribauds et de bourreaux, et procéda contre eux par des saisies-exécutions. En s'emparant des vases sacrés, il leur montra le crucifix et s'écria : « Voilà votre maître! Eh bien, qu'il vous vienne en aide (¹)! »

Quant à la justice, comme, dans les tribunaux ecclésiastiques, les témoins étaient souvent de faux délateurs, les innocents étaient contraints de se mettre à l'abri de leurs dénonciations moyennant argent, si bien que ces tribunaux ne paraissaient plus être qu'un nouveau moyen d'enrichir les prélats. C'est pourquoi les pays de Groningue et de Drenthe avaient pris depuis longtemps des mesures énergiques contre cet abus (²).

(¹) Le Long, *Historische beschrijving der Reformatie*, etc., f. 379-383.

(²) Von der Hardt, *Concil. Const.*, t. I, 3, p. 23, 8, p. 421. — Driessen, *Monumenta Groningana*, t. I, p. 115-117. — Gieseler, t. II, p. 3-298 et 300. — Conf. sur toutes ces matières, *Archives du royaume*, collection Rottard, vol. II, fol. 263 et suiv. : « Copie d'une ordonnance du duc Philippe de Bourgogne de n'admettre en Brabant à exécution aucuns mandemens spirituels, sans permission de l'officier et magistrat d'une des sept chefs-villes. — Extrait d'un privilège du même duc par lequel il promet de défendre ses sujets du pays de Brabant de tous traitemens illicites de la part des jurisdictions spirituelles. — Copie d'une résolution de l'état noble et des chefs-villes de Brabant représentant le tiers état, de se donner mutuellement aide et assistance pour s'opposer aux mandemens des cours spirituelles

Un autre abus, des plus funestes et des plus révoltants, était celui de la commende, qui avait pour résultat de livrer le titre d'abbé, avec la plus grande partie des revenus d'un monastère, à des ecclésiastiques, étrangers à la vie régulière, trop souvent même à de simples laïques, pourvu qu'ils ne fussent pas mariés. Cet abus portait une atteinte profonde aux institutions régulières. Le Brabant, grâce à ses franchises politiques, put imposer à ses souverains, même les plus puissants, tels que Charles-Quint et Philippe II, l'obligation de le préserver de cette ignominie. L'article 57 de la *Joyeuse-Entrée* de Brabant portait : « Le souverain ne donnera en aucune manière ou ne laissera donner en commende aucune abbaye, prélature ni dignités de Brabant. » Cela est d'autant plus digne de remarque que, dans l'Italie si catholique, on voyait le Mont-Cassin, berceau et foyer de l'ordre des bénédictins, subir la honte d'être du nombre des seize abbayes dont était pourvu, dès le berceau, comme d'autant de hochets, le fils des Médicis qui devait s'appeler Léon X. On y voit l'antique abbaye livrée, vers 1530, à un Napoléon Orsini, qui en fait le quartier général d'une bande de brigands avec laquelle il ravage toute l'Italie centrale, jusqu'au jour où il se fait tuer en voulant enlever sa propre sœur à celui qu'elle devait épouser. « On souffre d'avoir à dire que des traits semblables se présentent dans plus d'une page de l'histoire de ces temps orageux (¹). »

Jusqu'au xive siècle, les institutions de bienfaisance floris-

qu'on voudroit mettre à exécution contre le dispositif de l'ordonnance du duc Philippe de Bourgogne, du 3 janvier 1447. — Extrait de la seconde addition de la Joyeuse-Entrée du prince d'Espagne, où il est dit que les cours spirituelles ne pourront prendre cognoissance que de trois causes, à savoir de la validité et de l'invalidité des testaments, des contrats anténuptiaux et des biens spirituels amortis. — Extrait d'une ordonnance de Philippe second, roi d'Espagne, par laquelle il est déclaré qu'aucune bulle, provision ou impétration de la cour de Rome ou des nonces apostoliques, ni aucune sentence portée hors des provinces des Pays-Bas par quelque cour spirituelle, tendant directement ou indirectement au préjudice du bien public ou de quelque particulier, ne pourra être mise à exécution sans avoir été *placétée*. »

(¹) Montalembert, *Les moines d'Occident*, Paris, 1860, t. I, p. clxii-clxiv.

saient sous l'égide de la charité et de la liberté, et sous la
protection de l'autorité religieuse et civile. Mais à cette
époque, il y eut un changement dû au pouvoir temporel; il
concerne l'amortissement des biens appartenant aux établissements qui avaient le droit d'acquérir comme personnes
civiles. On introduisit le principe que, désormais, ces établissements devaient obtenir l'approbation du souverain et
même, plus tard, celle des États, pour posséder légalement.
Rarement, néanmoins, les biens donnés aux établissements
de bienfaisance étaient refusés. Le souverain se contentait de
réduire le don, s'il y avait lieu, dans l'intérêt des familles,
ou d'exiger la conversion des biens-fonds en argent, joint
encore que la portion disponible par testament, même pour
legs pieux, ne pouvait excéder le tiers des biens (¹).

D'après l'ordonnance du duc de Bourgogne, Philippe le
Hardi, du 15 février 1385, tout ce qui concernait la défense
du droit des églises, des veuves, des orphelins et des pauvres
était de la compétence du conseil de Flandre, et l'ordonnance
du duc Jean du 17 août 1409 renouvela cette disposition.
Ces réformes étaient sages : elles empêchaient la trop grande
multiplication des ordres religieux, à laquelle poussaient
les tendances de l'époque, et elles prévenaient le transfert
en mainmorte de propriétés trop nombreuses (²).

Un célèbre prédicateur breton de l'ordre du Mont-Carmel,
frère Thomas Connecte, entreprit alors une sorte de croisade
contre le luxe des vêtements et des modes flamandes, qui
s'était rapidement étendu à toute l'Europe. Il avait la spé-
cialité des sermons contre les délices et les parures mondaines, et il s'en tirait avec beaucoup d'éclat et de talent. Il
parcourut ainsi les villes de la Flandre, du Hainaut et de
l'Artois, en tonnant contre les hennins, hautes coiffures de

(¹) H. DE KERCHOVE, *Législation et culte de la bienfaisance en Belgique,* Louvain,
1852, p. 48.
(²) ID., *ibid.,* p. 49.

femme, de forme conique, ornées de perles, et du sommet desquelles tombait un long voile.

A Arras, c'était le cimetière de Saint-Nicolas qui était le théâtre de ses prédications. Elles y duraient quatre à cinq heures devant un auditoire de 16,000 à 20,000 personnes. Pour éviter le désordre, on avait pris la précaution de séparer les deux sexes par une corde tendue. Un excès de zèle poussait Thomas à faire tirer par les enfants, avec des crochets, les immenses hennins et couvrir de boue et de huées les dames qui les portaient. Le 22 février 1428, cet éloquent réformateur des modes exagérées se trouvait à Valenciennes, où il prêcha durant six jours sur le grand marché. Il obtint un si étonnant succès que l'on fit un autodafé général des atours des dames, pêle-mêle avec les tables à jouer, les cartes, les dés et les souliers à la poulaine, dont l'usage fut dès lors aboli. Le petit nombre de femmes qui résistèrent à la prédication en continuant à porter les malencontreuses coiffures, furent conspuées publiquement et poursuivies par les enfants criant à tue-tête : Au hennin! au hennin (¹)!

Des scènes semblables se renouvelèrent à Cambrai, Tournai et Térouanne. Connecte, « chevauchant un petit mulet », et suivi de disciples, resta cinq ou six mois dans les Pays-Bas pour assurer sa victoire sur les hennins; il fit tant, par sa parole énergique, qu'il opéra complètement la réforme des coiffures féminines.

Après avoir prêché ainsi avec succès dans nos provinces, Connecte passa à Rome dans l'intention d'y continuer ses sermons, non plus seulement sur les modes des femmes, mais « contre les abominations du pape, des cardinaux et du haut clergé ». Mais Eugène IV ne tarda pas à poursuivre ce censeur incommode sous l'accusation d'hérésie et à le faire convaincre d'avoir enseigné que les religieux peuvent manger ce qui

______

(¹) DINAUX, *Archives hist.*, 3ᵉ série, IV, p. 151. — A. D'HÉRICOURT, dans *le Bibliophile belge*, t. VI, p. 12. — HARBEVILLE, dans les *Mémoires de l'Académie d'Arras*, 1841, p. 282.

leur plaît sans distinction de mets et qu'ils doivent se marier
s'ils n'ont point le don de la continence. Connecte fut
incarcéré, mis à la torture et brûlé [1], sans se rétracter (1454).
Les historiens de l'époque rapportent qu'un grand nombre de
personnes accusées d'hérésie et de magie furent condamnées,
à Arras, au supplice du feu.

Cet horrible châtiment n'empêcha pas un franciscain, Jean
le Vitrier, de recommencer l'opposition contre l'Église à
Tournai et à Paris : « Il vaudrait mieux, s'écriait-il, couper
la gorge à son enfant que de l'élever en religion non réformée ! Quiconque entend la messe d'un prêtre tenant une
femme dans sa maison commet un péché mortel ; car l'ho-
micide est un moindre mal que la fornication. Si votre curé
ou tout autre prêtre tient femme dans sa maison, vous devez
y entrer et la mettre dehors par la force. Le plain-chant que l'on
chante à Notre-Dame de Paris n'est que paillardise et pro-
vocation à paillardise. On ne doit point donner d'argent aux
églises pour les indulgences qui ne s'accordent point pour
les mauvais lieux. Il ne faut pas prier les saints. Il y en a
qui récitent certaines prières de Marie, afin qu'à l'heure de
la mort ils puissent voir la Vierge. Ils verront le diable, et
non pas la Vierge [2]. »

Censuré par la Faculté de théologie de Paris et sommé de
se rétracter, Jean le Vitrier obéit (1498).

Vingt-deux ans auparavant, un récollet, Jean Angeli, avait
prêché avec beaucoup de succès à Tournai. Il entre-
mêlait ses sermons de plusieurs propositions qui attirèrent
l'attention de la Faculté de Paris. Il soutenait, entre autres
choses, que le pape peut détruire tout le droit canon et en
faire un autre, que quelques saints sont des enragés, que les

______

[1] D'Argentré, *Histoire de Bretagne*, Paris, 1588, liv. X, chap. 381.—Baptista
Mantuanus, *De vita beata* (*Opera*. Antv. 1576, t. IV). — Monstrelet (Buchon),
t. V, p. 197 ; liv. II, c. 127 ; t. VI, p. 62. — G. Paradin, *Annales de Bourgogne*,
Lyon, 1566, liv. III, p. 699. — Spondani, *Annales*, etc., ad ann. 1431, n° 6, t. I.—
De Potter, t. VII, p. 77-78.

[2] D'Argentré, *Collectio judiciorum de novis moribus*, t. I, 2, p. 340.

âmes dans le purgatoire relèvent de la juridiction du pape et que, s'il veut, il peut le vider (¹).

Ces propositions eurent le même sort que celles de Jean le Vitrier, qu'il ne faut pas confondre avec Jacques Vitrier, cordelier et ami d'Érasme. Ce dernier s'était appliqué à la théologie scolastique, et celle des scotistes ne lui avait pas déplu; mais dès qu'il eut commencé à lire saint Ambroise, saint Cyprien et saint Jérôme, il ne conçut que du mépris pour toutes les questions épineuses de la théologie ordinaire. Origène était celui des Pères qu'il admirait le plus. Il savait par cœur les épîtres de saint Paul, ainsi que les principaux passages de saint Ambroise. Il prêchait sans autre préparation que de lire saint Paul. Ses sermons n'étaient que des homélies. Il ne pouvait y souffrir les citations des théologiens scolastiques et des philosophes, si en usage dans ce temps-là. Il avait entrepris, dans l'Artois, la conversion d'un monastère de religieuses, qui ressemblait plutôt à un lieu de débauche qu'à une maison de piété; huit impénitentes de ce couvent l'attendirent dans un lieu écarté, et, se jetant sur lui, elles l'auraient étranglé, sans le secours de quelques passants qui le tirèrent des mains de ces furies (²).

A ce nom nous rattacherons les suivants (³), qui se sont distingués dans les lettres à titres divers : Henri de Zoemeren, savant théologien du xvᵉ siècle, naquit vers 1420, dans une petite ville du Brabant (mairie de Bois-le-Duc), dont il prit le nom, suivant l'usage des savants de cette époque. Ayant achevé ses études à l'université de Paris, il y reçut le grade de docteur en théologie. Le cardinal Bessarion, légat du saint-siège à Vienne (1458-60), l'appela près de lui et le chargea d'abréger la première partie des dialogues d'Ockam. En 1460, Zoemeren

<hr>

(¹) Hoverlant, *b. c.*, t. XIX, p. 128-129.

(²) De Burigny, *Vie d'Érasme*, Paris, 1757, t. I, p. 88-90.

(³) Paquot, *Fasti academici Lovanienses* (manuscrit de la bibliothèque de Bourgogne nº 17567), t. I, f. 22. — Molanus, *Historiæ Lovaniensium, libri* XIV, t. I, p. 306 (éd. De Ram). — *Biographie universelle*, art. Zoemeren.

fut pourvu d'une chaire de théologie à Louvain; il devint ensuite chanoine de Saint-Jean à Bois-le-Duc et doyen de la cathédrale d'Anvers. Dans une dispute qu'il eut avec un de ses collègues, Pierre de Rivo, professeur de philosophie, l'université de Louvain se prononça contre Zoemeren et le déclara suspect d'hérésie. Il appela de cette sentence à Rome et se justifia complètement. Il mourut à Louvain le 14 août 1472 (¹).

Pierre de Rivo (Van der Beken), d'Assche, qui expliqua Aristote au collège du Faucon à Louvain, devint, en 1453, professeur d'éloquence à l'université de cette ville. Il y eut quelques difficultés théologiques et fut forcé de se soumettre à la décision du pape Sixte IV, qui, étant cardinal, avait écrit contre lui, en traitant d'hérétiques quelques-unes de ses doctrines. Il mourut chanoine de Saint-Rombaut, à Malines, le 27 janvier 1499 (²).

Pierre Burry, de Bruges (³), brilla comme professeur à Paris et laissa des poésies recommandables par la gravité des sentences, la variété du style, l'harmonie des vers, l'élégance des expressions (⁴).

Enfin, Gilles Faber, carme, mort à Bruxelles en 1505, parut avec distinction dans la chaire, en un temps où le ministère de la parole était avili par le burlesque et le ridicule que les prédicateurs mêlaient aux vérités sacrées (⁵).

« Tout, du reste, à la fin du xvᵉ siècle, concourait, en Belgique, à favoriser le mouvement des idées nouvelles : le clergé régulier réclamant, par ses membres les plus instruits, une réforme dans le culte et se sentant appuyé par le clergé séculier des villes; un patriciat et une bourgeoisie instruits et commençant à philosopher; les corporations des métiers

---

(¹) PAQUOT, *Fasti acad. Lov.* (manuscrit de la bibliothèque de Bourgogne n° 17569), t. I, f. 44-45.

(²) ID., *ibid.*

(³) Né en 1430, mort en 1505.

(⁴) *Biographie universelle.*

(⁵) *Ibid.*

regrettant l'ancienne influence communale et leurs privilèges, entamés depuis Philippe le Bon, religieuses pourtant,
mais voulant l'être à leur manière, nationales et par cela
même désireuses de prier Dieu publiquement dans la langue
du pays; derrière ces corporations, même parmi elles et
dans les villages, des restes d'anciens dissidents : ici, des
disciples de Tanchelin, qui vont reparaître sous le nom
d'Anabaptistes; là, épars dans la Flandre wallonne et dans
l'Artois, quelques débris des Vaudois, ignorés de leurs voisins et qui ont conservé l'usage de consulter l'Écriture, le
soir, au coin de l'âtre; plus loin, quelques Lollards ou Wiclé-
fites, prêts à se fondre dans les nouvelles sectes : tels sont les
éléments d'opposition religieuse de nos provinces. Dans le
parti contraire, se présentent : les moines privilégiés, cause
première des réclamations, but constant des attaques; une
noblesse dont les intérêts et les sympathies sont rattachés
aux leurs; les patriciens, vassaux des chapitres; l'université
de Louvain; les hauts dignitaires du clergé séculier; puis les
bourgeois, encore plongés dans les superstitions d'un passé
qui fuit; puis encore, des vassaux de la campagne et des
serfs qui n'en ont presque plus que le nom; enfin, une
tourbe d'hypocrites, qui ont horreur des lumières et qui se
dévouent toujours au maintien du régime des ténèbres. Au
milieu, le prince, travaillant à s'élever sur les ruines des
deux partis (¹). »

(¹) Van der Elst, p. 38-40.

CHAPITRE VI.

« Au commencement du xve siècle, les jeunes gens des **Pays-Bas** qui voulaient faire leurs hautes études allaient à Cologne, et de préférence à Paris. Là, les écoles jouissaient d'une grande célébrité, mais la vie d'étudiant était chère et licencieuse et, forts de leur multitude et de leurs privilèges, les écoliers s'y livraient à tous les genres d'excès. Jean IV, duc de Brabant, résolut de remédier aux graves inconvénients qui résultaient de cette situation. Ce prince faible, plus connu par les dérèglements de la fameuse Jacqueline de Bavière, son épouse, que par ses propres actions, voyait son pouvoir pour ainsi dire borné à ses pays héréditaires ; car l'autorité de *Ruwaert*, que Philippe de Bourgogne exerçait en Hollande, et les factions des Hoeks et des Cabillauds, ne lui laissaient qu'un vain titre. Il avait été obligé d'abandonner à ce prince l'administration de la Hollande, de la Zélande et de la Frise, après la mort de Jean de Bavière, son bel-oncle, décédé le 6 février 1425, et qui, de son vivant, avait réellement gouverné ces provinces, tandis que le Brabant obéissait à un *Ruwaert*. Dans ces conjonctures, il songeait à demander aux lettres une influence que lui refusait la politique, à satisfaire en même temps aux besoins intellectuels de ses sujets et des peuples voisins, ainsi qu'à réparer les malheurs des temps par une spéculation financière et morale... Le dessein de fonder une université, sur le modèle de celles qui existaient en Europe, une fois arrêté, il s'agissait de lui choisir un emplacement. On pencha d'abord pour Malines ; mais, outre que cette ville, perpétuellement en contestation avec les États environnants, promettait peu de sécurité aux études, elle était sous la domination de Philippe de Bourgogne, qui y avait été inauguré le 8 octobre 1419. Jean IV, désirant sans doute avoir immédiatement sous les yeux le nouvel établissement, inclinait à donner la préférence à Bruxelles. Mais le magistrat de cette ville, consulté, répondit en signalant les dangers qu'il y aurait à admettre une jeunesse turbulente au milieu d'une cité populeuse. Le duc se rendit alors aux instantes sollicitations des habitants de Louvain, appuyés par Engelbert de Nassau, sire de Breda, qui fit valoir les pertes qu'ils avaient essuyées par la destruction de leurs manufactures de laine et par le décroissement de leur population. On assure même que l'idée première d'une université appartenait à ce seigneur (¹), et cette fondation aurait eu encore une autre raison d'être : l'université de Prague ayant été anéantie par des querelles de sectes, la foi catholique avait besoin d'un autre boulevard. »

Telle fut du moins l'opinion du pape Martin V, qui, d'ailleurs, voulut récompenser les Louvanistes du zèle qu'ils avaient déployé pour l'Église en armant et équipant, à leurs frais, cent quatre-vingts guerriers pour combattre les Hussites. On alléguait ensuite l'heureuse situation de Louvain, avec sa douce température, ses prairies, ses vignes, ses vergers, ses bosquets, l'abondance de ses ressources et les mœurs bénignes de ses habitants (²).

Il est assez probable que le projet d'établir une académie à Louvain ne fut mis en délibération que lorsque le duc eut repris les rênes du gouvernement, c'est-à-dire après le mois de mai 1421. L'assemblée des États, tenue à Bois-le-Duc le 23 décembre et jours suivants de cette année, et continuée à

(¹) De Reiffenberg, *Mémoires sur les deux premiers siècles de l'Université de Louvain, Nouveaux mémoires de l'Académie de Belgique*, t. V, p. 9-14. — Voy. Paquot, *Fasti Academici lovanienses*, t. I, f. 1-2. (Manuscrit de la Bibliothèque de Bourgogne n° 17567.)

(²) Molanus, t. I, p. 425, 460-461.

Anvers le 16 janvier 1422, aura pu faire éclore ce salutaire projet, conduit successivement à sa maturité dans les fréquentes assemblées tenues, depuis, à Louvain, où le duc résida avec sa cour jusqu'en 1424. Cette ville, qui appréciait les avantages attachés à l'établissement d'une université, avait envoyé, dès le 5 juillet 1425, une députation au duc, alors à Mons, afin de le déterminer en sa faveur. Mais le consentement du prince ne suffisait pas : les papes exerçaient sur le haut enseignement une surveillance suprême, et l'on considérait, dans toute l'Europe, comme un principe de droit public, la nécessité de demander à Rome la confirmation des universités nouvelles. La ville de Louvain et le duc Jean se hâtèrent d'exercer ce recours; les bulles d'institution données par Martin V arrivèrent à Louvain le 25 avril 1426, et furent munies du placet de Jean IV, le 18 août. L'ouverture des cours fut fixée au 2 octobre; mais elle n'eut lieu que le 7 décembre. Aucun local déterminé ne servait encore au nouvel établissement, dont les membres se rassemblaient alors dans une maison que le magistrat avait choisie au Vieux-Marché. En vertu des bulles pontificales, ils obtinrent du duc, du magistrat et de l'église collégiale de Saint-Pierre, la cession pleine et entière de la juridiction ordinaire que ceux-ci exerçaient dans Louvain. Néanmoins, la connaissance des affaires criminelles sur les suppôts laïques de l'université resta au duc de Brabant, à condition, toutefois, que les accusés ne pourraient être appliqués à la torture, ni soumis à aucune procédure quelconque, sinon en présence du recteur et de ses assesseurs ou de ses délégués (¹). Cette concession faite au pouvoir souverain fut vivement contestée par la faculté des arts, qui ne s'y conforma guère dans la pratique (²).

Cette faculté avait le droit de nommer à certains bénéfices ou fonctions ecclésiastiques. Elle portait le titre de vénérable.

(¹) DE REIFFENBERG, *l. c.*, p. 14-36.
(²) ID., *Second mémoire sur les deux premiers siècles, etc., l. c.*, t. VII, p. 1-6.

Elle n'était destinée, dans le principe, qu'à l'enseignement de la philosophie; mais elle s'enrichit, avec le temps, de plusieurs collèges et de quelques chaires consacrées aux lettres (¹).

Le célèbre Jean Reuchlin était incontestablement le premier qui eût enseigné le grec et le latin dans une haute école allemande et y eût expliqué les classiques d'Athènes et de Rome. Mais longtemps avant lui, des Hollandais et des Allemands, formés à Deventer, avaient voyagé en Italie, y avaient entendu les plus grands professeurs de ces langues savantes, et étaient revenus dans leur patrie respective, riches de science et désireux de se faire les propagateurs et les professeurs de ce qu'ils avaient appris sur le sol natal de la littérature romaine (²). L'école de Deventer, ce siège de la charité, de la pureté, de la vraie religion, excitait ses meilleurs élèves à passer les Alpes et à se former aux sources pures de l'antiquité, qu'elle leur recommandait comme indispensables à l'intelligence des saintes lettres (³). C'est de cette école que sortit un des plus grands philologues du xvᵉ siècle, Rodolphe Huesman (⁴), si célèbre sous le nom d'Agricola, qui, après avoir pris le grade de docteur à Louvain, alla se faire, en Italie, l'élève des illustres Grecs réfugiés, tels que George de Trébizonde, Théodore Gaza, François Philelphe. Nommé professeur à l'université de Heidelberg (1485), il fut un des premiers à faire fleurir, en Allemagne, les études classiques. Il parlait le latin avec la facilité d'un ancien Romain; sa versification rappelait l'élégance de Virgile, et il avait, dans sa phrase, toutes les grâces d'Ange Politien, un des restaurateurs des lettres au xvᵉ siècle (⁵).

La théologie était, aux yeux d'Agricola, la première des

(¹) De Reiffenberg, *Troisième mémoire sur les deux premiers siècles, etc., l. c.,* t. X, p. 8.

(²) Revius, *Daventria illustrata,* Lugd. Bat., 1651, p. 35, 66 et suiv. — Badius, *Vita Thomæ a Kempis,* c. 12.

(³) Meiners, p. 324.

(⁴) Né en 1422, à Bafflen, village situé aux environs de Groningue, mort à Heidelberg en 1485.

(⁵) De Burigny, *Vie d'Erasme,* Paris, 1757, t. I, p. 19.—Hagen, *l. c.,* p. 132-133.

sciences; mais la théologie, fondée sur les saintes Écritures, pour l'intelligence desquelles il avait fait une étude particulière de l'hébreu. Aussi peut-on le considérer comme l'expression vivante des études classiques et des tendances théologiques de son temps, conçues par Thomas a-Kempis et si bien réalisées par Wessel, à qui Rodolphe dut beaucoup. En Italie, il avait pris l'inébranlable résolution de purger l'Allemagne de la barbarie du moyen âge; il entreprit donc une réforme réelle de la dialectique et, à cet égard, il surpassa Laurent Valla et Georges de Trébizonde. Par son traité *De inventione dialectica* (1483 ou 1485), il montra le premier comment on pouvait la débarrasser des formules et des subtilités dont on l'avait encombrée, et de quelle utilité elle serait alors pour l'art de la parole. C'était réagir un peu contre le mépris dont la scolastique était l'objet de la part des humanistes et qu'elle méritait. Dans les écoles d'Allemagne on l'enseignait encore, au commencement du xvie siècle, par l'explication des *Summulæ logicales* de Pierre l'Espagnol et de ses obscurs commentateurs, Bricot, Georges de Bruxelles, Tartaret. Elle n'était plus une gymnastique, mais une torture de l'intelligence; aussi devenait-elle la risée de tous les bons esprits. En France, on se moquait de ces gens remplis

> ... D'un tas de fatras,
> De conclusions et de cas,
> Nolitions, volitions,
> Qui ne valent pas deux oignons.

Érasme proposait d'envoyer se battre avec les Turcs la troupe belliqueuse des disputeurs scolastiques; d'autres écrasaient sous les traits de leur verve les docteurs qui, non contents de fausser l'art du raisonnement, avaient corrompu par leur terminologie gothique l'admirable langue latine de l'antiquité (¹).

(¹) De Burigny, t. I, p. 16-17; t. II, p. 476. — Ch. Schmidt, *La vie et les travaux de Jean Sturm*, p. 265-267. — De Reiffenberg, *Troisième mémoire sur les deux premiers siècles de l'Université de Louvain*, p. 31. — Hagen, *l. c.*, p. 138.

Le plus beau titre de gloire d'Agricola, également remarquable comme philologue, théologien, philosophe, orateur, poète, musicien et peintre (¹), c'est d'avoir formé, par ses conseils, Alexandre Hégius, le professeur d'Érasme à Deventer, d'Érasme qui allait disputer le sceptre de la littérature à l'Italie.

Hégius, né en 1420 à Heck, près de Horstmar sur la Vecht, en Westphalie, était philosophe, théologien, poète, orateur et, mieux que tout cela, un vrai chrétien, un chrétien digne du temps des apôtres. Son inépuisable bienfaisance ne lui avait laissé, à sa mort, que ses habits et ses livres, pour lesquels il ne voulut d'autres héritiers que les pauvres.

Il mourut à Deventer, le 27 décembre 1498. Son principal mérite est d'avoir, le premier, introduit aux Pays-Bas l'enseignement classique de la littérature grecque, si profondément ignorée jusqu'alors, qu'on disait avant lui : *Græcum est, non legitur* (²).

Hégius eut pour collègue, à Deventer, Jean Scatius, qui avait donné une nouvelle édition corrigée de la grammaire de Villedieu, laquelle avait beaucoup de succès en Allemagne et dans les Pays-Bas. Il fut, comme Hégius, professeur d'Érasme (³).

Comme recteur de l'école des frères de la vie commune, Hégius était puissamment secondé par Jean Oosterdorp ou Oostendorp, chanoine de Saint-Liévin à Deventer, que Wessel avait exhorté à étudier les anciens écrivains, sacrés et profanes, et à les placer au-dessus des théologiens scolastiques, parce que les temps étaient proches où « ces pédants infaillibles, mitrés, encapuchonnés, blancs et noirs, seraient mis à leur place (⁴) ».

<hr>

(¹) *Erasmi Opp.*, t. II, f. 166. — Conf. BOSSERT, *De Rodolpho Agricola, litterarum restitutore.*

(²) DE REIFFENBERG, *l. c.* — DELPRAT, *l. c.*, p. 72, 73, 352 et 384.

(³) GLASIUS, *Godgeleerd Nederland*, t. III, p. 361.

(⁴) VAN DER AA, *Biographisch woordenboek*, s Hertogenb., 1852-56, t. XIV, p. 155.

Hégius eut pour condisciple, beaucoup plus jeune que lui, Rodolphe de Langen, né en 1438 près de Munster, qui, nommé en 1462 prévôt du chapitre de cette ville, partit, en 1464, pour l'Italie et y demeura jusqu'en 1470. Il suivit les leçons des plus grands hommes de la Renaissance. Il visita particulièrement Rome, Milan, Florence, Bologne. Il n'écouta cependant pas le langage passionné de ses maîtres contre l'Église, car il avait une trop haute opinion du christianisme pour se laisser entraîner aux oppositions anti-chrétiennes de ce pays. Il ne vit dans les belles formes de la classique antiquité qu'un moyen de donner aux idées évangéliques un éclat plus élevé et une signification plus grande. Résolu en même temps de travailler à la restauration des belles-lettres dans sa patrie et d'ouvrir aux Allemands les trésors de l'Italie, à peine de retour à Munster, il commença une correspondance littéraire très active avec ses anciens condisciples de Deventer. Il correspondait surtout avec Hégius, qu'il invita à réformer son école sur le modèle de celles d'Italie et à mettre ses élèves à même de se développer par leurs propres efforts au moyen des classiques anciens. A cet effet, il lui en fit parvenir des copies et ne négligea aucun sacrifice pour l'aider à réaliser les projets qu'il lui soumettait ; il lui envoya surtout des jeunes gens capables de comprendre le nouvel enseignement et de répondre ainsi au labeur du maître (¹).

En 1486, Langen fut chargé d'une mission à Rome, où sa prodigieuse connaissance de la littérature latine excita l'admiration du pape Sixte IV et de tous les savants qui habitaient cette ville. De retour à Munster, il y voulut fonder une école classique dirigée par des maîtres habiles, lorsqu'il en fut empêché par l'université de Cologne, qui s'opposa à ce qu'on délaissât les livres d'école jusqu'alors en usage, tels que le gothique *Doctrinale Alexandri grammatici*, le *Catholicon*, les *Mammœtractus* et la *Gemma gemmarum*. Langen fit appel à

(¹) Parmet, *Rudolf von Langen*, Munster, 1869, p. 15-51.

l'intervention des savants italiens, qui se prononcèrent en sa faveur. L'institution de Munster, protégée par le chapitre de la ville, devint bientôt pour l'Allemagne ce que Deventer était pour les Pays-Bas. Quand Deventer déchut après la mort de Hégius, Munster s'enrichit à ses dépens. Malheureusement, cette prospérité ne dura pas. Les rivalités que lui suscitèrent les autres écoles de la ville, et surtout celles d'Allemagne, fondées ou réformées sur le même modèle, amenèrent sa décadence, même du vivant de son fondateur. Mais à cet homme, qui avait fait ses études dans les Pays-Bas, restera l'honneur d'avoir allumé le flambeau de la Renaissance dans le nord de l'Allemagne ([1]).

Un des élèves les plus distingués d'Hégius fut Gérard Listrius (Lyster), né vers le milieu du XVe siècle, à Rhenen, ville de la seigneurie d'Utrecht. Il était, en 1498, recteur de l'école de Zwoll, où il enseignait le latin, le grec et l'hébreu. En 1522, il fut envoyé dans la même qualité à l'école d'Amersfort. Quoiqu'il eût étudié la médecine, il est plus connu comme homme de lettres que comme médecin. Il s'appliqua aussi à la culture de la poésie latine, mais il n'y réussit guère. C'est comme professeur qu'il excella particulièrement. Il s'était donné pour mission de débarrasser la jeunesse des absurdités de la scolastique de son temps et il écrivit un commentaire sur l'*Éloge de la Folie*, qui ne fut pas du goût du prudent Érasme, « parce qu'il s'y trouvait des choses que Listrius aurait dû passer sous silence ([2]) ».

Ajoutons au nom de ce disciple d'Hégius celui de Jean Murmellius, de Ruremonde, qui, après avoir embrassé la carrière des armes, l'abandonna pour celle des lettres. En sortant de l'école de Deventer, il se rendit à Cologne, où il devint maître ès arts; en 1511, il devint recteur de l'institution de Saint-Liévin, à Munster. Trois ans après, il fonda une école à Alkmaar et s'y vit entouré de 950 élèves. Ses propriétés y ayant été

([1]) Meiners, p. 327-328. — Parmet, p. 51 et suiv.
([2]) Parmet, p. 95-101. — Van der Aa, t. XI, p. 524-525.

détruites par un vaste incendie, il revint en 1516 à Deventer et mourut, en 1517, empoisonné, dit-on, par un de ses collègues, mais avec la réputation d'un des plus célèbres philologues de son siècle (¹).

Auprès de Murmellius se place naturellement Herman Torrentinus (Van Beek), né vers le milieu du xvᵉ siècle à Zwoll; il entra dans la congrégation des frères de la vie commune, enseigna à Groningue (1490), puis dans sa ville natale; publia des scholies sur les évangiles et les épîtres de l'année, des notes sur les hymnes et les proses de l'Église, ainsi que quelques ouvrages de grammaire supérieurs à ceux dont on se servait alors dans les écoles et qui eurent une sérieuse influence sur les progrès des lettres dans les Pays-Bas (²).

On a de Chompré un petit Dictionnaire de la Fable, qui est bien peu de chose, si on le compare à l'excellent petit dictionnaire d'Herman Torrentinus, réimprimé un grand nombre de fois à Anvers et qui a pour titre : *Elucidarius poeticus continens historias poeticas, fabulas, insulas, regiones, urbes, fluvios, montesque insigniores, atque hujusmodi alia, omnibus adolescentibus in poesi versantibus oppido quam necessarius.* « A quelques fautes près, inséparables d'un pareil ouvrage, dit Dreux du Radier, le plan en est très bien exécuté, et une nouvelle édition corrigée de ce livre me paroîtroit bien plus nécessaire que le dictionnaire de Chompré. Il ne contient que onze feuilles, qui ne sont point chiffrées dans mon édition (³), laquelle, étant in-12, ne forme qu'un volume de 264 pages, et par conséquent très portatif; on est surpris de voir le grand nombre de choses qu'embrasse ce petit livre, dont l'auteur est un savant d'un jugement net, un de ces esprits qui ont l'art de dire beaucoup en peu de mots (⁴). »

(¹) *Biographie universelle* et VAN DER AA, art. *Murmellius.*
(²) On place sa mort vers 1520. — *Biographie universelle,* art. *Torrentinus.*
(³) Anvers, 1535.
(⁴) *Récréations historiques, critiques, morales et d'éducation,* La Haye, 1768, t. I, p. 328-329.

Un des parents d'Herman Torrentinus — Laurent Torrentino, imprimeur — fut attiré à Florence par le duc Côme de Médicis, qui désirait répandre dans le public les trésors littéraires rassemblés par ses ancêtres dans leur magnifique bibliothèque. On sait que les presses de Laurent furent en pleine activité dès l'an 1547 et qu'il retrouva le manuscrit original des Pandectes de Justinien, que Côme eut l'honneur de faire imprimer pour la première fois en 1555, en deux volumes in-folio [1].

Enfin, n'oublions pas Montanus (Van den Bergh), né au milieu du xve siècle à 's Herenberg, un des disciples les plus instruits de Hégius; il fut professeur à Nimègue, à Alkmaar, à Zwoll, et, en 1500, recteur du Fraterhuis d'Amersfort. Son enseignement touchait de près l'hérésie, tellement que grand nombre de moines devinrent suspects et furent expulsés en mai 1529. Montanus était étroitement lié avec Érasme et avait publié des satires latines [2].

La province d'Artois, qui fournit un contingent très remarquable à la grande œuvre de la Renaissance, sous le rapport de l'érudition, a produit Robert Gaguin [3], de l'ordre des trinitaires, professeur de droit canon dans la maison des Mathurins à Paris, homme d'État, diplomate, orateur, antiquaire, historien et poète [4].

« Gaguin a passé pour l'homme de son siècle qui écrivait le mieux le latin. Érasme, dans son *Ciceronianus*, en fait le plus bel éloge. Il est pourtant certain que son histoire de France, estimable d'ailleurs par certains faits qu'on ne trouve que là, et où il a enchâssé quelques-unes de ses productions poétiques, est écrite *crassâ pinguique Minervâ*. Son style a plus de

---

[1] MOLHUYSEN, *Overysselsche almanak voor oudheid en letteren*, Deventer, t. XVII, p. 57-67. — LAMBINET, *Origine de l'imprimerie*, t. II, p. 311. — DELEPIERRE, *La Belgique illustrée*, etc., p. 202. — *Biographie universelle*.

[2] VAN DER AA, lettre *M*, p. 1012.

[3] Né à Calonne-sur-la-Lys, près de Béthune, en 1425.

[4] Mme CLÉMENT-HÉMERY, *Mémoires de l'Académie d'Arras*, 1839, p. 83 et suiv.

facilité que de délicatesse et de pureté. On lui a fait un crime de son poème latin : *De puritate conceptionis B. Virginis*, qui, de son temps, eut un retentissement immense. Il s'y déclare pour l'*Immaculée Conception*, cause de bien des débats, surtout entre les Jacobins, qui l'attaquaient, et les Cordeliers, qui la soutenaient, *calcibus et pugnis, unguibus et rostro*. Ce poème, imprimé à Paris en 1497, très rare aujourd'hui, offre des images si lascives et des idées si libertines qu'on ne peut les rendre en français sans offenser la chasteté de cette langue. On dirait que l'auteur avait résolu de ne laisser de pureté que dans son titre. Mais c'était le style des savants de cette époque [1]. »

Dans ce poème, Gaguin n'avait d'autre but que de réfuter le dominicain Chabaneuf, qui avait soutenu que la Vierge n'avait pas été exempte du péché originel [2].

Pour couronner l'œuvre, le panégyriste de la *Conception immaculée* avait joint à son poème l'éloge d'une cabaretière de Vernon, sa maîtresse, qu'il traitait, en galant claustral, de divinité et dont il vantait les beautés cachées avec des détails devant lesquels auraient reculé Tibulle et Properce [3].

L'école de Deventer, sous Hégius, avait initié aux lettres deux Allemands qui brillèrent parmi les humanistes les plus éminents de leur pays. Le premier est Conrad Mutianus Rufus (Conrad Muth), d'une famille distinguée de Hambourg, où il naquit en 1471.

Ce précurseur de Strauss parle ainsi de la foi : « Nous sommes pris sous l'aile de la foi du Dieu vivant et nous confessons avec l'apôtre que tout ce qui est hors de la foi est péché. Malheureusement, nous donnons le nom de foi, non pas à la conviction intime, mais à une sorte de crédulité publique, à une persuasion fructueuse (*fructuosa persuasio*).

____

[1] Dreux du Radier, *Récréations historiques, etc.*, t. II, p. 161-162. — Mme Clément-Hémery, *l. c.*

[2] Mme Clément-Hémery, p. 87.

[3] Dreux du Radier, *Récréations historiques, etc.*, p. 162-163.

Celle-ci est surtout connue de nos tonsurés, qui savent si bien faire trembler leurs ennemis, soutirer de l'argent et même ébranler l'enfer [1]. »

Mutianus n'admet qu'un christianisme spirituel et fait très bon marché de la personne historique du Christ : « Janus, écrivit-il à un de ses amis, te parla de la barbe de Jésus-Christ. Ah ! quelle barbe ! Le Christ abhorre le mensonge et nul ne ment autant qu'un prêtre catholique. Moi, je ne révère ni barbe, ni vêtement, ni prépuce. Je vénère le Dieu vivant, qui n'est apparu aux hommes ni avec une barbe, ni avec un prépuce [2]. »

Dans une autre lettre, il écrivit au même : « Agneau de Dieu, on dit que tu enlèves les péchés du monde. Il vaudrait mieux dire, sans doute, que tu n'enlèves que les péchés de ceux qui te connaissent. Les sots ne te connaissent pas : ils sont aveugles, ils ignorent les fruits de la vraie religion. C'est notre Sauveur qui est l'agneau et le pasteur. Mais qui est notre sauveur? La justice, la paix et la joie. Voilà le Christ descendu du ciel. Le royaume de Dieu ne consiste pas dans le manger et le boire; il est la justice dans la foi et le calme de l'âme dans l'humilité. Dès lors, les sots mangent-ils les aliments du Seigneur en dévorant les hosties, en troublant la paix et la concorde et en profanant le sacrement de la charité chrétienne [3]?

« Nos encapuchonnés feraient beaucoup mieux si, à l'exemple des anciens, ils vivaient plus dans l'esprit que dans la chair. Le commandement de Dieu, qui illumine les cœurs, nous dit d'aimer Dieu et notre prochain comme nous-mêmes. C'est la loi naturelle, non pas gravée sur la pierre comme celle de Moïse, ni dans l'airain comme la romaine, ni écrite sur le papier et le parchemin, mais fondue dans nos cœurs par le maître suprême. Quiconque consomme avec

(1) Tenzel, *Supplementa historiæ Gothanæ*, Ienæ, 1716, p. 106. — Hagen, t. I, p. 323-324.

(2) Hagen, p. 324-325.

(3) Tenzel, p. 19. — Hagen, p. 325.

piété cette eucharistie digne et salutaire, fait quelque chose
de divin. Car le vrai corps du Christ est la paix et la concorde, et il ne peut y avoir d'hostie plus sainte que la charité
mutuelle (¹). »

En parlant de la personne du Christ, il se laisse aller à ces
incroyables témérités : « Les Mahométans et les Turcs n'ont
pas tout à fait tort lorsqu'ils disent que le vrai Christ n'a pas
été cloué sur la croix ; mais que c'était un autre Christ assez
ressemblant au vrai. Celui-ci, en effet, est âme et corps, qui
ne peut être ni vu ni touché. Aussi ne participerons-nous au
ciel que lorsque nous vivrons spirituellement, ou philosophiquement, ou chrétiennement ; lorsque nous obéirons beaucoup plus à notre raison qu'à nos sens (²). »

Muth ne regardait pas la religion chrétienne comme
révélée, mais comme naturelle et commune à tous les
hommes : « Si le Christ est la vérité et la vie, qu'ont fait
les hommes tant de siècles avant sa naissance? Ont-ils erré,
ensevelis dans les ténèbres de l'ignorance, ou bien ont-ils
été participants de la béatitude et de la vérité? Remarquons
que la religion du Christ n'a pas commencé à sa naissance
comme homme; elle existait depuis des siècles, où elle était
comme la première naissance du Christ. En effet, qu'est-ce
que le vrai Christ, le vrai Fils de Dieu, sinon la sagesse
divine, qui n'est pas seulement échue en partage aux Juifs,
mais encore aux Grecs, aux Italiens et aux Germains, bien
que ces peuples aient eu des cérémonies religieuses différentes (³)? »

Ce qui est fait pour nous surprendre chez Muth, c'est que,
malgré l'étonnante hardiesse de ses opinions, il vécut et
mourut chanoine à Gotha. Il est vrai qu'il ne les prodigua
pas au public et ne les fit connaître qu'à quelques amis
intimes. Il est vrai, d'autre part, qu'il fut un catholique

(¹) Tenzel, p. 57. — Hagen, p. 225-226.
(²) Hagen, p. 226-227.
(³) Tenzel, p. 37. — Hagen, p. 327-328.

bien tiède et un bon païen plutôt qu'un bon prêtre. Cela ne
l'empêcha pas d'être vertueux et porté pour un christianisme
transcendantal. Mais ce qu'il recherchait et cultivait le plus,
c'étaient ses relations littéraires avec les jeunes humanistes
de l'université d'Erfurt, dont il partageait toutes les haines
pour l'obscurantisme de la scolastique et la barbarie du
moyen âge, et qui, en 1516, étonnèrent le monde par leur
formidable pamphlet des *Hommes noirs* (¹).

Quatre ans après, Conrad Muth, qui avait salué dans Luther
l'apôtre d'une renaissance religieuse ; qui avait aimé d'un
égal amour les partisans les plus dévoués du réformateur,
Mélanchton, Spalatin, Jonas ; qui avait été le plus chaud
défenseur de Reuchlin contre les « sophistes sanguinaires
de Cologne »; qui avait été, en un mot, l'adversaire le plus
déclaré de l'ancienne Église et de son clergé, commença à
battre en retraite et à condamner toute l'entreprise de l'agi-
tateur de Wittemberg (1521). Les violences de celui-ci lui
paraissaient trop grandes, et son mouvement révolutionnaire trop radical. Muth n'était pas convaincu de l'utilité
d'un bouleversement complet de l'Église. Effrayé de l'abîme
de destruction ouvert devant lui par le novateur, il se
rejeta dans le sein de ce catholicisme pour lequel il avait
eu jadis tant de colère et de mépris. Humaniste avant
tout cependant, il voyait avec dégoût les chaires évangéliques occupées par d'anciens moines ignares, le peuple
rempli d'un fanatisme nouveau et les anciens barbares
remplacés par d'autres (²).

Le second Allemand sorti de l'école de Hégius fut un
parent de Langen, Herman Von dem Busche, né en 1468
d'une ancienne famille westphalienne, au château de Sarren-
bourg, dans l'évêché de Munster. Après avoir quitté Deventer,
il visita l'université de Heidelberg et il y eut pour professeur

<hr>

(¹) KAMPSCHULTE, *Die Universität Erfurt und die Reformation*, Trier, 1860,
t. I, p. 74 et suiv. — HAGEN, p. 330.
(²) KAMPSCHULTE, t. II, p. 227-229.

Rodolphe Agricola. En 1486, il se rendit avec Langen en
Italie, d'où il revint riche de trésors littéraires qu'il résolut
de verser sur sa patrie en voyageant d'université en université. Il prit d'abord, à Heidelberg, le grade de maître ès arts;
chercha une position à Cologne, mais y échoua contre l'opposition des théologiens; revint à Munster, y lut toute la
bibliothèque de Langen, une des plus belles de l'Allemagne;
y publia les deux premiers livres de ses épigrammes; partit
ensuite pour la France, afin de se mettre en relation avec les
plus illustres savants de ce pays; retourna de là à Cologne,
sur l'invitation du spirituel comte Herman de Nieuwenaer,
prévôt de la cathédrale, qui voulut l'employer à combattre
les deux chefs des vieux barbares, Jacques Hoogstraeten et
Arnold de Tongres, et à répandre une science plus élevée
parmi la jeunesse studieuse. Mais ni le noble comte, ni
d'autres protecteurs également puissants ne furent capables
de le soutenir contre l'influence de ces deux patrons de la
scolastique. Après avoir publié une nouvelle collection d'épigrammes, il quitta la grande cité rhénane pour se livrer à
une vie de pérégrinations. Il parcourut Hamm, Munster,
Osnabruck, Brème, Hambourg, Lubeck et Wismar, donnant
partout des leçons, publiques ou privées. Rostock devint
bientôt le principal centre de son activité. Chassé de cette
ville par des rivaux jaloux, il se rendit à Greifswalde, où,
en 1502, il eut pour disciple le futur réformateur Bugen-
hagen; en 1503, il était à Leipzig, d'où il fut appelé à
Erfurt. En 1505, il fut de nouveau à Leipzig, puis il passa
quelque temps à Wittemberg (1510), puis à Amsterdam,
Alkmaar, Utrecht, Louvain et de nouveau à Cologne (1517),
où il publia différents travaux philologiques, reprit la lutte
avec Hoogstraeten et se posa en chaleureux partisan de
Reuchlin et en ennemi irréconciliable des adversaires de la
Renaissance. Mais les *théologastres* étaient beaucoup plus
forts que lui et que son ami Nieuwenaer; il fut contraint
de quitter encore une fois la ville, non sans avoir publique-

ment mis au pilori la cupidité, l'ignorance et les intrigues de ses antagonistes (¹).

Grâce à la recommandation de Nieuwenaer, Von dem Busche fut nommé, en 1516, recteur de la grande école de Wesel, où il publia son *Vallum humanitatis* contre les moines de Cologne, qui, devant le peuple, avaient traité les poètes de coquins, les orateurs de pourceaux, leurs œuvres de menue paille de diables et toute l'étude des littératures anciennes d'étude de perversité, de fausseté et de tromperie. En 1522, Von dem Busche donna sa démission de sa place de Wesel pour aller se rapprocher de Luther et de Mélanchton, à Wittenberg, et pour se familiariser tous les jours davantage avec leurs doctrines. Il y fit en même temps, sur les auteurs anciens, des leçons qui obtinrent le plus grand succès. Par la protection des deux réformateurs, il devint, en 1526, professeur d'histoire à la nouvelle université de Marbourg (²).

Poète comme Ovide, éloquent comme Cicéron, Von dem Busche, dont toute la vie avait été un orageux combat pour les idées de Renaissance et de la Réforme, se vit, en 1533, enveloppé dans diverses controverses avec les anabaptistes de Munster, dont l'un prit, bientôt après, six femmes à la fois. Il mourut, en 1534, brisé par les fatigues de cette lutte. Il avait été lié avec Érasme, qu'il eut l'occasion de défendre contre ses détracteurs; mais il avait rompu avec lui, en 1532, au sujet de Luther (³).

La régence de Marguerite d'Autriche, tante de Charles-Quint, fut pour la Belgique l'apogée de la Renaissance. Cette princesse portait, il est vrai, une haine profonde au protestantisme; mais elle cultivait avec un égal succès les sciences, les arts et la politique, et il lui fut impossible de rester étran-

----

(¹) Meiners, p. 378-381. — Hagen, p. 240-241. — Liessem, *H.-J. De Hermani Busschi vita et scriptis*, Bonn, 1867, p. 4 et suiv.

(²) Meiners, p. 381-388.

(³) Id., p. 388-393. — Liessem, p. 72-74.

gère à cet immense esprit de réforme qui agitait le monde au xvie siècle. Aussi avait-elle résolu d'introduire de grands changements dans l'Église belgique. Sous ce rapport, les idées de la Renaissance lui venaient merveilleusement en aide, et elle trouva un puissant appui dans son impérial neveu. Certes, elle ne voulait pas des innovations de Luther et de Calvin; mais elle pensa à créer une Église nationale pour l'opposer à l'Église romaine. Elle voulait, avant toute chose, la séparation complète des tribunaux laïques d'avec les tribunaux ecclésiastiques, et en cela elle eut pour auxiliaires les hommes de loi, les conseillers, les parlementaires, qui veillaient à ce qu'aucune bulle du pape ne fût promulguée dans les États de l'empereur sans sa permission, et qu'aucune redevance ne fût portée en cour de Rome sans la même autorisation (¹).

Marguerite avait pris la résolution de faire un remaniement complet du système des dîmes, et quand le clergé s'opposa aux mesures qu'elle avait décrétées à cet égard, elle lui résista avec toute l'énergie de la puissance souveraine. Elle n'était pas satisfaite non plus de cette masse énorme de biens mainmortables dont le sacerdoce pouvait disposer et elle désirait pouvoir intervenir dans la nomination des évêques et des abbés (²).

En 1526, elle adressa à tous les couvents une circulaire où elle les exhortait à ne laisser monter désormais en chaire que des prédicateurs instruits, sages, d'une vie exemplaire, et qui s'abstiendraient de débiter des contes et des sornettes fades. Elle ordonnait, en même temps, qu'on les empêchât de parler de Luther et de ses dogmes (³).

Comme Charles-Quint, Marguerite s'aidait des lumières et des conseils d'un écrivain doué d'une universalité comparable à celle de Voltaire et dont la mission de tous les jours

---

(¹) Altmeyer, *Marguerite d'Autriche*, Liège, 1840, p. 153-154.
(²) Id., *ibid.*, p. 155-163, et les preuves tirées des Archives du royaume.
(³) Id., *ibid.*, p. 117.

fut une guerre d'extermination aux absurdités de la scolastique, d'un chef d'opposition dans le sens moderne, Érasme
de Rotterdam (¹).

Ce grand homme était l'antagoniste des cloîtres et des
études monacales. Il naquit, selon toute apparence, à Rotterdam, le 28 octobre 1467 (²). Enfant illégitime de Gérard
Elias, de Gouda, et de Marguerite, fille d'un médecin de Zeven-
bergen, il fut, dès son enfance, victime d'un sort funeste.
Son père, persécuté par sa famille, se réfugia à Rome, où il
mena une existence pénible. Trompé par ses frères, qui lui
avaient annoncé la fausse nouvelle de la mort de Marguerite,
il se fit prêtre, et, par cette résolution, se mit dans l'impossibilité de donner son nom à son fils. Mais, revenu aux Pays-
Bas, il s'acquitta noblement de ses devoirs de père : l'enfant,
après avoir accompli sa quatrième année, fut placé dans une
école à Gouda, où sa mère était retournée; il n'y fit pas de
grands progrès. Quand il eut atteint sa neuvième année, il
fut envoyé chez les frères de la vie commune, à Deventer,
sous la sauvegarde de sa mère. On l'y familiarisa avec les
grammaires d'Everard de Béthune (³) et de Jean de Garlande (⁴),
dont il se moqua dans la suite. Il ne termina pas ses études
à Deventer et, par conséquent, ne put profiter de toutes les
savantes leçons d'Hégius, qui dirigeait la classe la plus élevée
et rassemblait dans cette école une population de plus de 2,000
élèves, accourus de l'Allemagne, de la France et des Pays-
Bas. Il ne l'entendit qu'aux grandes fêtes, où l'illustre maître
donnait une leçon générale à toutes les classes réunies. Ce
fut là qu'Érasme puisa ses préceptes de la bonne littérature,
tels que savait les enseigner le disciple d'Agricola; ce fut là
aussi qu'il ressentit pour Hégius cette haute estime dont il
donna plus tard tant de témoignages dans ses œuvres. Mais

(¹) Ranke, *Deutsche Geschichte in Zeitalter der Reformation*, Berlin, 1841-43,
t. I, p. 260.
(²) Durand de Laur, *Erasme, précurseur et initiateur*, p. 1.
(³) xii-xiiie siècle.
(⁴) Poète et grammairien du xiiie siècle.

son véritable professeur fut Jean Syntheim (*Sinthius*). Versé dans le grec et le latin, Syntheim s'efforçait de seconder Hégius en vue de la réforme des méthodes d'enseignement. Il avait fait, dans ce dessein, la revision de la principale grammaire en usage dans ce temps-là, celle d'Alexandre de Ville-Dieu. Il en publia une nouvelle édition commentée, qui fut généralement adoptée dans les écoles des Pays-Bas et de l'Allemagne ([1]).

Un homme de triste mémoire, Ortuinus Gratius, était alors professeur de cinquième à Deventer. Ce théologien, moins célèbre par ses ouvrages que par les sarcasmes des fameuses *Epistolæ obscurorum virorum*, avait fait ses études sous Hégius ; il professa dans la suite à Cologne et y mourut en 1542. C'était un bon humaniste, mais il eut le malheur ou l'imprudence de s'attirer l'inimitié des réformateurs par ses ouvrages de controverse. C'était un pédant plein d'acrimonie et sans goût, un véritable pygmée auprès des colosses auxquels il osa s'attaquer et qui portaient les grands noms de Reuchlin et de Hutten. Érasme parle de lui en termes peu flatteurs ([2]).

Les premières productions d'Érasme datent de son séjour à Deventer. Ce fut là qu'il composa un poème bucolique, pastiche de Virgile, dans lequel on remarque de la facilité, de l'abondance et de l'esprit. L'auteur, d'ailleurs, n'avait pas encore quatorze ans ([3]).

A dix-huit ans, il dirigea contre les vices, et surtout contre la débauche et l'ambition, une élégie que ses amis firent imprimer sans lui en avoir demandé la permission. A dix-neuf ans, il fit un dialogue sur le printemps. Dans un voyage en Angleterre, pendant le règne de Henri VII, le prince de

---

([1]) *Erasmi Roterodami, silva carminum ante hoc nunquam impressorum.* Gouda, 1513. Reproduction photo-lithographique, avec notice sur la jeunesse et les premiers travaux d'Erasme, par M. Ch. Ruelens ; Bruxelles, 1864, p. iv-xi.

([2]) Ruelens, *ibid.*, p. xi-xviii.

([3]) *D. Erasmi Roterodami, bucolicon, cum scholiis Alardi Amstelr., cujus studio nunc primum et repertum et editum.* Coloniæ, 1539, in-8°.

Galles (Henri VIII) lui demanda des vers de sa façon. En trois jours, Érasme composa un poème en vers hexamètres et iambiques, et à trois pieds, en l'honneur du roi, de sa famille et de l'Angleterre. Il aimait à faire des épigrammes. On lui en demandait souvent, il en improvisait, à la promenade, au jeu ou à table. Il ne comptait pas sur leur publication ; cependant, celles qu'il avait faites dans sa première jeunesse furent imprimées, sans son aveu, et recueillies, dans la suite, par le célèbre imprimeur Froben, de Bâle. Son poème sur la vieillesse est, de toutes ses pièces de vers, celle qui eut le plus de succès. Alde en donna une édition en 1516. Les vers d'Érasme lui firent beaucoup d'honneur au moment où ils parurent. Un des savants de l'époque, Jean Sixtinus, lui écrivit qu'il n'y avait point d'homme, pour peu qu'il eût du génie, qui ne le comparât aux plus grands poètes de l'antiquité : « Vos vers respirent, dit-il, la Vénus antique et sont la preuve des grâces de votre esprit. C'est pourquoi, mon cher Érasme, encouragez vos charmantes muses, afin que vous fassiez voir, ce que l'on ne croyait pas possible, que les Germains ne le cèdent en rien aux Italiens. Adieu, délicieux poète. »

Érasme répondit à Sixtinus que, s'il ne connaissait pas sa sincérité, il prendrait ses louanges pour de la plaisanterie. Il ne parlait de ses vers que comme de bagatelles qui sentaient plutôt la boue que la Vénus antique et qui avaient plus de rapport avec la barbarie des Scythes qu'avec le génie des anciens poètes ; il déclarait qu'ils n'étaient pas dignes d'être avoués d'Apollon ; qu'enfin il n'était qu'un poète médiocre [1]. Il existe néanmoins de lui, sur la mort d'Okeghem, une élégie digne de Tibulle [2].

Ces brillantes dispositions d'Érasme le firent remarquer de bonne heure à Deventer. Il avait douze ans quand le célèbre

____

[1] De Burigny, *Vie d'Érasme*, t. I, p. 101-106.

[2] *Joanni Okego, Musico Summo.* (*Delitiæ poetarum belgicorum, hujus superiorisque ævi illustrium, collectore Rhanutio Ghero.* Francofurti, 1614.)

Rodolphe Agricola, dans une de ses tournées, vint faire visite à son ami Hégius. Le professeur lui ayant montré les compositions des élèves, une d'elles frappa vivement Agricola, qui voulut en connaître l'auteur. On lui présenta le jeune Érasme. Agricola lui adressa quelques questions, fut émerveillé de ses réponses et, fixant sur lui ses regards, lui prédit qu'il serait un jour un grand homme (¹).

A l'âge de treize ans, Érasme eut la douleur de voir une maladie contagieuse emporter sa mère; lui-même fut forcé de quitter Deventer et de se retirer à Gouda. Son père suivit de près sa mère dans la tombe. La négligence ou la mauvaise foi de ses tuteurs dissipèrent la fortune du jeune homme. Pour couvrir les abus de leur gestion, et de crainte de le lancer dans les hautes études, qui pourraient un jour lui donner une position dans le monde, ils avaient résolu d'en faire un moine. A cet effet, ils l'envoyèrent à Bois-le-Duc, dans une institution de frères, où il continua de former son style par la lecture des bons auteurs, mais où il montra, en même temps, les plus vives répugnances pour la vie claustrale. Cependant, s'étant laissé entraîner par un de ses condisciples, il entra dans le couvent de Steyn, près de Gouda, couvent connu sous le nom d'Emmaüs. Il n'avait pas vingt ans; il fut contraint d'y passer près de quatre années de sa vie, quatre années dont, jusqu'à sa mort, le souvenir exerça sur lui une influence funeste. On peut dire qu'une grande partie des déboires, des incertitudes, des faiblesses même de cette existence, si sérieuse, mais si tourmentée, ont eu pour origine le passage du jeune homme par le couvent de Steyn, où la vraie piété était loin de régner. Forcé d'y revêtir la robe de moine, il se réfugia dans l'étude des lettres, dont il communiqua le goût aux religieux, trop habitués à passer leur temps dans l'indolence et la bonne chère; il s'y appliqua avec une ardeur extrême à dérober les secrets de leur admi-

____

(¹) Ruelens, p. xviii-xx.

rable style à Cicéron, à Quintilien, à Salluste à Térence ; parmi les écrivains de la Renaissance, à Laurent Valla, qu'il appréciait beaucoup ; et déjà il préludait à ces violents combats qu'il livra plus tard aux méthodes vicieuses que l'on suivait dans l'enseignement des langues classiques (¹).

C'est à cette époque que remonte son *Conflit de Thalie et de Barbarie*, scène dialoguée très amusante et très mordante contre l'école des frères de Zwoll, alors en pleine décadence : Barbarie vante avec beaucoup d'emphase les livres usités dans cette école, c'est-à-dire le Florista, le Papias, l'Huguitio, le Michel Modista, etc. — « Ce sont tous des barbares, répond Thalie ; voyons leurs œuvres. » Barbarie, pour donner une idée de la poésie de Zwoll, récite cinq vers latins baroques. Et Thalie d'éclater de rire. Sur quoi Barbarie, furieuse, s'écrie : « Adieu ! Je dédaigne de vous écouter et je retourne à Zwoll voir ce qu'ont fait les miens. » Ce fut aussi sous l'empire de ces idées qu'il commença à Steyn ses *Antibarbares*, défense des bonnes lettres contre les moines ignorants qui les avaient plongées dans l'abaissement le plus profond.

Lorsque le couvent et les lettres lui laissaient une heure de loisir, Érasme prenait la palette et se délassait de ses fatigues en peignant. Il exécuta, de cette manière, un bon nombre de tableaux, entre autres un Jésus que l'on mettait en croix ; cet ouvrage était soigneusement gardé dans le cabinet de Corneille Musius, recteur des religieuses de Sainte-Agathe, à Delft, et on y lisait au-dessous l'inscription suivante : « Ne méprisez pas ce tableau ; il a été peint par Érasme, pendant qu'il était religieux au monastère de Steyn. » Plus tard, le couvent fut détruit de fond en comble ; les panneaux d'Erasme périrent avec l'édifice. Une esquisse que l'on voit dans la collection de l'archiduc Charles, à Vienne, passe pour être de lui ; elle représente un

______
(¹) RUELENS, p. XXV-XXVII, et ID., p. XXVII.

moine debout, tenant de ses deux mains un livre fermé [1].

La vie monastique n'était pas la vocation d'Érasme. Poussé dans un cloître par les obsessions de ses tuteurs, il n'aurait jamais fait qu'un religieux très médiocre, bien que, sous le rapport moral, il surpassât les moines de son couvent. L'indépendance de son caractère et un instinct de supériorité le rendaient peu disposé à l'obéissance passive. Son génie, qui avait entrevu le monde antique dans les grands écrivains de la Grèce et de Rome, s'élançait vers d'autres horizons. Il aimait les lettres : l'esprit de son ordre lui interdisait cette passion ; il était épris de la liberté et des luttes brillantes de l'intelligence et sentait qu'il y avait un rôle à jouer : une règle étroite et impitoyable dressait devant lui une barrière d'austérités, de méditations, de psalmodies, et ne lui laissait pas une heure d'indépendance. Aussi soupira-t-il bientôt après un changement, qui ne tarda guère à se présenter. Ce qui le tira du couvent, ce fut une offre séduisante de Henri de Berghes, évêque de Cambrai, qui le prit pour secrétaire et lui donna ensuite une pension pour l'aider à continuer ses études au collège de Montaigu à Paris. De là date, comme il le dit lui-même, son premier affranchissement. Mais quoiqu'il ne fût pas encore dans les ordres, il n'en garda pas moins l'habit de sa règle, celui de chanoine de Saint-Augustin [2].

Érasme pensait avec l'Italie que, pour les lettres, il fallait rejeter le moyen âge et en revenir à l'antiquité classique. Il soutenait qu'on devait étudier la géographie dans Strabon, l'histoire naturelle dans Pline, la mythologie dans Ovide, la médecine dans Hippocrate, la philosophie dans Platon, la théologie dans l'Évangile et dans les pères de l'Église, et non

----

[1] MICHIELS, *Les peintres brugeois*, Bruxelles, 1846, p. 290 et 291. — DUCK VAN BLEYSWIJCK, *Beschrijving van Delft*, Delft, 1667, p. 361. — HOUBRAKEN, *Schouwburg der schilders*, 's Gravenhage, 1753, t. I, p. 19. — VAN MIERIS, *Histori der nederlandsche vorsten*, 's Gravenhage, 1732, t. II, f. 93.

[2] *Revue britannique*, t. I, p. 123. — RANKE, *l. c.* — ÉRASME, *Éloge de la Folie*, p. 22, édition Nisard, Paris, 1842.

pas dans les ridicules ouvrages de la scolastique dégénérée. Il rudoya Scot et saint Thomas, montra des milliers d'erreurs dans la Vulgate et se prépara à publier le texte grec du Nouveau Testament, en l'accompagnant de notes et de paraphrases (1). C'est ainsi qu'il voulut ramener à son origine cette fameuse disputeuse de mots, *dame théologie*, et qu'il contribua à répandre le goût de la parole de Dieu et de la pure science religieuse. Il s'exerça et bientôt excella dans tous les genres de littérature, et devint le personnage le plus illustre de l'Europe (2).

Dans ses études de l'antiquité classique, Érasme fut puissamment secondé par Pierre du Chastel, grand aumônier de France, un des hommes les plus distingués de cette époque si féconde en personnages de mérite, et qui appartient à la noble et ancienne famille du Chastel de la Hovarderie, dont les membres brillaient déjà au xiiie siècle à la cour des comtes de Flandre. La terre de la Hovarderie faisait partie de la châtellenie de Lille, mais elle était enclavée dans le Tournaisis (3).

A l'âge de dix-sept ans, Pierre du Chastel était professeur de littérature grecque à Dijon. En 1529, il vit Érasme à Bâle, et il nous apprend que le philosophe de Rotterdam travaillait avec tant de précipitation qu'il lui arrivait fréquemment de ne pas traduire le grec en latin avec toute l'exactitude désirable (4).

Érasme porta dans l'étude des dogmes une méthode entièrement nouvelle ; en l'éclairant par la critique littéraire, il fraya les voies non seulement à la réformation, mais encore à tous les hardis travaux par lesquels l'Allemagne moderne a

---

(1) *Novum Testamentum juxta Græcorum lectionem cum versione Desiderii Erasmi, Roterodami. Basil.*, 1516, in-fol. — *Annotationes in N. T. Basil.*, 1516.— *Paraphrasis in Epistolas*, 1517.

(2) RANKE, p. 265.

(3) LE COUVET, dans le *Messager des sciences historiques de Belgique*, 1859, p. 335 et 336.

(4) Voir le reste de cette intéressante biographie, *Ibid.*, p. 341 et suiv.

étonné et quelquefois épouvanté le monde. Aux abstractions d'un aristotélisme bâtard, il substitua (1516) un texte correct du Nouveau Testament avec une traduction latine, qui l'un et l'autre soulevèrent les diatribes haineuses d'une école vouée désormais au néant. Sous le nom de *Méthode de la vraie théologie*, un petit traité d'une remarquable lucidité précédait cette importante publication et présentait un système tout nouveau d'enseignement. Introduire les faits de l'histoire dans l'examen des saintes lettres, comparer les manuscrits, en discuter les variantes, en éclairer le sens, en pénétrer l'esprit, en s'attachant, par le moyen d'une saine philologie, à ce qu'ils renfermaient d'essentiel et de primitif, en discutant avec les lumières de la raison l'autorité et les opinions des docteurs, en dégageant la foi chrétienne de tous les ornements parasites, de toutes les frivoles et dangereuses illusions dont l'avaient surchargée des siècles d'ignorance et l'intérêt clérical, voilà ce que voulait Érasme dans ces quelques pages qu'il adressait à Léon X, si digne de le comprendre et si peu disposé à prêter l'oreille aux clameurs des scolastiques et des moines ameutés contre le grand humaniste des Pays-Bas (¹). Il avait préparé son édition du Nouveau Testament sur un texte grec, d'une rare valeur, apporté de Rome au XIVe siècle, par Raoul de Rivo (²), qui avait étudié le grec dans cette ville sous Siméon de Constantinople, évêque de Thèbes (³).

Les écrits d'Érasme sont des éclairs dans une nuit profonde. Ses adages et ses notes sur les auteurs grecs et latins sont des modèles d'érudition et d'élégance (⁴).

Mais sa simplicité et sa raillerie de bon goût contre la

(¹) *Encyclopédie nouvelle*, t. IV, p. 22-23. — NAMÈCHE, *Mémoire sur la vie et les écrits de Jean-Louis Vivès.* (*Mémoires couronnés de l'Académie de Belgique*, t. XV, p. 8.)

(²) Né à Breda.

(³) GOETHALS, *Lectures relatives à l'histoire des sciences, etc., en Belgique*, Bruxelles, 1837-38, t. III, p. 13-15.

(⁴) RANKE, p. 261 et 262.

fausse piété et contre la théologie de son temps furent l'objet de l'admiration universelle.

A la fois pénétrant et léger, doux et caustique, gracieux et profond, Érasme possédait une science sans pédantisme, une gaieté sans licence, un esprit sans affectation et, par-dessus tout, l'art délicat et difficile de répandre des grâces sur les sujets les plus arides et les plus stériles. Il a des traits tout-puissants, des charmes invincibles, un certain éclat de beauté qui transporte les âmes, des flèches aiguës et des traits de flamme invisibles qui percent les cœurs au vif. Son *Éloge de la Folie*, qu'il conçut à cheval dans un voyage d'Italie en Angleterre, est d'une ironie ravissante dans la forme, terrible dans la réalité; c'est une satire polie, mais tranchante comme la lame d'un acier bien affilé. La Folie, sous les traits d'une femme portant de longues oreilles qui se terminent par des grelots, monte en chaire et renvoie à toutes les professions la qualification qu'on lui donne. Nourrie d'ivrognerie et de luxure, elle s'attache particulièrement à tourner en ridicule la dialectique des théologiens, leurs syllogismes barbares, leur fanatisme sanguinaire; puis elle flétrit l'ignorance, la fatuité, les ridicules des moines, la cupidité des prélats et les vices de la cour de Rome ([1]).

L'Éloge de la Folie a des qualités qui rappellent Swift : travaillée avec une délicatesse infinie, cette bagatelle charmante atteste à la fois une connaissance du monde, une élégance de style et une étendue d'érudition bien rarement unies. Rabelais a, sans doute, plus de portée. La pensée amère et moqueuse de l'écrivain français s'attache à tout, sans réserve. Érasme, plus doux et plus moral, n'est pas moins mordant; il unit la satire impitoyable de Swift à la brillante facétie de Voltaire.

« Si la plupart des usages de son temps, dit **M. D. Nisard**, offensaient la délicatesse physique d'Érasme, la plupart des

<hr>

([1]) RANKE, p. 262-263. — NISARD, p. 173. — *Revue britannique*, 1836, t. I, p. 129.

institutions n'étaient pas moins ennemies de son esprit et de son caractère. Homme de paix et d'étude, ayant rêvé toute sa vie un monde de disputeurs et de philologues inoffensifs exploitant en commun le double champ de la philosophie chrétienne et de l'antiquité littéraire, il vécut au milieu d'un monde qui peut se personnifier dans deux classes d'hommes, l'une représentant le désordre et l'autre l'ignorance : le soldat et le moine.

« Le soldat, c'est le brigand armé, qui pille le pays qu'il défend et qui dépense son butin dans les mauvais lieux ; d'ailleurs, fort tranquille sur les suites, pour peu qu'il porte sur lui une image en plomb de sainte Barbe, ou qu'il ait fait une prière au saint Christophe charbonné sur la toile de sa tente ; il partage avec les collecteurs des indulgences l'argent qu'il a volé, ou, s'il ne lui en reste rien pour acheter ces pardons qu'on vend à la foire, avec le vin, l'huile et le blé, il va s'agenouiller devant le prêtre, qui lui impose les mains et le renvoie pur et sans tache, avec ces deux mots : Je t'absous, *absolvo te* (¹).

« Le moine, c'est un personnage sans père et sans enfant, sans passé et sans avenir, tout entier au présent et à ses joies matérielles, espèce de pèlerin campé en maître sur une terre étrangère, qui s'y gorge de tous les biens que les peuples apportent à ses pieds ; il ne peut toucher à la femme qu'en la souillant et accomplir la loi de la nature qu'en violant la loi de la famille et de la société ; mélange d'ignorance intolérante, d'astuce, de cruauté, de libertinage, de superstition, d'oisiveté crasse, de piété stupide, dont le capuchon est plus fort que bien des couronnes. Le moine est ennemi des livres, parce qu'il n'y sait pas lire ; ennemi de la science, parce qu'elle tue son jargon scolastique, qui pervertit le sens des peuples. Il est inquiet, furieux, au milieu de cette universelle renaissance des lettres et des arts, et baisse sa lourde pau-

(¹) *Éloge de la Folie*, p. 48-51.

pière devant la lumière de l'antiquité ressuscitée, comme un oiseau de nuit devant le jour. Fort différent de ce moine austère, grave, abîmé en Dieu, que nous représentent nos illusions du moyen âge et notre tolérance d'indifférents, celui que nous peint Érasme, et dont la corruption et la saleté lui donnent des nausées, c'est ce moine violent, haineux, menacé dans ses privilèges d'ignorance et de libertinage, que vient de surprendre et de démasquer, au fond de son cloître, où la prostitution s'introduit par des poternes, cette formidable presse du xvie siècle, qu'Érasme vient de créer ; c'est le moine pesant sur le monde du poids de ses mille couvents, mettant sous son capuchon la lumière apportée par le Christ, en ce temps-là personnage bien moindre que saint Christophe, saint Benoît ou saint François, le moine, enfin, inutile quand il est pieux et honnête, plus destructeur que la peste et la guerre quand il est intrigant, actif et habile (1) ! »

Voltaire n'a fait qu'imiter Érasme, quand il définit la profession de moine « celle de n'en avoir aucune, de s'engager par un serment inviolable à être inutile au genre humain, à être absurde et esclave et à vivre aux dépens d'autrui (2). »

« Après les théologiens, dit Érasme, viennent ceux qu'on appelle religieux ou moines, c'est-à-dire reclus, deux expressions fort impropres, car la plupart n'ont pas de religion et on les trouve partout... Leur haute piété consiste à ne rien savoir, pas même lire. Lorsqu'avec leurs voix d'âne ils braient, dans leurs églises, des psaumes qu'ils ont bien comptés, mais qu'ils n'ont jamais compris, ils croient que c'est une musique qui charme la divinité. Il en est qui s'enorgueillissent de leur crasse et de leur mendicité ; qui vont de porte en porte, dans les auberges, sur les rivières, demander effrontément l'aumône au grand préjudice des vrais pauvres. C'est ainsi que nos prédestinés s'imaginent qu'avec leur saleté,

____

(1) NISARD, Éloge de la Folie.
(2) Dialogues, p. 63, Paris, 1827, in-8°.

leur ignorance, leur grossièreté, leur impudence, ils sont les images des apôtres (¹)... »

Érasme parodiait aussi les graves futilités de la scolastique : « Par quel moyen le monde a-t-il été fait et condamné? — Par quels canaux le péché originel s'est-il répandu sur la postérité d'Adam?—De quelle manière, dans quelle étendue, en combien de temps le Christ a-t-il été formé dans le sein de la Vierge? — Cette proposition est-elle possible : que Dieu le père hait son fils? Le Sauveur ne pouvait-il se faire femme, diable, âne, citrouille ou caillou aussi bien qu'il s'est fait homme? » etc. Mais Érasme n'est jamais plus incisif que lorsqu'il flagelle la superstition, cette corruption du sentiment religieux altéré par l'ignorance, cette croyance aveugle qui ne se fonde sur aucun examen, qui honore Dieu d'une manière indigne de lui, en substituant au sentiment intérieur de minutieuses pratiques de dévotion extérieure, en mettant la lettre morte à la place de l'esprit vivant. Écoutons plutôt : « En voici d'autres qui sont à moi. Ce sont les conteurs et les curieux de prodiges et de fables merveilleuses. Ces historiettes de spectres, de loups-garous, de revenans et de mille autres absurdités ne lassent jamais. Plus elles sont incroyables, plus on les croit... Cela sert non seulement à tuer le temps, mais encore à chauffer la cuisine des prêtres et des prédicateurs. Il faut mettre dans la même catégorie ceux qui sont dans la fausse, mais douce persuasion qu'ils n'ont rien à craindre de toute la journée, s'ils ont vu par hasard une statue ou une image du gigantesque saint Christophe; que, moyennant une prière à sainte Barbe, ils échapperont sûrement au naufrage; que, pour devenir bientôt riche, il ne faut que faire allumer une certaine bougie devant l'autel de saint Érasme...Ils font de saint George leur Hercule et leur Hippolyte... Il ne leur manque que d'adorer son cheval (²)... »

(¹) Traduction NISARD, p. 50.
(²) Traduction de l'*Éloge de la Folie*, par BARETT (Paris, 1789, in-12), p. 104-106.

« Que dire de ces imbéciles, dupes d'un pieux imposteur qui veut s'en divertir ou leur escroquer de l'argent, qui s'imaginent qu'il n'y a qu'à porter certaine amulette et à marmotter certaine oraison pour tout obtenir, richesses, honneurs, plaisirs, bonne chère, santé constante, longue vie, saine vieillesse et, enfin, la première place dans le ciel après Jésus-Christ... Il n'y a pas de négociant, de militaire, de juge qui ne croie qu'en faisant une offrande d'un écu, après en avoir volé des milliers, il lave toutes les ordures de sa vie... N'oublions pas ici que chaque pays a son saint, et chaque saint son culte et sa vertu. L'un guérit du mal de dents, l'autre délivre les femmes en couche. Celui-ci fait restituer ce qui a été volé, celui-là sauve les naufragés. Il y a un saint pour les troupeaux; il y en a un pour une autre chose; il y en a un pour tout... Il en est aussi qui ont plusieurs vertus, par exemple la mère de Dieu, en qui le peuple a plus de confiance qu'en son fils (¹)... »

Depuis la Renaissance, un mouvement de progrès bien marqué s'était manifesté dans toutes les branches de la théologie; afin de combattre avec succès des hommes qui s'appuyaient sur la science, les docteurs catholiques sentirent la nécessité d'étudier avec plus de soin les sources de la théologie ; ce fut principalement Érasme qui se chargea de les diriger dans cette étude. De là sa colère contre les casuistiques religieuses qui avaient le défaut de renfermer une foule de cas inventés à plaisir et qui probablement ne se réaliseraient jamais, qui souvent aussi mettaient en parallèle les devoirs sacrés de la morale avec les devoirs secondaires ou de pure surérogation : « Les grands maîtres, les illuminés, dit Érasme, décident que c'est un moindre péché d'égorger mille hommes que de donner, le dimanche, un point au soulier du pauvre; qu'il vaudrait mieux laisser périr tout l'univers que de faire le plus petit mensonge...

<hr>

(¹) Traduction citée, p. 106-109.

Qui jamais se serait douté, si ces grands hommes ne nous l'eussent appris, que c'est hérésie de dire que : *tu bous, marmite* ou *la marmite bout* sont deux manières de s'exprimer qui signifient la même chose? Ils connoissent tous les coins et recoins de l'enfer, et ils vous en font une description topographique, comme s'ils venoient d'en sortir. Ils créent de nouveaux mondes à leur gré. L'empyrée est leur ouvrage... Ils ne voient que les dieux au-dessus de leur grandeur, quand on les appelle respectueusement *nos maîtres.* »

Voulez-vous le portrait du pédant ? « De tous les hommes, ce serait sans contredit la classe la plus chétive, la plus à plaindre et la plus disgraciée des dieux, si je (¹) ne venais mitiger les misères de leur triste profession par les accès d'une agréable folie. Ce ne sont pas seulement cinq furies, selon le proverbe grec, mais bien mille qui les poursuivent. Toujours affamés, toujours dans la poussière de leurs écoles, que dis-je, de leurs prisons, ou mieux encore de leurs étables, ces pauvres sires vieillissent avant l'âge, au milieu d'un troupeau d'enfants, assourdis par leurs cris et asphyxiés par leurs exhalaisons. Ce qui ne les empêche pas, grâce à moi, de s'estimer les premiers des hommes. Il fait beau les voir s'admirer de bonne foi, lorsque d'un mot, d'un regard, ils font trembler leurs marmots éperdus, qu'ils les déchirent à coups de verges et de férules, et les punissent en vrais despotes à tort et à travers. Involontairement on pense à l'âne revêtu de la peau du lion. Écoutez-les : leur crasse est la suprême élégance; les senteurs de leur chenil ne sont que musc et ambre; leur misérable esclavage, une royauté qu'ils ne voudraient pas troquer contre celle de Phalaris ou de Denys le Tyran. Leur bonheur atteint son apogée, lorsqu'ils croient avoir trouvé un nouveau mode d'enseignement. Ce qu'ils enseignent alors n'est qu'impertinence toute pure; qu'importe! ils ne s'en croient pas moins supérieurs à tous

______

(¹) C'est la Folie qui parle.

les Palémon et les Donat. Ce qu'il y a de plus remarquable chez eux, c'est le talent de fasciner les mamans naïves et les papas imbéciles, qui leur croient sur parole la science qu'ils se donnent. En fait d'érudition, ils se contentent de peu; ils sont amplement satisfaits s'ils rencontrent dans quelques manuscrits vermoulus le nom de la mère d'Anchise, s'ils y découvrent un mot étrange et inconnu au vulgaire, ou déterrent quelque part un bout de pierre antique aussi fruste que possible. Oh! alors, grand Jupiter, quelle joie! quelle superbe! que d'éloges! On dirait qu'ils ont vaincu l'Afrique ou pris Babylone d'assaut. Mais leur véritable triomphe, c'est quand ils peuvent saisir l'occasion de vous débiter leurs petits vers insipides autant qu'insensés! Pour peu qu'on les admire, ils se croient volontiers des Virgile. Rien au monde ne vaut la comédie de deux de ces pédants se renvoyant les louanges et les admirations et se grattant réciproquement. Mais qu'un lapsus échappe à l'un d'eux, et que son adversaire, plus clairvoyant, s'en aperçoive, quelle comédie alors! Quelle lutte, quels glapissements, que d'invectives (¹)! »

Vient ensuite le tour des rois : « Ces beaux messieurs ne songent qu'à leurs plaisirs. Pour éviter toute inquiétude, ils n'écoutent que leurs flatteurs... Figurez-vous maintenant un homme (comme sont à peu près tous les rois) qui ignore les lois, qui soit ennemi du bien public, vrai égoïste et esclave des voluptés, ennemi du savoir, de la liberté et de la vérité, sans souci pour le salut, et qui n'ait pour règles que ses fantaisies et son intérêt. Tel qu'il est, donnez-lui le collier de la Toison d'or, qui est l'emblème de la réunion des vertus; placez sur sa tête une couronne enrichie de pierreries, destinée à apprendre qu'il doit avoir une âme souverainement héroïque; mettez-lui en main le sceptre, symbole de justice et d'incorruptibilité; ajoutez la pourpre, indice de l'amour pour la patrie : s'il vient à comparer tous ces dehors avec

_____

(¹) Traduction de M. Lejal, p. 89 et 90.

lui-même, je crois qu'il craindra que quelque malin ne s'en amuse comme d'un jeu théâtral (¹). »

Érasme est encore plus explicite dans son traité de l'*Institution du prince chrétien*. « Il y a des princes qui choisiront avec soin ceux à qui ils donneront la charge de dresser un beau cheval, un oiseau ou un chien. Mais ils croient qu'il n'importe guère à qui ils commettront l'éducation de leurs enfants, les abandonnant souvent à des précepteurs auxquels un plébéien tant soit peu doué de cœur ne voudrait pas confier les siens... Un bon prince excelle, à la vérité, sur les autres hommes; mais il est de la même race. C'est un homme libre qui commande à des hommes libres, et non pas à des bêtes... Si vous êtes le maître de vos sujets, il faut nécessairement qu'ils soient vos esclaves. Prenez garde alors que vous n'ayez, suivant l'ancien proverbe, autant d'ennemis que d'esclaves... Que si la nécessité contraint le prince de lever un impôt sur le peuple, c'est le devoir d'un bon roi de mettre ordre à ce que les petites gens n'en reçoivent point d'incommodités. Car, pour ce qui est des riches, il est quelquefois bon de les obliger à vivre frugalement (²). »

Le plus amusant et le plus singulier de ces pamphlets est *Scarabeus aquilam quærit*, allusion à la fable dans laquelle l'escarbot, pour se venger de l'aigle, détruisit ses œufs, et qui a pour moralité que le plus puissant peut être exposé au ressentiment du plus faible. Érasme revient à la charge contre les rois avec encore plus de fiel et de mordant qu'ailleurs. On ne trouve rien, dans le *Contre un* de la Boétie, de plus violent, de plus sanglant, contre le gouvernement royal que cette longue tirade : « Qu'un physionomiste tant soit peu intelligent examine avec attention la tête et les traits de l'aigle, ses yeux rapaces et méchants, cette courbure menaçante du bec, ces joues cruelles, ce front farouche : n'y reconnaîtra-t-il pas aussitôt l'image d'un roi, d'un roi plein

<hr>

(¹) Traduction de BAYRETT, p. 182-186.
(²) *Institutio principis christiani* (Bâle, 1518, in-4°), p. 14, 47, 56, 99 et 100.

de magnificence et de majesté? Ajoutez-y cette couleur sombre et de funeste présage, cette voix désagréable, saisissante, épouvantable, et ce cri menaçant qui fait trembler tous les autres animaux. Il suffit, pour reconnaître ce type, de savoir combien sont redoutables les menaces des princes, lors même qu'elles sont proférées en plaisantant. A ce cri de l'aigle, le peuple entier tremble, le Sénat s'efface, la noblesse rampe, les juges s'assouplissent, les théologiens sont muets, les juristes approuvent, les lois et les constitutions ploient : droit, religion, justice, humanité ne sont plus que de vains mots. Et ainsi, lors qu'il existe tant d'oiseaux au doux ramage, aux accents mélodieux, le cri sauvage et inharmonieux de l'aigle seul a plus de pouvoir que tous les autres. »

Puis, Érasme donne tout à fait carrière à son imagination, met en scène différents animaux et résume ainsi sa pensée : « De tous les oiseaux, l'aigle seul a paru aux sages le vrai type de la royauté : il n'est ni beau, ni musical, ni bon à manger; mais il est carnassier, glouton, pillard, destructeur, batailleur, solitaire, haï de tous, fléau de tous [1]. »

Après avoir ainsi versé sa bile contre ceux qui sont représentés par l'oiseau royal, l'auteur attaque avec autant de violence que de mépris ceux qui les entourent.

C'est merveille de voir l'accord unanime des penseurs de tous les temps contre ces existences parasites et malfaisantes connues sous le nom de courtisans. Ils ne pouvaient échapper à la censure d'Érasme. « Et les courtisans, qu'en dirons-nous? Que ce sont, en général, les hommes les plus rampants, les plus serviles, les plus bêtes et les plus abjects et en même temps les plus superbes... Ils sont charmés d'eux-mêmes, pourvu qu'ils puissent dire : *le roi notre maître*, lui faire un compliment bien tourné,... être bien fardés et adroits flatteurs... Leur faste me fait quelquefois soulever le cœur.

(1) HALLAM, *Histoire de la littérature de l'Europe pendant le* xve, xvie *et* xviie *siècle*, Paris, 1839, t. I, p. 287-289.

J'éprouve cet effet lorsque je vois une de leurs nymphes se croire une divinité,... et tous s'enorgueillir en proportion du poids de la chaîne qu'ils portent au cou (¹). »

Le népotisme et une dissolution de mœurs inouïe avaient envahi la cour de Rome, mêlée à toutes les guerres que les rivalités des souverains avaient déchaînées sur l'Italie. Érasme se montre inexorable pour les papes. « S'ils s'avisoient de se conformer à Jésus-Christ,... de prendre pour règles sa pauvreté, ses travaux, sa doctrine, sa croix, son détachement du monde,... ne seroient-ils pas les plus malheureux de tous les hommes? Qui voudroit payer cette dignité au poids de l'or? Qui voudroit la conserver par le fer et le poison? Si la sagesse... que dis-je? si un grain de ce sel dont parle le Sauveur les reveilloit, à quel dépouillement ne seroient-ils pas réduits? Tant de richesses, d'honneurs, de triomphes, de bénéfices, de places dont on dispose; tant de revenus, d'indulgences, de chevaux, de mulets, de gardes, de délices... eh bien ! Il faudroit renoncer à tout cela pour se vouer aux veilles, aux jeûnes, aux larmes, à l'étude, à la pénitence et à mille exercices pénibles. Et puis, que deviendroient tant d'écrivains, de copistes, de notaires, d'avocats, de promoteurs, de secrétaires, d'écuyers, de banquiers, d'amis Bonneau... j'ai failli dire un mot plus gaillard (²)...

« Il y auroit de l'inhumanité, ce seroit une horreur, un sacrilège, de ramener au bâton et à la besace les princes souverains de l'Église, ces vraies lumières du monde. Pour le travail du ministère, ils s'en déchargent sur saint Pierre et sur saint Paul, qui ont du temps de reste, et ils ne s'en réservent que l'éclat et les plaisirs... Aussi n'y a-t-il pas d'hommes sur la terre qui mènent une vie plus délicieuse, plus exempte de souci. Ils croient faire assez pour Jésus-Christ lorsque leur sainteté, leur béatitude étale l'appareil

(¹) Traduction citée, p. 186 et 187.
(²) *Ibid.*, p. 192 et 193.

pontifical et presque théâtral pour faire quelques cérémonies ou lancer des anathèmes... Surtout quand il s'agit de les lancer sur les impies qui entreprennent d'écorner et de rogner le patrimoine de saint Pierre. Cet apôtre, qui a dit à son maître : *Nous avons tout quitté pour vous suivre*, a aujourd'hui de vastes domaines, des villes, des tributs, des douanes, un empire. Lorsque ses successeurs, dévorés du zèle de la maison de Dieu, s'arment du fer et du feu pour conserver tout cela, ils croient défendre en apôtres l'épouse de Jésus-Christ et la venger de ses ennemis. Comme si elle en avoit de plus pernicieux que des pontifes impies dont le silence laisse oublier le Sauveur, dont les lois intéressées l'enchaînent, qui couronnent sa doctrine par des interprétations forcées, qui le crucifient une seconde fois par leur vie scandaleuse (¹). »

« Les nations n'échappent pas plus que les individus à la folie commune ; chaque peuple se proclame le premier de la terre : les Anglais allèguent leur beauté, leur goût pour la musique, la magnificence de leurs festins ; les Français leur courtoisie, et les Parisiens se disent les théologiens les plus adroits du monde. Que répond l'Italie ? Je tiens le sceptre de l'éloquence, et tandis que l'Europe entière est encore plongée dans la barbarie, je suis la reine de la civilisation. Les Juifs et les Turcs se donnent pour les vrais croyants ; les Espagnols ont le monopole du courage ; les Allemands se prévalent de leur taille robuste et sont fiers d'être des pédants. Les Hollandais et les Brabançons trouvent seuls grâce devant la folie et reçoivent d'elle le prix de sagesse, les premiers parce qu'ils ne s'offensent pas d'une épithète populaire qui les traite d'insensés, les seconds parce qu'ils deviennent plus fous à mesure qu'ils vieillissent et qu'ainsi la triste arrière-saison, qui abat le courage des autres hommes, n'altère pas leur gaieté (²). »

(¹) Traduction citée, p. 191-197.

(²) Rottier, *La vie et les travaux d'Erasme, mém. couronnés de l'Acad.* Collection in-8º, t. VI, 1885, p. 85 et 86.

Sous une forme légère et gracieuse, Érasme a su apprécier quelques hommes et quelques faits de l'antiquité avec la sagacité de la critique moderne. Avant le prodigieux Groote, il a signalé fort ingénieusement le côté faible de la philosophie de Socrate et de Platon (¹).

On a entendu de nos jours un prêtre du Christ s'ériger tout à coup en foudre de guerre et faire retentir, en pleine paix, les voûtes de Notre-Dame de Paris des accents les plus belliqueux. Au xviᵉ siècle, il aurait sans doute été du nombre de ceux qu'Érasme a châtiés en ces termes : « L'Église chrétienne a été fondée dans le sang, cimentée par le sang et agrandie par le sang ; ils s'en autorisent pour tirer le glaive pour elle, comme si le Christ n'était plus là pour protéger les siens. Et cependant ils devraient savoir que la guerre est une chose si cruelle, qu'elle était digne tout au plus des bêtes féroces; si insensée, que les poètes la donnent pour une inspiration des Furies ; si mauvaise, qu'elle entraîne après elle la perturbation des mœurs ; si injuste, que les plus grands brigands la pratiquent le mieux ; si impie, qu'elle est entièrement contraire au Christ. Les papes savent tout cela, mais ils n'en font pas moins la guerre. Vous voyez des vieillards décrépits retrouver l'ardeur de la jeunesse, prodiguer leurs trésors, braver la fatigue et ne reculer devant rien, pour se donner le plaisir de renverser à leur aise les lois, la religion, la paix et toutes les choses humaines. Et il se trouve de savants panégyristes pour décorer cette frénésie patente des beaux noms de zèle, de piété, de courage, et pour prouver qu'on peut tirer l'épée et en percer les entrailles de son frère sans se départir de cette charité parfaite dont tout chrétien doit user envers son prochain (²). »

L'*Éloge de la Folie*, qui, du temps même de son auteur, eut vingt-sept éditions et qui a été traduit dans toutes les langues de l'Europe, a contribué plus que tout autre livre à

(¹) *Éloge de la Folie,* traduction de M. Lejal, p. 42-47.

²) Traduction citée, p. 122.

fortifier le xvie siècle dans ses tendances anticléricales. Naturellement, il attira sur Érasme les haines irréconciliables des moines et surtout des théologiens de Louvain; mais les papes Adrien VI et Clément VII imposèrent silence aux récriminations des uns et des autres et le frère de Charles-Quint, l'archiduc Ferdinand d'Autriche, donna son approbation aux idées émises dans l'*Éloge de la Folie* et dans l'*Institution du prince chrétien*. Toutefois, comme Érasme le dit lui-même, le pape et l'empereur ne pouvaient pas le préserver de cette vermine[1]. Ferdinand lui écrivit entre autres, le 12 octobre 1524, « qu'il n'y a personne avec qui il s'entretienne plus volontiers qu'avec lui, qu'on ne trouve point d'hérésies dans ses ouvrages et qu'on n'y apprend point à favoriser le schisme et les antéchrists; qu'on n'y voit point non plus de ces flagorneries que ses calomniateurs ont l'impudence de lui reprocher; qu'il ne respire que cette douceur et cette modération si dignes de ceux qui ont été élevés à l'école de Jésus-Christ; qu'il y reprend les princes, les évêques et les souverains pontifes; qu'il leur apprend à vivre d'une manière digne du christianisme dont ils font profession; mais qu'il le fait d'une façon qui n'offense personne et dont on n'a pas lieu de se plaindre; qu'il n'y a que des hérétiques, des apostats et d'impies déserteurs de la foi qui puissent le calomnier; mais qu'il doit s'en consoler, puisque cela lui est commun avec les pères de l'Église les plus saints; qu'une grande récompense l'attend dans le ciel; que quand il aura achevé sa carrière, il recevra, comme saint Paul, qu'il a tant aimé, la couronne de justice[2]. »

Il y avait environ septante-deux ans que le pape Martin V avait consenti à l'établissement de l'université de Louvain, lorsque Érasme y vint pour la première fois (1502). Il n'y

----

[1] *Erasmi opera*, t. III, f. 826 B; 827 D; 931 C; 1093 E; 1191 A; 1428 C. Conf. 463 B; 484 A; 721 C; 765 D. E; 814 A; 812 C; 821 E. — *Recueil de quelques pièces pour servir à la continuation des fastes académiques de l'université de Louvain.* (Lille, 1783, in-4º.) — JORTIN, *Life of Erasmus*, London, 1758-60, t. I, p. 417.

[2] MARSOLLIER, *Apologie ou justification d'Erasme*, Paris, 1713, p. 22-26.

apportait pas encore le titre de *doctor bullatus*, qu'il reçut plus
tard à Turin. Il fut créé docteur en 1505 et immatriculé à
Louvain le 31 août 1516. Il fit différents séjours dans cette
ville et y étudia la théologie sous Adrien Floriszoon, depuis
le pape Adrien VI; il y donna même des leçons de littérature,
mais sans être membre du corps académique, quoique le
magistrat de Louvain lui eût ouvert une chaire (¹). Ces leçons
valurent à l'Université 3,000 étudiants de plus (²). Charles-
Quint encourageait fortement l'étude du droit et favorisait
ainsi l'essor des grands jurisconsultes du temps, qui introduisaient dans l'enseignement la méthode historique. L'Université
de Louvain eut plus de 2,000 étudiants en droit. En hono-
rant le professorat, en récompensant les talents de ceux qui
en étaient chargés, en donnant accès dans ses conseils aux
hommes qui avaient marqué par leurs travaux intellectuels,
il rendit le savoir indispensable à quiconque prétendait aux
grandes dignités de l'État. La noblesse ne craignit plus de
déroger en s'instruisant; ce fut alors qu'on vit les familles
patriciennes de nos anciennes communes s'empresser d'envoyer dans la lice de l'école ceux de leurs enfants qu'elles
destinaient à perpétuer utilement l'éclat de leur nom jusque
dans les fonctions de nos magistratures municipales, d'où ils
se disposaient à aspirer ensuite aux plus hautes fonctions (³).

Ami d'Érasme, versé dans les langues grecque et latine,
orateur et poète, Busleyden (⁴) nous représente cette partie
considérable de la noblesse belge qui, au milieu des hautes
positions civiles et religieuses ou des loisirs de l'opulence, se

---

(¹) De Reiffenberg, *Mémoires de l'Académie de Belgique*, t. VII, p. 1, 2,
7 et 8.

(²) J. Voigt, dans *Historisches Taschenbuch von Raumer*, Leipzig, t. II,
p. 265.

(³) Spinnael, *Trésor national*, t. II, p. 281. — Henne, *Histoire du règne de
Charles-Quint*, t. V, p. 64 et 145.

(⁴) Le manuscrit 15676 de la Bibliothèque de Bourgogne renferme *Hieronymi
Buslidii Carmina, Epistolæ et Orationes*.

complaisait dans l'étude des sciences et des arts. Il était originaire du Luxembourg et appartenait à une famille comblée
des faveurs des princes qui avaient gouverné les Pays-Bas. Il
naquit à Arlon, vers 1470, de Gilles Busleyden, conseiller
d'État et trésorier sous Philippe le Bon et Charles le Téméraire (¹).

La famille de Busleyden, ou de Bauschleyden, portait, depuis trois siècles environ, ce nom emprunté à une
localité (²) du Luxembourg, à proximité de Bastogne et à
environ huit milles de la ville de Luxembourg. Elle y avait,
d'ancienne date, exercé des droits seigneuriaux.

Gilles avait eu quatre fils : Gilles, François, Jérôme et
Valérien. Gilles, vicomte de Grimberghe et conseiller de la
chambre des comptes du Brabant, sérieusement mêlé aux
affaires du temps, se montra fidèle aux généreuses traditions
de sa famille. François fut précepteur de Philippe le Beau et
archevêque de Besançon. Valérien est peu connu et mourut
avant Jérôme, le plus célèbre de tous. Encore à la fleur de
l'âge, celui-ci occupa (8 février 1503) un siège au conseil
souverain de Malines et cumula les fonctions de conseiller
et de maître des requêtes. L'empereur Maximilien Ier le
chargea d'importantes missions diplomatiques auprès de
Jules II, François Ier et Henri VIII. A Malines, sa maison était
un musée qui excita l'admiration du chancelier d'Angleterre,
Thomas Morus, habitué cependant aux splendides collections
des grands de son pays (³).

L'université de Louvain, dit Badoaro (⁴), ambassadeur
vénitien à la cour de Bruxelles, de 1555 à 1557, était plus
célèbre par les 5,000 étudiants qui y étaient réunis que par
son organisation ou par l'éclat qu'elle jetait sur les lettres.

(¹) Nève, *Le collège des Trois-langues*, dans les *Mémoires couronnés de l'Académie de Belgique*, t. XXVIII, p. 38.

(²) Appelée Bonlaide en français ; Bauschleiden ou Bauschleyden en allemand.

(³) Reiffenberg, *Archives philologiques*, t. V, p. 100 et 101.

(⁴) *Relations des ambassadeurs vénitiens*, publiées par Gachard (*Mém. de l'Acad.*,
t. XXVII), p. 84.

Mais qu'aurait dit ce diplomate s'il avait connu cet établissement avant les efforts d'Érasme pour l'améliorer, alors qu'on y applaudissait à tout rompre la latinité barbare (¹) de Menneken Virulus ou Viruli (²), fondateur de la pédagogie du Lis et, en 1447 et 1465, recteur de l'Université, dont la prose rappelait les vers de maître Anselme, pour l'intelligence desquels il fallait avoir recours à la *Perle des Perles* (*Gemma gemmarum*), au *Catholicon*, au *Brachiloquium*, au *Mammœtractus?* Qu'aurait-il dit avant la création du collège des Trois-Langues, due à Jérôme Busleyden et au philosophe de Rotterdam (³)? Jérôme Busleyden se vit bientôt en possession de dignités ecclésiastiques dont quelques-unes comportaient des bénéfices considérables. Pourvu de bonne heure d'un canonicat à l'église métroplitaine de Malines, il devint successivement chanoine de Sainte-Waudru à Mons et de Saint-Lambert à Liége, trésorier de Saint-Gudule à Bruxelles, archidiacre de Notre-Dame de Cambrai, prévôt de l'église de Saint-Pierre à Aire. Cette immense fortune, Jérôme la consacra à l'acquisition de collections scientifiques et à l'encouragement des bonnes études. Ce zèle et ce goût littéraire lui survécurent ; car, avant de mourir (27 juin 1517), il avait richement pourvu par un testament à la dotation d'un enseignement des trois langues savantes, latine, grecque, hébraïque, lequel devait être institué à Louvain. Et, en effet, grâce aux soins de Gilles Busleyden et d'Érasme, le célèbre collège des Trois-Langues fut établi dans cette ville, en face du Marché aux Poissons (⁴). Le 18 octobre 1520, les professeurs furent mis en possession du local ; mais les cours étaient ouverts depuis le 1ᵉʳ septembre 1518 dans le couvent des Augustins.

Gilles Busleyden avait pour ami Jean Second, qui a chanté

(¹) On peut en juger par ses lettres imprimées en 1498.
(²) Né vers 1413 à Cassel, mort en 1493.
(³) NÈVE, *Le collège des Trois-Langues*, etc.
(⁴) Dans une maison qui avait une issue sur la place des Augustins et une autre dans la rue des Écriniers.

cette liaison dans une ode et qui était à la fois sculpteur, peintre et poète.

C'est une chose remarquable que l'amour des beaux-arts dans ce siècle était la passion des hommes bien nés. La théologie même et l'étude des lois ne paraissaient point alors incompatibles avec la culture des lettres, et les plus célèbres jurisconsultes, comme les plus savants théologiens, se délassaient de leurs fastidieuses occupations dans le commerce des muses [1].

Quelques biographes ont voulu rapporter à Érasme l'honneur d'avoir érigé le collège des Trois-Langues ; mais le spirituel humaniste n'a que le mérite d'avoir pressé les plus actifs d'entre les membres de l'Université de remplir les volontés de Jérôme Busleyden et d'avoir ainsi puissamment contribué à élever ce temple aux muses [2].

Le nouveau collège eut à lutter contre de nombreuses difficultés : il y eut d'abord des démonstrations hostiles aux professeurs. On ne se contenta pas de les noircir auprès de leurs confrères et de leurs amis ; on intimida les jeunes gens qui fréquentaient leurs cours et recherchaient leur société. Des étudiants de la faculté des arts de l'université, excités par leurs maîtres ou par leur mépris naturel pour les belles-lettres, prenaient plaisir à crier partout : *Nos non loquimur latinum de foro piscium, sed loquimur latinum matris nostræ facultatis* [3], cri de l'ignorance barbare et jalouse. Les flèches des adversaires du collège étaient spécialement dirigées contre Érasme parce que c'était lui qui, par son zèle et son dévouement, avait contribué le plus à son établissement. C'était contre lui, comme contre les langues savantes, un concert de déclamations et d'invectives, organisé avec un admirable accord par les ennemis de la Renaissance.

---

[1] *O toi que mon cœur préfère ! — A tout ce que j'ai d'amis*, etc. Traduction libre de LORAUX, p. 78.

[2] NÈVE, *Analectes pour servir à l'histoire de Louvain*, n° IX, p. 17-18.

[3] MOLANUS, t. I, p. 588.

Érasme eut recours à une de ses fictions les plus ingénieuses pour signaler les motifs de cette guerre : quand il consulta, dit-il, les astrologues à ce sujet, ils lui répondirent que tout le mal provenait de l'éclipse de l'année précédente. Cette éclipse eut lieu sous le signe du Bélier. Or, le Bélier exerce son influence sur le cerveau ; ajoutez à cela que Mercure a été perverti par le voisinage de Saturne, et les personnes soumises à Mercure, comme le sont les docteurs de Louvain, se montrent précisément les moins accommodantes... La déesse Acté semble avoir mis le désordre dans l'Université, c'est une véritable conspiration contre les belles-lettres [1]. Ces plaisanteries et les satires où il les représenta plus attachés à la dignité de leur robe qu'à la gloire du Christ, aigrirent profondément ces hommes ; ils le poursuivirent avec un impitoyable acharnement, n'épargnant ni sa cendre, ni sa mémoire. « Ses écrits les plus innocents furent taxés d'hérésie et, en 1522, la faculté de théologie chargea Jean Heutennius, de Nalinnes, de dresser un état de tous les passages qui lui sembleraient mériter une censure. Heutennius apporta à ce travail tout le zèle d'un inquisiteur et tout le pédantisme d'un théologien. Ce recueil des prétendues turpitudes et obscénités d'Érasme, n'ayant pas été examiné par le concile de Trente, servit de fondement au fameux index expurgatoire du duc d'Albe. Ce fut le même Heutennius qui, chargé de revoir le manuscrit de la dernière édition de l'histoire de Flandre, de Meyer, y supprima entre autres l'éloge d'Érasme, que la postérité y a rétabli. Cet emportement se perpétua dans l'université de Louvain, qui, à la fin du xviiie siècle, approuvait encore les calomnies dont la faculté de théologie avait usé contre le spirituel publiciste [2]. »

Quant aux machinations dirigées contre le collège des Trois-

---

[1] NÈVE, *Mémoire cité*, p. 61-65.

[2] DE REIFFENBERG, *Notices et extraits des manuscrits de la Bibliothèque de Bourgogne,* cités par M. Henne, *Histoire de Charles-Quint,* t. V, p. 35.

Langues, Érasme y opposa la protection dont le pape et les cardinaux couvraient à Rome une institution semblable, ou bien il rapprochait les libéralités de la cour de France pour une foule de savants, de l'opposition que même les princes de l'Université ne rougissaient pas de faire à l'enseignement gratuit des langues savantes, à peine établi. Il se plaisait à dire que Léon X et Henri VIII devraient être taxés de démence, si la sagesse et la raison étaient du côté des ennemis fougueux des lettres qui ne reculaient devant aucune énormité; il convenait, toutefois, que le nombre de ceux qui dirigeaient cette conspiration se réduisait à trois ou à quatre coryphées profondément stupides. Ce qui l'indisposait contre le corps même de l'Université, c'était l'autorité despotique à laquelle il semblait prétendre, alors que la célébrité plus grande que cette école devait uniquement aux belles-lettres datait d'un si petit nombre d'années. Les saines études, malgré tout, gagneraient de jour en jour et prévaudraient bientôt en dépit de quelques détracteurs acharnés. Voilà ce que prédit Érasme (¹).

Sa vigilance fut extrême toutes les fois qu'il eut à soutenir les vrais intérêts des études et à pourvoir aux besoins du collège de Busleyden. Sans y occuper aucune fonction, il se faisait le défenseur officieux de cette institution, par reconnaissance pour un de ses protecteurs (²). Ce qu'on incriminait surtout dans le nouveau collège, c'était l'esprit qui présidait à l'enseignement de la grammaire et surtout l'application qu'on en faisait aux textes de l'Écriture et des Pères. A vrai dire, et quoiqu'il ne s'agît que de la lecture des anciens auteurs faite en concurrence avec celle des écrivains chrétiens, la question des classiques païens, comme on l'a dit de nos jours, comptait fort peu dans tout ce vacarme. Les déclamations publiques, les digressions polémiques faites dans les leçons des facultés, les insinuations et les entretiens privés rou-

(¹) Néve, p. 65-66.
(²) Gilles Busleyden.

laient sur le péril que l'étude des langues anciennes faisait courir à la foi chrétienne ou plutôt à la vieille théologie et à ses méthodes surannées. C'en était assez pour que le collège fût compris dans la proscription qui devait atteindre toutes les nouvelles écoles de grammaire et de belles-lettres, et une conjuration permanente menaça pendant une vingtaine d'années l'existence même d'un établissement que la plupart des autres États de l'Europe enviaient à la Belgique. Peut-être le petit nombre des humanistes et des professeurs de langue aurait-il succombé sous la masse des assaillants, si un personnage éminent — le pape Adrien VI — n'avait fait entendre sa voix en faveur des lettres (¹).

Ce qui avait porté Jérôme Busleyden à créer le collège des Trois-Langues, c'était le vif éclat que leur culture avait jeté en Italie, en France et ailleurs, et sa conviction intime que bientôt leur étude allait dominer dans les écoles les plus célèbres de l'Europe. Il avait voulu préserver la Belgique d'une regrettable indifférence pour ces mêmes lettres qu'il croyait destinées à servir d'ornement et de bouclier à la société chrétienne tout entière. Le nouvel institut avait répondu parfaitement à cette attente. Les leçons de grec et de latin étaient fréquentées par un nombre considérable de jeunes gens de toutes les classes de la société. Aux gentils-hommes, aux enfants de la noblesse, on enseignait de préfé-rence les principes de l'art oratoire, puis on les initiait dans les secrets des grands écrivains de l'antiquité. Aux huma-nistes, aux maîtres ès arts, aux futurs docteurs, on réservait plus spécialement la science philologique, les règles de la critique et les travaux de l'érudition. Aussi vit-on sortir de cette école célèbre des personnages de la haute aristocratie, des hommes d'État et de guerre, des magistrats, des théolo-giens et des savants dont les mérites sont connus. Le vœu le plus cher d'Érasme était accompli : désormais, on pouvait

(¹) NÈVE, p. 66-72.

trouver, dans les rangs de la noblesse et des familles patriciennes, des hommes instruits, des conseillers d'une grande prudence, des ambassadeurs éloquents et habiles. La cour se peupla de grands qui avaient une autre noblesse que celle de leurs armoiries. Le duc d'Arschot, les princes d'Orange et d'Epinoy, les comtes de Lalaing, de Mansfeld et de Berlaymont; des magistrats lettrés, tels que Viglius, Hoppers, Peck, furent des élèves du collège buslidien, pendant que les travaux de ses professeurs obtenaient un grand retentissement en Allemagne et surtout en France (¹). C'est à cet établissement que revient aussi la gloire d'avoir servi de modèle au Collège de France, fondé par François Iᵉʳ, en 1529, après le traité de Cambrai, conclu entre ce prince et Charles-Quint.

Mais qu'aurait dit Érasme s'il avait pu voir son magnifique collège de Louvain un siècle et demi après sa fondation? Depuis la mort de Juste-Lipse, et si l'on en excepte l'enseignement de son successeur Erycius Puteanus, ce qu'on nomme les belles-lettres, c'est-à-dire ce qui a rapport au goût, à la raison, à la dignité humaine, n'y avait presque plus de partisans instruits et dévoués. Ce fut bien pis à la fin du xviiiᵉ siècle : la littérature grecque et latine n'y était que très faiblement cultivée. Celui qui, dans ce temps, y enseignait la langue d'Homère, avouait lui-même qu'il ne la comprenait pas et que toutes ses connaissances se bornaient aux premiers principes de la grammaire. Il en était de même du professeur d'hébreu. En outre, la grande leçon qui avait pour objet la pureté et l'élégance de la langue latine ne se donnait plus. On y avait substitué l'explication du catéchisme, qu'on avait décorée du titre pompeux de leçon d'éloquence chrétienne (²).

(¹) Nève, p. 46, 324-345.

(²) De Reiffenberg, *Archives philologiques*, t II, p. 123 et 124. — Nève, p. 346 et suiv. — Voy. deux documents curieux relatifs à la faculté de philosophie, dont l'un concerne la répulsion de cette faculté pour le système de Copernic et dont l'autre se rapporte à sa décadence sous Marie-Thérèse. (*Archives de l'université de Louvain, aux archives du royaume.*)

François Ier avait voulu confier l'organisation de son collège à Érasme; mais le philosophe refusa : il désirait, avant toute chose, garder son indépendance, et il savait que son franc-parler ne convenait pas plus aux intrigues des cours qu'au jeu des partis (¹).

Dans quelques lettres qui devaient rester secrètes, Érasme s'est expliqué à cœur ouvert sur d'autres motifs de son refus : il ne trouvait pas qu'il y eût assez de fond à faire sur les espérances que François Ier lui donnait. Il savait que c'était s'exposer à la haine de beaucoup de théologiens que de concourir à l'établissement d'un collège où l'on enseignerait le grec et l'hébreu. Il n'avait pas oublié tout ce qu'il avait eu à souffrir à l'occasion de l'établissement du collège des Trois-Langues à Louvain. Il appréhendait les querelles théologiques dont toute l'Europe était agitée par les hardiesses de Luther. L'élection de Charles-Quint comme empereur d'Allemagne fut pour lui un dernier motif de refus. A cause de la rivalité qui existait entre ce prince et le roi de France, il disait : « Ceux qui me veulent du mal ne manqueraient pas de me reprocher de m'être retiré chez un ennemi de l'empereur (²). »

Par caractère et par conviction, Érasme croyait à la réconciliation des partis religieux qui divisaient l'Europe. « Dans mon opinion, dit-il, il y a une chose qui peut réconcilier beaucoup de personnes avec l'Église romaine; ce moyen est de ne pas décider aussi dogmatiquement tant de points de pure spéculation ni d'en faire des articles de foi. Il faut, au contraire, se contenter d'obtenir un assentiment aux doctrines manifestement renfermées dans l'Écriture sainte et nécessaires à notre salut. Ces doctrines sont au nombre de cinq,

---

(¹) Il était *linguæ liberioris non nunquam plus quam sat est.* — Voy. Le Clerc, *Bibliothèque choisie,* t. V, p. 185, et Hess, *Leben des Erasmus,* t. I, p. 182, 183, 190 et 191. — *Nullus,* dit-il du reste lui-même, *nullus est mortalium qui libentius abstinet ab aulæ commercio quam Erasmus.*

(²) De Burigny, *Vie d'Érasme,* t. I, p. 247, 248, 251 et 252.

et il est plus facile de convaincre les hommes de cinq que
d'un grand nombre. Maintenant, au contraire, nous faisons
d'un article six cents autres, dont quelques-uns sont tels que
l'on ne peut ni en douter ni penser rien en dehors, sans mettre
en péril son âme et sa religion. Mais telle est la nature de
l'homme que tout ce qu'il a une fois dogmatiquement décidé,
il veut qu'on le suive avec obstination. Or, la philosophie
chrétienne ou la théologie peut être fort bien réduite à ceci :
que nous devons placer toute notre confiance dans un Dieu tout-
puissant, qui nous donne gracieusement toutes choses par son
fils Jésus-Christ; que nous sommes rachetés par la mort de ce
fils de Dieu, au corps duquel nous sommes unis par le baptême; qu'en mourant aux convoitises de ce monde, il nous
est donné de vivre conformément à ses préceptes et à son
exemple, non seulement en ne faisant tort à personne, mais
encore en faisant du bien à tous; que si l'adversité nous
accable, nous nous y soumettrons patiemment, dans l'espoir
d'une future récompense, à la venue du Seigneur; que nous
nous efforcerons à progresser tous les jours dans la vertu,
sans nous attribuer rien à nous-mêmes, mais en rapportant
tout à Dieu. Ces choses-là doivent être imprimées et incul-
quées dans les esprits jusqu'à ce que de bonnes habitudes se
soient formées dans les cœurs. S'il y avait des personnes à
l'esprit spéculatif qui éprouvassent le besoin de faire des
recherches plus profondes sur la nature divine de Jésus-Christ
ou sur les sacrements, dans le dessein de perfectionner leur
intelligence et d'élever leur esprit et leur cœur au-dessus des
choses terrestres, on devrait le leur permettre, à condition,
toutefois, que leurs frères en Christ ne fussent point forcés
de croire tout ce que tel ou tel docteur penserait devoir être
cru... Il faut surtout fuir les arguties théologiques... Il
faut, enfin, que les rois et principalement le pape s'abstien-
nent de toute espèce de tyrannie (¹). »

(¹) *Erasmi oper.*, t. III, fol. 522. Jortin pense (t I, p. 199 et 200) que si
ses opinions avaient été embrassées franchement et pratiquées avec prudence par

Dans une remarquable lettre à Jean de Carondelet, archevêque de Palerme et chef du conseil privé, Érasme s'explique tout aussi catégoriquement (¹); il y insiste sur la nécessité de faire prédominer la morale chrétienne sur le dogme, d'éviter les discussions vaines et néanmoins dangereuses de la théologie, et il montre par l'exemple de saint Hilaire combien l'Église avait été anciennement indulgente, puisque beaucoup d'opinions de ce Père étaient maintenant décriées comme des hérésies.

Le caractère conciliant d'Érasme s'était particulièrement manifesté dans sa correspondance avec son compatriote et ancien professeur le pape Adrien VI. Il lui avait offert, aussitôt après son exaltation (9 janvier 1522), de lui communiquer, par des lettres secrètes, un moyen qu'il croyait capable de rétablir pour longtemps la tranquillité de l'Église. Ses amis même n'étaient pas trop persuadés que le pape accueillerait les avances qu'il venait de lui faire. Ses ennemis s'étaient efforcés d'indisposer le saint-père contre lui, en le représentant comme un homme qui n'avait aucun zèle pour la religion catholique et qui favorisait indirectement, par ses écrits, les erreurs nouvelles, source de tant de troubles dans l'Église. Aussi furent-ils bouleversés lorsque les brefs qu'Adrien lui adressa furent rendus publics. Le premier fut du 1ᵉʳ décembre 1522; le pape déclare qu'il a reçu les lettres d'Érasme avec le plus grand plaisir; qu'il les a relues plus d'une fois, parce qu'elles venaient d'un homme dont il a toujours estimé la science et à cause du respect qu'il y témoignait pour la religion et pour sa personne. Il ne dissimule pas qu'on a cherché à le prévenir contre lui et à rendre

l'Église, il n'y aurait peut-être eu qu'une seule religion dans notre Occident (*Then in the western world there might perhaps have been only one religion, called Christianity, and the denominations of papists and protestants would not have existed*).

(¹) Cette lettre se trouve en tête de son édition de Saint-Hilaire (Bâle 1523) et dans ses lettres, livre XXVIII, lettre 8. — Cf. Gieseler, *Lehrbuch der Kirchengeschichte*, t. III, 2, 1, p. 450.

Érasme suspect de luthéranisme; mais il n'ajoutait pas facilement foi aux délations contre les gens doctes et vertueux, qui sont d'autant plus sujets aux traits de l'envie que leur doctrine est plus éminente. Dans un autre bref du 23 janvier 1523, Adrien paraît accepter avec empressement le conseil secret dont Érasme lui a parlé. Ce dernier se hâta d'expédier son projet à Rome (¹). Il s'y appliquait d'abord à faire ressortir les difficultés de la situation où Luther avait placé l'Église : « Ce novateur avait déjà beaucoup de partisans en dehors de l'Allemagne; la haine que l'on portait au nom pontifical se propageait tous les jours davantage; les adhérents de Luther étaient des hommes d'une incroyable fermeté et, en partie, des têtes intelligentes; les théologiens avaient commis de grandes fautes; la cause de Luther enrichissait beaucoup de monde. Par la force, il n'y a rien à faire; il faut que l'on procède avec plus de douceur et de prudence, il faut surtout que l'on n'ait en vue que l'intérêt de l'Église ; que les théologiens cessent de ne défendre que leur autorité, les moines de ne tenir qu'à leurs biens, les princes, qu'à leurs droits. Pour remédier au mal, on doit remonter à son origine, promettre une amnistie complète à ceux qui ont fait défection, arrêter les progrès de l'hérésie par l'autorité, remédier à la licence de la presse, annoncer au monde la destruction des abus dont il se plaint non sans raison. Tout maintenant respire la liberté ; c'est elle donc qu'il importe de comprendre, à laquelle il faut venir en aide, sans nuire à la religion ; il faut en outre chercher à protéger le pouvoir légitime des princes et avoir en même temps égard à la liberté du peuple. Pour savoir ce qu'il est nécessaire de changer ou d'abolir, on pourrait avoir recours à une assemblée d'hommes considérés, doux, conciliants, aimés et impartiaux (²). » Adrien laissa ces conseils sans réponse ; ce qui fit croire à leur auteur qu'ils n'avaient pas été goûtés, et lorsqu'il mourut (14 septembre 1523), le pape

(¹) DE BURIGNY, t. I, p. 396-401.
(²) Lettre 649ᵉ de la grande édition de Leyde, in-folio, 1703.

était moins favorable à Érasme que lorsqu'il parvint au pontificat (¹). Mais, le 12 juillet 1525, Albert Pighius, camérier secret de Clément VII, écrivit aux professeurs de la faculté de théologie de Louvain pour les exhorter à modérer leur zèle contre un homme de la valeur d'Érasme et à ne plus le décrier comme hérétique, lui qui venait de se déclarer ouvertement contre Luther. Il les prévenait qu'il avait dû faire les plus grands efforts pour empêcher le pape de leur adresser un bref infligeant un blâme formel à leur intolérance et qui aurait fait grand bruit dans le monde. C'est pourquoi il priait ceux d'entre ces docteurs qui avaient manqué d'égards à Érasme de lui donner satisfaction le plus tôt possible (²).

Cette lettre, écrite par un tel homme, était d'un grand poids dans la balance pour Érasme. Pighius (³) avait étudié à Louvain et à Cologne; profondément versé dans les mathématiques et dans les matières de théologie et d'antiquités, il avait signalé son zèle pour le catholicisme par plusieurs ouvrages contre Luther, Mélanchton, Bucer et Calvin. La réputation qu'il s'était acquise à Cologne s'était répandue jusqu'à Rome, où le pape Adrien VI l'avait fait venir vers l'an 1522. Clément VII et Paul III, successeurs de ce pontife, le chargèrent de différentes missions, à Worms et à Ratisbonne (⁴).

Classique comme Érasme, Pighius ne se laissait pas effrayer par les hardiesses du philosophe qui, dans la préface de son édition des œuvres de saint Jérôme, disait : « Je ne méprise pas la piété simple du vulgaire; mais je ne peux pas n'être point surpris du mauvais jugement de la multi-

---

(¹) De Burigny, p. 408.

(²) *Recueil de quelques pièces pour servir à la continuation des fastes académiques de l'université de Louvain*, p. 48-51.

(³) Né à Kampen, petite ville de l'Over-Yssel, vers 1490; il mourut à Utrecht en 1542.

(⁴) Biographie universelle, art. *Alb. Pighius.* — Ceux qui connaissent la langue flamande ne liront pas sans intérêt une lettre de Pighius à Jean Van Raste, négociant(26 décembre 1574). (*Collection des manuscrits des archives du royaume.*)

tude. Nous baisons les souliers des saints et leurs mouchoirs morveux, et nous négligeons leurs œuvres, qui sont leurs plus saintes et leurs plus efficaces reliques. Nous enfermons les chemises ou les tuniques des saints dans des cassettes embellies de perles et de pierres précieuses; mais pour leurs livres, qu'ils ont travaillés avec soin et où ce qu'ils avaient de mieux est encore plein de vie pour nous nous les abandonnons aux punaises et aux rats, qui les rongent impunément [1]. »

[1] *Erasmi opera*, t. V, p. 217 et 218.

CHAPITRE VII.

Après l'*Éloge de la Folie*, peu d'ouvrages eurent plus d'influence et une influence plus féconde que les *Colloques*. Marot en traduisit un, la Sorbonne les censura tous et l'inquisition d'Espagne les condamna au feu; ce qui les fit rechercher avec plus d'ardeur (¹).

Je donnerai d'abord un extrait de celui où Érasme se moque ouvertement de l'inquisition. Les interlocuteurs sont Aulus et Barbatius.

« *Aulus*. — Saluta libenter : faites-vous un plaisir de saluer. C'est une vieille chanson qu'on apprend aux enfants dans le royaume du pédantisme; mais quand j'y pense, je ne sais si je dois vous dire bonjour... Car vous sentez le soufre, la foudre de Jupiter.

« *Barbatius*. — Tous les tonnerres ne sont pas de Jupiter : il est certaines foudres brutes, dont l'origine est différente de celle que les devins lui attribuent. Car je crois que vous voulez parler de l'anathème et de l'excommunication.

« *Aulus*. — Votre conjecture est fort juste.

« *Barbatius*. — Il est vrai qu'un horrible tonnerre est tombé sur moi; mais il ne m'a point fait de mal; je n'ai même pas senti le coup de foudre... je mange bien, je digère, je dors bien; enfin, je fais toutes mes fonctions machinalement

(¹) Ranke, p. 263. — Nisard, p. 174. — De Reiffenberg.

animales. En faut-il davantage pour que, loin d'être écrasé, je me porte à merveille?

« *Aulus*. — Ordinairement un malade insensible à son mal est plus en péril que s'il le sentait. D'ailleurs, ces foudres brutes, comme vous les appelez, frappent les monts et les mers, dit Pline le Naturaliste.

« *Barbatius*. — Il est vrai ; ces foudres frappent ; mais leurs coups sont sans effet. Il y a aussi un éclair qui part du verre ou d'un vase d'airain.

« *Aulus*. — Cette sorte d'éclair ne laisse pourtant pas de causer de la frayeur.

« *Barbatius*. — D'accord, mais ce n'est qu'aux enfants. Il n'y a que Dieu qui ait une foudre dont l'âme puisse être blessée.

« *Aulus*. — Mais que direz-vous, que ferez-vous, que deviendrez-vous si Dieu est dans son vicaire, et si c'est lui-même qui frappe, qui lance la foudre par le bras de son lieutenant généralissime et de son vice-Dieu?

« *Barbatius*. — Plût au ciel que cela fût ainsi!

« *Aulus*. — Cependant, quantité de gens s'étonnent que depuis si longtemps vous ne soyez pas encore plus noir que le plus noir charbon.

« *Barbatius*. — Supposons que je sois tel. Si vous aimez la morale de l'Évangile, ce serait cela même qui devrait vous engager davantage de souhaiter le salut à une pauvre âme malheureusement perdue.

« *Aulus*. — A le lui souhaiter, bon, mais non pas à le lui donner.

« *Barbatius*. — Pourquoi cela?

« *Aulus*. — Afin que le foudroyé, ayant honte de son damnable état, rentre en soi-même, se repente et fasse toutes les cérémonies nécessaires, toutes les manœuvres requises pour se défoudroyer.

« *Barbatius*. — Si Dieu avait usé de la même précaution à notre égard, c'en était fait des hommes, et le diable serait devenu le maître et le possesseur de tout le genre humain.

Quelle population c'eût été pour l'enfer! Où Satan aurait-il placé tout ce monde-là (¹)? »

Dans le dialogue intitulé *l'Inquisition*, on trouve exprimée, en termes fort nets, cette assertion que la foi au symbole des apôtres « auquel beaucoup de gens à Rome ne croient pas » suffit pour être chrétien et que, contre un homme qui a cette foi, l'anathème pontifical est une foudre vaine, alors même que cet homme mangerait plus d'un poisson le vendredi (²).

Dans le *Convivium religiosum*, Érasme se laisse emporter loin par son enthousiasme pour l'antiquité : « Peut-on appeler profane, s'écrie-t-il, ce qui est vertueux et moral? Sans doute, nous devons aux livres saints la première place dans notre vénération; cependant, quand je rencontre dans les anciens, fussent-ils païens et poètes, tant de chastes, de saintes, de divines pensées, je ne puis m'empêcher de croire que leur âme, au moment où ils écrivaient, était inspirée par un souffle de Dieu. Qui sait si l'esprit du Christ ne se répand pas plus loin que nous ne l'imaginons (³). »

Toutes les pensées des *Colloques*, simples livres de classe, se sont insinuées dans les masses bourgeoises et populaires. Plus de 20,000 exemplaires en furent vendus dans quelques semaines. La presse à bon marché des temps modernes n'a rien accompli de mieux. Le style de ces livres est sans prétention : c'était au peuple que s'adressait Érasme; sous la forme des dialogues les plus familiers, il offrait à toutes les écoles, à toutes les universités, à la bourgeoisie entière, une véritable encyclopédie. Les moines mendiants étaient surtout en butte aux attaques; le catholique Érasme, persuadé qu'il fallait à tout prix sauver la barque de saint Pierre, croyait que c'était son devoir de jeter ce lourd et incommode bagage par-dessus bord. Un dominicain, plus habile que tous ses

(¹) *Les colloques d'Érasme*, nouvelle traduction, par Gueudeville, t. V, p. 3-5. (Leyde, 1720.)

(²) *Revue britannique*, 1860, t. I, p. 361.

(³) *Apud* DEMOGEOT, *Histoire de la littérature française*, p. 262.

confrères, fit une édition furtive et mutilée de ces spirituels dialogues. Aux épigrammes du philosophe contre les moines, il substitua l'éloge de ces mêmes moines; dans une préface signée du nom d'Érasme lui-même, le faussaire poussa l'audace jusqu'à livrer à la réprobation publique les éditions des véritables *Colloques*. « Fraude pieuse! dit Érasme à ce sujet. En faveur de l'intention, je la pardonne volontiers à son auteur. En plaçant ses colloques à côté des miens, il a voulu me faire subir le supplice de Mézence [1]. » Jamais le philosophe n'eut autant à souffrir qu'au sujet de la publication de ce livre. Les moines ne pouvaient être que doublement irrités contre l'auteur, qui, non content de les avoir ridiculisés aux yeux des adultes, les rendait encore absurdes aux yeux des enfants. Voilà pourquoi les *Colloques* furent proscrits à Paris et à Cologne. A Louvain, Érasme fut forcé de les justifier dans un écrit apologétique adressé aux théologiens de cette ville, qui le rudoyaient aussi sur sa traduction du Nouveau Testament et sur la position qu'il avait prise d'abord vis-à-vis de Luther. Le vieux monde et la vieille science ne voulaient pas céder la place : moines et théologiens lancèrent contre Érasme l'accusation qui a tué Socrate, l'accusation perfide de corrupteur de la jeunesse [2].

Dans son *Apologie*, Érasme fit remarquer, entre autres choses, que l'on devrait bien considérer les personnages qu'il mettait en scène; car, comme les lois du dialogue veulent que tous parlent, non pas selon les sentiments de l'auteur, mais conformément à leur caractère, il n'y avait rien de plus injuste de lui imputer ce qu'il fait dire à ses personnages. Autrement, il faudrait croire qu'on est Turc lorsqu'on fait parler et agir un Turc selon ses principes et selon ses manières [3].

Après la mort d'Érasme, les *Colloques* furent livrés à

---

[1] *Revue britannique*, p. 131.

[2] GAUDIN, *Leben des Erasmus*, p. 63 et 64. — CHAUFFOUR-KESTNER, *Études sur les réformateurs du* XVIe *siècle*, t. I, p. 14.

[3] BAYLE, t. III, fol. 387.

la censure des cardinaux et défendus dans toute l'Europe. Cette proscription échauffa la bile la plus noire de Luther : « Ah! s'écria-t-il, qu'Érasme ne vit-il encore! Comme il vous répondrait, coquins que vous êtes! Comme il vous payerait de la même monnaie! Comme il vous prouverait de quelle manière vous vous êtes corrigés, vous et les vôtres (¹)! »

Au surplus, Érasme aurait pu se consoler! Malgré leur orthodoxie et leur prudence, les immortels auteurs de l'*Histoire littéraire de la France*, les savants bénédictins de Saint-Maur, ne furent pas plus épargnés que lui par les impitoyables ciseaux de la censure(²). Mais Érasme n'avait pas seulement à défendre ses propres écrits, il avait encore à se prémunir contre ceux que la charité de ses adversaires se plaisait à lui attribuer. Ainsi, il se vit forcé de rejeter la responsabilité d'un libelle (³), publié en 1516, écrit avec une raillerie atroce et dirigé contre le pape Jules II.

On ferait, du reste, un catalogue fort curieux de toutes les injures et de toutes les calomnies qui ont été prodiguées à Érasme. On avait été jusqu'à dire que l'attente seule du cardinalat l'avait retenu dans le giron de l'Église. Cette anecdote vaut celle où Condorcet raconte que le chapeau fut promis à Voltaire s'il voulait traduire les psaumes en vers pour Mme de Pompadour, qui s'imaginait faire un grand coup de politique en donnant dans la dévotion. Érasme et Voltaire cardinaux! le trait eût été plaisant (⁴).

Ce fut en 1500 qu'Érasme, passant à Paris, y publia son petit recueil d'Adages et de proverbes anciens. Chacun s'empressa

(¹) Luther, cité par Meiners.

(²) La Bibliothèque royale de Bruxelles possède un exemplaire de cette histoire, lequel a appartenu à Paul Foucher, prêtre de l'Oratoire, membre de l'Académie des inscriptions et auteur de plusieurs ouvrages et mémoires sur les religions anciennes. Dans l'intérieur du septième volume sont insérées deux pages manuscrites contenant deux passages supprimés par la censure ; ils renferment, énergiquement rendu, le sentiment des Bénédictins sur la constitution de l'Église et sur la théologie scolastique. (Ch. Ruelens, *Le bibliophile belge*, 3ᵉ année, n° 3, p. 252 et 253.)

(³) Il se trouve dans *Pasquillorum tomi duo*, p. 123 et suiv.

(⁴) De Reiffenberg, *Archives historiques*, t. II, p. 63-65.

d'acheter et de porter en poche cette petite sagesse pratique, cette prudence populaire de l'antiquité. D'éditions en éditions, toujours augmentées, à Venise, à Bâle, le livre devint un gros in-folio en fins caractères. Alde en fit l'édition complète en 1508 et Froben, à Bâle, le réimprima six fois. Un jour, Érasme étant, en Italie, sur le passage du pape, le pontife et ses cardinaux vinrent saluer l'illustre compilateur des Adages. Nulle publication ne fut jamais l'objet d'un tel enthousiasme. C'était, en réalité, un grand secours offert à tous, même aux plus petits; c'était un immense répertoire, un véritable *dictionnaire de la conversation*. Qu'on se figure, réuni, condensé dans un livre, tout ce que l'antiquité a produit d'axiomes, de théorèmes, de saillies, de sentences et de proverbes (¹).

Un savant contemporain, ami d'Érasme et de Rabelais, disait de ce livre : « C'est le magasin de Minerve; tout le monde y a recours comme aux feuilles de la Sibylle. »

Holbein, le grand peintre de Bâle, peignit Érasme en costume de triomphateur, passant couronné de lauriers sous un arc romain, et comme entraînant le monde par cette *via sacra* de l'antiquité (²).

L'effet, en réalité, était légitime et vraiment grand en deux sens. On vit que la majeure partie de ces proverbes antiques n'en était pas moins moderne; que l'antiquité n'était pas un illisible grimoire de quelques savants en *us*; qu'elle était, au contraire, l'urbanité et la grâce mêmes. La cour, aussi bien que la ville, reconnut que Platon, Xénophon, etc., étaient de parfaits gentilshommes, pleins d'aménité et d'esprit. C'est qu'Érasme avait lu et étudié les anciens écrivains, non pour corriger un *upsilon* ou pour altérer la forme du *digamma,* mais pour y retrouver les secrets oubliés de la sagesse d'autrefois. Et quelle entreprise gigantesque que ce travail accompagné

(¹) Michelet, *La Renaissance*, Paris, 1855-56, p. 203. — *Revue britannique*, t. I, p. 12-124 (année 1836).

(²) Michelet, p. 204.

de commentaires, d'anecdotes, de notes curieuses, vrai trésor
où sont venus puiser les savants de tous les pays et de toutes
les nuances, professeurs, gens d'esprit, journalistes, écrivains, polygraphes (¹)!

Mais le grand sujet de prédilection de la verve satirique
d'Érasme, c'était toujours la théologie scolastique de son
temps.

« A quoi sert de disputer : dans combien de sens il faut
prendre le mot de *péché*; si c'est une simple spoliation de
l'âme ou une tache qui y soit inhérente; de vrais théologiens
devraient s'efforcer de faire en sorte que tous les hommes
haïssent ou fuient le mal. On se querelle depuis des siècles
pour savoir si la grâce avec laquelle Dieu nous aime et nous
attire à lui, et celle avec laquelle nous l'aimons de retour,
est la même. Travaillons à nous rendre dignes de l'amour et
de la grâce de Dieu par des prières pures, une vie innocente
et des actions vertueuses. On se démène sans fin ni trêve
pour préciser ce qui distingue le Père du Fils et l'un et l'autre
du Saint-Esprit : si c'est une substance ou une contingence,
ou bien comment trois, dont aucun n'est comme l'autre, peuvent faire un même être. Combien il serait préférable
d'adorer en toute humilité cette trinité dont il nous est
défendu, à nous faibles mortels, de scruter la majesté, et
d'imiter, autant qu'il est en nous, par notre concorde, son
ineffable harmonie, afin qu'un jour nous soyons reçus dans
sa communauté! Nous nous creusons et recreusons sur la
possibilité de l'action du feu corporel de l'enfer sur les âmes
incorporelles des damnés. Ne serait-il pas beaucoup plus
raisonnable d'employer toutes nos forces pour empêcher que
ce feu trouve en nous quelque chose qui doive être con-
sumé? Ces recherches et ces discussions seraient encore
supportables si elles se faisaient sans irritation et uniquement pour nous distraire. Au contraire, on passe toute sa vie
dans de telles questions; on les défend ou on les attaque

(¹) Michelet, *ibid.*, et *Revue britannique*, *l. l.*

avec des clameurs violentes, avec des injures et des coups de
poing. Quelles autres questions ne soulève-t-on pas sur le
baptême, l'eucharistie, la pénitence, questions que l'on ne
peut connaître sans dommage, et que l'on ne peut ni
prouver ni réfuter. Il serait plus grand et plus sérieux de
nous exhorter les uns les autres à répondre, par une conduite
irréprochable, au sacrement du baptême, et de nous présenter
dignement à la sainte cène, afin que, dans notre vie, il y eût
peu de chose à corriger par la pénitence. Que dirai-je des
questions, non seulement inutiles, mais encore impies, sur la
puissance de Dieu ou sur celle du pape : si Dieu a pu produire quelque chose de réellement infini ; si, de toute éternité, il a pu faire le monde meilleur qu'il n'est ; s'il peut faire
un homme incapable de pécher ; s'il peut révéler à quelqu'un
ses péchés et sa damnation future ; *an possit respectum produ-
cere sine fundamento et termino ;* s'il pourrait faire qu'une chose
qui est arrivée n'ait pas eu lieu et changer en pucelle une
courtisane ; si les trois personnes de Dieu peuvent chacune
prendre une forme corporelle ; si la phrase : « Dieu est un
escarbot ou une courge » est aussi possible que celle-ci :
« Dieu est homme » ; si Dieu a revêtu l'homme individu ou
bien le genre humain ; si dans l'intelligence de Dieu il y a
des idées de toutes choses et si elles sont spéculatives ou pratiques ; s'il y a trois personnes en Dieu, et si ce nombre
appartient à la substance ou au rapport ; si Dieu engendre le
Fils et le Saint-Esprit, par rapport à la raison ou à la volonté ;
si naturellement ou volontairement ; si, dans l'essence de
Dieu, il y a le principe de génération du Fils et s'il y a une
limite dans la procréation paternelle ; si Dieu engendre
Dieu ; si le Père procrée le Saint-Esprit avant le Fils ; si le
Saint-Esprit, en procédant du Père et du Fils, a un ou deux
principes ; si l'on peut imaginer que Dieu le Père hait Dieu
le Fils ; si l'âme de Jésus-Christ a pu être trompée, ou si elle
peut tromper ou mentir elle-même (¹)...

(¹) ERASMUS, *Annot. ad Nov. Test., I, Timoth.*

« On discute beaucoup plus de la puissance du pape que de celle de Dieu ; on demande : s'il peut abolir ce que les apôtres ont enseigné dans les Écritures ; s'il a un pouvoir plus grand ou aussi grand que celui de Pierre ; s'il peut commander aux anges ou supprimer tout le purgatoire ; s'il est simplement homme ou pour ainsi dire Dieu ; s'il participe des deux natures du Christ, etc. (¹).

« Pour Dieu ! cherchons sincèrement le Christ ; ne demandons pas s'il a été de toute éternité ou si l'on peut dire qu'il est : *Compositus ex utraque natura, an conflare, an conflatus, an commixtus, an conglutinatus, an coagmentatus, an ferruminatus, an copulatus, an constare* (²).

« Et de dire que toutes ces sornettes, on les regarde comme les colonnes fondamentales de la religion, sans réfléchir qu'il y a beaucoup de choses qui, par leur obscurité, nous fatiguent et nous empêchent de méditer sur des choses plus importantes. La philosophie de Pythagore et de Platon, les livres d'Héraclite n'étaient pas aussi obscurs que les écrits des théologiens qui font étalage de leur soi-disant profondeur ; et quand même ces hommes professeraient des vérités, ils les enveloppent dans des mots si obscurs et si rebutants qu'il ne vaut pas la peine de les dégager de leurs laides enveloppes. De ce genre sont leurs élucubrations *de quatuor instantibus naturæ ; personas in divinis esse in se invicem per circumcessionem ; — circumcessio est subsistentis in subsistenti realiter distincto mutua præsentialitatis assistentia in eadem essentia* (³)... »

Érasme ne laisse échapper aucune occasion de relever le ridicule de cette scolastique.

En 1518, Léon X avait résolu d'entraîner toute l'Europe dans une croisade contre les Turcs, qui menaçaient d'envahir l'Italie. Ce projet ne réussit point ; mais les légats du pape

(¹) ERASMUS, *l. l.*
(²) ID., *ibid.*
(³) ID., *ibid.*

auprès des principales cours lui rendirent, à d'autres égards, des services signalés et le trésor pontifical se remplit des contributions qu'ils levèrent sur le clergé et sur les peuples (¹). Érasme avait pris la parole dans ces circonstances belliqueuses et s'était exprimé en ces termes : « On dit que nous faisons des préparatifs de guerre contre les Turcs. Si, comme je le suppose, nous en devenons maîtres, nous ferons des tentatives pour les convertir au christianisme. Mettrons-nous alors entre leurs mains Ockam, Durand, Scot, Gabriel et Alvarus? Mais que penseront-ils de nous quand ils entendront parler de nos subtilités, aussi épineuses qu'embrouillées, sur les instances, les formalités, les quiddités et les relations; quand ils verront les chicanes de nos professeurs, si petits par l'intelligence, s'acharnant jusqu'à ce qu'ils deviennent pâles de colère, se crachant à la figure, en venant même aux coups; quand ils contempleront ces luttes des Jacobins pour leur Thomas et des Minorites pour leurs très raffinés et très séraphiques docteurs, et les Nominalistes et les Réalistes défendant leur propre jargon et attaquant celui de leurs adversaires? Que penseront-ils quand ils trouveront que c'est chose si difficile de savoir de quelles expressions il faut se servir quand il s'agit de parler de Jésus-Christ?... Que ressentiront-ils, je vous le demande, quand ils seront convaincus que nos mœurs ne valent pas mieux que notre théologie; quand ils observeront notre tyrannie, notre ambition, notre avarice, notre rapacité, nos convoitises, nos débauches, nos cruautés, nos oppressions? De quel front leur recommanderons-nous la doctrine de notre Sauveur, si diamétralement opposée à notre conduite?... »

L'auteur ne tarit jamais.

Érasme se plaignait de ce qu'en s'efforçant ainsi de donner des conseils aux deux partis, catholique et protestant, il était décrié par l'un et par l'autre; il accusait ces *pécores* de

---

(¹) ROSCOE, *Vie et pontificat de Léon X*, Paris, 1808, t. III, p. 394.

théologiens et de moines de le détester plus qu'ils ne détestaient Luther lui-même (¹).

En revanche, il était singulièrement apprécié dans les réunions particulières de lettrés et d'érudits qui se tenaient ordinairement dans les boutiques des libraires. C'était dans ces cercles qu'on s'occupait avec le plus de zèle de l'avancement des lettres, et qu'on s'encourageait mutuellement par une critique polie et bienveillante (²).

Il y avait loin de ces groupes savants aux réunions de docteurs où, d'après Érasme, les bouteilles et les verres tenaient trop de place. C'est pour les ridiculiser que, parmi l'immense quantité de satires et de pamphlets publiés à l'époque de la Réformation, parurent le *Monopolium philosophorum* et le *Conciliabulum theologistarum*. Érasme avait donné la première idée d'un bureau d'esprit du temps dans le colloque intitulé : l'Assemblée des gens de lettres (*Synodus grammaticorum*) (³).

Un de ses principes, en matière de théologie, était qu'on devait s'abstenir de définitions trop minutieuses, se contenter de l'enseignement des saintes Écritures, éviter toutes les distinctions artificielles et subtiles; en un mot, imiter l'ancienne Église catholique, qui s'était fait remarquer par la plus grande simplicité dans tous les symboles, notamment dans celui des apôtres. S'il avait dépendu de lui d'introduire dans un pays ou dans une société quelconque une doctrine religieuse d'après ses idées, ses articles de foi en auraient été peu nombreux et d'une intelligence facile (⁴).

Dans sa conviction, il fallait tout attendre de la propagande pacifique des doctrines du catholicisme, épurées et rajeunies par la renaissance des lettres sacrées et profanes. Le public, et non pas un homme, le public, éclairé à la longue par ce double flambeau, finirait par exiger lui-même l'abo-

---

(¹) Erasm., *Ep.*, lib. XX, ép. 53, *apud* Roscoe, t. IV, p. 212.
(²) De Reiffenberg, *Archives phil.*, t. II, p. 224.
(³) Id., *ibid*.
(⁴) Henke. *Das Leben der Erasmus, von Burigny*, t. I, p. XXIII et XXIV.

lition des abus et le redressement des griefs; et, au lieu d'une révolution, amènerait des réformes salutaires et durables, qui reconstitueraient l'édifice de l'Église sur des bases nouvelles, sur des bases dignes du progrès des lumières et de la haute mission du christianisme. Il est vrai que ce but ne fut pas atteint selon les vœux d'Érasme; mais il est vrai aussi que l'influence du philosophe sur la destruction des abus fut immense, particulièrement aux Pays-Bas.

C'est à lui qu'on doit attribuer l'attitude relativement intelligente de Charles-Quint, de Ferdinand Ier et de nos hommes d'État à l'égard du protestantisme en Allemagne. En se montrant toujours réformateur de la doctrine, jamais de la hiérarchie, il fut, du commencement à la fin, conséquent avec lui-même, et, sous ce rapport, disciple fidèle de l'école de Deventer. Il n'a jamais voulu jouer un autre rôle : rien de plus, rien de moins, n'a-t-il cessé de dire aux catholiques comme aux protestants.

On doit encore lui faire honneur de l'esprit de tolérance qui, en dépit des édits sanguinaires de Charles-Quint, régnait dans les classes lettrées de la Belgique et servait de contre-poids à d'excessives rigueurs [1].

Une des publications les plus curieuses d'Érasme fut son *Manuel du soldat chrétien (Enchiridion militis christiani)*, dirigé contre l'ignorance, l'avarice et la corruption du clergé, contre les pratiques superstitieuses et les préjugés séculaires du catholicisme. Ce petit livre montre le christianisme dans toute la dignité et la beauté qui lui sont propres. Le courage avec lequel l'auteur se prononçait contre le faux zèle en matière de religion explique le nombre d'adversaires qu'il s'attira. Mais les hommes raisonnables, qui préféraient un christianisme pratique aux superstitions et à l'incrédulité

---

[1] Sur la tolérance d'Erasme, voy. sa correspondance : ép. 477, f. 515; ép. 619, f. 745; ép. 796, f. 912, éd: de Leyde, et B. GLASIUS, *Verhandeling over Erasmus als Nederlandsche Kerkhervormer*, dans *Verhandelingen van het Haagsche Genootschap*, t. X, 2, p. 135 et suiv.

de leur siècle, louaient et remerciaient le grand écrivain. Budé n'en parlait qu'avec la plus profonde estime, et Adrien VI, alors encore professeur à Louvain, partageait ce sentiment. Cela n'empêcha pas les moines et les fanatiques de le décrier comme une œuvre irréligieuse, et la Sorbonne de le condamner, ainsi que ceux qui voudraient l'acheter ou le vendre (¹).

« Dégageant la foi chrétienne de tous les ornements parasites, de toutes les frivoles et dangereuses additions dont l'avaient surchargée le laps du temps et l'intérêt clérical, il l'offrit aux regards dans sa vérité première (²). » Le Christ, dit-il, rien que le Christ, voilà ce qui doit être le but constant de tous nos efforts et de toutes nos études; le Christ, c'est-à-dire la charité, la simplicité, la patience, la pureté (³).

L'*Enchiridion* était un de ses premiers ouvrages; il l'avait commencé vers la fin du xv° siècle, sur les conseils d'une femme très pieuse, qui, ayant grandement à se plaindre de son mari, espérait le convertir par l'influence de ce livre. L'intention d'Érasme était de remédier à l'erreur trop accréditée que la religion résidait dans les cérémonies et les observations prises à la lettre; ce qui était cause que la vraie piété était négligée (⁴). Cet ouvrage est dédié à un ami qui n'est pas nommé, mais qui vivait à la cour. La dédicace est un tableau saisissant de l'état déplorable où se trouvaient alors les doctrines et les mœurs des chrétiens et de leurs chefs (⁵).

Dans le livre même, Érasme traite de folie le sentiment de ceux qui s'imaginent que la souveraine piété consiste à réciter un grand nombre de psaumes que souvent on n'entend point, il veut qu'on cherche surtout à en pénétrer l'esprit. Il y fait,

(¹) Hess, *Erasmus von Rotterdam*, p. 73-78.
(²) *Revue britannique*, l. c., p. 123.
(³) *Erasmi Opp.*, t. V, f. 23.
(⁴) De Burigny, t. I, p. 288 et 289.
(⁵) Les plus anciennes éditions étaient précédées d'une dédicace à Paul Volsius; elle forme le n° 329 des lettres d'Érasme dans la grande édition de Leyde, 1703.

sur les dévotions superstitieuses du peuple, une de ces charges à fond qui nous rappellent les plus violentes de l'*Éloge de la Folie*. « L'un, dit-il, va faire tous les jours ses prières à saint Christophe et se met à genoux devant sa figure, dans la persuasion que ce jour-là il ne lui arrivera aucun accident mortel; un autre va prier saint Roch, parce qu'il croit qu'il l'empêchera d'avoir la peste; celui-ci jeûne en l'honneur de sainte Apolline, pour n'avoir pas mal aux dents; celui-là va voir un tableau de Job, parce qu'il espère ainsi éviter la gale; quelques-uns destinent une partie de leur gain aux pauvres, afin que les marchandises qu'ils ont sur des vaisseaux ne périssent point par un naufrage; il y en a qui allument un cierge à saint Hiéron à l'effet de retrouver ce qu'ils ont perdu; enfin, suivant nos craintes et nos désirs, nous donnons de l'occupation aux saints : saint Paul est chargé de faire en France ce que saint Hiéron fait chez nous; et ce que saint Jacques ou saint Jean peuvent dans un pays, ils n'ont pas le pouvoir de le faire dans un autre. Ces sortes de dévotion, qui ne se rapportent point à Jésus-Christ, ne sont pas fort éloignées de la superstition des païens, qui offraient la dixième partie de leurs biens à Hercule pour s'enrichir, ou qui sacrifiaient un coq à Esculape pour recouvrer la santé, ou qui immolaient un taureau à Neptune pour avoir une navigation heureuse [1]. »

Cette attaque fit beaucoup d'ennemis à l'auteur. Ceux qui trouvaient leur intérêt dans ces démonstrations superstitieuses le regardaient comme un ennemi déclaré de la religion catholique; et ce qui nuisit beaucoup à Érasme dans l'esprit des catholiques, ce fut que, peu de temps après, Luther répéta les mêmes choses, en les accompagnant de doctrines hétérodoxes.

Le *Manuel* n'en eut pas moins un immense succès lorsqu'il parut [2]. Le savant Adrien Barland, professeur à l'université

<hr>

[1] De Burigny, p. 292 et 293.
[2] La première édition parut en 1518, à Louvain.

de Louvain et un des promoteurs les plus actifs de la Renaissance en Belgique, disait que c'était un livre d'or. Et en effet, à l'exception des attaques contre les abus du catholicisme, il renferme des leçons du christianisme le plus pur. Barland citait un célèbre prédicateur d'Anvers qui, dans une assemblée de gens de grande distinction, avait soutenu que cette publication ne contenait pas une page qui ne fournît le sujet d'un bon sermon. L'évêque de Bâle l'estimait tant qu'il le portait toujours avec lui. Pierre Mosellan, célèbre professeur de l'université de Leipzig, faisait lire à ses élèves le *Manuel* d'Érasme avec le traité de *Doctrina christiana* de saint Augustin et d'autres ouvrages des Pères. Mais Ignace de Loyola en défendit la lecture aux membres de sa société, et Saint-Cyran, dont les sentiments étaient si opposés à ceux des jésuites, le jugeait avec la même sévérité [1].

Cependant la célébrité du *Manuel* fut si grande qu'on le traduisit dans les principales langues de l'Europe, en français, en allemand, en espagnol, en italien. Ces traductions valurent à l'auteur un redoublement de colère de la part des moines et des théologiens, surtout en Espagne, où néanmoins il trouva un apologiste dans Louis Coronelli. Trois ans après la mort d'Érasme, la Sorbonne, de tout temps mal disposée pour lui, décida, le dernier de janvier 1539, qu'il fallait supprimer le *Manuel* comme pernicieux à la religion catholique. L'arrêt fut exécuté au parvis de Notre-Dame, au son de la grosse cloche. Il est vrai que cette condamnation ne tomba que sur la traduction, qui était fort différente de l'original [2].

On censurait dans ce livre, d'une manière toute spéciale, deux propositions : l'une, par laquelle Érasme paraît faire consister les supplices de l'enfer dans les seules peines spirituelles, l'autre où il déclare que le monachisme n'est pas une piété.

[1] DE BURIGNY, p. 299-302.
[2] ID., p. 306.

L'année même où parut la première édition du *Manuel du soldat chrétien*, Érasme reçut à Louvain la visite d'un savant professeur d'éloquence à l'université d'Erfurt, du célèbre Eoban Hesse, qui, à l'âge de dix-sept ans, avait laissé entrevoir le grand talent qui devait le placer au premier rang des poètes latins de son siècle. Tout le monde alors aspirait à faire la connaissance de l'illustre philosophe de Rotterdam; une lettre de sa main équivalait à un diplôme de docteur; le voir et l'entendre personnellement était un honneur brigué par des princes.

Hesse voulait, lui aussi, partager cet honneur, et ni la longueur des distances, ni les frais d'un tel voyage ne purent le détourner de ce désir. A peine fut-il arrivé à Louvain que, de l'auberge où il était descendu, il adressa au grand homme une épître en vers pour lui exprimer les sentiments de vénération qu'il éprouvait. Érasme le reçut assez froidement, parce qu'il se trouvait dans un moment de mauvaise humeur causée par l'état de sa santé, par un trop grand nombre de visiteurs et par une accumulation de travaux littéraires dont il n'aimait pas à être distrait. Et pourtant Hesse ne regretta pas plus les fatigues de son voyage qu'il ne modéra le respect dont il se croyait redevable au philosophe. Après comme avant, il resta un de ses admirateurs les plus passionnés, recommanda ses écrits et prit même sa défense en publiant une satire mordante contre un de ses adversaires. Érasme se hâta de lui adresser ses excuses et de payer un juste tribut d'éloges à ses talents poétiques (¹).

Sept ans avant la visite de Hesse, Érasme en avait reçu une autre et celle-ci bien étrange : En 1511, deux Picards de la Bohême se rendirent à Anvers, afin de le consulter; ils lui remirent un exemplaire de leur théologie imprimé à Nuremberg, le prièrent de leur signaler les erreurs qu'il pourrait y rencontrer et promirent de respecter ses avis, en ajoutant

---

(¹) Lossius, *H. Eoban Hesse und seine Zeitgenossen*, Gotha, 1797, p. 83 et 84.

toutefois que, s'il trouvait leurs principes conformes à ceux du christianisme, ils lui seraient obligés s'il voulait les confirmer par son opinion et les protéger de son autorité. Érasme promit de déférer à leur demande, et comme les deux envoyés étaient des hommes considérables, il s'entretint avec eux de bien des choses importantes. Après une tournée dans les Pays-Bas, ils revinrent pour avoir la réponse du philosophe ; celui-ci leur avoua qu'il n'avait pas eu le temps de lire tout le livre, mais que ce qu'il en avait vu ne renfermait aucune erreur ; que, ne le connaissant pas encore tout entier, il ne pouvait pas leur délivrer le témoignage qu'ils sollicitaient ; que d'ailleurs un tel témoignage ne pourrait leur être d'aucune utilité : ceux, en effet, qui avaient tant entendu parler des Picards ne changeraient pas de sentiment, tandis qu'en faisant leur éloge, il risquerait fort de voir par cela même proscrire ses propres livres, qui lui paraissaient rendre beaucoup de services à la vraie religion. Il les congédia en les exhortant à répandre un christianisme de plus en plus pur. Les envoyés allèrent retrouver leurs compatriotes, étonnés de cet étrange accueil (¹).

Après Hesse, Érasme avait trouvé un défenseur des plus brillants et des plus énergiques en Allemagne dans la personne de Pierre Mosellan. Né en 1493 à Brutlig ou Prateg, dans l'électorat de Trèves, élevé dans les déplorables écoles du Luxembourg et du Limbourg sur la Zahn, mais formé depuis à l'université de Cologne, Mosellan fut nommé, en 1517, professeur de littérature ancienne à Leipzig, publia, traduisit ou commenta les auteurs sacrés et profanes, corrigea la grammaire de Théodore Gaza, un de ces savants grecs qui par leur présence en Occident, dès la première moitié du xvᵉ siècle, excitèrent ce grand mouvement intellectuel que vint bientôt propager l'émigration générale, suite de la prise de Constantinople par les Turcs (1454). Toujours entouré d'un

____

(¹) Poscheck, *Zeitschrift für die historische Theologie*, t. XIII, p. 144 et 145.

auditoire enthousiaste et distingué, Mosellan forma des élèves qui ont brillé d'un grand éclat dans le monde scientifique. Ayant envoyé son discours inaugural à Érasme, il reçut de l'illustre philosophe les éloges les plus flatteurs, tandis qu'il irrita à Leipzig le parti de la réaction religieuse et littéraire. Ses attaques contre la scolastique, ses excitations à une étude plus libre et plus indépendante de la Bible, ses critiques de l'ignorance des frères prêcheurs, qui ne cessaient d'anathématiser Érasme et l'accusaient de faire de l'Évangile un conte de la Mère l'Oie (¹), toutes les tendances réformatrices de son discours déplurent aux conservateurs de Leipzig et rendirent l'auteur suspect (²).

Mosellan avait rencontré un adversaire décidé en Jacques Latomus, docteur de Louvain, qui publia contre ce discours un long dialogue (³), où il s'efforçait de prouver la dangereuse influence de l'étude des classiques sur les croyances scolastiques de l'Église. Érasme, qu'on accusait d'avoir influencé Mosellan dans la rédaction de son discours, entra en lice pour confondre la pitoyable argumentation du théologien de Louvain et pour plaider la cause de l'antiquité outragée (⁴).

Quoique Mosellan fût lié avec les grands réformateurs de l'Allemagne, quoiqu'il partageât leurs pensées réformistes, il n'en mourut pas moins dans le sein de l'Église catholique (1525), parce que, non plus qu'Érasme, il ne voulait avec elle une rupture irréparable. Il y était porté par la douceur extrême de son caractère, sa répugnance pour les luttes ardentes, les idées pacifiques qu'il avait du christianisme, et enfin par ses études classiques, qui le poussaient à se moquer

---

(¹) Parce qu'il avait traduit par *confabulari* le mot grec συλλαλοῦντες de saint Matthieu, chap. XVII, v. 3.

(²) Schmidt, *Petrus Mosellanus*, p. 1-32.

(³) Sous ce titre : *De Trium linguarum et studii Theologici ratione dialogus.*

(⁴) *Erasmi, R. Dialogus refellens suspiciones quorundam dictitantium dialogum Jacobi Latomi : de tribus linguisomi et ratione studii Theologici conscriptum fuisse adversus ipsum.* — Schmidt, p. 32-34.

avec une verve aristophanesque de l'extravagance des théologiens de l'un et l'autre parti (¹).

Au XVIᵉ siècle, l'éloquence de la chaire, la grande éloquence
de Chrysostome semblait être descendue dans la tombe. Ce
qu'on appelait prédication n'était, au rapport d'Érasme,
qu'une mosaïque d'absurdes allégories, de légendes apocryphes, de froides citations, de moralités triviales, souvent
mêlées des plus dégoûtantes obscénités. Orateurs latins, français et flamands, tous parlaient le même langage et, à très
peu d'exceptions près, avaient converti la tribune évangélique en un théâtre burlesque, quand elle n'était pas une
scène tumultueuse (²). « C'est pourquoi, dans l'*Éloge de la Folie*,
la narquoise déesse ne craint pas d'escalader cette tribune.
Un de ces prédicateurs était un si rude théologien que Scot
semblait revivre en lui. Prêchant sur le nom de Jésus, il
démontrait avec une admirable sagacité que tout ce qu'on
pouvait dire était renfermé dans les lettres de ce mot. Il
n'a que trois terminaisons, il est donc le symbole de la
trinité. La chose est évidente. La première terminaison est
un S, la seconde un M, la troisième un V; c'est ici le grand
mystère. Ces trois lettres vous indiquent que Jésus est le
principe, le moyen et la fin. Voici du plus merveilleux
encore : la géométrie n'a rien de plus sublime. Ce nom, composé de cinq lettres, se divise en deux parties, en retran-
chant la lettre du milieu S, que les Hébreux appellent SYN.
Or, SYN en langue écossaise signifie péché, d'où il suit
très clairement que Jésus est celui qui ôte les péchés du
monde (³). »

Érasme était si pénétré du besoin de réformer l'art des
prédicateurs qu'il ne refusait ses conseils et ses secours à
aucun d'eux, pas même aux plus obscurs. Un de ses amis, curé
à Besançon, étant un jour fort embarrassé d'un sermon et

(¹) Schmidt, p. 34-80.
(²) Guillon, *Répertoire universel des sciences, des lettres, etc.*, t. IX, p. 390.
(³) De Reiffenberg, *Archives philologiques*, Louvain, 1827, t. II, p. 80 et 81.

d'une messe qu'il avait à composer pour la fête de **N.-D.** de Lorette, pria le philosophe de se charger de ce travail. Érasme se fit un plaisir et un devoir de satisfaire à sa demande. Ce sermon et cette messe existent encore ([1]).

Le traité sur le libre arbitre, où Érasme défendit, en 1524, avec tant de science et de talent les dogmes de l'Église catholique sur cette grave question, loin d'imposer silence à ses ennemis, les moines et les théologastres, lui valut de leur part un redoublement de criailleries. C'est qu'ils avaient un instinct juste du rôle d'Érasme. Ils distinguaient très bien l'alliage de rationalisme qui se mêlait à ses professions de foi et ne voulaient pas d'un catholique qui traitât ses croyances comme une propriété personnelle. Ils continuaient de l'envelopper dans la même proscription que Luther, avec lequel, cependant, ce traité le brouillait à jamais. « Érasme avait pondu les œufs, disaient-ils dans leur grossier langage, Luther avait éclos les poulets. Luther était un pestiféré. C'était Érasme qui avait apporté le germe de la peste. Érasme était un soldat de Pilate, le dragon dont parlent les psaumes. » — « Il eût été bon, criait un moine, que cet homme ne fût jamais né! » Manière indirecte de demander le bûcher pour abréger la durée de ce malheur ([2]).

Ces déclamations dataient de la publication de la bulle de Léon X contre Luther. En ce temps-là, un cordelier, suffragant de l'évêque de Tournai, attaqua à Bruges, pendant

---

([1]) Ils se trouvent dans le *Teatro historico della santa Casa Nazarena* du P. V. Martorelli. Rome, 1735, 2 vol. in-fol. — Voy. *Essai sur l'éloquence de la chaire*, par Gros de Besplas, Paris, 1767, in-12, p. 321.

([2]) *Erasmi Opp.*, t. III, f. 275, 1632 et 1668. — De Burigny, t. II, p. 107. — Nisard, p. 114. — Scheltema, *Geschiedenis en letterkundig Mengelwerk*, Amst., 1817, t. II, 3, p. 274.— Conf. *Determinatio facultatis Theologicæ in schola parisiensi super quam plurimis assertionibus* (notamment le célibat des prêtres et les peines des hérétiques) *Des. Erasmi Roterodami* (Anvers, 1531, in-8°). — *Desiderius Erasmus Roterodamus novaturiens, sive Lutheranorum, Calvinistarum, Sylvestriumque Jansenistarum prodromus, auctore* Reinero Vichet, *Bruxellensi, canonico Norbertino Beatæ Mariæ in Tongerloo* (anno 1690, in-16). — Conf. *Apologie ou justification d'Erasme*, par M. l'abbé Marsolier, *chanoine et ancien prévôt de l'église cathédrale d'Uses*, Paris, 1713, in-8°.

plusieurs heures, Érasme et le réformateur de Wittemberg.
Il les appelait des bêtes, des ânes, des souches. Dans un autre
sermon, il avança que dans les livres d'Érasme il y avait des
hérésies. Un magistrat présent à ce sermon alla voir le prédicateur, pour savoir de lui dans quel endroit des livres du
philosophe se trouvaient ces prétendues hérésies. « Je ne les
ai pas lus, dit-il; j'ai, à la vérité, voulu lire ces paraphrases,
mais la latinité en était trop élevée, et je crains que cela ne
l'ait conduit à quelque hérésie (¹). »

A Anvers, un franciscain publia un livre dans lequel il
comparait Luther, Zwingle et OEcolampade aux soldats de
Pilate clouant le Christ sur la croix. Il ajoutait Érasme
à ces réformateurs, soutenant que son but était le même;
que la seule différence entre eux était qu'il avait écrit en
plaisantant ce que les autres avaient avancé d'une manière
sérieuse. A Paris, un docteur appliqua ouvertement à
Érasme et à Luther ce texte de la Bible : « Vous foulez
aux pieds le lion et le dragon, » et cette allusion plut
tellement aux moines, que non seulement ils la répétèrent
dans leurs réunions, mais encore la jugèrent digne d'être
reproduite (²).

Le nonce du pape, Aléandre, semblait encourager la
haine des moines; car il exprimait son étonnement au pape
de ce qu'on laissât vivre Érasme, le fauteur de tous les troubles de l'Allemagne, tandis qu'on égorgeait des milliers
d'hommes compromis pour leur foi dans la guerre des paysans (1525). Aussi y eut-il contre lui une recrudescence de
fureurs monacales : c'était un renard qui avait ravagé la vigne
du Seigneur; un Lucien qui, par ses moqueries, avait fait
plus de mal que Luther. A Constance, un docteur avait placé
dans sa chambre le portrait d'Érasme, afin de pouvoir le
couvrir de crachats; les prédicateurs de Louvain allèrent

(¹) DE BURIGNY, p. 107 et 108.
(²) *Erasmi Epist.*, f. 1489. — M. ADAMI, *Vitæ eruditorum*, Francof. ad M. 1705,
Vita Erasmi, f. 46.

jusqu'à défendre la lecture de ses écrits, sous peine d'excommunication, même à ceux qui en avaient reçu l'autorisation formelle du pape (¹).

« Auparavant, dit Érasme (²), on n'était hérétique que lorsqu'on différait de l'Évangile ou des articles de foi. Aujourd'hui, c'est bien autre chose : si vous avez le malheur de différer de Thomas ou des sophistes de l'école, vous êtes hérétique; si vous soutenez ce qui ne leur plaît pas ou ce qu'ils ne comprennent pas, vous êtes encore hérétique. Oui, la tyrannie des carmes et des dominicains est telle qu'elle menace les couronnes et la tiare. Si le pape fait tout ce qu'ils veulent, il est, à leurs yeux, plus que le bon Dieu; si, au contraire, il entrave leurs intérêts, il est moins que rien. »

Malheureusement pour Érasme, la théologie aux Pays-Bas était alors dans un état qui inspirait à la fois la colère et la pitié. Presque tous ceux qui la professaient, loin de comprendre les textes originaux de l'Écriture et des Pères, ne connaissaient pas même les caractères de la langue grecque. On s'appliquait si peu à la lecture des saintes Lettres, qu'Érasme pouvait citer des théologiens qui avaient dépassé l'âge de quatre-vingts ans sans avoir jamais lu l'Évangile, et la langue dans laquelle ils s'exprimaient n'était qu'un affreux jargon hérissé de barbarismes (³).

Les livres grecs étaient si rares que, dans toute l'Allemagne, on possédait à peine un Nouveau Testament dans cet idiome (⁴).

On n'ignore pas que le grand philologue, contemporain d'Érasme et professeur à l'université de Louvain, le célèbre Vivès, a donné une bonne édition de la *Cité de Dieu* de saint Augustin. L'épître dédicatoire à Henri VIII d'Angleterre est

---

(¹) ADAMI, *Vitæ eruditorum*, Francof. ad M. 1705, *Vita Grynœi*, f. 417.

(²) V. L. SECKENDORF, *Commentarius historico-politicus de lutheranismo*, Francfort, 1692, f. 97.

(³) DE BURIGNY, t. II, p. 489 et 490.

(⁴) ID., *ibid.*, p. 497.

datée de Louvain, 1522. L'éditeur se plaint du peu de secours qu'il a trouvés pour son travail et principalement du manque de livres grecs. « Ces livres, dit-il, sont introuvables dans ce pays-ci, et quoiqu'on y rencontre assez souvent des gens instruits, si vous demandez un Aristote grec, un Démosthène, un Ancien Testament, un Pausanias, un Isocrate, un Pollux ou un Eustathe, ils vous répondent qu'ils n'en ont point, et les libraires eux-mêmes seraient hors d'état d'en vendre (¹). » Une raison superstitieuse s'opposait à la propagation du grec et de l'hébreu : ceux qui s'adonnaient à ces études étaient considérés comme hérétiques. La langue latine elle-même n'était tolérée qu'à condition qu'elle fût barbare, car l'élégance du langage était une digue opposée à ce torrent d'absurdités et de niaiseries que l'on appelait la dialectique. L'institution du collège des Trois-Langues excita l'indignation des partisans de l'*atqui* et de l'*ergo,* parce que Cicéron y était plus respecté que le stupide grammairien Alexandre de Villedieu (²).

Ajoutez à cela les incroyables choses débitées par les sermonneurs, dont les uns menaçaient de ne pas recevoir à la sainte table ceux qui portaient de grands souliers, dont les autres prétendaient que le diable se cachait dans les robes à longue queue des bourgeoises. Qu'on juge, après cela, de l'attitude d'un homme nourri, comme Érasme, de la substance la plus pure des écrivains de l'antiquité et des Pères de l'Église ! Aussi le philosophe allait-il jusqu'à refuser le sens commun à certains théologiens, les appelant de malheureux défenseurs de rien, les plus dangereux animaux qui fussent sur la terre et sur l'onde, qualifiant les ouvrages de Scot de bourbier infect, qui lui donnait des nausées, traitant la vieille *Alma mater* de Louvain avec le dernier mépris : ce n'était, à ses yeux, qu'une « écurie de pourceaux, d'ânes, de chameaux, de geais et de pies (³) ».

<hr>

(¹) J.-L. Vivès, *In comment. suos præf.*, p. 11 (éd. de 1610, in-8°).
(²) De Reiffenberg, *Archives*, t. 1, p. 11 et 12.
(³) De Burigny, t. II, p. 400, 401, 505 et 506.

Lé mot était dur, mais n'était-il pas justifié? Non seulement les professeurs de l'Université se montraient sottement jaloux du collège des Trois-Langues et de ceux qui y étaient chargés de l'enseignement; mais encore ils mettaient des entraves aux leçons gratuites qu'un éloquent Allemand, Guillaume Nesen (¹), avait commencé à donner à Louvain sur la géographie de Pomponius Méla (1519). Érasme intervint dans le débat, qui ne fut clos que l'année d'après par un refus formel d'autorisation, motivé peut-être sur les opinions religieuses du professeur, qui était, du reste, un homme parfaitement honorable (²). « On eût dit, suivant Érasme, qu'il allait mettre le feu à la ville; mais s'il avait voulu faire de sa maison un lieu de prostitution, personne ne s'y serait opposé (³). » Sur les conseils du philosophe, dont il était le Pylade, Nesen quitta Louvain pour Francfort et de là pour Wittenberg, où il devint professeur et l'ami de Luther. Il se vengea cruellement des *magistri nostri* de Louvain, en faisant connaître par la voie de la presse ces dignes émules des obscurantins et des inquisiteurs de Cologne (⁴). « Il est impossible d'être plus baroque, plus stupide qu'ils ne sont. A leur tête figure le trop fameux Jean Briard, d'Ath (chancelier de l'Université), petit vieillard haineux, colère, plein d'humeurs peccantes qui tantôt tombent sur les hanches, tantôt sur la tête, tantôt sur les pieds. Son médecin, le citoyen Jean Winckel, est encore plus bête que lui, mais en outre fou d'orgueil, à cause de ses richesses, et doué d'une langue de sycophante, comme Briard, qui est du venin tout pur. Parmi les acolytes de ce dernier brillent, au premier rang, Jacques Latomus,

____

(¹) Né à Nastadt, dans le pays de Trèves.

(²) NÈVE, *Mém. sur le collège des Trois-Langues. Mém. cour. de l'Acad.,* t. XXVIII, p. 135.

(³) *Quod si domi suæ aliquod lupanar instituisset, tolerandus erat.* (*Erasmi Opp.,* t. III, f. 523-535.) — Conf. VON DER HARDT, *Historia litteraria Reformationis,* Francof, 1727, t. I, f. 65, 67 et 68. — DE REIFFENBERG, *Nouveaux mémoires de l'Académie de Bruxelles,* t VII, p. 42.

(⁴) *Epistola de magistris nostris lovaniensibus, quot et quales sint, etc., auctore Neseno, in Op. Zwingli,* éd. Schuler et Schulthess, Turici, 1829-41, t. I, p. 39.

être insupportable par son arrogance de parvenu, et Ruard Tapper, d'Enkhuyzen, le plus méchant de tous les hommes, malgré le bégaiement de sa langue de vipère. Mais le plus fort de tous, sans contredit, est frère Nicolas d'Egmont, que la nature a fait pour être moine. Sans esprit, sans éloquence, il ne fait que parler, et quoique tout ce qu'il entreprend et tout ce qu'il dit ne soit que bêtise, il ne s'en complaît pas moins dans ses balivernes. Malgré sa tête de plomb, cette brute s'est élevée par tous les grades à celui de *magister*. On lui a donné le sobriquet de *Frater Olla,* parce qu'il vaut plus par le palais que par l'intelligence. Est-il étonnant, après cela, que cet homme s'avise de condamner ce qu'il ne lit ni ne comprend? Par leur fanatisme et par leur ignorance, tous ces drôles déshonorent une ville pleine d'élégance et une université célèbre, et ils n'ont rien de plus empressé que d'aiguiser les pointes de leurs plumes contre tous ceux qui se distinguent par le culte des Muses; ce sont des bêtes farouches et non pas des hommes (¹). »

Je conviens volontiers que, dans tout cela, il y a les exagérations d'un pamphlet (²). Aussi, je ne donne ce factum que comme une des aménités littéraires du temps.

Ce violent débat avait été précédé, en 1515, d'une querelle bien pénible pour les deux parties, c'est-à-dire pour Érasme et pour un de ses amis, Martin Van Dorp, professeur à Louvain. Pendant qu'on imprimait à Bâle la traduction du Nouveau Testament faite par Érasme, avec les remarques qu'il y avait ajoutées et les œuvres de saint Jérôme, quelques théologiens de l'Université brabançonne excitèrent Van Dorp à écrire contre le brillant et docte publiciste. Van Dorp s'y

---

(¹) *Epistola de magistris nostris lovaniensibus, quot et quales sint, quibus debemus magistralem illam dominationem lutherianam, Uldaricho Zwinglio, mense aprili, anno* 1518, *immo* 1520 *scripta,* apud SCHELHORN, *Amœnitates literariæ,* Ulm, 1724-31, t. I, p. 248-261.

(²) Voy. DE RAM, *Disquisitio historica de iis quæ contra Lutherum lovanienses theologi egerunt, anno MDXIX,* dans les *Nouveaux mémoires de l'Académie de Bruxelles,* t. XVI.

laissa prendre et fit à Érasme un crime de son *Éloge de la Folie*. Érasme excusa plutôt cette satire qu'il ne la défendit, bien qu'à ses yeux il n'y eût rien de blâmable à vouloir corriger, par des plaisanteries ingénieuses, des gens qu'on ne pouvait ramener au culte des Muses par des remontrances [1].

En ce qui regarde l'édition de saint Jérôme, Érasme nous apprend que ce qui la rendait odieuse aux théologiens de son temps, c'étaient l'éloquence de ce Père nourri dans les belles-lettres, son habileté dans la critique, sa grande connaissance des langues et sa glorieuse tentative de corriger les anciennes versions sur les originaux. Il raconte que des théologiens célèbres étaient allés à Bâle, chez son imprimeur, le conjurant, au nom de Dieu, de retrancher de son édition tout ce qui se trouverait de mots grecs et hébreux dans saint Jérôme, parce que ces langues étaient trop dangereuses et qu'elles ne servaient qu'à l'ostentation et à la curiosité. Ces gens-là n'étaient pas du goût d'Origène, qui, dans un âge avancé, mettait les plus grands soins à traduire l'hébreu, ni de celui de saint Augustin, qui déplorait, dans sa vieillesse, l'aversion qu'il avait eue, dans sa jeunesse, pour les langues.

Mais ce qui alarmait le plus les théologiens de Louvain, c'était la traduction du Nouveau Testament avec les remarques qui servaient à l'éclaircir et à la justifier. « Pourquoi, disaient-ils, faire une traduction nouvelle, pendant que nous avons la Vulgate, vénérable par son antiquité, par l'approbation de tant de conciles, par celle de tant d'illustres Pères? La changer et la corriger, c'est changer et corriger l'Écriture. Il faut laisser le grec aux Grecs et le latin aux Latins. Emprunter les originaux du Nouveau Testament aux Grecs schismatiques, qui les ont altérés, et corriger sur eux la version latine, c'est introduire dans la religion les erreurs de ces gens-là. Il est, sans comparaison, plus sûr, de réformer

[1] Beausobre, t. I, p. 219.

le grec par le latin que le latin par le grec, — par ce grec
que l'on a reçu des mains de l'hérésie. » C'était ainsi que
raisonnaient les théologiens de Louvain par leur organe,
maître Van Dorp.

Érasme n'eut pas de peine à réfuter ces frivoles objections,
produit de l'ignorance et de l'égoïsme. « Dans le fond, dit-il,
ce n'est pas pour la foi qu'ils craignent, c'est pour leur propre
autorité. Comme ils citent souvent l'Écriture fort mal à propos, ils appréhendent qu'on les confonde, en leur alléguant
les originaux qu'ils n'entendent pas, et qu'on leur prouve que
l'application qu'ils font des oracles de l'Écriture à leurs opinions n'existe que dans leur imagination. »

Bientôt Thomas Morus, l'ami d'Érasme et de Van Dorp, prit
la défense du premier, fit l'apologie de l'*Éloge de la Folie,* qui
lui avait été dédiée et qui avait été attaquée par Van Dorp,
justifia la nécessité d'étudier les langues savantes et l'Écriture, et blâma les études ingrates et épineuses qui occupaient
toutes les écoles de ce temps-là. Érasme, de son côté, répondit à son ancien ami par une lettre apologétique ; Van Dorp
se réconcilia avec le philosophe et, pour le justifier devant
la dangereuse coterie scolastique, il publia, quelques années
après, son *Éloge de saint Paul,* dans lequel il s'efforça de
faire ressortir les inconvénients d'une dialectique chicanière,
ainsi que l'importance de la littérature grecque et hébraïque (¹).

Il démontrait en même temps la nécessité d'étudier l'Écriture, parce qu'elle est l'unique source de la vraie théologie
et qu'elle a seule une autorité infaillible, autorité qui manque
aux Pères, aux docteurs et aux glossateurs. Il condamnait en
conséquence la passion de son siècle pour Aristote et le peu
de cas que l'on faisait de l'étude de l'Évangile (²).

(¹) BEAUSOBRE, p. 223-225. — GOETHALS, *Lectures,* p. 43 et 44, et pour plus de
détails, NÈVE, dans la *Belgique, recueil périodique,* t. III, p. 153-158.

(²) BEAUSOBRE, p. 226-228.

Il citait, à cette occasion, ce témoignage de saint Jérôme, qu'on ne souffrait pas de son temps que les sœurs ignorassent les psaumes. Sur quoi il faisait cette observation, « qu'il ne sait pas ce que pourraient répondre ceux qui ne permettent pas aux femmes de lire l'Écriture sainte, lorsqu'au siècle de ce Père il y avait des religieuses plus savantes que beaucoup de théologiens ».

Comme on prétendait qu'il fallait s'en tenir à la Vulgate, il combattait cette opinion par l'autorité d'un ouvrage manuscrit de Pierre Bailly qu'il venait de découvrir à Louvain. Il reconnaissait, ingénument du reste, le tort qu'il avait eu d'écrire contre Érasme, en faisait amende honorable et remerciait Morus de l'avoir désabusé (¹).

Martin Van Dorp, né vers 1485 à Naaldwyk, en Hollande, d'une famille noble, était venu jeune à Louvain, où il avait fait ses études avec succès. Ses goûts le portaient vers l'étude des lettres grecques et latines, dont l'imprimerie mettait au jour, tous les ans, quelques nouveaux trésors. La méthode scolastique qui dominait encore dans l'enseignement était faite pour rebuter un jeune homme initié à la philosophie et à la littérature des anciens et qui donnait les plus belles espérances. Ayant reçu les ordres, il obtint successivement deux cures, l'une à Overschie, l'autre à Schiedam ; mais il ne desservit ni l'une ni l'autre : c'était une espèce de prébende dont on avait voulu le gratifier. Nommé professeur d'éloquence et de dialectique au collège du Lis, qu'il avait habité comme étudiant, il se fit un devoir d'inspirer aux étudiants le goût de la littérature classique, et, pour y mieux réussir, il conçut l'idée de faire représenter les comédies de Plaute dans l'intérieur du collège. Il est peu de morceaux de l'érudition latine moderne plus curieux que celui où Dorpius invitait le public universitaire à assister à la représentation de l'*Aulularia* de Plaute, qui eut lieu au Lis, le 3 septembre 1508. Non seulement il conviait une nombreuse assistance à

<hr>

(¹) BEAUSOBRE, *l. l.*, p. 233-235.

donner ainsi aux belles-lettres des marques d'intérêt, mais encore il coopérait au succès de cette fête dramatique en écrivant un prologue en vers latins du genre de ceux de Plaute, pour servir d'introduction à la pièce même ; de plus, il avait essayé de combler les lacunes qui existaient dans l'action. L'originalité de cette entreprise atteste, de la part de l'auteur, une connaissance surprenante du génie de la poésie latine (¹).

L'épreuve que Dorpius avait tentée des dispositions de son public avait si bien réussi qu'il le convoqua une autre fois à la représentation du *Miles gloriosus* de Plaute, pour laquelle il écrivit également un long prologue en vers, et le jour même du spectacle, il fit une annonce en vers comme il avait fait pour l'*Aulularia*.

Morus, qui était intervenu dans le débat d'Érasme avec Van Dorp, avait des relations d'amitié avec le premier secrétaire ou greffier de la ville d'Anvers, Petrus Ægidius ou Pierre Gilles, un des hommes les plus lettrés de la Belgique parmi ceux qui ne figuraient pas dans l'enseignement, auteur d'un aperçu général du Code d'Alaric II et éditeur des épîtres latines du célèbre Ange Politien. Morus le choisit pour son principal correspondant, qui faisait passer ses lettres à Érasme et à ses autres amis du continent. Gilles comprenait parfaitement les besoins intellectuels de son temps ; il entretenait de fréquents rapports avec les esprits les plus actifs du pays, qui trouvaient en lui un savant distingué comme humaniste et comme jurisconsulte. Helléniste par goût, il avait préparé les matériaux d'un lexique grec, puis il avait donné ses soins à un recueil intitulé : *Tituli legum ex codice theodosiano*, et imprimé à Louvain en 1517, chez Thierry Martens. Son nom ne peut être séparé de celui de cet ingénieux typographe (²).

(¹) GOETHALS, *Lectures*, t. I, p. 41 et 42. — NÈVE, p. 117-119. — Voir, pour plus de détails, DE REIFFENBERG, 4ᵉ *Mémoire*, etc., p. 63-77.

(²) NÈVE, *Recueil* cité, p. 145 et 146.

Morus célébra en vers l'amitié de Gilles. Voici à quelle occasion : En octobre 1517, il reçut une sculpture sur bois où Quentin Metsys avait représenté Érasme et Gilles, qui occupaient le champ d'un médaillon ovale, l'un tenant à la main sa paraphrase de l'épître aux Romains, l'autre une lettre à Morus, où tous les deux lui exprimaient leur attachement pour sa personne. Ce don causa la plus grande joie au chancelier d'Angleterre; il la témoigna aussitôt au philosophe et remercia Pierre Gilles en lui envoyant les distiques latins qu'il avait composés pour servir d'inscription à cette œuvre d'art; il faisait parler ainsi la sculpture : « Autant Castor et Pollux étaient jadis amis, autant le sont Érasme et Gilles que je représente. Morus gémit d'être séparé d'eux par la distance, quand l'amitié l'unit à eux par des liens les plus étroits. Ainsi l'on a pourvu aux désirs de l'absent, la lettre affectueuse exprimant leur tendresse pour lui, et moi retraçant leur forme extérieure (¹). »

Ce fait que Metsys taillait le bois avec autant d'adresse qu'il assouplissait le fer et peignait des tableaux, est mis hors de doute par une seconde pièce de vers, adressée à Quentin lui-même; Morus profite de l'occasion pour louer hautement ses amis :

« Quentin, ô régénérateur d'un vieil art, maître non moins habile que le grand Apelles, qui sais donner la vie à des figures mortes par des couleurs merveilleusement combinées, pourquoi, hélas! as-tu pris plaisir à tailler, dans un bois fragile, avec tant de travail, des portraits si bien exécutés d'hommes si éminents que l'antiquité en a vu bien peu de comparables, notre âge moins encore, et dont la postérité ne verra peut-être jamais de pareils? Il fallait employer une matière plus solide, qui aurait conservé immuablement leur image. Oh! que n'as-tu pourvu ainsi aux intérêts de leur gloire et satisfait par anticipation les vœux de nos descendants! Car si les

---

(¹) Michiels, *Histoire de la peinture flamande*, Brux., 1845, t. IV, p. 302 et 303. — Nève, p. 446 et 447.

siècles à venir conservent le moindre goût pour les beaux-
arts, si l'horrible Mars n'écrase point Minerve, de quel prix
nos héritiers ne payeront-ils pas cette petite planche (¹) ! »

Ces effigies sculptées ornèrent plus tard la collection de
Charles Ier, roi d'Angleterre (²).

En 1519, Metsys, exécutant des médaillons, fit, de cette
manière, le portrait d'Érasme : « Sur le revers était dessiné
un dieu terme, au-dessous duquel on lisait cette devise :
Concedo nulli ; la pièce portait pour légende les mots suivants, grecs et latins : *Ora telos macrou biou* (attends la fin
d'une vie heureuse); *Mors ultima linea rerum.* Dans une de ses
lettres (³), Érasme dit que Metsys a fondu son buste en métal;
il reconnaît à l'ouvrage un certain mérite d'exécution; il en
offrit même un exemplaire au cardinal Albert de Brandebourg, archevêque de Mayence (⁴). »

En 1516, au retour d'une mission diplomatique en Flandre,
Morus avait achevé la rédaction de sa fable philosophique,
devenue célèbre sous le nom d'*Utopie*. Mais il ne voulait la
publier qu'après avoir consulté ses amis de Belgique, dont
les principaux étaient Érasme et Pierre Gilles. Il était surtout désireux de savoir si cette œuvre plairait à Cuttbert
Tunstall, évêque de Londres, à Busleiden et au chancelier de
l'université de Louvain, Jean Briard, maître de Van Dorp et
l'un des oracles de l'école théologique (⁵).

Comme Morus hésitait, Érasme lui écrivit pour solliciter
l'envoi du manuscrit complet, en lui assurant qu'un membre
de la magistrature communale d'Anvers en savait déjà des
passages par cœur. Morus obéit et envoya l'*Utopie* à Pierre
Gilles, qui s'entendit avec Érasme et fit sortir des presses de
Thierry Martens le premier exemplaire de cette publication,
au commencement de l'année 1517. Un jeune philologue et

(¹) MICHIELS, p. 303 et 304.
(²) ID., p. 304.
(³) *Ep.*, lib. XIX, ép. 43.
(⁴) MICHIELS, p. 302.
(⁵) NÈVE, p. 505.

poète, qui s'était distingué comme correcteur dans les ateliers de Martens, avait surveillé l'exécution typographique du volume (¹).

Quoique Morus fût venu à plusieurs reprises à Louvain, il est probable qu'il n'y avait pas rencontré tous les docteurs et maîtres qu'il honora de son estime et auxquels il communiqua plus tard ses idées. Parmi eux, on doit faire une mention spéciale de Jean Paludan, de Cassel, professeur d'éloquence à la faculté des arts. Morus connaissait l'importance des services rendus par ce professeur aux bonnes études; il savait que Paludan avait été longtemps le directeur des études de philologie et de littérature, qui allaient prendre rang dans l'enseignement public de l'université de Louvain, après avoir été jusque-là l'objet seulement de leçons privées dans les pédagogies. Il considérait aussi en lui l'humaniste qui avait été le maître d'Érasme au commencement du xvıᵉ siècle (²).

Le mérite de Van Dorp et son esprit libéral lui présageaient une glorieuse carrière; mais il fut enlevé à la fleur de son âge, le 31 mai 1525. On déposa ses restes dans le couvent des Chartreux et Érasme honora son tombeau d'une épitaphe en vers latins, aussi élégante que flatteuse (³).

Parmi les professeurs du collège des Trois-Langues brillait alors le Westphalien Conrad Goclen. Jeune encore, il était déjà très versé dans les langues grecque et latine. Érasme a fait le plus brillant éloge de son érudition, de son esprit et de son style en prose et en vers. Ajoutez à cela un travail infatigable, un cœur élevé, un caractère plein de noblesse, de douceur et d'aménité. Lui aussi fut exposé à des tracasseries pour son enseignement; mais, plus heureux que Nesen, il réussit à surmonter l'orage. Érasme lui avait écrit de Bruges, à la date du 10 août 1520 : « Laisse coasser les grenouilles et consacre à tes études et à tes élèves le temps

____

(¹) Nève, p. 506.
(²) Id., p. 148.
(³) *Biographie universelle*, art. *M. Van Dorp.*

précieux que tu perdrais à te quereller avec ces misérables sycophantes. Sois un homme de mœurs irréprochables, sois infatigable dans l'enseignement et dans la propagande des belles-lettres. La pureté et la science te fourniront la plus noble des vengeances (¹). »

Nous ne devons pas oublier, parmi les amis de Goclen et d'Érasme, le savant Portugais Louis-André Resendius (²), poète, philologue, historien et antiquaire. Il avait étudié à Louvain, de 1529 à 1531, et il célébra plus tard en beaux vers latins le « Séjour d'Apollon et des doctes sœurs » (³).

Goclen mourut à l'âge de cinquante et un ans; le littérateur Alard d'Amsterdam honora sa mémoire d'un éloge qu'il inscrivit dans son épitaphe, où il l'appelle « un autre Érasme ».

C'était aussi un ami de Morus et d'Érasme, François de Craneveld, de Nimègue, jurisconsulte formé à Louvain, pensionnaire de Bruges, qui devint conseiller au grand conseil de Malines. Il s'était mis à étudier le grec à l'âge de soixante ans, et il parvint à comprendre si bien cette langue qu'il traduisit, entre autres, en latin les *Édifices*, de Procope. Il avait joint à cette étude celle de l'hébreu et de la numismatique (⁴).

Mentionnons encore un professeur de langues anciennes à Louvain, Pierre Nanninck, Nanni ou Nannius, d'Alkmaar, où il était né en 1500. Il enseigna avec réputation pendant dix-huit ans, et obtint ensuite un canonicat d'Arras, qu'il garda jusqu'à sa mort (1557). Ses ouvrages sont des harangues, des notes sur quelques auteurs classiques et sur les traités de quelques Pères, des mélanges (⁵), où il montre les

---

(¹) *Erasmi Epist.*, 520, *apud* Hess, t. I, p. 294 et 295. — Paquot, *Fasti Academici Lovanienses*, t. I, f. 481.

(²) Né en 1498, il mourut, en 1573, chanoine d'Evora.

(³) Voy. *L. Andreæ Resendii poemata, epistolæ historicæ, orationes.* Colonia, 1613.

(⁴) *Melch. Adami vitæ*, f. 74 et 75. — Paquot, *l. l.*, f. 261.

(⁵) *Miscellaneorum decas.* Lovan., 1548, in-12, et dans le *Thesaurus criticus* de Gruterus, Francof., 1602-34.

fautes qui se trouvent dans les éditions de plusieurs anciens et où il tâche d'en expliquer certains passages obscurs, cinq Dialogues des *Héroïnes,* ouvrage qui passa pour un chef-d'œuvre et qui eut l'honneur d'une traduction française (1550), des traductions latines d'une partie de Démosthènes, d'Eschine, de Synésius, d'Apollonius, de Plutarque, de saint Basile, de saint Chrysostome, d'Athénagore et de presque tous les ouvrages de saint Athanase. Dans la traduction qu'il fit de quinze psaumes en vers latins, Nanninck sut allier les grâces de la poésie à la majestueuse simplicité du texte sacré, et sa paraphrase du *Cantique des cantiques,* où le sens littéral et le sens allégorique sont si heureusement combinés, est de ce chant d'amour un des meilleurs commentaires, qui peut être mis à côté de celui de Bossuet [1].

Moins heureux que Nanninck, Rutger Ressen (Rescius) [2], de Maeseyck, professeur de littérature grecque au collège des Trois-Langues, fut, comme Érasme, maltraité par « les bourreaux de la vieille carnificine » : c'est ainsi que le philosophe de Rotterdam qualifie l'université de Louvain [3]. Ressen et Goclen eurent pour élèves deux des hommes les plus remarquables de la Renaissance et de la Réforme, tous les deux issus de la petite ville de Schleiden, dans l'ancien duché de Luxembourg, le plus grand historien, puis le plus savant pédagogue de ce temps : Jean Philipson, plus connu sous le nom de Sleidanus, qui y vit le jour en 1506, et Jean Sturm, le 1er octobre 1507.

Parmi les humanistes les plus éminents sortis de l'école de Goclen et de Nanni, figure Jacques de Crusque (Crucquius), de Messines, qui fut l'ami intime du comte d'Egmont. Nommé, en 1544, professeur de grec et de latin à Bruges, il

[1] Biographie universelle, et Delvenne, *Biographie du royaume des Pays-Bas,* art. *Nanni.*

[2] Sur Rescius, voy. De Ram, *Bulletins de l'Académie de Bruxelles,* t. XXI, 1, p. 363-369.

[3] « Innocenter tortus est, Erasmo *carnificinam* illam abominante.» Von der Hardt, pars I, f. 67.

se passionna pour Horace, dont il se fit à la fois l'éditeur et le
commentateur. Il avait eu l'avantage de pouvoir consulter les
manuscrits de l'abbaye de Saint-Pierre de Gand, qu'il appelle
blandiniens, du nom de la colline où cette abbaye est située.
De leur confrontation il tira le commentaire que l'on cite
ordinairement sous le nom de scoliaste de Crucquius, bien
qu'il soit simplement une compilation où il est aisé de
reconnaître des mains différentes. Du reste, en ce qui le
concerne, Crucquius avait déployé dans ce travail une telle
sagacité, qu'aujourd'hui encore il est indispensable à tout
interprète d'Horace (¹). On lui doit en outre des notes sur la
Milonienne de Cicéron, un éloge de la ville de Bruges et
diverses poésies latines (²).

A cette époque étudiait à Louvain André Gérard, connu
sous le nom d'Hypérius, du lieu de sa naissance (Ypres), où il
était né le 10 mai 1511. Formé à Warneton dans l'école du
poète Jacques de Paep et de Jean Zapare, professeur de grec
et d'hébreu, il avait appris la langue française à Lille et les
belles-lettres à Tournai, chez Nicolas de Bois-le-Duc. A Paris,
il s'était appliqué, en 1528, à la physique et à la théologie;
puis il avait étudié le latin et le grec dans les écoles de Clé-
nard, de Jean Sturm et de Barthélemi Latomus. Après s'être
exercé dans la médecine et dans le droit canonique, il quitta
Louvain en 1536, visita les provinces septentrionales des
Pays-Bas et de l'Allemagne, d'où il revint, en 1537, à Ypres.
Peu après, il partit pour l'Angleterre; il y fut soutenu
par Charles de Montjoie, si célèbre comme ami d'Érasme, et
il y fréquenta, en 1540, l'université de Cambridge. Puis, ne
s'y croyant plus en sûreté, à cause des ordonnances sévères
de Henri VIII contre les étrangers, il retourna à Ypres. Le

____

(¹) J'ai étudié le *Commentaire de Crucquius* dans l'édition de 1597 (Leyde,
Plantin), faite après sa mort et dédiée, le 1ᵉʳ août 1578, au magistrat de Bruges. On
y trouve joint l'*Auctarium* de l'auteur et le *Commentariolus* de J. DOUSA.

(²) VANDERBOURG, *Les odes d'Horace*, t. I, p. XXXII et XXXIII. — DELVENNE,
Biographie du royaume des Pays-Bas, t. I, p. 239.

hasard l'ayant plus tard conduit à Marbourg, il y rencontra Gérard Goldenhauer, professeur de théologie, dont il avait fait la connaissance à Nimègue, et sur ses instances il s'établit à Marbourg. Il y succéda bientôt à son compatriote, à qui les infirmités de l'âge avaient commandé la retraite, et y mourut le 1er février 1564 (1).

A ces noms, nous en rattacherons d'autres (2), qui se sont illustrés dans les lettres à des titres divers.

Jacques Cératin (Teyng), de Hoorn, dans la Hollande septentrionale. Il enseigna d'abord le grec et le latin à Tournai, ensuite à Louvain, où il eut Rescius pour élève; puis il partit pour Utrecht, afin de s'y faire examiner et d'entrer dans les ordres. Comme il déclarait ne pas respecter certaines règles grammaticales, il fut renvoyé par les examinateurs épiscopaux et averti de s'appliquer davantage à la grammaire. Cératin, ayant fait part de sa déconvenue à un professeur de l'université de Louvain, celui-ci fit comprendre aux examinateurs quelle honte ils s'attiraient en traitant ainsi un vrai savant, loué par Érasme et qui déjà s'était signalé par la traduction d'un ouvrage de Chrysostome. Les examinateurs se hâtèrent de le rappeler.

En 1525, Érasme le recommanda au duc Georges de Saxe, qui lui offrit la chaire de Mosellan à l'université de Leipzig, au moment même où celle de Louvain l'appelait dans son sein. Mais à Leipzig, où alors on était encore catholique, il fut mal vu, parce qu'il ne désapprouvait pas assez les doctrines de Luther. Il retourna donc à Louvain, où il mourut le 20 avril 1530 (3).

Joachim Fortius ou plutôt Sterck, plus connu sous le nom de Fortius Ringelbergius, né à Anvers vers l'an 1499 (4), se fit aimer d'Érasme, d'Oporin, d'Hypérius et de plusieurs

(1) Van der Aa, *Biographisch woordenboek*, t. VIII, 2, p. 1544 et 1545.
(2) En majeure partie d'après la *Biographie universelle* de Michaud, la *Biographie* de Delvenne, et Van der Aa, *Biographisch woordenboek*, t. III.
(3) Van der Aa, p. 288.
(4) Mort vers 1530.

autres savants de son époque. Placé jeune à la cour de Maximilien Ier, il revint à Vienne à l'âge de 17 ans et fit des progrès étonnants dans l'étude des belles-lettres et de la philosophie. Il employait ses heures de récréation à dessiner et à graver. Vers l'an 1529, il parcourut les principaux centres de la France. Arrivé dans une ville, il se mettait aussitôt à enseigner quelque science, dont le cours n'était ordinairement que d'un mois. Il était passionné pour les langues anciennes. On l'entendait souvent dire qu'il préférait un mot de la pure latinité à un écu d'or. Aucune science n'eut pour lui autant d'attrait que l'astronomie; mais, comme presque tous les astronomes de son siècle, il donna dans les chimères de l'astrologie judiciaire.

Jean Varennius, né vers 1462 à Malines, acquit une profonde connaissance des langues grecque et latine et mourut à Lierre le 11 octobre 1536. Il nous a laissé une syntaxe de la langue grecque, une des meilleures qui aient paru au xvie siècle.

Jean Van Kampen, né dans l'Over-Yssel, aux environs de la ville de Kampen, vers l'an 1460, se distingua dans l'étude des langues grecque, latine et hébraïque, et fut professeur d'hébreu à Louvain, pendant plusieurs années. De là, il voyagea dans une grande partie de l'Europe; la peste l'enleva à Fribourg, le 7 septembre 1538. Nous avons de lui une grammaire hébraïque en latin, imprimée sous différents titres, à Paris, 1520 et 1525; à Louvain, 1528.

On a encore de Jean Van Kampen une paraphrase et interprétation des psaumes selon la vérité hébraïque, en latin, qui eut un très grand nombre d'éditions au xvie siècle, à Nuremberg, Lyon, Paris, Anvers, Strasbourg et Bâle. Elle a été traduite en français, en allemand, en flamand et en anglais; on a joint à quelques-unes de ces éditions une paraphrase sur l'*Ecclésiaste* du même Van Kampen.

Juste Welsens ou Velsius, de La Haye, qui, en 1541, avait pris le grade de docteur à Louvain, disparut quelques années

après de cette ville par crainte de l'Inquisition et se retira
à Strasbourg, où les protestants vivaient tranquilles. Cependant il évita d'embrasser ouvertement leur parti. En 1551, il
se rendit à Marbourg et y donna des leçons publiques pendant plusieurs mois. Ayant ensuite quitté brusquement cette
ville, il passa à Cologne, où il obtint une chaire de philosophie, que ses opinions religieuses ne tardèrent pas à lui
faire perdre. Banni, même après avoir subi une détention, il ne fit plus qu'errer d'un lieu à l'autre et, vers la fin
de ses jours, il revint en Hollande, où il se mit à dogmatiser,
prétendant prouver sa doctrine par des miracles. Le magistrat de Leyde le chassa de la ville.

Ajoutons Corneille Muys ou Musius, de Delft, le martyr
de Leyde en 1572. « Orphelin de bonne heure (¹) et sans autre
surveillant que lui-même, il se conserva irréprochable, sans se
refuser au commerce de nombreux amis. Élevé dans l'université de Louvain, qui le rendit au monde et à l'Église dans
toute son innocence, de disciple accompli, il devint l'exemple
des maîtres, en prenant part à son tour à l'enseignement. Il
séjourna quelque temps à Paris, où les beaux esprits l'accueillirent avec empressement, poussa ses pérégrinations jusqu'à Poitiers et y resta deux ans. C'est là qu'il publia ses
premiers ouvrages et ses très rares poésies. C'étaient un
opuscule (²) sur l'éducation de la femme chrétienne et un
volume d'odes et de psaumes (³). »

Écrivain aussi élégant que son maître Érasme, poète délicat
et pieux, mais étranger aux sophismes et à la routine de son
temps, il évita sévèrement tout ce qui n'était pas marqué d'un
cachet chrétien et ne se permit pas même un de ces innocents
badinages si fort à la mode au xviᵉ siècle et qui n'auraient eu
que le tort d'être frivoles. Ne recherchant que l'art chrétien,
il dédaigna les maîtres classiques et s'en tint presque exclu-

(¹) Il naquit en 1503.
(²) Sans millésime.
(³) En 1536. — Dom Pitra, *La Hollande catholique,* Paris, 1850, p. 186.

sivement à ce rhytme profond et mélodieux que l'Église a adopté dans sa poésie liturgique. Ce fut en ce genre qu'il composa, en 1536, étant à Poitiers, des poèmes sur la rapidité du temps et sur l'immortalité de la poésie sacrée. A son retour, en passant par Louvain, il apprit la mort d'Érasme et lui consacra une épitaphe. Rentré dans sa ville natale, il fut nommé directeur de la pieuse communauté des sœurs de Sainte-Agathe, emploi qu'il remplit avec beaucoup de zèle pendant trente-six ans; dans ses moments de loisir, il continua de cultiver les muses et se fit estimer par sa science, sa probité, son attachement au catholicisme et sa charité. Ses écrits circulaient jusqu'en Italie. On y voyait son portrait, représenté à l'antique avec le laurier triomphal. Campanella lui donna une place distinguée dans son histoire du monde et le proclama l'un des hommes illustres de son temps, non seulement pour sa doctrine, mais encore pour la noblesse de sa vie. En 1566, il se décida à publier son éloge de la solitude, avec une *silvula* de petits poèmes chrétiens. L'ouvrage parut à Anvers; c'est un des chefs-d'œuvre de Plantin ([1]). Nous retrouverons Musius en 1572, victime de la révolution anabaptiste.

Charles de Langhe ou Langius, né à Gand, ou selon d'autres à Bruxelles, devint chanoine de Saint-Lambert à Liége. Il était très versé dans le grec et le latin; il cultiva la poésie avec succès; Baillet, dans ses *Jugements des savants*, l'a mis au rang des plus judicieux critiques de son siècle. Il a laissé des commentaires sur Plaute et sur les *Offices* de Cicéron, ainsi que plusieurs pièces de vers. Il a également laissé un grand nombre de manuscrits. Il mourut à Liége, le 29 juillet 1573.

Petreius Tiara, né le 15 juillet 1514, à Worcum, en Frise, où il commença ses humanités, étudia à Harlem la logique et les mathématiques. C'était un de ces esprits privilégiés qui se passent de maîtres et sont capables de tout puiser dans

---

([1]) DOM PITRA, *l. c.*, p. 187-190.

leur propre fonds : helléniste et latiniste consommé, il fabriquait aussi des instruments de musique, d'astronomie, de géométrie et ne demeura pas même étranger à l'art de la peinture. S'étant voué toutefois spécialement à la médecine, il alla l'étudier à Louvain, visita ensuite l'Allemagne, la France et l'Italie. Créé docteur en médecine dans cette dernière contrée, il vint, au bout de ses voyages, s'établir à Louvain (vers 1555) et y enseigna la langue grecque. En 1560, il fut appelé à la même chaire dans la nouvelle université de Douai; mais bientôt après, il retourna en Frise et devint successivement bourgmestre de Francker et professeur de grec aux universités de Leyde et de Francker, où il mourut, le 9 février 1586.

Antoine Schoor (Schorus), natif d'Hoogstraeten, embrassa la religion protestante et mourut à Lausanne en 1552. On a de lui plusieurs ouvrages de grammaire, dont les humanistes venus après ont souvent profité sans les citer. Dans une comédie latine, intitulée : *Eusebia sive Religio*, qu'il fit représenter en 1550, par ses élèves, à Heidelberg, où il était professeur de belles-lettres, il voulut prouver que les grands méconnaissaient la religion, et qu'elle n'était accueillie que par le peuple; l'empereur le fit chasser de la ville. On croit que Henri Schoor, mort vers l'an 1590, connu aussi par divers ouvrages de grammaire imprimés à Strasbourg, était le fils d'Antoine. Et que dire de Jean Dousa ou Van der Does, seigneur de Nordwyck ([1]), qui a illustré son nom comme magistrat, comme philosophe, comme historien, comme poète et comme défenseur de la ville de Leyde, en 1574? Ce fut à l'âge de dix ans qu'il commença ses humanités dans la ville de Lierre. En 1560, il fut rappelé en Hollande et confié aux soins de Henri Junius, dont l'école jouissait à Delft d'une grande considération. Il fit de rapides progrès sous cet excellent maître. De Delft, Dousa vint à Louvain et deux ans après

______

([1]) Né le 6 décembre 1545.

à Douai. Là, il se lia avec Luc Fruytiers, d'Anvers, qui se signala, comme lui, au célèbre siège de Leyde, et en laissa une description pleine d'intérêt. En 1564, ils se rendirent tous les deux à Paris pour se perfectionner dans le grec, sous Pierre Dorat, professeur au collège royal; ils y contractèrent d'excellentes relations avec les personnages les plus distingués, tels que le chancelier de l'Hospital, Turnèbe, Passerat, Ronsard, Baïf et d'autres.

Bonaventure de Smet, connu sous le nom de Vulcanius, était né en 1538 à Bruges, d'un père pensionnaire de cette ville et qui, par son éloquence et son érudition, avait mérité l'amitié d'Érasme. Libre de choisir entre le barreau et la médecine, Bonaventure restait indécis, lorsque, sur l'invitation du cardinal François Mendoza, évêque de Burgos, il partit pour l'Espagne, en 1559, charmé de voir un pays dont il avait entendu raconter des merveilles. Le cardinal le fit son secrétaire, son bibliothécaire, et le chargea de traduire en latin les passages des Pères grecs qu'il se proposait d'employer dans un ouvrage auquel il travaillait. Après la mort de ce prélat (1566), Vulcanius remplit les mêmes fonctions auprès de son frère, Ferdinand Mendoza, archidiacre de Tolède. Ce prélat mourut en 1570, et Vulcanius revint à Bruges. Mais les troubles des Pays-Bas le décidèrent à partir pour Cologne, où il espérait trouver la tranquillité si nécessaire aux études. Craignant ensuite que cette ville ne devînt le théâtre de la guerre, il se rendit à Bâle, puis à Genève, d'où il revint encore à Bâle, s'occupant dans ses loisirs à traduire divers auteurs grecs. La mort de sa mère le rappela à Bruges, et il fixa sa résidence à Anvers, où il fut nommé premier recteur de l'école. En 1578, il obtint le titre de professeur de langue grecque à l'université de Leyde; mais il ne prit possession de cette chaire qu'en 1580, et l'occupa trente-deux ans avec un zèle remarquable. Déclaré professeur émérite en 1612, il mourut à Leyde le 9 octobre 1614. Son savant collègue Pierre Cunæus prononça son oraison funèbre. Il paraît que Vulcanius avait adopté le système d'indifférence religieuse. Il possédait une belle bibliothèque et légua tous ses manuscrits à l'université de Leyde.

Parmi les traductions de Vulcanius, on doit citer les huit livres d'Arrien sur les expéditions d'Alexandre; les cinq livres d'Agathias sur la vie de Justinien; les Thèmes de Constantin Porphyrogénète pour les troupes militaires d'Orient; les deux livres de la Primauté du pape par Nil, évêque de Thessalonique, et son traité du purgatoire; les questions physiques et les épîtres de Théophylacte Simocatte; les questions de médecine de Cassius; son traité du monde, attribué par quelques-uns à Aristote; les douze dialogues de saint Cyrille, de l'adoration en esprit et en vérité, et son traité contre les anthropomorphites; les odes et les épigrammes de Callimaque; les idylles de Moschus et de Bion; les épîtres d'Emmanuel Chrysoloras et son traité de la comparaison de l'ancienne et de la nouvelle Rome [1].

Le style de ces traductions est si élégant qu'aujourd'hui encore, dit Baillet, on a de la peine à croire qu'on en puisse faire de meilleures [2].

N'oublions pas un homme « dont la vie agitée, dramatique, complètement dévouée à la recherche et à la profession de ce qu'il croyait être la vérité, couronnée (1572) par une sorte de martyre en l'honneur de cette double cause, offre en France l'image et le résumé du xvie siècle, qui ne fut tout entier qu'un douloureux enfantement »; cet homme était issu d'une famille originaire de Liége, réfugiée en Picardie vers la fin du xve siècle, pendant les guerres qui marquèrent le règne de Charles le Téméraire. J'ai nommé Pierre de la Ramée ou Ramus [3].

Cependant l'alarme se répandait à Louvain : cette littérature

[1] BAILLET, *Jugements des savants*, Paris, 1722, t. II, p. 416.
[2] ID., *ibid.*
[3] VALLET DE VIRIVILLE, *Histoire de l'instruction publique en Europe*, Paris, 1849, p. 223.

profane, ce beau langage, ces nouveautés, disait-on, allaient
infailliblement altérer la pureté de la foi. Appeler, comme on
le faisait, barbarie la scolastique, n'était-ce pas bouleverser le
monde entier?

Ceux qui raisonnaient ainsi savaient fort bien ce qu'ils
voulaient : ils comprenaient que les bonnes lettres, loin de
nuire à la vraie religion, devaient nécessairement porter un
coup mortel à la religiosité telle qu'un grand nombre l'entendaient alors, et, par conséquent, renverser leur fortune et
leur crédit(1). Un de ces troyens, — c'était ainsi qu'on nommait
les ennemis du grec, — un de ces troyens les plus intrépides
de Louvain, Jean Hessels, qui mourut en 1566, loua beaucoup le pape Grégoire le Grand de sa haine farouche et de
son suprême dédain pour les lettres profanes. Ce pontife, en
effet, avait reproché à Didier, évêque de Vienne, en France,
de se livrer à cette étude, par la raison qu'un évêque qui pro-
nonce l'éloge du Christ ne doit point avoir sur les lèvres
celui de Jupiter (2). Grégoire était accusé encore, et non sans
raison, d'avoir proscrit les mathématiques et d'avoir fait
brûler les livres de Tite-Live et la célèbre bibliothèque pala-
tine créée par Auguste (3). Hessels approuvait la destruction
de Tite-Live, et, dans un saint zèle, il priait Dieu d'envoyer
plus d'un Grégoire pour renouveler ces actes de justice (4). Le
pape, conséquent à lui-même, s'était glorifié de faire des
barbarismes et des solécismes (5). Un moine monta en chaire
pour prêcher contre Érasme, Hutten et d'autres maîtres de la
Renaissance, et dit gravement qu'on avait découvert une nouvelle langue, dite grecque, qui était la cause de toutes les

(1) De Reiffenberg, 3ᵉ *mémoire cité*, p. 32.
(2) *Gregorii Epistolæ*, ep. IX.
(3) C'est ce que nous apprend Jean de Salisbury, *Opus de nugis curialium*.
Bruxelles, 1476, cap. 26.
(4) *Vita St-Gregorii per Joannem diaconum*, lib. IV.
(5) *J. Hesselii brevis et catholica decalogi expositio.* — De Reiffenberg, *l. l.*,
p. 43 et 44. — Schayes, *Essai historique sur les usages, les croyances, etc., des
Belges*, p. 77 et 78.

hérésies. « Dans cette langue, continuait-il, est écrit un livre qu'on appelle Nouveau Testament, et qui contient beaucoup de choses dangereuses. On est maintenant occupé à confectionner une autre langue qui s'appelle l'hébreu ; quiconque l'apprend devient aussitôt juif (¹). »

L'opposition naturelle des scolastiques et des humanistes avait abouti à une lutte déclarée. Mais les moines et les théologiens n'étaient pas les seuls ennemis d'Érasme ; il s'en fit aussi quelques-uns dans les gens de lettres, et cela au sujet de Cicéron.

« La beauté d'Hélène, dit de Burigny (²), a suscité une guerre plus meurtrière, mais non plus furieuse et plus opiniâtre que celle dont l'Europe savante fut embrasée dans le XVIᵉ siècle au sujet du degré d'estime qui étoit dû au mérite de Cicéron. Les traits satiriques et injurieux, qui sont, grâce au ciel, les seuls en usage dans la république des lettres, étoient alors fort à la mode. L'érudition étoit forte et vigoureuse, mais encore un peu sauvage, comme les fruits d'une terre nouvellement défrichée ; et les héros de la littérature, trop semblables à ceux de l'Iliade, ne s'épargnaient pas les injures. Jules-César Scaliger, d'un côté, et Érasme, de l'autre, voilà les deux chefs des combattants ; c'est Achille et Agamemnon. »

Ce fut à Rome que naquit la querelle ; elle intéressa le plus bel esprit qui ait jamais occupé le siège de Saint-Pierre. Une très bonne cause produisit un très méchant effet. L'admiration pour Cicéron dégénéra en idolâtrie ; quelques savants, non contents de penser avec Quintilien que le nom de Cicéron est moins aujourd'hui le nom d'un homme que celui de l'éloquence, soutinrent que c'était le seul auteur qui méritât d'être lu, et que toute expression qui ne se trouvait pas dans

---

(¹) *Reuchlin in dedicat. libri de accent. et orthograph. ad Adrianum Cardinal.*, apud MEINERS, *Lebensbeschreibungen*, t. I, p. 51.

(²) *Mémoires de l'Académie royale des inscriptions et belles-lettres*, 1761, t. XXVII, p. 195.

Cicéron devait être proscrite par tous ceux qui prétendaient à la gloire d'écrire purement le latin ; la théologie même devint cicéronienne ; et pour mieux ressembler à ce modèle antique, elle prit le ton du paganisme (¹).

Alors Cicéron imposa la loi à toutes les sciences et fut un demi-dieu.

Érasme, voyant les savants de son siècle se précipiter avec une sorte de fureur sur les traces de Cicéron, abolir le culte de toutes les autres autorités et ne pas même accorder le droit de bourgeoisie aux mots que Cicéron n'avait pas employés, cribla de railleries ceux qui appelaient les cardinaux *pères conscrits* et Jésus-Christ le *fils de Jupiter*. Rien de plus plaisant que le *Cicéronien* d'Érasme : c'est un portrait digne de Labruyère. « Le cicéronien ne vit que pour Cicéron et lui appartient tout entier ; il est célibataire et ne se marie qu'avec Cicéron. Il se prépare comme un initié de la grande déesse : il habite une cellule dont les fenêtres sont doubles, où le jour n'entre pas et d'où le bruit extérieur est banni. Pour écrire une lettre, il emprunte des périodes à Cicéron. Il salue son ami et le complimente avec des formules cicéroniennes. Il a composé des dictionnaires, qui réunis occupent plus d'espace que les œuvres complètes de l'auteur, et dont l'un comprend les mots, l'autre les métaphores, un troisième les épiphonèmes, un quatrième les tropes, un cinquième les adages, un sixième les fines plaisanteries employées dans Cicéron (²). »

La satire d'Érasme était principalement dirigée contre deux cicéroniens exagérés : le cardinal Bembo, l'ami de Léon X, et un jurisconsulte belge, Christophe de Longueil, de Malines (³).

(¹) De Burigny, *l. c.*

(²) *Revue britannique*, p. 126-128.

(³) Selon Scevole de Sainte-Marthe, il était fils naturel de Léon de Longueil, ambassadeur de la reine Anne de Bretagne, qui l'avait déjà fait son chancelier. Selon Érasme (qui l'assure sur la foi de Pierre Longueil, oncle paternel de Christophe), il était né à Schoonhoven, en Hollande.

Notre compatriote n'avait que dix-neuf ans qu'on le désignait déjà pour occuper une chaire de droit à Poitiers (1510). A cette occasion, il lui arriva une aventure qu'il a racontée lui-même : Il venait de commencer son discours d'ouverture ; tout à coup, ses élèves, presque tous plus âgés que lui, mirent l'épée au poing et fondirent sur leur maître, pour le contraindre à céder sa place à un régent gascon. Mais le professeur, sans se laisser déconcerter par cette brusque attaque, terrassa sous le poids de trois énormes volumes de l'Infortiat (des in-folio du xvie siècle) ceux des mutins qui s'étaient avancés le plus près de sa chaire. Les autres se le tinrent pour dit et le combat cessa faute de combattants ([1]).

Christophe de Longueil avait montré de bonne heure beaucoup d'esprit et de mémoire, et embrassé toutes les parties de la littérature : langues, antiquités, droit civil, droit canon, médecine, théologie. Le succès avec lequel il s'était distingué à Paris dans la profession de jurisconsulte lui avait valu une charge de conseiller au parlement, avant qu'il fût professeur de droit à Poitiers. Pour donner plus d'étendue à ses connaissances, il parcourut l'Italie, l'Espagne, l'Angleterre, l'Allemagne, la Suisse, où il fut retenu captif par le peuple irrité contre les Français, vainqueurs à la bataille de Marignan, qui venait d'avoir lieu. Il mourut à Padoue, en 1522, à 34 ans. On a de lui des épîtres et des harangues, avec sa vie par le cardinal Pole. La diction en est pure et élégante, mais le fond n'est pas toujours assez bien fourni. Dans ses premières productions, il a peut-être trop donné à une imagination abondante et vigoureuse ; mais le jugement et la réflexion réparèrent bientôt cet abus de richesse. Le cardinal Pole fait de Longueil le plus grand éloge, et l'on ne peut disconvenir que cet éloge ne soit bien mérité ([2]).

On prétend que des raisons personnelles déterminèrent

([1]) BOULMIER, *Estienne Dolet*, p. 91.
([2]) *Biographie universelle*, art. *Longueil.*

Érasme à écrire contre les cicéroniens : il savait qu'il n'en était pas estimé ; l'Italie s'attribuait le privilège exclusif de bien écrire en latin ; on y défendait la lecture des ouvrages d'auteurs étrangers comme n'étant propres qu'à altérer la pureté du style. On ne faisait grâce qu'au seul Longueil, qui, en considération de sa belle latinité, fut fait citoyen de Rome : encore ne fût-ce pas sans difficulté ; il était coupable d'une sorte de forfait littéraire ; dans un discours public, il avait osé comparer la France à l'Italie et faire l'éloge de Budé et d'Érasme (¹).

Érasme avait voulu engager Budé à donner le premier l'assaut. Budé lui avait répondu qu'à la première occasion qui se présenterait dans quelque ouvrage, il ne manquerait pas d'attaquer les cicéroniens ; mais Érasme crut que ce sujet méritait bien d'être traité dans un livre à part ; il était plus intéressé encore dans la querelle ; les cicéroniens le regardaient comme un blasphémateur, parce qu'il avait dit qu'à l'âge de vingt ans, une longue lecture de Cicéron l'ennuyait ; que saint Jérôme écrivait mieux que Cicéron, et que les ouvrages de cet auteur n'étaient pas exempts de solécismes (²).

L'ouvrage d'Érasme qui devait lui attirer tant d'attaques était un dialogue intitulé *Ciceronianus, sive de optimo dicendi genere*, rempli d'enjouement, de plaisanteries fines et d'une littérature exquise, surtout lorsque le grand écrivain porte son jugement sur les auteurs latins, depuis César jusqu'à ceux du xvie siècle (³).

Ce n'est pas qu'Érasme n'estimât Cicéron comme un beau génie, mais il défendait la liberté des écrivains et la nécessité d'un style nouveau pour des idées nouvelles. Il pensait qu'il n'y avait aucune impossibilité qu'on écrivît mieux sous certains rapports et surtout d'une manière plus virile, plus

---

(¹) DE BURIGNY, p. 196.

(²) ID., p. 196 et 197.

(³) DARTIGNY, *Nouveaux mémoires d'histoire, de critique et de littérature*, t. II, p. 165.

substantielle et plus solide, moins flasque et moins ver-
beuse (¹). Ange Politien avait pensé comme Érasme, et
Muret, qui écrivait le latin avec tant d'élégance, était du
même avis (²).

Érasme avait dédié (1528) son *Ciceronianus* à Jean Ulatenus,
recteur du gymnase d'Aix-la-Chapelle, le même auquel il
avait dédié son édition des *Tusculanes ;* et ce qu'il y a de
remarquable, c'est que dans la préface de cette édition,
Érasme lui-même s'était pris en faveur de son auteur d'un
enthousiasme plus dangereux que celui qu'il se proposait de
combattre dans le *Cicéronien*. « Je ne lis point Cicéron, avait-il
dit, sans être frappé jusqu'au point de croire que quelque
divinité résidait dans l'âme d'où ces productions sont sorties.
Où est présentement cette âme? C'est sur quoi aucun homme
peut-être ne saurait prononcer. Je ne m'éloigne pas beaucoup
du sentiment de ceux qui se persuadent qu'elle est heureuse
dans le ciel. » Il avait encore scandalisé les théologiens dans
ses *Colloques* par des hyperboles trop favorables au paganisme ; voici comment il s'exprime dans celui qui a pour titre
Convivium religiosum : « Je ne puis lire les ouvrages de Cicéron
sur la vieillesse, sur l'amitié, ses *Offices*, ses *Tusculanes*, que
je ne baise ces livres, que je ne me sente pénétré du plus
profond respect pour cet esprit inspiré par la divinité même.
J'aimerais mieux voir périr Scot tout entier avec ses semblables que d'être privé des livres de Cicéron ou de ceux de
Plutarque. Ce n'est pas que je blâme en tout les scolastiques ;
mais je m'aperçois que les ouvrages de ces anciens philosophes me rendent meilleur, au lieu que la lecture des scolastiques refroidit mon amour pour la vertu et n'allume en
moi que l'ardeur de la dispute. Quand je vois de si belles
maximes dans les païens, j'ai bien de la peine à ne pas
m'écrier : *Saint Socrate, priez pour nous ;* et je suis bien tenté
de croire que les saintes âmes de Virgile et d'Horace jouissent

---

(¹) *Erasm. apud* FORTIN, t. I, p. 422 et 423.
(²) NISARD, p. 179. — FORTIN, t. I, p. 444 et 445.

de la félicité. » C'était aller d'autant plus loin qu'Érasme ne pouvait douter que toutes ses actions et ses paroles ne fussent sévèrement examinées par une foule de théologiens et de moines, qui ne cherchaient que l'occasion de se venger de ses mépris, et ces hardiesses étaient d'autant plus dangereuses pour lui qu'il s'accordait avec le langage d'un des plus grands ennemis de l'Église romaine, Zwingle, qui, dans sa confession de foi adressée à François Ier, expliquant l'article de la vie éternelle, plaçait dans le ciel Thésée, Socrate et tout ce qu'il y avait eu d'hommes célèbres par leurs vertus parmi les Grecs et les Romains [1].

On crut voir dans le *Ciceronianus* un dessein préconçu de déprimer Cicéron : aussitôt s'élève contre Érasme un violent orage ; jamais Cicéron n'avait tonné contre Catilina ou contre Antoine avec autant de véhémence que les partisans de l'orateur se déchaînèrent contre le critique : c'était un Salmonée, un impie, qui avait conçu le projet insensé de faire oublier Cicéron et de substituer ses propres ouvrages à ceux du père de l'éloquence. Érasme eut beau réclamer contre cette injuste imputation ; il écrivit, il protesta, il rappela en vain ce qu'il avait écrit ailleurs en faveur de l'orateur romain, rien ne put calmer la tempête, et Gilbert Cousin, son domestique et son ami, convint que le nombre de ses admirateurs diminua considérablement depuis la publication du *Cicéronien*. Le plus violent de ses adversaires était le célèbre, mais vaniteux Jules César Scaliger. On fut aussi très mécontent, en France, de ce qu'il avait paru mettre en parallèle Budé et l'imprimeur Bade : c'était, disait-on, comparer Achille à Thersite ; les meilleurs amis d'Érasme l'abandonnèrent ; Jean Lascaris, avec qui il s'était lié d'amitié à Venise, lorsque ce seigneur s'y trouvait en qualité d'ambassadeur de Louis XII, fit des épigrammes contre lui, quoiqu'il eût été cité avec honneur dans le *Cicéronien* [2].

[[1] De Burigny, *l. c.*, p. 197-198.
   [2] Id., p. 300-301.

Budé avait d'abord fait peu d'attention à ce qui avait été dit de lui dans le *Cicéronien*, mais des amis officieux prirent soin de l'aigrir, et cette affaire fit tant de bruit à Paris que François Ier voulut en être informé; un ami de cour instruisit le roi qu'Érasme, pour offenser Budé, l'avait comparé à Bade, et qu'il profitait de toutes les occasions dans ses écrits pour se déchaîner contre les Français, — ce qui était une pure calomnie [1].

En vain, Érasme déclara-t-il que la comparaison qu'il avait faite de Budé et de Bade ne tombait que sur le style; que personne ne connaissait mieux que lui le mérite de Budé et ne l'aimait davantage, cette explication ne parut pas satisfaisante : Germain de Brie, ami de l'un et de l'autre, conseilla à Érasme de corriger l'endroit de son ouvrage qui causait tant de clameurs; ce qui fut fait dans une seconde édition; et de plus Érasme fit, dans une lettre publique, le plus grand éloge de Budé. Mais, en 1531, Scaliger, jeune, tranchant, irritable, cria au meurtre, au parricide, au triple parricide, et traita Érasme d'ignorant, d'imposteur, de séditieux, de moine apostat, d'impie, de bourreau, de furie sortie des enfers, digne des galères et de la torture; l'appelant cent fois ivrogne et lui reprochant de gagner sa vie comme correcteur chez le célèbre imprimeur italien Alde Manuce, et de laisser beaucoup de fautes que l'ivresse l'empêchait de remarquer. On eût dit qu'il ne s'agissait ni plus ni moins que d'un scélérat digne de la roue ou de quelque capitaine visigoth ou ostrogoth prêt à exterminer toutes les sciences et tous les arts, et à mettre le feu à toutes les bibliothèques [2].

Après Scaliger, ce fut Étienne Dolet, typographe et humaniste français, qui voulut rompre une lance contre Érasme [3]. Un an avant la mort du philosophe, il fit imprimer un dialogue contre lui, sous le titre : *De imitatione Ciceronis;* les

---

[1] DE BURIGNY, p. 201.

[2] BAYLE, *Dictionnaire historique*, t. II, p. 384.

[3] *Stephani Doleti dialogus de imitatione ciceroniana adversus Desiderium Erasmum Roterodamum, pro Christophoro Longolio.*

interlocuteurs sont Thomas Morus et Simon Villeneuve, sous lequel Dolet avait étudié à Padoue. Morus prend le parti d'Érasme; mais Villeneuve en parle avec le dernier mépris : Érasme n'est qu'un mauvais bouffon, un vieillard qui radote, un double escroc, un parasite, un ennemi de Cicéron, de tous les gens d'esprit, de la France même et des Français. Cet ouvrage mérite cependant d'être lu, parce que l'auteur, qui possédait parfaitement Cicéron, le justifie contre quelques critiques un peu trop légèrement avancées. Érasme en fut piqué, mais il déclara qu'il ne répondrait pas à ce libelle, et Dolet finit, comme Scaliger, par une réparation à celui qu'il avait attaqué avec tant de violence (¹).

Au surplus, la guerre que le philosophe de Rotterdam faisait aux cicéroniens dura aussi longtemps que le siège de Troie; elle ne finit qu'à sa mort, et, chose à noter, dans cette lutte acharnée, le meilleur cicéronien par son éloquence, par son esprit, son savoir, le seul digne de ce nom, c'était Érasme. C'est qu'au lieu d'imiter les formes du style de Cicéron, Érasme l'imitait par la pensée, par la suite, par le lien des idées et les procédés de composition que les écrivains illustres se transmettent (²).

(¹) De Burigny, p. 104, et *Querelles littéraires ou Mémoires pour servir à l'histoire des révolutions de la république des lettres*, t. I, p. 113-119.

(²) Péricaud, *Érasme dans ses rapports avec Lyon*, p. 8. — Nisard, p. 179.

TABLE DES MATIÈRES.

CHAPITRE III.

JEAN VAN RUYSBROECK ET LE MYSTICISME.

CHAPITRE IV.

LES FRÈRES DE LA VIE COMMUNE.

CHAPITRE V.

ORIGINES DE LA RENAISSANCE.

CHAPITRE VI.

ÉRASME ET LES HOMMES DE SON TEMPS.

CHAPITRE VII.

ÉRASME ET LES HOMMES DE SON TEMPS. (Suite.)

ERRATA.

Page 27, note 3, *au lieu de :* Rosenkranze, *lisez :* Rosenkranz.
— 33, ligne 19, — non, — mais.
— 69, note 2, — Liepzig, — Leipzig.
— 71, — 1, — Geschichtewissenschaft, *lisez :* Geschichtswissenschaft. .
— 76, note 2, — Heisterbach de miraculis, *lisez :* Cæsarii Heisterbacensis Dialogus Miraculorum.
— 103, avant-dernière ligne du texte, *au lieu de :* Halle, *lisez :* Hal.
— 133, note 1, *au lieu de :* vitæ, *lisez :* vita.
— 137, — 2, — qui, — cui.
— 163, ligne 14, — avaient, — avait.
— 170, — 20, — rencontre, — rencontrent.
— 172, note 2, — Monimenta mædii, — Monumenta medii.
— 188, lignes 21 et 2, *au lieu de :* insinuavit. Volentes, *lisez :* insinuavit; volentes.
— 188, — 24 — contariis, — contrariis.
— 188, — 26 — isti, — iste.
— 188, — 33 — quotidire, — quotidie.
— 188, — 42 — dabinus, — dabimus.
— 229, note 3, *au lieu de :* des, *lisez :* der.
— 256, ligne 20, *lisez :* les idées de la Renaissance.
— 277, — 3, *au lieu de :* Groote, *lisez :* Grote.
— 303, note 4, — der, — des.
— 334, ligne 14, — anthropomorphites, — anthropomorphistes.
Tome I.